장애인복지

: Inclusive Society를 위한 상상

| 김용득 편저 |

Contents

제3부 정책과 담론

제4부 발달장애인 지원

서 문

"學而不思則罔(학이불사즉망), 思而不學則殆(사이불학즉태)"

　논어에 나오는 이야기다. '책만 보고 고민하지 않으면 헛되고, 고민만
하고 책을 보지 않으면 위험한 생각에 빠진다.'는 뜻이다.
　사회복지를 공부하고 졸업한 학생들이 현장에 취업하여 2~3년 일하고
많이들 하는 이야기 중 하나가 학교에서 배운 내용은 현장과 거리가 멀
다는 것이다. 맞는 말인 것 같기도 하고, 잘못된 말인 것 같기도 하다.
우리나라 사회복지교육이 學而不思(학이불사)하는 점을 문제 삼는 것이라
면 학교에서 가르치는 사람들이 크게 반성해야 할 일리 있는 지적이다.
그러나 현장 실천에 책이 불필요하다고 생각하는 것이라면 이는 위험한
독선이나 매너리즘에 빠진 것이다. 이런 점에서 보면 현장은 思而不學
(사이불학)하고 있는 것이다. 사회복지 분야의 학문과 실천은 다른 어떤
분야보다도 學과 思가 공존하면서 어우러지는 것이 필요하다. 이런 어우
러짐의 공간을 만들어 보는 것이 이 책을 만들게 된 출발이었다. 그러나
이런 목표가 얼마나 달성되었는가에 대해서는 자신이 없다. 책을 만드는
과정 내내 學과 思가 어우러지는 모습을 만들어내는 것은 생각처럼 쉬운
일이 아니라는 점을 절감하였다.

이 책의 편저자인 필자는 성공회대학교에서 장애인복지를 17년 가까이 가르쳤다. 해가 거듭되면 식견도 넓어지고, 내공도 깊어지면서 점점 더 잘 가르치게 되어야 할 것이다. 그러나 필자의 경험은 꼭 그런 것 같지 않다. 문득문득 '내가 왜 지금 이걸 학생들에게 가르치고 있나?'라는 생각을 하면서도 뾰족한 대안이 없어 이런 생각을 붙잡아 두곤 했다. 그러면서 조금 더 학생들의 눈높이에 맞고, 실천현장의 고민과도 닿아 있는 교재를 준비해야겠다는 생각을 하게 되었다. 이 책에서 이런 고민을 담으려고 하였으며, 다음 세 가지를 중요하게 반영하였다.

첫째, 장애와 관련하여 사회복지사 또는 예비 사회복지사들의 생각이 조금 더 깊어지고 민감성이 높아질 수 있도록 돕기 위하여 각 주제에서 문제의식을 부각시키려고 노력하였다. 그리고 가능하면 쉽고 통상적인 언어를 사용하려고 하였다. 특히 제1장 '장애와 윤리'는 입문 단계에서 장애에 대한 기본적인 민감성의 이슈를 공유해 보려는 목적에서 일상의 용어를 사용하여 서술하였다.

둘째, 실천현장에 관련된 내용을 강조하려고 노력하였다. 학부나 대학원에서 장애인복지를 수강하는 학생들은 현장에서 사회복지사로 활동할 준비를 하고 있거나 활동하고 있는 사람들이 대부분이다. 이 점을 고려하여 현장에 대한 설명과 고민을 비중 있게 담아보려고 노력하였으며, 서비스와 지원활동 부분을 책의 전반부에 배치하였다.

셋째, 최근 강조되고 있는 장애 당사자주의 또는 자기결정주의를 존중하는 실천 방향을 제시하려고 노력하였다. 장애인 당사자주의와 자기결정은 사회복지사의 실천윤리 중 가장 중요한 '이용자의 자기결정 원칙'과 동일한 것이다. 이런 면에서 이 책의 전체에 걸쳐서 돕는 전문가로서의 사회복지사는 장애인의 자기결정을 적극적으로 지원하는 활동을 수행해야 한다는 점을 전제하였다.

이 책은 부채를 안고 있다. 17년 가까이 학생들을 가르쳤고, 20년 넘게 이 분야에서 실천과 연구를 수행해 왔지만, 아직도 이 책의 모든 장을 아우를 만큼의 경험과 지식이 넓지 못함을 절감했다. 그래서 은행에서 빚을 얻는 마음으로 필자가 쓸 수 없는 분야에 대해서는 지인들께 원고를 부탁해서 빌렸다. 김고은 교수, 박광옥 연구원, 배융호 사무총장, 윤상용 교수, 윤재영 교수, 이동석 박사, 이복실 박사, 이은기 사무국장, 허곤 원장(가나다순)께서 원고를 보태주셨기 때문에 이 책이 모양새를 갖추어 세상에 나올 수 있게 되었다. 필자를 믿고 정성을 다해 원고를 주신 공동저자들께 깊이 감사드린다.

이 책은 2012년에 발간된 '장애와 사회복지'의 내용을 승계하면서 구성을 전면적으로 재편하였다. 또한 많은 장을 전면적으로 수정하였고, 발달장애와 관련된 두 개의 장을 새로이 추가하였다. 이런 변화에 맞추어 책의 제목도 완전히 새롭게 바꾸었다. 이 책이 장애인복지 분야에서 學과 思가 잘 어우러지고, 학교와 현장이 긴밀해지고, 장애인과 사회복지사가 친밀해지는데 조금이나마 기여할 수 있기를 바라는 마음이다. 이런 지향을 가지고 앞으로 부족한 부분은 정기적으로 보완하고, 새로이 필요한 부분은 추가해 나갈 것을 약속드린다.

원고를 기쁨으로 받아주시고, 정성스럽게 편집해 주신 EM 커뮤니티의 문주연 사장님과 김영환 원장님, 박미선 선생님께 깊이 감사드린다. 이 책이 새로운 모습으로 세상에 나올 수 있도록 지극한 정성으로 원고를 모으고 살펴주신 성공회대학교 사회복지연구소 박광옥 연구원과 세심한 정성으로 편집의 수고를 감당해 주신 EM실천 정동숙 선생님께 깊은 고마움을 전한다.

2016년 3월

편저자 김용득

머리말

개정 1판

학계와 현장의 지인들과 함께 조심스럽게 이 책을 세상에 내놓은 지 3년이 지났다. 그 동안 많은 분들이 보내주신 애정 어린 관심에 깊이 감사드리면서 이번 개정작업에 대하여 설명 드리고자 한다.

이번 작업은 지난 3년 동안 달라진 상황을 반영하는데 집중하였다. 장애인 분야 정책은 우리사회에서 가장 많은 변화를 경험하고 있는 영역이다. 서비스 기준. 공급기관의 규모 등이 해마다 달라지고 있다. 이런 변화를 반영하는데 중점을 두고 개정 작업을 하였다.

그럼에도 불구하고 현재 진행되고 있는 정책 변화를 충분히 녹여내지는 못한 측면이 있다. 현재 장애등급제 폐지. 탈시설 이행 등 영향이 크고 민감한 정책 과제에 대한 구체화 작업이 계속 진행 중에 있다. 그리고 금년부터 발달장애인을 위한 주간활동서비스가 새로이 시작되고 있다. 이런 변화들은 장애인 정책뿐만 아니라 서비스 실천 분야 전반에도 중대한 영향을 미치게 될 것으로 보인다. 그러나 아직 내용이 확정되거나 세부화된 상황이 아니어서 이를 이번 개정에 충분히 반영하기는 어려웠다. 이에 대해서는 다음 개정에 반영하기로 약속드린다.

바쁘신 시간 중에 개정작업을 해 주신 공동저자 선생님들께 깊이 감사
드린다. 그리고 이 책을 정성스럽게 아끼고 살펴주시는 EM실천 김영환 원
장님과 정동숙 선생님께도 고마운 마음을 전한다.

2019년 4월

편저자 김용득

제1부

입문

제1장 장애와 윤리

┃ 김 용 득

장애인은 사회에 대하여 무엇을 기대할까? 장애 분야에서 활동하는 사회복지사는 어떤 모습일까? 본 장에서는 이 질문을 다양한 사실에서 다른 방식으로 표현해 보려고 한다. 사회복지학을 공부하고 전문가이기를 갈구하는 사회복지사의 입장에서 생각하는 장애인을 돕는 사회복지사의 모습은 도움을 받는 장애인이 기대하는 전문가의 모습과 같은 것일까? 아니면 다른 것일까? 이 둘의 모습을 같게 만들려면 어떻게 해야 할까?

1. '장애우'의 시대

장애가 무엇인가는 사람들의 생각에서 나온다. 사람들의 생각은 그 시대의 일상적인 경험이나 주도적인 가치의 영향을 받는다. 장애에 대한 사람들의 생각은 얼핏 보면 달라지지 않는 것처럼 보이지만 사실은 세상의 변화만큼 생각도 많이 달라졌다. 서구 사회를 기준으로 산업혁명 이후 초기 자본주의 시대를 장애인에게 가장 혹독한 시기라고 한다.

이 시대의 법칙과 상식은 자본과 노동으로 설명된다. 자본은 최대의 이익을 추구하는 것이 선이며, 노동은 사회를 발전시키거나 유지하는 핵심 활동수단으로 노동하지 않는 것을 악으로 보았다. 노동능력이 취약한 사람들은 세상에서 제거되는 것이 바람직하다고 생각했다. 더구나 장애인은 스스로 노동하기가 어려울 뿐만 아니라 보살피는 사람이 필요하기 때문에 다른 사람의 노동활동마저도 방해한다고 생각했다. 그래서 장애인은 사회에서 분리 또는 추방되어야 한다는 생각이 지배했다. 장애인운동과 장애인을 지지(옹호)하는 사람들의 운동은 이런 생각에 대항하고 저항해 온 역사이다. 장애인운동과 장애인옹호운동의 입장에서 장애는 주류사회가 구성한 구조(건물의 구조, 도로의 구조, 교육의 구조, 고용의 구조, 체육활동의 구조 등) 때문에 세상에서 밀려나거나 불편을 겪거나 핍박을 받는 사실을 지칭한다. 그래서 장애문제의 해결은 장애인을 재활시키거나 변화시키는 것으로만 가능한 것이 아니라 세상의 구조를 바꾸는 데서 출발하지 않으면 안 된다고 주장한다. 산업혁명기 이후의 장애의 역사, 장애정책의 역사, 장애인복지의 역사는 장애인은 부적응자라는 세상의 생각과 장애는 사회의 불비(不備)에서 온다는 또 다른 생각의 부딪힘의 역사다. 세상의 움직임이 장애인의 부적응을 강조하던 것에서 세상의 불비를 자각하는 방향으로 움직이고 있다는 사실은 다행스러운 일이다.

이런 두 가지 생각의 주도성이 변화함에 따라 분리와 배제의 시기, 자선과 동정의 시기, 권리와 평등의 시기로 구분할 수 있다. 장애에 대한 생각은 분리와 배제에서 권리와 평등의 인정으로 이동한다. 우리나라는 1980년대까지도 분리와 배제의 시기였다고 할 수 있다. 이 시기에 '장애우'라는 단어를 사용한 장애우권익문제연구소는 장애인도 세상의 친구로 인정받아야 한다는 슬로건으로 세상에 저항을 선언하였다. 이런 저항은 크게 성공을 거두었다. 대부분의 대중방송은 누가 시키지 않아도 장애우라는 단어를 사용한다. 장애우라는 단어를 사용하는 대부분의 장면은 어렵고 힘들게 삶을 지탱해 가는 모습이다. 드디어 사람들의 생각은 분리와 배제에서 자선과 동정으로 이동하는 것 같다. 장애우라는 단어에 대한 대중 방송의 선호와 '내가 왜 만인의 친구여야 하는가?'라고 반문하는 많은 장애 당사자들의 시선은 대중담론과 장애 내 담론의 간격을 보여주고 있다.

지금 우리는 '장애우'의 시대에 살고 있는 것 같다. 그러나 '장애우'의 시대는 우리가 극복해야 할 또 하나의 숙제이다. 중증장애인독립생활연대의 소식지에 소개된 내용은 이를 잘 보여준다. 휠체어 장애인과 비장애인 부인이 같이 산책을 하고 있었다 한다. '장애우'의 시대에 사는 길 가던 한 아주머니가 휠체어를 밀고 가는 부인을 쳐다보면서 '복 받을 겨', 그리고 휠체어에 앉아 있는 남편을 내려다보면서 '복 받은 겨'라고 했다 한다.

2. 또한 '차별금지'의 시대

장애인에 대한 우리사회 저변의 생각은 장애우의 시대에 있지만, 장애인차별금지법 제정 이후로 장애와 관련된 논의와 제도의 지배원리는 사회적 차별의 극복을 요구하는 권리의 시대에 있다. 대중담론과 장애담론의 이런 괴리는 장애와 사회에 상처를 남기고, 결과적으로 장애와 사회의 분리를 강화시키기도 한다.

음악 재능이 뛰어난 '가을'이라는 이름을 가진 여자아이가 있었다. 이 아이는 특히 바이올린을 좋아했고, 전국 대회에서 수상한 경력도 있다. 그런데 초등학교 2학년 때 고열로 청력을 완전히 잃었다. 듣지 못한다는 사실 때문에 엄마와 아이는 서로 약속한 듯이 음악과 바이올린에 대해서는 더 이상 언급하지 않았다. 그러다가 초등학교 6학년이 시작되는 3월에 가을이는 학교 안내문에서 방과 후 활동으로 '오케스트라 단원 모집' 광고를 보게 되었다. 가을이는 잊고 있었던 바이올린이 떠올랐다. 해 보고 싶다는 생각이 들었다. 그래서 엄마에게 이야기하기 전에 먼저 담임선생님께 여쭈어 보았다. 담임선생님은 신청해 보라고 했다. 기쁜 마음으로 가을이는 엄마에게 하고 싶다고 했다. 엄마는 걱정이 되기는 했지만 가을이가 좋아하는 일을 시도해 보는 것도 좋을 것 같아서 신청서를 제출했다. 이어서 오디션에 합격하고 가을이의 오케스트라 활동은 3월 말부터 시작되었다. 이 오케스트라는 한 학기 동안 연습해서 7월 중순에 시립극장에서 열리는 지역 초등학교 오케스트라 대회에 출전하기로 되어 있었다.

오케스트라는 방과 후 교사가 담당했다. 가을이는 정말 열심히 했다. 가을이를 돕기 위해서 엄마는 일주일에 한번 집으로 오는 피아노 개인지도 선생님을 붙여 주었다. 여기에 소개하는 모든 이야기는 필자가 이 피아노 개인지도 선생님에게서 들은 내용이다. 가을이는 듣지 못함에도 연주가 가능하다는 사실이 신기하기도 하고, 또 너무 재미있었다. 그래서 4월과 5월 두 달 동안 실력도 많이 좋아졌다. 5월 말에 피아노 개인교사는 바이올린 소리가 잘 맞지 않아서 보니 줄이 약간 풀려 있었다. 피아노 개인교사가 줄을 맞추어 주겠다고 했더니 가을이는 펄쩍 뛰면서 바이올린을 빼앗아서 품에 안았다. 이 줄은 자기 학교 오케스트라 선생님만 만질 수 있는 것이라 했다. 자기가 듣지 못하기 때문에 판단하지 못하는 한계를 '절대 권력자'인 오케스트라 선생님에게 완전히 의탁하고 있었다. 그래서 피아노 개인교사는 오케스트라 선생님에게 줄이 틀렸다고 이야기하라고 했다. 그래서 줄을 바로잡을 수 있었다.

오케스트라 발표회가 예정되어 있던 7월 중순이 되었다. 피아노 개인교사가 집에 갔을 때 가을이는 완전히 풀이 죽어 있었다. 그리고 더 이상 바이올린을 하지 않아도 된다고 했다. 오케스트라가 어떻게 되었느냐는 피아노 개인교사의 질문에 가을이는 한 마디로 대답했다. "저만 빼고 다 갔어요." 같이 연습했지만 가을이만 빼고 오케스트라 발표회를 간 것이었다. 엄마가 오케스트라 선생님에게 전화해서 확인한 사실은 가을이는 처음부터 발표회에 갈 학생으로 생각하지 않았다는 것이었다. 듣지 못하는 학생이 다른 악기들과 맞추어 어떻게 바이올린을 연주할 수 있느냐고 했다.

그럼 왜 처음부터 가을이를 단원으로 받았는지가 궁금해진다. 바로 차별금지법의 위력 때문이었다. 이 학교의 교장선생님은 차별금지법에 대해서 잘 알고 있었고, 방과 후 교사에게 특별히 단원 선발에서 차별하지 않도록 주의해 달라고 요청하였다. 오케스트라 교사의 차별금지는 단원으로 받는 것까지였다. 처음부터 가을이를 발표회에 참여시킬 의사가 없었다. 이 점은 다른 학생들도 다 알고 있었다. 왜냐하면 가을이가 틀려도 적극적으로 지적하지 않았기 때문이다. 발표회도 끝나고 한 학기도 끝났다. 그리고 가을이의 설렘도 끝났다. 그리고 또 한 가지 끝난 것은 가을이의 세상에 대한 깊은 사랑과 믿음이었다. 차별금지법은 가을이게도, 엄마에게도, 오케스트라 선생님에게도 깊은 상처를 남겼다.

3. 동병상련(同病相憐)과 동상이몽(同床異夢)

많은 지적장애인들이 거주시설, 장애인복지관, 주간보호시설, 보호작업장, 근로사업장 등을 이용하고 있다. 그리고 이들을 돕기 위하여 사회복지사, 직업재활사 등이 시설에 고용되어 있다. 이 이야기는 지적장애를 가지고 있는 서비스 이용자와 이들에게 도움을 제공하는 전문가인 직원들이 서로에 대해서 어떻게 생각하는지를 탐구한 결과이다.

과거에 지적장애인들은 성인의 경우에도 정신연령이 낮다는 이유로 아이처럼 대접받는 것이 자연스럽다고 생각했고, 이들과 관련된 대부분의 일들은 직원이 대신 결정해야 한다고 생각했다. 그러나 최근에는 성인 지적장애인들은 일상에서 스스로 결정할 수 있으며, 또 스스로 결정할 수 있는 기회를 가지는 것이 당연하다는 점이 강조되고 있다. 이런 영향으로 지적장애인의 서비스 과정에서의 참여와 직원과의 평등한 관계 정립이 중요한 과제로 제기되고 있다.

필자는 한국연구재단의 지원을 받아 우리나라에서 서비스를 이용하는 지적장애인과 서비스를 제공하는 직원들이 그들의 관계를 무엇으로 인식하고 있는지를 알아보는 연구를 수행하였다.[1] 일반화시킬 수는 없지만 본 연구를 통해서 발견한 지적장애인들과 직원들의 생각을 간단히 정리하면 다음과 같다.

지적장애인은 직원과의 관계를 어떻게 인식하고 있는가? 지적장애인이 인식하는 관계의 유형은 세 가지로 추출되었다. 첫째, '이용자가 중심이 되는 관계'라고 생각하는 유형으로, 이용자에게 요구되는 지원을 위해 서비스가 제공되므로 이 과정에서 이용자가 중심에 위치하는 것으로 생각하는 유형이다. 이 유형으로 생각하는 지적장애인들은 서비스 제공자가 지적장애인을 치료하거나 통제하는 사람이라는 생각에 반대하였다. 둘째, '직원이 지시하는 위계적 관계'라고 생각하는 유형으로,

---

1) 연구결과의 자세한 내용은 다음의 두 편의 논문으로 발표되었다.

박숙경·김용득. 2010. "지적장애 이용자와의 관계에 대한 실천가의 인식유형". 『한국사회복지학』, 02(1). 307–309.

김용득·강희설·이복실. 2009. "지적장애인이 인식하는 사회복지 서비스제공자와의 관계". 『사회복지연구』, 40(4): 231–257.

서비스 제공자는 장애인을 치료하고 가르치므로 주도권을 가진다고 생각하는 유형이다. 셋째, '상호의존 관계'라고 생각하는 유형으로, 직원과 이용자의 관계는 신뢰와 친분이 중요한 대등한 관계로 인식하는 유형이다. 어느 한쪽이 주도하거나 갈등관계가 아니며 서로 존중하면서 돕고 있다고 생각하는 유형이다.

도출된 인식 유형을 바탕으로 지적장애인에게 설문 조사를 실시하여 275명의 응답을 분석한 결과, 직원과의 관계에 대한 지적장애인의 인식 유형은 '직원이 지시하는 위계적 관계' 41%, '상호의존 관계' 31%, '이용자가 중심이 되는 관계' 28% 순으로 나타났다.

직원은 지적장애인과의 관계를 어떻게 인식하고 있는가? 직원들이 인식하는 지적장애인 이용자와의 관계에 대한 인식 유형도 세 가지로 확인되었다. 첫째, '피상적으로 평등을 지향하는 유형'으로, 이용자와 평등해야 한다는 외적인 요구를 받아들이지만 구체적으로 어떻게 실천해야 할지는 진지하게 고민하지 않는 유형이다. 이들은 스스로 전문적이며 객관적인 역할을 수행한다고 생각한다. 둘째, '성찰을 통하여 직원의 우위를 인정하는 유형'으로, 평등을 지향하지만 현재의 여건에서 평등을 전제로 실천하기는 어렵다는 현실적 한계를 받아들이는 유형이다. 셋째, '헌신적 옹호 지향형'으로, 직원이 장애인을 위해 헌신적이고 희생적으로 일하고 있다고 생각하는 유형이다.

도출된 인식 유형을 바탕으로 지적장애인에게 서비스를 제공하고 있는 직원들에게 설문 조사를 실시하여 252명의 응답을 분석한 결과, 이용자의 관계에 대한 직원의 인식 유형은 '피상적으로 평등을 지향하는 유형' 48%, '성찰하면서 직원의 우위를 인정하는 유형' 41%, '헌신적 옹호를 지향하는 유형' 11% 순으로 나타났다.

이런 주제는 아직 우리사회에서는 낯설게 느껴진다. 지적장애인들이 일상에서 자신과 관련된 의사결정을 스스로 하는 것이 중요하다는 인식 자체가 낮기 때문일 것이다. 그러나 이 연구를 통하여 지적장애인들은 직원과의 관계에 대한 문제의식을 표현하고 있음을 알 수 있다. 그러나 아직 많은 직원들은 지적장애인과 평등하다는 점을 규범적 수준에서는 받아들이지만, 아직 구체적인 고민은 부족하다는 점을 확인할 수 있었다.

연구결과를 보면 절반에 가까운(41%) 지적장애인들이 직원이 지시하는 관계라는 문제의식을 가지고 있으며, 반면에 절반에 가까운(48%) 직원들은 아직 지적장애인과의 관계에서 평등한 실천의 문제를 심각하게 고민하지 않고 있다는 점을 조심스럽게 제기할 수 있다. 우리 현실에서 성인 지적장애인과 직원의 관계는 동병상련의 관계인가 아니면 동상이몽의 관계인가? 여기에 대해서 진지하게 생각하고, 상호지지적인 관계를 한 단계 성숙시키는 방법을 고민하는 것이 절실하다.

4. 거주시설에 사는 사람들의 상반된 모습

의지할 사람이 주변에 없는 경우에 시설이라는 곳에서 살아야 하는 경우가 있다. 시설이라는 형태는 산업혁명 시기에 장애인을 지역사회로부터 격리하여 대규모로 집단 거주하게 하려는 시도에서 만들어졌다. 대규모 격리시설은 비인간적 처우로 사람들의 지탄을 받아왔다. 이런 문제를 해결하기 위하여 미국, 영국, 일본 등에서는 대규모 시설을 소규모로 분산시키고, 지역사회로 이주하도록 하며, 최대한 집과 같은 공간으로 바꾸려는 노력이 진행되었다. 이런 노력을 통하여 거주시설은 분리와 수용의 공간에서 사적인 프라이버시가 보장되는 거주의 공간으로 변화되었다. 그러나 우리사회는 아직도 대규모의 지역사회와 분리된 시설 모델이 주도적이다.

　가끔씩 최중증의 장애인이 거주하는 시설을 운영하는 사람으로부터 이런 말을 듣는다. '집에서 도저히 감당이 안 될 정도로 빗나간 어느 집 아들이 자신이 운영하는 장애인시설에서 사흘을 생활하고 나서 개과천선하여 훌륭한 사람이 되었다.' 어쨌든 누군가가 자극을 받아서 훌륭한 사람이 되었다 하니 얼핏 감동적인 이야기인 것 같기도 하다. 그런데 영 개운치가 않다. 그렇다면 개과천선의 자극제가 되었던 장애인의 삶의 모습이 어땠기에 그 망나니가 개과천선까지 했을까 하는 질문이 생긴다. 거주시설은 비극의 모습, 불운의 모습이 주도되는 공간이어서는 안 된다. 편안한 모습, 존중받는 모습의 삶의 공간으로 인식되어야 한다. 이 점은 우리 시설이 변화되어야 할 것이 그만큼 많다는 의미이다. 그리고 사람들의 생각이 변하는 것이 무엇보다 우선되어야 한다.

　삶 공간의 모습, 존중의 모습은 거주하는 사람들이 자신의 공간으로 느끼고, 자신이 공간의 주인이라는 생각을 가질 수 있는데서 출발한다. 이렇게 되면 시설은 더 이상 시설이 아닌 것이다. 일본을 방문했을 때의 일이다. 10여 명이 함께 사는 조그만 거주공간에 갔더니 직원으로부터 간단히 소개와 인사를 나누고 그 시설에 거주하는 지적장애인이 자신이 거주하는 공간을 설명하기 시작했다. 우리 일행에게 TV를 설명하면서 너희 집에 있는 TV는 얼마나 크냐고 물었다. 이 지적장애인은 자신들이 하루를 어떻게 보내는지, 어떤 식사를 좋아하는지 등을 설명했다. 그리고 자신의 방과 자신의 물건에 대해서도 열심히 설명했다. 정말로 자신이 주인인 공간으로 생각하고 있었다. 여기에 망나니 아들이 와서 함께 지낸다면 개과천선할 수 있을까?

　어떤 경우든 자신의 집을 떠나서 주어진 환경에 자신을 무조건 맞추어야 하는 경험은 힘들고 부정적인 경험이다. 그래서 도움이 필요한 장애인에게는 자신의 집에 거주하면서 지낼 수 있도록 하는 지원서비스가 중요하다. 그러나 안타깝게도 불가피하게 새로운 거주 장소로 이동해야 하는 상황이 있을 수 있다. 이런 경우에는 최대한 자신의 집처럼 편안하고 존중받으면서 살 수 있도록 하는 것이 사회의 책임이다. 이와 관련하여 영국 버밍엄 시가 선언하고 있는 내용을 소개하면 다음과 같다.

거주시설을 이용하고 있거나 이용하려는 분들께

버밍엄 지방정부는 거주서비스를 이용하고자 하는 결정이 생활에 관련된 어떤 다른 결정들보다도 가장 어려운 일임을 잘 알고 있습니다. 거주서비스 시설에서 생활하기 위하여 이주하는 일은 어떤 상황 때문이거나 본인이 아닌 다른 사람들의 결정에 의해서 강요되어서는 안 됩니다. 이주는 귀하 자신의 선택에 의한 것이어야 합니다. 귀하가 선택한 거주시설이 적절한 곳인지를 결정하기 전에 귀하께서 거주시설에 대하여 충분한 경험을 얻고 결정하는데 필요하고 충분한 시간적 여유를 가질 수 있도록 돕기 위하여 모든 노력을 기울일 것입니다.

거주서비스를 이용하게 되는 경우에 불가피하게 다른 사람들의 욕구도 고려해야 합니다. 그러나 우리 정부는 귀하가 거주시설로 이주하게 되는 경우에도 자신의 집에서 살고 있는 일반적인 버밍엄 시민에게 보장되는 것과 동일한 수준의 권리가 보장될 수 있도록 할 것입니다. 본 안내문에는 20개의 권리가 제시되어 있습니다만, 이 점이 제시된 권리 외 다른 권리를 보장하지 않는다는 사실을 의미하는 것은 아닙니다. 버밍엄 지방정부는 귀하의 권리가 존중받고 유지될 수 있도록 하기 위하여 모든 노력을 기울일 것입니다.

귀하에게 보장되는 20가지 권리들은 다음과 같습니다.

1. 귀하가 원하는 호칭으로 불리어질 권리
2. 귀하가 할 수 있는 일은 스스로 할 수 있는 권리
3. 귀하의 행동들에 대한 개별적 독립, 개별적 선택, 개별적 책임의 권리
4. 돌봄 과정에서 존엄성을 존중받고, 한 개인으로 다루어질 권리
5. 귀하의 인종, 종교, 문화, 언어, 성, 성적 지향성, 장애, 연령 등을 민감하게 고려하는 반차별적인(anti-discriminatory) 서비스를 받을 권리
6. 귀하의 생활에 영향을 미치는 지방정부 직원의 결정과 관련된 모든 정보에 대해서 접근할 수 있는 권리
7. 보건소 담당 의사 등의 의료진, 지역의 시의원, 서비스 책임자, 종교적 조언자, 권익옹호자 등의 사람들과 접촉할 권리와 필요한 경우에 접촉하는데 필요한 도움을 받을 권리
8. 독립적인 방을 가질 권리와 방의 크기와 안전 문제와 관련된 제한 범위 내에서 귀하가 원하는 데로 방을 장식하고 가구를 배치할 권리
9. 언제나 귀하의 개별적인 프라이버시를 인정받을 권리, 귀하의 방을 잠글 수 있는 권리와 사유물을 안전하게 보관할 수 있는 권리
10. 귀하가 선택한 사람을 귀하의 방에 초대할 수 있는 권리와 방에서 사적인 대화를 나눌 수 있는 권리
11. 지역사회의 다른 사람들과 교제할 수 있는 모든 기회를 보장받을 권리와 귀하가 선택한 사회적 생활을 영위하는 데 필요한 시설물을 원하는 장소로 이동시킬 수 있는 권리
12. 귀하가 스스로 약물을 관리할 수 있는 권리
13. 귀하의 개인적인 옷들을 보관하고 입을 수 있는 권리
14. 귀하의 재정을 스스로 관리할 수 있는 권리

15. 식단표를 받아볼 수 있는 권리와 적절한 식사를 선택할 수 있는 권리

16. 귀하의 개별 서비스 계획 수립에 참여할 수 있는 권리와 매 6개월 이내의 주기로 정기적으로 귀하의 욕구를 심도 있게 검토받을 수 있는 권리

17. 귀하가 거주하는 거주시설에서의 일상생활과 관련된 의사결정에 완전하게 참여할 수 있는 권리, 일상생활과 관련하여 제안된 어떤 변화에 대해서도 사전 의논을 받을 권리, 서비스에 대해서 의견을 개진할 권리

18. 귀하가 판단하기에 귀하의 자유와 개별적인 존엄성에 비합리적인 제한을 가하는 어떤 결정에 대해서 그 사유를 문서로 통보하도록 할 권리

19. 공식적인 이의 제기 절차에 접근할 권리와 귀하가 원하는 경우에 친구나 조언자가 대리할 수 있도록 할 권리

20. 이상의 제반 권리에 관련된 일정 정도의 위험 수준을 관리자나 직원이 받아들일 것으로 기대할 권리와 귀하의 자립이 이런 위험을 이유로 불필요하게 제한되지 않을 권리

5. 역할기대의 위대함과 잔인함

울펜스버거(Wolfensberger)는 가치 절하 상황에 있는 장애인이 사회적 역할을 인정받도록 하는 것이 장애인에게 서비스를 제공하는 목적이라고 하였다. 그러면서 역할기대(role-expectancy)와 역할 순환성(role-circularity)을 잘 이해하는 것이 중요하다고 하였다. 다음의 예가 이를 잘 설명해 준다. 새 학년이 시작되는 3월에 초등학교 1학년 교실에서 담임선생님이 맨 앞에 앉아 있는 두 학생을 보았다. 이 담임선생님은 오른쪽 우동이와 왼쪽의 좌동이를 번갈아 보면서 우동이는 왠지 어리숙해 보이고, 좌동이는 매우 총명해 보인다고 생각했다. 그래서 좌동이는 공부를 잘하고 반을 이끌 재목감이 될 것이라고 생각했고, 우동이는 반의 평균 점수를 깎아먹는 놈일 것이라고 생각했다. 그래서 1년 동안 좌동이를 적극 지지하고, 많은 경험을 할 수 있도록 하였다. 반면에 우동이는 무관심의 대상이었다. 이렇게 한 학기를 보내고 나면 원래의 잠재력과 관계없이 좌동이는 총명한 아이가 되어 있고, 우동이는 학습부진아가 되어 있을 가능성이 있다. 이것이 역할기대의 힘이다. 그리고 이 담임선생님은 총명한 좌동이와 학습부진의 우동이를 보면서 다시 생각한다. '내가 처음부터 애들을 정확하게 판단했구나. 예상했던 대로야' 그래서 두 번째 학기부터는 확신에 찬 차별적인 역할기대를 보낸다. 이 힘은 1학기 때보다 더 강하고 단호한 것이 된다. 좌동이와 우동이는 이 강한 기대에 또 한 번 부응하게 된다. 이것이 역할 순환성이다.

이 개념을 우리의 이야기로 만들어서 소개해 보면 다음과 같다. 2000년을 전후해서 사회복지시설 평가제도 초기에 필자는 3개년 연속으로 지적장애인들과 자폐성장애인들이 생활하는 거주시설을 평가하는 일에 참여하였다. 3년 동안 전국의 50여 개의 시설을 방문하였다. 중증 장애인이 대부분인 시설에서는 평가지표의 부적절성에 강한 비판을 제기했다. 전국의 시설을 방문하면서 최중증 장애인의 삶을 지원하는 것이 참 어렵겠구나 하는 공감도 컸다. 그런데 방문을 거듭하면서 한 가지 의문이 생겼다. 왜 같은 시설 종류에서 중증인 시설과 그렇지 않은 시설로 확연히 구분되는가? 경우에 따라서는 시설의 종교적 신념이나 설립자의 이념에 따라 중증의 장애인을 우선해서 이용하도록 하고 있는 경우도 있다. 그러나 1970년대 중반을 전후해서 장애인시설로 전환된 대부분의 시설은 정부의 개입 없이 그리고 장애 정도와 관계없이 무작위로 이용자를 받아들였다. 그러면서 30년 가까운 시간이 지난 것이다. 설립 당시 5세였던 아이는 2000년에는 30세가 넘은 어른이 되었다. 그리고 10세였던 아이는 30대 중반의 성인이 되었다. 그래서 필자는 이런 생각을 해 보게 되었다. 장애 정도가 판이하게 다르게 느껴지는 대비되는 시설은 30년 동안 좌동으로 살아온 사람들의 그룹과 30년 동안 우동으로 살아온 그룹의 차이일 수도 있겠다는 생각이 들었다. 이 이야기는 검증할 수 없는 가설 수준의 이야기이다. 더구나 중증장애인 시설을 부당하게 비난하는 이야기가 될 수 있기 때문에 더욱 조심스러운 이야기이다. 다만, 울펜스버거(Wolfensberger)가 강조했던 역할 기대와 역할 순환성의 위대함과 잔인함을 잘 설명할 수 있는 이야기라 소개하였다. 이 이야기는 역할기대와 역할 순환성을 설명하기 위해서 소개하는 가설 수준의 이야기이다.

6. 프로그램으로만 존재하는 자기결정

장애인운동뿐만 아니라 서비스 영역에서도 장애인의 자기결정 원칙이 전제되어야 한다. 자기결정의 원칙은 사회복지실천 영역에서도 이용자를 놓는 핵심적인 가지이기도 하다. 역량강화(empowerment)의 핵심도 이용자에게 권력(power)을 넘기자는 것으로 이용자의 자기결정권을 강조한 흐름이다. 이처럼 자기결정은 장애인 서비스의 핵심 이념이자 전통적인 사회복지실천의 영역에서도 핵심 가치이다. 자기결정의 존중은 사회복지실천이 만들어지는 시점에서부터 전문적 정체성의 핵심이었다. 그렇다면 자기결정을 존중하고 지원한다는 것은 어떤 의미일까?. 어떻게 하는 것이 자기결정을 지원하는 서비스일까?. 우리가 하고 있는 자기결정 지원서비스들은 실제의 자기결정을 얼마나 존중하고 있는 것일까? 이런 질문에 대한 대답을 영국에서 발간된 에세이[2]에 소개된 내용을 중심으로 소개한다.

영국 어느 지역에서 장애인 서비스를 제공하는 민간 운영주체가 정부로부터 새로운 주택을 하나 교부받아서 작은 거주시설을 새로이 운영하게 되었다. 이 거주시설을 이용할 사람은 시의 사회서비스국에서 이용 자격을 인정받은 사람들 가운데 이 운영주체의 서비스를 선택한 사람들이다. 선택한 사람들은 지적장애인 네 사람이다. A씨는 22세 남성으로 부모와 함께 살다가 이제 성인으로 자립을 하려고 거주시설 이주를 결정했다. B씨는 25세 남성으로 20명이 함께 사는 다소 큰 거주시설에 살다가 좀 더 개별성이 높은 작은 시설로 이주하기로 한 사람이다. C씨는 26세 남성으로 B씨와 마찬가지로 20명이 함께 사는 다소 큰 거주시설에 살다가 작은 규모의 시설로 이주하려는 사람이다. D씨는 21세 여성으로 부모와 함께 살다가 부모가 1년간 해외 파견근무를 가면서 가족과 떨어져서 1년간 독립적인 생활을 해보고자 하는 사람이다.

---

2) 에세이 형식으로 집필된 다음의 도서에 소개된 이야기의 일부를 각색한 것이다.
   Jackson, E and Jackson, N, 1999. *Helping people with a learning disability: exploring choice*. Jessica Kingsley.

먼저, 운영주체의 사회복지사는 입주 예정자들과 주택에서 첫 만남을 가졌다. 사회복지사는 업무용 차량을 이용해서 네 사람의 거주 장소를 방문하여 한 사람씩 태워서 새로 입주할 집에 도착하였다. 사회복지사와 네 사람은 1층은 거실과 부엌, 2층은 침실로 되어 있는 집을 둘러본다. 2층에는 큰 방 하나와 작은방이 두 개 있다. 누가 어떤 방에 입주할 것인지를 의논해야 한다. 작은방 두 개 중에 하나는 여성인 D씨가 사용하는데 아무도 이의를 제기하지 않았다. 큰 방 하나를 남자 두 사람이 같이 쓰고, 남은 작은방 하나를 남자 한 사람이 쓰기로 했다. 누가 혼자 쓰고, 누가 함께 2인실을 사용할 것인가를 놓고 긴장이 감돌았다. A씨가 먼저 자기는 다른 사람과 방을 쓸 수 없다면서 독방을 주장하였다. 그러나 B씨도 자신은 이전에도 1인실을 사용하고 살았다며 양보할 기세가 아니다. C씨는 자신은 2인실을 사용해도 좋다고 양보하였다. A씨와 B씨는 서로 양보하지 않으려 했다. 한참을 서로 다투다가 나이가 더 어린 A씨가 양보하고 B씨가 1인실을 사용하기로 했다. 두 개의 1인실 가운데 하나는 도로 쪽이 보이는 좀 시끄럽고 지나다니는 사람들을 볼 수 있는 방이고, 나머지 하나는 뒤쪽 숲 쪽이 보이는 조용하고 풍경이 좋은 방이었다. B씨는 사람과 자동차가 지나다니는 것이 보이는 방을 원했다. 그러자 여성인 D씨는 숲 쪽이 보이는 전망 좋은 방을 사용하겠다고 하여 첫 만남을 가진 날에 입주할 방의 배정을 성공적으로 끝내고, 다음날 오전에 이 집에 다시 모이기로 하고 각자의 거주 장소로 돌아갔다.

다음날 오전 10시에 만난 사회복지사와 네 사람의 입주 예정자는 방 도배지를 결정해야 했다. 도배업자가 샘플을 가지고 왔다. 샘플을 넘기면서 서로의 의견을 이야기했다. 여성인 D씨가 먼저 자기는 장미꽃 무늬가 있는 하얀색 도배지가 좋다고 했다. 그런데 C씨가 꽃무늬는

싫다고 했다. 모두가 동의하는 도배지를 찾는데 실패했다. 그래서 방의 도배는 각자의 취향대로 하기로 했다. D씨는 당초 주장했던 장미꽃 무늬가 있는 도배지를 선택했다. 두 사람이 쓰는 방의 도배지를 결정하는 데는 시간이 조금 걸리기는 했지만 원만한 합의가 이루어져서 바다색 도배지로 결정하였다. 문제는 공용공간인 1층 거실과 부엌에 어떤 도배지를 사용할지를 결정하지 못 했다. 그래서 사회복지사의 제안으로 네 사람은 도배지 도매상가에 가서 모두가 합의할 수 있는 도배지를 고르기로 했다. 그래서 다음날 10시에 입주할 집에서 만나 인근에 있는 도매점에 갔다. 도매점에 있는 많은 도배지들을 수없이 펼쳐보았지만 합의가 쉽지 않았다. 그러면서 서로 간에 다툼이 생겼다. C씨는 A와 B씨에게 양보를 종용하며, 여성인 D씨가 하자는 대로 정하자고 제안했다. 내키지 않았지만 A와 B씨는 받아들였다. 이래서 공용공간의 도배지가 간신히 정해졌다. 도배지를 정하고 점심 식사를 하러 갔다. 각자가 먹고 싶은 메뉴를 주장하여 한 음식점에 같이 갈 수가 없게 되었다. 그래서 A와 B씨는 햄버거 가게에 가고, C와 D씨는 옆에 위치한 스파게티 가게로 갔다.

셋째 날에는 자신들의 아침식사와 저녁식사를 도와줄 도우미를 어떻게 결정할 것인가를 의논하였다. 네 사람 모두 인근의 보호작업장에서 일한다. 점심은 작업장에서 먹기 때문에 아침과 저녁을 도와줄 사람이 필요했다. 그래서 모집공고를 내기로 했다. A4 종이에 직접 펜으로 적어서 10장의 모집공고문을 만들었다. 사회복지사와 네 사람은 인근의 사람이 많이 다니는 길목의 전봇대에다 10장의 모집공고문을 붙였다. 일주일 동안 모집공고문을 보고 사회복지사에게 이력서를 제출한 사람은 3명이었다. 한 사람은 옆집 아주머니. 또 한 사람은 인근에 사는 할아버지. 마지막 한 사람은 근처 대학에 다니는 4학년 여학생이었다.

일주일 뒤에 사회복지사와 네 사람은 입주할 집에서 다시 만났다. 자신들을 도와주겠다고 신청한 세 사람 가운데 한 사람을 선발하는 면접을 보기로 약속이 되어 있었다. 세 사람에 대해서 간단한 질문을 통하여 면접을 하였다. 어떤 요리를 잘 하는지, 어떤 동물을 좋아하는지, 어떤 것을 싫어하는지 등에 대한 간단한 질문들이 있었다. 면접이 끝난 후 누구를 결정할 것인가를 두고 사회복지사와 네 사람이 의논하였다. 여성인 D씨를 제외한 세 명의 남성은 모두 인근 대학에 다니고 있는 20대 여성을 채용하는 것에 의견이 일치하였다. 그러나 D씨는 완강히 반대하였다. 음식을 잘 하지 않을 것 같다는 이유였다. 한참을 실랑이를 벌이다가 옆집에 사는 아주머니로 결정하였다.

이런 과정을 거쳐서 드디어 깨끗하게 도배가 된 집에 입주하는 날짜가 되었다. 각자는 열쇠를 하나씩 받았다. 이제 이 집은 네 사람의 공간이 되었다. 사회복지사는 일주일 두세 차례 저녁시간에 방문하여 네 사람의 입주자들과 지내는 이야기를 하기로 했다. 그렇다면 우리의 자기결정 지원서비스는 어떠한가? 새로 공동생활가정을 만들면 운영 법인에서 도배, 침구, 가구 등을 모두 완벽하게 준비한다. 그리고 입주자는 모든 것이 다 결정되어 있는 공간에 입주한다. 그리고는 자기결정 훈련이라는 것을 한다. 실제의 자기결정이 아니라 프로그램으로만 존재하는 자기결정이다. 그것도 훈련이다. 실제로 자기결정을 할 수 있는 기회는 좀처럼 허락되지 않는다.

7. 동강 래프팅 사건

몇 년 전의 일이다. 경기도에 있는 지적장애인 거주시설에서 이용자들이 한 여름 저녁시간에 TV 뉴스를 통해 동강에서 래프팅을 즐기는 모습을 보게 되었다. 이용자들은 직원에게 동강으로 래프팅을 가자고 제안하였고, 참가하는 이용자들 각자가 비용의 일부를 부담하고 일부는 시설에서 지원하는 것으로 하여 가기로 하였다.

그런데 래프팅을 하다가 한 이용자가 보트가 뒤집히면서 심장마비로 사망하는 사고가 생겼다. 이 사건에 대한 경찰의 수사가 시작되었다. 경찰의 수사 요지는 장애인을 안전하게 보호해야 할 거주시설에서 위험하기 짝이 없는 무모한 행동으로 한 이용자를 사망에 이르게 했다는 것이었다. 이 사건에 대하여 재판이 진행되었다. 판결의 요지는 취약한 장애인을 동강 래프팅과 같은 위험한 상황에 직면하게 한 시설의 원장과 직원의 행동은 과실치사에 해당하지만 이용자들이 적극적으로 이를 희망하였고, 시설도 다른 사람들이 하는 즐거운 여가를 경험해 주겠다는 선한 의도가 인정되기 때문에 벌금형으로 갈음한다는 것이었다. 상식적으로 생각해 보면 래프팅과 같은 상황에서 사망사건에 대한 수사는 현장 래프팅 진행요원들이 안전 수칙을 잘 준수했느냐에 맞춰지는 것이 통상적이다. 그러나 이 사건에서는 이 부분이 중요하게 다루어지지 않았다.

이 사건의 수사와 판결을 보면 두 가지 생각의 대립을 극단적으로 보여준다. 하나는 장애인들은 취약하기 때문에 누군가로부터 안전한 공간에서 특별한 보호를 받아야 하며, 작은 위험상황에도 노출되지 않도록 해야 한다는 생각이다. 다른 하나는 장애인들도 다른 사람이 경험하는 일상에 같이 참여할 수 있어야 하며, 다소간의 위험이 따르더라도 자신들이 원하는 일을 경험할 권리가 존중되어야 한다는 생각이다. 장애인서비스에 종사하는 사람들은 이 두 생각의 대립 속에 있다. 대중의 견해나 서비스 제도들은 안전한 보호를 강조하는 첫 번째 생각에 굳건하게 기초하고 있다. 반면에 장애인 분야의 서비스 지향은 자기 결정과 일상적인 경험의 권리를 존중해야 한다는 확고한 신념을 갖고 있다. 이 대립은 어떻게 해결되어야 하는가? 두 가지 과제가 있다.

첫째. 개인별 계획 수립이 공식화되어야 하며. 구체적으로 이루어져야 한다. 이 사건에서 시설의 과실치사가 성립되는가의 기준이 어디에도 없다. 따라서 재판부는 포괄적으로 안전보호의 의무를 소홀히 한 것으로 간주하였다. 우리나라의 서비스 체계에서는 개인별 서비스 계획이 기록되어 있는 꽤 수준 높은 개인별 상담 기록철 또는 사례관리 파일이 어디에나 있다. 그러나 정작 중요할 때는 의미가 없다. 개인별 서비스 계획이 법적인 의미를 가진다고 가정해 보자. 이 사건의 경우에 서비스 계획에 의학적인 심장의 문제가 기록되어 있었다면. 이 시설은 과실치사의 죄를 면하기 어렵다. 그러나 그렇지 않았다면 시설은 개인의 자유를 제한할 수 없기 때문에 시설의 과실치사가 아니라 래프팅 업체의 안전 의무의 적절한 이행 여부에 초점이 맞추어져야 한다. 전문성을 과시하는 목적으로 사용되고 있는 개인별 서비스 계획서가 실제 서비스 진행과정에서 서비스의 청사진이 되어야 할 뿐만 아니라 이용자에게 제공된 서비스에 대한 법적인 다툼이 생겼을 때에도 기준이 되도록 해야 한다.

둘째. 경험의 권리 또는 위험감수권을 생각해 보아야 한다. 위험은 '개선되거나 제거되는 것이 필요한 어떤 상황'을 지칭하는 데 사용한다. 그리고 안전은 '바람직하거나 권장할 만한 적절한 상태'를 지칭하는 데 사용한다. 따라서 위험은 회피하여야 하는 것이며. 안전은 추구하여야 하는 것으로 이해한다. 안전을 과도한 안전의 의미로 사용한다면 모든 가능한 위험들이 제거된 상태를 의미할 것이고, 이 상태는 아마도 철저한 감독과 감시를 받으면서 지내는 상태에 해당할 것이다. 다음과 같은 문장들은 과도한 안전을 표현하는 진술이다. '다른 사람에게 사기를 당할 우려가 있으니까 다른 사람을 만나지 않는 것이 좋겠다.', '멀리 여행을 가면 길을 잃을 염려가 있으니까 가만히 집에 있는 것이 좋겠다.', '칼을 사용하여 요리를 하면 상처를 입을 수가 있으니까 요리를 하더라도 칼을 사용하지 않는 것이 좋겠다.'

이런 과도한 안전을 강조하는 접근 방식은 유아들에게 주로 적용될 수 있다. 스스로를 방어할 수 없는 어린아이들은 철저히 안전하게 부모의 보호 아래에서 성장하는 것이 필요할 것이다. 그러나 이런 아이들은 8-9세에 이르면서 다양한 방식으로 안전한 보호에서 벗어나는 시도를 하게 되며, 완전히 벗어나는 것이 인정되는 적당한 연령이 되었을 때 비로소 성인이라는 호칭을 부여받게 된다. 그러나 일반적인 사람들의 경우와는 달리 장애인들에게는 성인이 되더라도 '안전한 보호'로부터 벗어나는 것이 허용되지 않는 경우가 많다. 특히, 지적장애인들의 경우는 더욱 그러하다. 지적장애인들에게 요구하는 까다로운 안전은 두 가지의 의도를 표현하는 것이라고 할 수 있다. 첫째, 지적장애인에 대한 사회적 격리의 의도이다. 지적장애인들은 사회에 나와서 활동하는 것이 적절하지 않을 뿐만 아니라 사회에 해를 끼치거나 부담을 주기 때문에 가능하면 사회와 분리되어 사는 것이 좋다는 견해이며, 이는 오랫동안 우리사회의 주류 담론으로 자리 잡고 있다. 둘째, 지적장애인의 성장과 발달 가능성에 대한 부정이다. 지적장애인들도 모험을 통해서 새로운 것을 알아나가고, 이를 통하여 성장할 수 있다는 발달기대를 부정하는 것이며, 이런 관점은 지적장애인에 대하여 '자라지 않는 영원한 아이'라는 낙인을 부여하고 있다. 따라서 장애인, 특히 지적장애인들에게 과도한 수준의 안전을 주장하는 것은 이들의 격리와 비인간성을 주장하는 것과 동일하다는 결론에 이를 수 있다.

장애인들의 경우 장애에 따라 개인적인 취약성(vulnerability)이 존재한다. 따라서 안전에 대한 별도의 고려가 필요하다는 점도 동시에 인정되어야 할 것이다. 위험감수권과 안전의 문제는 사려 깊은 접근이 요구되는 분야이다.

8. 스웨덴 말모에서 열린 지적장애인 대회[3], 1970년에

정상화와 자기결정의 원칙에 힘입어 지적장애인의 성인교육 및 여가 프로그램, 지적장애 성인들이 운영하는 모임, 모임 간의 상호 방문과 이를 통해 증가된 지역 협의회 등은 스웨덴 지적장애 성인들의 국가적 협의회의 필요성을 제기하였다. 1968년에 첫 번째 회의가 열렸는데, 20명의 참가자들이 여가 활동에 대해 토론하였다. 1970년에 열린 두 번째 협의회는 전체 3일간의 일정으로 열렸는데, 스웨덴의 24개 지역에서 선출된 각 2명의 대표자가 참석하였고, 두 명의 덴마크인이 참관인으로 초대되었다. 작업은 6-8명으로 이루어진 소위원회를 통해 수행되었고, 각 문제 영역이 토론될 때, 각 집단의 초점을 전체 협의회에 보고하였다. 비장애인 참관인들은 위원회의 토론에 영향을 주지 않도록 엄격히 통제되었고, 간간이 한 주제에서 다음 주제로 넘어가도록 하거나 또는 기록을 도와주는 정도의 역할을 맡았다.

각 위원회의 보고서는 전문이 전체 협의회에 제출되었고, 전체 협의회에서 나온 중요 사항에 대한 비판과 의견은 합의로 조정하였다. 합

---

3) 본 이야기는 다음의 문헌에 소개된 내용이 일부를 제시한 것이다.
   Nirje, B, 1972, "The right to self-determination," in *The principle of normalization in human services*, Wolfensberger, W, ed, National Institute on Mental Retardation,

의된 내용은 비장애인 참관인들과 지적장애인으로 이루어진 합동 위원회에서 최종 보고서로 편집되었고, 협의회에서 선출된 세 명의 대표자에 의해 같은 시간에 열리고 있는 스웨덴 부모 조직 국가 협의회에 제출되었다. 이 내용을 보면 지적장애 대표자들은 대부분의 사람들이 놀랄 만한 내용을 표현했을 뿐만 아니라 우리에게 장애인 프로그램에 대한 새로운 통찰을 줄 수 있는 내용을 포함하였다.

여가 활동이 작은 집단 안에서 이루어지기를 원하는 것, 그리고 대규모 집단이 되어 대중의 눈에 현저하게 띄는 것을 바라지 않는 것은 개별성을 존중받고, 또 불필요한 낙인을 받지 않으려는 바람을 반영한다. 그들은 거대한 사회복지서비스 절차에 반대하였다. 그 절차는 프로그램이라는 틀에 그들이 노출되게 만들었으며, 이런 종류의 경험은 그들에게 좌절감을 주었다.

여가시간에 동일한 연령의 사람들과 교류하는 기회를 더 많이 갖고 싶다는 그들의 바람은 자신들의 소외감을 깨야 할 필요성과 모델이 될 수 있는 동료 집단과 진정한 우정 관계를 만들고자 하는 요구를 표현한 것이다. 그리고 이는 또한 인정받기를 원한다는 표현이었다.

지적장애인 스스로가 자신들의 여가 활동과 관계된 결정에 참여하고 또 여가활동을 선택할 권리를 강력하게 원한다는 것은 현재 상황에 대한 그들의 불만족을 반영한다. 그들을 위해 준비된 것이었지만 그들과 함께는 아니었고, 그래서 의존감을 증가시키고, 즐거움을 박탈 당했던 경험을 그들은 많이 갖고 있었다.

여름 캠프에 대해 표출된 극도로 부정적인 감정은 실제로 성인 지적장애인들이 대부분 지적장애 아이들과 함께 캠프에 보내졌다는 사실과 관련이 있다. 이것은 성인에게 아이와 똑같다는 것, 또 특별한 집단으로서 분리되었다는 것, 그리고 그들의 또래 동료들과 함께 활동하는 것으로부터 제외되고 있다고 느끼게 하였다. 장애 성인을 위한 여름 프로그램은 문화적으로 가능한 한 비장애인 성인들의 여름 활동이나 여가 활동과 비슷한 방식으로 구조화되어야 한다. 또한 이 프로그램을 계획하고 수행하는데 본인들이 참여하여야 한다.

주거 환경에 대한 관점에서는 더 독립적인 생활을 추구하는 경향을 분명히 하였다. 거기에는 의존을 감소시킬 수 있는 주거지원서비스의 필요성에 대한 자각이 있다. 사생활 측면의 요구는 일상생활에서 굴욕 감을 느끼고 있다는 것을 표현하는 것이고, 또 나이에 맞게 이성의 구성원과 사생활을 공유해야 한다는 관심을 표현한 것이었다.

직업훈련 및 일에 관해서는 보다 다양한 직업을 필요로 하는 참가자들의 증가된 요구가 반영되고 있다. 다른 논쟁점과 비교해 볼 때, 지적장애인이 자주 경험하는 반복적인 과소평가에 대해서는 가장 강한 부정적 감정을 표현하고 있다. 일과 관련된 표현 중 일부 내용은 매우 놀라운 것이었다. 그들에게 왜 동료 노동자에게 자신들의 장애에 대해 알려주기를 원하는지를 물었을 때, 대표자는 '그들은 둔하지 않다. 곧 그들은 알게 된다.'고 하였다. 이 문제를 솔직하게 다루는 것이 더 좋다는 것이 그들의 경험이었다. 그들의 장애는 비밀이 아니며, 또 자신들의 장애에 대해 매우 솔직하다.

그들은 자신들의 손상이 그들의 기회에 얼마나 영향을 주는지, 따라서 자신들의 한계를 어떻게 다루어야 하는지에 대해 알고 싶어 했다. 그들은 솔직하게 이런 일들이 처리되기를 원했다. 자신들을 배제하고 관계자들이 팀 회의나 그 밖의 모임에서 자신들의 상황을 다루는 방식에 대해서 굴욕감을 느낀다고 표현하였다.

지적장애 성인들의 자기결정을 어디까지 그리고 얼마나 인정하고 지원할 수 있을 것인가는 서비스 기관과 지원들이 이지아 독창성에 달려 있다. 지적장애 성인들이 자기결정권을 일상적으로 표현하게 된다면 시민들의 존중을 얻어낼 수 있을 것이다. 이런 상황이 민주주의 사회에서 민주적 기회의 중요성과 다른 사람들에 대한 존중이며. 이것이 없다면 민주주의는 완성되지 않는 허상일 뿐이다. 다음은 1970년 지적장애인 협의회 의사록이다. 1970년...

스웨덴 말모 지적장애 청년 전국회의(1970. 5. 8-10) 의사록 요약

아래에 간단하게 편집된 결론과 요구들은 세계에서 아마도 최초로 가진 전국 회의에 참석한 50명의 지적장애 대표자들에 의해 만들어진 것이다. 특별히 필요한 설명은 괄호 안에 포함시켰다.

여가 활동

- 우리는 우리들의 여가시간 동안 작은 그룹으로 함께 있는 것을 원한다.
- 저녁의 춤 모임은 14-16명 이상이어서는 안 된다.
- 어떤 경우에도 우리는 시내에서 대규모 그룹을 지어서 걷기를 원하지 않는다.
- 여가를 위하여 더 많은 강좌들이 있어야 하며, 다른 것들 가운데 술도 포함된다.
- 정부와 지역사회는 여가 활동들을 위하여 더 많은 자금을 주어야 하고 또 장소를 얻는 것을 지원을 해야 한다.
- 우리는 동일한 연령의 다른 젊은이들과 함께 여가 시간을 갖게 되기를 원한다.
- 우리는 오늘날 재정적 상황 때문에 장애인들이 여가 활동을 하지 못하고 또 참여를 원하는 조직들에 대한 접촉 기회가 주어지지 않는 것으로 생각한다.
- 여가 활동 지도자들과 더 좋은 접촉을 갖기 위해 그들이 우리처럼 같은 연령이어야 한다고 생각한다.
- 우리들의 여가시간 활동들을 기획하고 수행하는 결정에 더 많이 참여할 권리를 원한다.

휴가

- 우리 모두는 휴가 기간 동안에 무엇을 할지를 스스로 결정해야 한다고 생각한다.
- 우리는 여행하는 것이 좋다고 생각한다. 그러나 동일한 연령의 비장애인 청년들과 함께 여행해야 한다고 생각한다.
- 여행에서는 우리가 방문하는 나라들의 언어, 관습들 그리고 예의를 배우는 기회들이 준비되어야 한다.
- 우리 모두는 성인 여름 캠프들이 사라져야 한다고 동의한다(이것은 장애인들만의 분리된 캠프를 말한다).

삶의 조건

- 우리는 우리 자신의 아파트를 가지기를 원하며 직원에 의해 운영되지 않아야 한다. 따라서 우리는 요리하고 지출하는 일 등과 관련된 강좌들을 원한다.
- 우리는 우리 자신의 아파트에 대한 권리를 가질 것을 원하며, 대기 명단에 의한 우선순위가 없어져야 한다(스웨덴에서는 아파트를 얻기 위해 훨씬 전에 서류를 내야 한다).
- 우리가 그것을 위한 준비가 되었다고 느낄 때 이성과 함께 이사할 권리를 원하며, 또 우리가 적당한 때라고 생각할 때 결혼할 권리를 원한다.
- 우리가 사는 거주시설은 규모가 작아야 한다.
- 우리는 내가 쓸 가구들은 내가 선택하기를 원하며, 방 안에 나의 가구들을 가지기를 원한다.
- 우리는 외출, 귀가와 관련하여 지켜야 하는 정해진 시간들을 단호하게 거부할 것이다.

- 우리는 더 많은 개인적인 자유를 가지기를 원한다. 현재 일부 시설들과 하숙 가정들에서는 과일, 신문, 담배 등을 구입하려면 허락을 구해야 한다.
- 우리는 소규모 주거시설에 다른 젊은이들을 초대할 권리를 원한다.
- 시설들에서 음식쿠폰이 제공되어서는 안 된다. 그것이 현실적인 장점들을 가지더라도 우리는 돈으로 값을 지불하기를 원한다.
- 우리가 시설에서 살고 있을 때, 우리가 시설을 떠나서 사회로 나가 살 수 있도록 그리고 우리 스스로가 꾸려가도록 사회 훈련을 원한다.
- 우리는 시설 안에서도 우리 사생활에 대해 직원들의 간섭 없이 이성과 교제하고 함께 사는 것이 가능하기를 원한다.
- 우리가 원래의 가정에서 사는 것은 너무 좋지만 보호된 아파트나 소규모 주거시설로 갈 시간이 되었을 때 옮겨가야 한다. 왜냐하면 일생 동안 부모에게 의존해서 살 수는 없기 때문이다.
- 우리는 가정에서 살 때 우리들의 열쇠를 가지기를 원한다.

교육

- 우리는 10년간의 특수교육에 반대하지 않는다. 그러나 거기에는 언어, 수학, 시사적인 사건, 글쓰기, 사회 훈련 등과 관련된 더 많은 강좌들이 있어야 한다.
- 우리는 '분리된 학교(separate school)'라는 이름이 가치 절하하는 것이라고 생각한다(여기서 반대하는 것은 '분리된 학교'라는 용어이며, 스웨덴에서는 특히 지적장애인에게 사용된다. 따라서 넓은 의미의 특수한 교육을 언급하는 '특수학교'는 아니다)
- 교과 과정, 교재, 여가 활동들에 대한 결정들에 참여하는 학생위원회가 있어야 한다. 물론 직업학교들에서도 마찬가지이다.

- 우리는 3년 동안은 직업학교에 다녀야 한다고 생각한다. 그러나 규정 외의 기간에도 이용 가능해야 한다(스웨덴 법에는 이미 이것이 이용 가능하도록 되어 있다).
- 우리는 직업을 결정하는데 더 많은 선택의 자유를 가질 수 있도록 더 다양한 직업현장에서 훈련받기를 원한다.
- 우리는 우리 자신들이 직업을 선택하기를 원하며, 우리가 받는 교육에 영향력을 행사할 수 있기를 원한다.
- 우리는 현재 제공되는 것보다 더 장기간의 실제 작업경험을 원하며, 이 실습 기간 동안 더 많은 보수를 줄 것을 요구한다. 동시에 우리는 직업교육 동안 학습 보조금(장학금)을 받기를 원한다.
- 우리는 주간 학습 모임과 또 주말의 학습 모임, 또는 더 장기적인 성인교육을 원한다.
- 학습 기간 동안에 받지 못하는 보수를 보충하기 위해 학습 보조금(장학금)을 요청한다.

일

- 우리는 더 흥미를 느낄 수 있는 직업들을 요구한다.
- 우리는 현재처럼 지루한 과제들이 주어짐으로써 우리 직업이 가치 절하되는 것을 원치 않는다.
- 우리는 일에 대한 우리의 능력은 과소평가되지 않기를 요구한다.
- 우리가 열린 노동시장에서 일할 때 동료 노동자들이 우리들의 장애에 대해 알고 있기를 원한다.
- 우리는 우리가 일하는 보호작업장에 피고용인 위원회의 구성을 원한다.
- 우리는 의사들, 교사들, 사회복지사들이 우리들의 상태를 토론할 때 우리가 참석할 수 있어야 한다고 생각한다. 지금은 그들이 우리들 몰래 등 뒤에서 말하는 것처럼 느껴진다.

- 우리는 우리들의 장애에 대한 더 많은 정보와 또 우리가 열린 노동 시장으로 들어갈 가능성에 대한 더 많은 정보를 가지게 되기를 요구한다.
- 더 나은 작업장 분위기를 위해 팝콘과 커피를 파는 자판기가 있는 흡연실, 잠글 수 있는 문이 있는 화장실, 이용할 수 있는 양호실, 우리 자신이 잠그고 사용하는 사물함을 원하며, 우리를 방문하는 참관인들의 집단은 소규모이기를 원한다.
- 우리는 우리가 연금에 의존할 필요가 없도록 충분하게 높은 임금을 요구한다. 우리가 생각하기에 연금은 젊은 사람에게는 모욕적인 것이다(대부분의 연금은 노인들에게 주어진다).
- 우리는 저금을 하는 것은 자발적이어야 한다고 생각한다(명령 대신에).
- 우리는 일한 양에 따라 보수를 받는 일은 피곤하고 스트레스를 받는다고 생각한다. 우리는 대신 시간당 또는 월당 더 높은 임금을 원한다.

회의 마지막 날

- 오늘 우리는 금요일과 토요일의 토론들을 통해 발견한 나쁜 조건들을 향상하기 위해 무엇을 할 것인가를 이야기하였다.
- 우리는 널리 퍼져있는 나쁜 조건들에 대한 지속적인 정보가 각 행정 구역들, 지역사회들, 학교들, 보호작업장들, 그리고 장애인 시설들에게 주어지기를 요구한다.
- 우리는 또한 훨씬 더 강력한 정보들이 신문, 라디오 그리고 TV를 통해 일반 대중들에게 전달될 것을 요구한다.
- 우리는 오늘 다음의 과제들을 다룰 6명의 대표자와 2명의 부대표자로 구성된 위원회를 선출하였다.

- 위원회는 '지적장애 아동을 위한 스웨덴 국가위원회(The National Board of the Swedish Association for Retarded Children)'의 결정들에 대한 보고서를 지속적으로 받을 수 있어야 한다.
- 위원회는 일반 대중을 위해 일하고, 관계 당국에 압력을 가할 수 있어야 한다.
- 동시에 청년 회의는 '지적장애 아동을 위한 스웨덴 국가위원회'가 청년과 관련된 문제를 다룰 때에는 우리 위원회가 결정에 참여할 것을 요구한다.
- 우리는 스웨덴 국가위원회가 우리 위원회의 활동에 재정을 지원하는 것이 정당하다고 생각한다.
- 오늘 회의에서 다음과 같이 선출하였다. 대표는 웁살라의 보 칼슨, 스톡홀름의 라스룬 라슨, 보라스의 레나 정크비스트, 오스터선드의 고란 아이버슨, 에스킬스투나의 안델스 린드스트롬, 고테보르그의 라스 톰슨 등으로 하며, 부대표 웁살라의 마이 알크비스트, 웁살라의 조르간 존슨 등으로 한다.
- 우리는 국가위원회가 우리들이 제출한 요구들을 참작하는 것이 정당하다고 생각한다. 국가위원회의 지원을 통해 우리는 현재 존재하는 불만족스러운 조건들이 조속히 변화되기를 희망한다.

![참고 문헌]

김용득·강희설·이복실. 2009. "지적장애인이 인식하는 사회복지 서비스 제공자와의 관계". 『사회복지연구』, 40(4): 231-257.

박숙경·김용득. 2010. "지적장애 이용자와의 관계에 대한 실천가의 인식 유형". 『한국사회복지학』, 62(1): 367-389.

Jackson, E and Jackson, N. 1999. *Helping people with a learning disability: exploring choice.* Jessica Kingsley.

Nirje, B. 1972. "The right to self-determination." in *The principle of normalization in human services.* Wolfensberger, W. ed. National Institute on Mental Retardation.

제2장 장애개념과 범주[1]

장애를 가지고 있는 사람들을 돕고 이해하는데 왜 개념이 필요한가?
장애개념은 변화하는가 아니면 변화하지 않는가? 장애개념이 변화하면
과거에는 장애에 포함되지 않았던 사람들이 변화된 장애개념에 따라
새로이 장애에 포함되기도 하는가? 나라마다 장애개념은 다른가 아니
면 같은가? 그리고 장애개념의 변화가 보여주는 특징은 무엇인가?

1. 개요

우리나라에서 장애를 지칭하는 용어는 1981년 심신장애자복지법에서
'심신장애자'라는 용어를 사용하다. 1989년 장애인복지법에서 '장애인
(障碍人)'으로 용어를 변경하였다. '障'은 세상으로부터 막힌다는 의미이고
'碍'는 세상으로부터 도피하거나 거리낀다는 의미이다. 자구대로 해석
한다면 장애인은 '세상으로부터 막히고, 그래서 세상으로부터 벗어나

---

1) 본 장의 장애개념의 변화, 우리나라의 정의와 종류, 장애인구 통계 등에 대한 서술은 장애인
백서(2010) 중 본 저자가 집필한 '제1장 장애개념과 인구'에 포함된 내용을 수정·편집한 것
이다.

있는 사람'이라는 의미이다. 중국에서는 잔질인(殘疾人)이라는 용어를 사용하는데, 이는 질병이 치료되지 않고 남아 있는 상태에 있는 사람이라는 의미이다. 일본에서는 장해인(障害人)이라는 용어를 사용하는데, 이는 불편하고 해로움을 입은 사람이라는 의미이다. 과거 서양에서는 장애인을 지칭하는 용어로 'the disabled'를 많이 사용하였다. 그러나 최근에는 'disabled people'이라는 용어를 더 선호하는 경향이다. 그리고 다른 한편에서는 장애를 지칭하는 용어가 부정적이라는 문제를 제기하면서 'differently abled people'이라는 용어를 사용하는 사람들도 있다. 이처럼 장애를 지칭하는 용어는 다양하며, 다양한 용어는 다른 개념을 반영한다.

장애라는 용어는 일상에서 자주 사용되고 있지만, 이 개념은 모호하고 논쟁의 여지가 많다. 국제기구에 의한 장애에 대한 공식적인 정의는 1980년 세계보건기구에서 채택한 바 있다(WHO, 1980). 이 정의에 의하면 장애(disability)는 의학적 손상(impairment)의 직접적인 결과로서 발생하는 것이며, 손상된 능력이 장애를 구성한다고 하였다(Chubon & Bowe, 1994). 그러나 최근 들어 환경의 영향을 강조하는 추세이며, 장애는 신체적 요소와 환경적 요소와의 상호작용을 통하여 사회생활 참여를 제한하는 상태로 주목받고 있다. 우리나라 장애인복지법에서는 '장애인은 신체적·정신적 장애로 인하여 장기간에 걸쳐 일상생활 또는 사회생활에 상당한 제약을 받는 자'로 정의하고 있다. 따라서 장애의 정의에는 신체적 또는 정신적 장애라는 의학적 원인이 존재하며, 이러한 원인에 의하여 일상생활이나 사회생활에 상당한 제약을 받고 있는 상태라는 두 가지의 조건에 의하여 규정된다고 할 수 있다.

장애를 정의하는 이유는 그 사회가 사회정책을 통하여 어떤 사람들에게 어떤 서비스를 제공할 것인가에 대한 기준을 마련하려는 것이다. 따라서 사회적 약자에 대한 적극적인 옹호와 지원을 강조하는 사회에서는 장애를 넓게 정의할 것이고, 사회적 약자에 대한 지원에 소극적인 사회에서는 장애를 좁게 규정할 것이다. 장애개념에 대한 탐색과 장애를 정의하려는 노력은 장애인이라는 사회적 소수자에 대하여 국가나 사회가 어떠한 관점에서 인식할 것인가. 그리고 사회적 소수자로서의 장애인에 대하여 국가와 사회는 어떤 정책적 수단을 강구할 것인가. 그리고 장애인에게 제공되는 서비스의 맥락은 어떠해야 하는가 등과 관련이 있다.

2. 장애에 대한 사회의 반응

장애에 대한 사회의 반응은 장애의 원인 및 장애와 관련이 있는 것으로 인식되는 위협요소들에 대한 사회적 인식에 의하여 결정된다고 할 수 있다. 장애 원인에 대한 사회의 인식은 시대마다 달랐다. 근대 이전에 장애는 영적 또는 종교적 차원으로 해석되었다. 장애는 신의 징벌의 결과이며, 장애를 가진 사람들은 접촉을 기피하는 대상으로 인식하였다. 다른 한편에서는 장애는 신이 존재하는 증거이며, 장애를 가진 사람은 신의 축복을 받은 것으로 이해되기도 했다. 18세기 후반을 거치면서 장애의 원인은 유전적인 요소로 보았으며, 이 당시에는 정신적 또는 정서적 장애를 가진 사람들에게 결혼을 금지하거나, 불임시술을 하도록 하는 법이 전 세계 절반의 국가들에서 입법되었다(Williamson, 2001). 19세기에 접어들면서 장애는 의학적 원인에 기인한다는 인식이 일반화되기 시작하였으며, 따라서 의학적 개입이 주류를 이루기 시작했다. 20세기에 들어서 장애 원인을 사회적인 측면에서 이해하게 되면서, 장애 문제에 대하여 사회가 그 해결책을 제시해야 한다는 목소리가 강하게 제기되기 시작했다. 이런 목소리는 전쟁 부상 장애인을 중심으로 제기되기 시작했는데. 이는 전쟁 부상 장애인들에 대한 사회적 책임에 쉽게 공감할 수 있었기 때문이다.

장애에 대한 사회적 책임론이 발전해 가는 과정에서도 구체적인 장애 내용에 따라 사회적 인식과 대처는 상이하게 나타났다. 지적장애와 같이 대체로 유아기나 아동기에 시작되는 장애에 대해서는 장애인 본인의 책임을 강조하지 않았으며. 이들에 대한 사회적 서비스의 제공 에 대한 거부감도 높지 않았다. 반면에 정신질환이나 약물중독과 같은 장애는 여전히 많은 사람들로부터 당사자의 인격적 결함이 원인으로 인식되었으며. 따라서 사회적인 서비스의 관심에서 배제되어 왔다(Williamson. 2001).

3. 장애개념의 변화: WHO의 장애개념

복지정책의 대표적인 대상이었던 장애인은 다른 사람의 도움이 가장 필요한 취약한 집단이며. 자선의 대상으로 묘사되었다. 시대의 변화와 함께 장애에 대한 인식은 개인적인 비극으로 보는 시각에서 사회의 결함으로 야기된다고 보는 시각으로 점차 변화되고 있다. 육체적. 신체적 불편함은 의학과 기술의 발전으로 점점 보완되고 있으며. 신체적 손상을 강조하는 관점에서 벗어나 사회의 한 개인으로서 역할을 수행하는 데 물리적. 심리적 장애요인 때문에 어려움을 겪는 사람을 장애인으로 파악하는 경향이 강해지고 있다.

이러한 경향은 세계보건기구(WHO)의 장애에 대한 정의에 반영되어 1980년에 ICIDH(International Classification of Impairments, Disabilities, and Handicaps) 분류체계가 만들어지게 되었다. 이어서 세계보건기구는 1997년에 장애개념에 대한 새로운 접근을 모색하기 위하여 ICIDH-2를 제시하였고, 이에 대한 검토 결과를 토대로 2001년 ICF(International Classification of Functioning)를 승인하였다. 여기서 제시한 신체기능과 구조, 활동과 참여, 개별적 요소, 환경적 요소 등의 요소는 사실상 모든 개인에게 적용이 가능한 것으로 장애개념을 크게 확장시켰다.

1) ICIDH

장애개념은 세계보건기구에 의해 제시되고 있다. 세계보건기구는 ICD(International Classification of Diseases)를 근간으로 하여 1980년에 장애를 이해하는 새로운 접근으로 ICIDH를 제시하였다. 이 내용은 다음 〈표 1〉과 같다.

<표 2-1> ICIDH에 의한 장애의 개념

개념	의미	차원
건강상태	병리학적인 변화로서의 증상이 있다. 즉, 개인적인 차원에서 어떤 '비정상성'이 발생했다.	-
손상	임상적인 질병을 다른 사람이 인식할 수 있게 되었다. 즉, 일반 타인이 개인의 어떤 '비정상성'을 인식하였다.	신체적 차원
기능제약	활동상의 능력 제한이 발생했다. 즉, 개인적인 차원에서 활동 수행 능력이 감소되었다.	개인적 차원
사회적 불리	개인의 활동상의 능력 제한에 대하여 사회적 참여의 제한이라는 사회적 반응이 발생했다. 즉, 개인은 다른 사람에 비해 불리한 상황에 처해졌다.	사회적 차원

출처 : WHO, 1980.

세계보건기구가 의학적 분류체계와 별도로 장애개념을 채택한 이유는 손상, 기능제약(disabilities), 사회적 불리(handicaps) 등의 개념 구분을 통하여 장애를 설명함으로써 손상이나 기능제약의 측면과 함께 사회적으로 불이익을 받는 상황을 강조하기 위한 것이었다. 이러한 장애개념을 따르게 되는 경우에는 장애의 의학적 원인과는 별개로 사회적 불이익을 받는 결과를 중심으로 장애를 설명할 수 있기 때문에 장애에 대한 사회적 책임론이 확장될 가능성이 높아졌다.

예를 들어, 20대의 타이피스트와 50대의 사업체 사장이 각기 다른 이유로 오른쪽 세끼손가락의 둘째마디가 절단되는 사고를 입었다고 하자. 이 경우에 의학적 손상은 동일하다. 기능제약의 경우 직업적 측면에서 보면 20대의 타이피스트는 문서작성 속도가 상당히 느려질 것이다. 반면에 50대 사업체 사장의 경우는 직무 능력이 크게 저하되지는 않을 것이다. 사회적 불리의 차원에서 보면, 그 차이는 더욱 심각해질 수 있다. 타이피스트의 경우는 과거의 문서작성 직무의 70% 정도밖에 수행하지 못하게 되어 특별한 사회적 개입이나 조치가 없다면 보수가 30% 삭감되거나 해고되는 상황에 이를 것이다. 반면에 50대의 사장은 과거의 직위나 보수가 그대로 유지될 것이다. 이렇게 보면, 사회적 불리를 강조하는 입장을 취하게 되면 장애로 인한 의학적 손상이나 기능제약이 사회적 불이익이라는 처분으로 연결되지 않도록 사회가 개입하는 것이 중요해질 것이다.

2) ICF

세계보건기구는 1997년에 제안된 ICIDH-2를 근간으로 5년 동안의 현장검증과 국제회의를 거쳐서 2001년 5월에 세계보건위원회(World Health Assembly)에서 ICF(International Classification of Functioning)를 세계적으로 통용될 수 있도록 승인하였다. ICF는 장애에 대한 개별적 모델과 사회적 모델의 통합을 위한 노력의 결과라고 할 수 있으며, 국제질병분류 체계인 ICD-10과 병행해서 상호 보완적으로 사용하도록 만들어졌다. ICD-10은 질병의 진단에 초점을 두고 있다면, ICF는 기능 (function)에 대한 풍부한 정보를 제공하도록 되어 있다.

ICF는 다양한 전문영역과 실천현장에서 기여하기 위하여 제안되고 승인되었는데, 다음과 같은 목적으로 사용된다. 첫째, 건강 및 건강과 관련된 상태, 건강관련 성과, 건강관련 결정요소 등을 이해하기 위한 과학적 기초를 제공하는 목적이다. 둘째, 건강보호전문가, 연구자, 정책입안자, 장애인을 포함한 일반 대중 등의 서로 다른 집단들의 의사소통을 증진하기 위하여 공통의 언어를 제공하는 목적이다. 셋째, 국가 간, 건강보호 전문분야 간, 서비스 간, 시기 간의 자료 비교가 가능하도록 하는 목적이다. 넷째, 건강정보 체계에 대한 체계적인 기록 수단을 제공하기 위한 목적이다.

ICF는 장애를 가지고 있는 사람들에게만 적용될 수 있는 것이 아니라, 모든 사람의 건강에 관련된 요소들을 설명해 줄 수 있는 보편적인 적용이 가능한 틀이다. ICF는 인간의 기능과 기능의 제한 요소들의 연관된 상황을 묘사할 수 있도록 해 준다. 이 체계는 정보를 조직화하기 위한 틀로서, 제 1영역에서는 기능과 장애를 다루며, 제 2영역에서는 상황요인들을 다룬다. 이러한 요인들을 표로 제시하면 다음과 같다.

<표 2-2> ICF에 의한 장애개념

구분	영역1: 기능과 장애		영역 2: 상황적 요소들	
구성요소들	신체기능 및 구조	활동과 참여	환경적 요소들	개별적 요소들
영역	신체 기능 신체 구조	생활영역 (과업, 행동 등)	기능과 장애에 영향을 미치는 외적 영향력들	기능과 장애에 영향을 미치는 내적 영향력들
구성물	신체기능의 변화 (생리학) 신체구조의 변화 (해부학)	표준 환경에서의 과제수행 능력 현재 환경에서의 과제수행 정도	물리적, 사회적, 인식적 측면 에서 촉진 또는 방해하는 힘	개별 특성에 의한 영향
긍정적 측면	기능적, 구조적 통합성	활동과 참여	촉진요소들	해당 없음
	기능			
부정적 측면	손상	활동 제한 및 참여 제한	장애/방해물들	해당 없음
	장애			

출처 : WHO, 2001.

ICF에 의한 장애의 설명은 1980년에 제안된 ICIDH와 다른 점이 몇 가지 있는데, 이 가운데 가장 중요한 것이 기능과 장애의 상호작용에 대한 설명이다. ICIDH에서는 손상, 기능제약, 사회적 불리 등을 일방 향적 관계로 보았다. 손상의 전제 위에 기능제약이 논의되고, 기능제약 의 전제 위에 사회적 불리의 여부를 판단하는 체계였다. 그러나 ICF에 서는 개인적인 손상이나 기능제약과 상황적 요소들(환경적 요소와 개 별적 요소)과의 상호작용에 의하여 기능과 장애를 설명한다. 즉, 특정 영역에서의 개인의 기능 수준은 의학적, 기능적 조건과 상황적 맥락의 상호작용 결과라고 본다.

다음 그림은 이러한 특징을 설명하고 있다. 개인의 기능은 신체의 기능과 구조, 활동, 참여 등의 서로 다른 차원을 통하여 표현된다. 이러한 세 가지 차원의 기능들은 건강조건(장애나 질병)과 상황적 맥락에 포함되는 환경 요소(사회의 인식, 건축물의 장애요소 정도 등), 그리고 개별적 요소(성, 연령, 인종, 습관, 대처양식 등)의 영향을 받는다. 예를 들어 호흡기 질환으로 호흡기능에 문제가 있는 상황을 묘사해 보면 다음과 같다. 호흡기능과 호흡기의 구조, 호흡기능의 제한으로 인한 활동제약의 정도, 이로 인한 사회적 참여 제한의 정도는 상호작용하면서 기능을 표현한다. 호흡기 질환의 특징이나 정도라는 건강조건과 대기의 청정도라는 환경 요소, 당사자의 연령이나 문제에 대처하는 스타일 등의 개별적 요소들의 상호작용에 의해 신체기능과 구조, 활동, 참여가 규정되며, 또한 이들 요소 간에도 상호작용한다는 것이다.

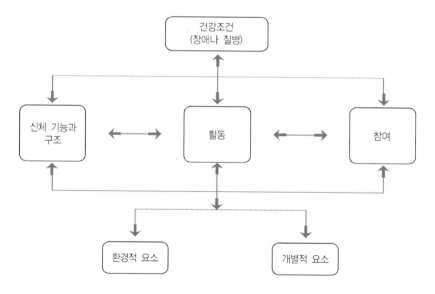

<그림 2-1> ICF 구성요소들 간의 상호작용 관계

출처 : WHO, 2001.

장애개념에 대한 새로운 접근에서 확인되는 변화의 특징은 다음과 같이 요약될 수 있다. 첫째, 가장 대표적인 변화는 상황적 맥락이라는 영역을 통하여 환경 요소와 개별적 요소를 동시에 강조한다는 점이다. 이는 장애의 사회적 모델과도 관련이 있다. 장애에 대한 사회적 모델은 환경의 중요성을 강조하며 동시에 장애인 당사자가 적합한 환경에서 자기결정과 선택을 할 수 있어야 함을 강조한다. 둘째, 장애를 규정하는 개념이 단순모델에서 복합모델로 변한다는 점이다. 과거의 장애를 규정하는 모델은 개별적 손상이나 능력의 장애를 강조하는 개별적 모델에 기반한 것이었으나, 사회적 모델이 그 설득력을 확장하게 됨에 따라 사회적 모델의 요소를 통합하여 개별적 모델과 사회적 모델을 동시에 적용하여 장애를 설명하려는 시도들이 이루어지고 있다. 셋째, 장애의 개념 규정에서 긍정적인 용어사용을 강조한다. ICF에서는 손상, 기능제약, 사회적 불리 등의 용어를 사용하지 않고 신체구조와 기능, 활동과 참여, 환경적 요인, 개별적 요인 등을 주요 구성요소로 하고 있는 점도 이런 맥락이다.

4. 우리나라의 정의와 종류

우리나라에서 시행되고 있는 장애인복지와 관련된 주요 법률은 장애인복지법, 장애인 차별금지 및 권리구제 등에 관한 법률, 장애인 고용촉진 및 직업재활법, 장애인 등에 대한 특수교육법 등이다. 이들 각 법률은 법의 목적에 따라 다소 다르게 장애를 규정하고 있다.

1) 장애인복지법

장애 관련 법령의 기준이 되는 법은 장애인복지법이다. 장애인복지법에서는 장애범주를 계속 확대해 왔다. 1989년에 개정된 장애인복지법에서는 지체장애. 시각장애. 청각장애. 언어장애. 정신지체만을 장애범주에 포함시켰다. 그러다가 1999년에 개정된 장애인복지법과 동법시행령에서는 정신장애와 내부장애(신장장애. 심장장애)가 새로이 포함되었다. 뇌병변장애는 지체장애에서 분리되어 새로이 범주화되었으며. 발달장애가 정신지체에서 분리되어 새로이 범주화되었다. 2003년에 개정된 장애인복지법 시행령에서는 호흡기. 간. 안면. 장루 및 요루. 간질 등 5개 질환을 장애범주에 포함시켰다. 그리고 2007년 시행령 개정에서는 정신지체를 지적장애로. 발달장애를 자폐성장애로 개칭하였다. 이런 흐름을 자세히 살펴보면 다음과 같다.

1981년에 제정된 심신장애자복지법 제2조에서 '심신장애자라 함은 지체불자유. 시각장애. 청각장애. 음성·언어기능장애 또는 정신박약 등 정신적 결함(이하 "심신장애"라 한다)으로 인하여 장기간에 걸쳐 일상생활 또는 사회생활에 상당한 제약을 받는 자로서 대통령령으로 정하는 기준에 해당하는 자를 말한다.'고 하였다.

장애인등록제 도입을 규정한 1989년 장애인복지법 제2조에서는 '장애인이라 함은 지체장애. 시각장애. 청각장애. 언어장애 또는 정신지체 등 정신적 결함(이하 "장애"라 한다)으로 인하여 장기간에 걸쳐 일상생활 또는 사회생활에 상당한 제약을 받는 자로서 대통령령으로 정하는 기준에 해당하는 자를 말한다.'고 하였다. 여기서는 심신장애자라는 용어 대신에 장애인이라는 용어를 사용하였으며. 지체불자유를 지체장애로. 정신박약을 정신지체로 변경하였다.

장애인의 범주를 크게 확대한 1999년 개정된 장애인복지법의 제2조에서는 '① 장애인은 신체적·정신적 장애로 인하여 장기간에 걸쳐 일상생활 또는 사회생활에 상당한 제약을 받는 자를 말한다.'라고 하고.

이어서 '② 이 법의 적용을 받는 장애인은 제1항의 규정에 의한 장애인 중 다음 각 호의 1에 해당하는 장애를 가진 자로서 대통령령이 정하는 장애의 종류 및 기준에 해당하는 자를 말한다. 1. 신체적 장애라 함은 주요 외부 신체기능의 장애, 내부기관의 장애 등을 말한다. 2. 정신적 장애라 함은 정신지체 또는 정신적 질환으로 발생하는 장애를 말한다.'고 하였다. 이 법에서는 장애의 범위를 포괄적으로 정하고, 법적으로 장애에 포함되는 구체적인 장애 종류는 시행령에 위임하였다. 1999년 개정된 장애인복지법에 따라 2000년 1월부터 시행된 장애인복지법 시행령에 의해서 지체장애, 시각장애, 청각장애, 언어장애, 정신지체 등의 전통적인 5대 장애에서 뇌병변장애, 심장장애, 신장장애, 발달장애, 정신장애 등을 추가로 포함하게 되었다. 뇌병변장애는 이전에 지체장애에 포함되어 있던 영역을 분리한 것이며, 나머지 심장장애, 신장장애, 발달장애, 정신장애는 새로이 추가된 영역이다. 그리고 지체장애 영역에 왜소장애를 추가하여 지체장애의 범위를 확대하였다.

2003년 7월에 시행된 장애인복지법 시행령에서는 10종인 장애의 종류에 호흡기장애, 간장애, 안면장애, 장루·요루장애 및 간질장애 등 5종을 추가하여 장애 종류는 15개 영역으로 확대되었다.

2007년 10월에 시행된 장애인복지법 시행령에서는 정신지체인 및 발달장애인의 용어에 대한 사회적인 오해를 없애고 정확한 기준을 마련하기 위하여 정신지체인을 지적장애인으로 하고, 발달장애인을 자폐성장애인으로 용어를 변경하였다. 그리고 2014년 6월에 시행된 장애인복지법 시행령에서는 간질이란 단어가 장애인 비하로 간주되는 용어로 장애계에서 법령 용어를 정비해야 한다는 목소리가 제기됨에 따라 간질장애인을 뇌전증장애인으로 용어를 변경하였다.

현행 장애인복지법 제2조에서 '장애인이란 신체적·정신적 장애로 오랫동안 일상생활이나 사회생활에서 상당한 제약을 받는 자'로 규정하고 있으며, 신체적 장애와 정신적 장애로 구분하고 있다. 여기서 '신체적 장애란 주요 외부 신체기능의 장애, 내부기관의 장애 등'을 말하며, '정신적 장애란 발달장애 또는 정신 질환으로 발생하는 장애'를 말한다고 규정하고 있다. 그리고 구체적인 장애의 종류와 기준은 시행령에서 제시하고 있다. 시행령에서 정하고 있는 구체적인 종류와 기준은 다음과 같다.

<표 2-3> 장애 종류 및 기준

종류	기준
지체 장애인	가. 한 팔, 한 다리 또는 몸통의 기능에 영속적인 장애가 있는 사람 나. 한 손의 엄지손가락을 지골(指骨: 손가락 뼈) 관절 이상의 부위에서 잃은 사람 또는 한 손의 둘째손가락을 포함한 두 개 이상의 손가락을 모두 제1지골 관절 이상의 부위에서 잃은 사람 다. 한 다리를 리스프랑(Lisfranc: 발등뼈와 발목을 이어주는) 관절 이상의 부위에서 잃은 사람 라. 두 발의 발가락을 모두 잃은 사람 마. 한 손의 엄지손가락 기능을 잃은 사람 또는 한 손의 둘째손가락을 포함한 손가락 두 개 이상의 기능을 잃은 사람 바. 왜소증으로 키가 심하게 작거나 척추에 현저한 변형 또는 기형이 있는 사람 사. 지체(肢體)에 위 각 목의 어느 하나에 해당하는 장애 정도 이상의 장애가 있다고 인정되는 사람
뇌병변 장애인	뇌성마비, 외상성 뇌손상, 뇌졸중(腦卒中) 등 뇌의 기질적 병변으로 인하여 발생한 신체적 장애로 보행이나 일상생활의 동작 등에 상당한 제약을 받는 사람
시각 장애인	가. 나쁜 눈의 시력(만국식시력표에 따라 측정된 교정시력을 말한다. 이하 같다)이 0.02 이하인 사람 나. 좋은 눈의 시력이 0.2 이하인 사람 다. 두 눈의 시야가 각각 주시점에서 10도 이하로 남은 사람 라. 두 눈의 시야 2분의 1 이상을 잃은 사람

종류	기준
청각 장애인	가. 두 귀의 청력 손실이 각각 60데시벨(dB) 이상인 사람 나. 한 귀의 청력 손실이 80데시벨 이상, 다른 귀의 청력 손실이 　　40데시벨 이상인 사람 다. 두 귀에 들리는 보통 말소리의 명료도가 50퍼센트 이하인 사람 라. 평형 기능에 상당한 장애가 있는 사람
언어 장애인	음성 기능이나 언어 기능에 영속적으로 상당한 장애가 있는 사람
지적 장애인	정신 발육이 항구적으로 지체되어 지적 능력의 발달이 불충분하거나 불완전하고, 자신의 일을 처리하는 것과 사회생활에 적응하는 것이 상당히 곤란한 사람
자폐성 장애인	소아기 자폐증, 비전형적 자폐증에 따른 언어·신체표현·자기조절·사회적응 기능 및 능력의 장애로 인하여 일상생활이나 사회생활에 상당한 제약을 받아 다른 사람의 도움이 필요한 사람
정신 장애인	지속적인 정신분열병, 분열형 정동장애(情動障碍: 여러 현실 상황에서 부적절한 정서 반응을 보이는 장애), 양극성 정동장애 및 반복성 우울장애에 따른 감정조절·행동·사고 기능 및 능력의 장애로 인하여 일상생활이나 사회생활에 상당한 제약을 받아 다른 사람의 도움이 필요한 사람
신장 장애인	신장의 기능부전(機能不全)으로 인하여 혈액투석이나 복막투석을 지속적으로 받아야 하거나 신장기능의 영속적인 장애로 인하여 일상생활에 상당한 제약을 받는 사람
심장 장애인	심장의 기능부전으로 인한 호흡곤란 등의 장애로 일상생활에 상당한 제약을 받는 사람
호흡기 장애인	폐나 기관지 등 호흡기관의 만성적 기능부전으로 인한 호흡기능의 장애로 일상생활에 상당한 제약을 받는 사람
간장애인	간의 만성적 기능부전과 그에 따른 합병증 등으로 인한 간기능의 장애로 일상생활에 상당한 제약을 받는 사람
안면 장애인	안면 부위의 변형이나 기형으로 사회생활에 상당한 제약을 받는 사람
장루·요루 장애인	배변기능이나 배뇨기능의 장애로 인하여 장루(腸瘻) 또는 요루(尿瘻)를 시술하여 일상생활에 상당한 제약을 받는 사람
뇌전증 장애인	뇌전증에 의한 뇌신경세포의 장애로 인하여 일상생활이나 사회생활에 상당한 제약을 받아 다른 사람의 도움이 필요한 사람

2) 장애인 차별금지 및 권리구제 등에 관한 법률

2008년 4월에 시행된 장애인 차별금지 및 권리구제 등에 관한 법률 제2조 제1항에서 차별행위의 사유가 되는 장애라 함은 '신체적·정신적 손상 또는 기능상실이 장기간에 걸쳐 개인의 일상 또는 사회생활에 상당한 제약을 초래하는 상태'를 말하며, 장애인이라 함은 '제1항에 따른 장애가 있는 사람'을 말한다고 규정하고 있다.

3) 장애인 고용촉진 및 직업재활법

장애인 고용촉진 및 직업재활법 제2조에서 '장애인이란 신체 또는 정신상의 장애로 장기간에 걸쳐 직업생활에 상당한 제약을 받는 자로서 대통령령으로 정하는 기준에 해당하는 자'로 규정하고 있다. 그리고 동법 시행령에서는 '장애인복지법 시행령 제2조에 따른 장애인 기준에 해당하는 자'와 '국가유공자 등 예우 및 지원에 관한 법률 시행령 제14조 제3항에 따른 상이등급 기준에 해당하는 자'로 규정하고 있다.

4) 장애인 등에 대한 특수교육법

장애인 등에 대한 특수교육법 제15조에서 특수교육대상자의 기준으로 '시각장애, 청각장애, 정신지체, 지체장애, 정서·행동장애, 자폐성장애(이와 관련된 장애를 포함한다), 의사소통장애, 학습장애, 건강장애, 발달지체, 그 밖에 대통령령으로 정하는 장애 등에 해당하는 사람 중 특수교육을 필요로 하는 사람으로 진단·평가된 사람'으로 규정하고 있다. 시행령에서는 특수교육대상자 선정기준을 제시하고 있는데 그 내용은 다음과 같다.

<표 2-4> 특수교육대상자 선정기준

종류	기준
시각장애를 지닌 특수교육대상자	시각계의 손상이 심하여 시각기능을 전혀 이용하지 못하거나 보조공학 기기의 지원을 받아야 시각적 과제를 수행할 수 있는 사람으로서 시각에 의한 학습이 곤란하여 특정의 광학기구·학습매체 등을 통하여 학습하거나 촉각 또는 청각을 학습의 주요 수단으로 사용하는 사람
청각장애를 지닌 특수교육대상자	청력 손실이 심하여 보청기를 착용해도 청각을 통한 의사소통이 불가능 또는 곤란한 상태이거나, 청력이 남아 있어도 보청기를 착용해야 청각을 통한 의사소통이 가능하여 청각에 의한 교육적 성취가 어려운 사람
정신지체를 지닌 특수교육대상자	지적 기능과 적응행동상의 어려움이 함께 존재하여 교육적 성취에 어려움이 있는 사람
지체장애를 지닌 특수교육대상자	기능·형태상 장애를 가지고 있거나 몸통을 지탱하거나 팔다리의 움직임 등에 어려움을 겪는 신체적 조건이나 상태로 인해 교육적 성취에 어려움이 있는 사람
정서·행동 장애를 지닌 특수교육대상자	장기간에 걸쳐 다음 각 목의 어느 하나에 해당하여 특별한 교육적 조치가 필요한 사람 가. 지적·감각적·건강상의 이유로 설명할 수 없는 학습상의 어려움을 지닌 사람 나. 또래나 교사와의 대인관계에 어려움이 있어 학습에 어려움을 겪는 사람 다. 일반적인 상황에서 부적절한 행동이나 감정을 나타내어 학습에 어려움이 있는 사람 라. 전반적인 불행감이나 우울증을 나타내어 학습에 어려움이 있는 사람 마. 학교나 개인 문제에 관련된 신체적인 통증이나 공포를 나타내어 학습에 어려움이 있는 사람
자폐성장애를 지닌 특수교육대상자	사회적 상호작용과 의사소통에 결함이 있고, 제한적이고 반복적인 관심과 활동을 보임으로써 교육적 성취 및 일상생활 적응에 도움이 필요한 사람

종류	기준
의사소통장애를 지닌 특수교육대상자	다음 각 목의 어느 하나에 해당하여 특별한 교육적 조치가 필요한 사람 가. 언어의 수용 및 표현 능력이 인지능력에 비하여 현저하게 부족한 사람 나. 조음능력이 현저히 부족하여 의사소통이 어려운 사람 다. 말 유창성이 현저히 부족하여 의사소통이 어려운 사람 라. 기능적 음성장애가 있어 의사소통이 어려운 사람
학습장애를 지닌 특수교육대상자	개인의 내적 요인으로 인하여 듣기, 말하기, 주의집중, 지각(知覺), 기억, 문제해결 등의 학습기능이나 읽기, 쓰기, 수학 등 학업 성취 영역에서 현저하게 어려움이 있는 사람
건강장애를 지닌 특수교육대상자	만성질환으로 인하여 3개월 이상의 장기입원 또는 통원치료 등 계속적인 의료적 지원이 필요하여 학교생활 및 학업 수행에 어려움이 있는 사람
발달지체를 보이는 특수교육대상자	신체, 인지, 의사소통, 사회·정서, 적응행동 중 하나 이상의 발달이 또래에 비하여 현저하게 지체되어 특별한 교육적 조치가 필요한 영아 및 9세 미만의 아동

5. 장애인구 통계

인구의 노령화, 급격한 산업화에 따른 산업재해, 교통사고를 비롯한 각종 사고, 약물남용, 공해, 치료가 곤란한 새로운 질병의 등장 등 장애를 유발시키는 요인은 다양하다고 할 수 있으며, 이로 인해 장애인구도 점차 증가하는 경향을 보이고 있다.

1976년 UN이 1981년을 세계장애인의 해로 선포하면서 전 세계적으로 장애인에 대한 관심이 확대되었고, 우리나라에서도 1980년부터 본격적으로 장애인복지에 대한 연구 및 정책을 수립하여 추진하였다. 이런 배경에서 장애인구 및 장애인들의 생활실태를 파악하여 장·단기의 장애인복지정책 수립 및 시행을 위한 기초자료로 활용하기 위해 장애인실태조사를 실시하고 있는데, 이 조사는 1980년을 시작으로 5년마다 1번씩 실시되어 왔고, 2005년 6회째 장애인실태조사 이후 3년마다 1회로 변경되어 2018년 현재 총 10회의 장애인실태조사가 이루어졌다.

이러한 장애인실태조사와 매년 보건복지부에서 발표하는 등록 장애인 현황을 근거로 장애인구의 현황을 보면, 2017년 기준 전국의 등록 장애인은 2,545,637명으로 2005년 1,789,443명에 비해 1.5배 가까이 증가하였으며, 전체 인구대비 등록 장애인의 비율 또한 2005년 3.7%에서 2017년 4.9%로 1.5배 가까이 증가하였다. 양적인 증가와 더불어 장애인구 변화의 특성을 살펴보면, 중증장애인 인구는 2005년 37.7%에 비해 2017년 32.5%로 감소하였는데 이는 실제 중증장애인 수가 줄어든 것이 아니라 경증장애인의 증가율이 중증장애인보다 높았기 때문이다. 특히 50대 이상에서 경증장애인 비율이 크게 높은 것으로 나타난다. 예를 들어, 2014년 기준 50대 이상에서 경증장애인 비율이 79.6%인데 비해 중증장애인 비율은 20.4%이다. 이는 전체 장애인 인구의 경증장애인 비율(67.2%)과 중증장애인 비율(32.8%)의 비교치와 상당히 다르다. 이처럼 50대 이상에서 상대적으로 경증장애인의 비율이 높은 것은 인구의 고령화로 인한 장년기와 노년기의 질병, 사고 등으로 인한 장애발생과 관련이 있다. 특히, 남성과 여성 모두 전체 장애인구의 절반 이상이 50대 이상으로, 이는 우리나라 전체 인구변화와 관련이 있으며, 이런 추세는 앞으로도 지속하여 노령 장애인구의 비율이 증가할 것으로 예상한다.

6. 전망과 과제

세계적으로 장애의 개념은 질병, 불행, 개인의 책임 등을 강조하는 방향에서 사회적 차별, 사회적 책임, 적극적 지원 등을 강조하는 방향으로 변화하고 있다. 그리고 장애의 종류도 과거 사회로부터 동정을 받아야 하는 불행한 상태를 연상시키는 협소한 범위에서 사회로부터 적절한 지원을 필요로 하는 광범위한 불편인구를 포괄하는 일반적 범위로 확대되고 있는 추세에 있다. 이런 변화는 우리나라의 장애 범주의 변화에서도 발견되는 현상이다. 다만, 아직 서구 국가들이 포괄하는 수준의 범위까지 확대되지는 못하였다. 이런 관점에서 보면 향후에도 장애인의 범주는 지속적으로 확대될 것으로 전망된다.

또한 장애개념은 의학적 정의에서 사회적 정의로 그 중심이 이동하고 있는 것으로 보인다. 세계보건기구(WHO)의 ICF는 의학적 접근과 사회적 접근을 결합하려는 노력의 결과라고 할 수 있다. 과거의 ICIDH에서는 장애를 의학적 손상(impairments), 기능상의 제약(disabilities), 사회적 불이익(handicaps) 등의 개념으로 설명했다. ICF에서는 크게 '기능과 장애'와 '상황적 요소'로 나누고, '기능과 장애'는 신체기능과 구조, 활동과 참여의 개념으로 설명하고, '상황적 요소'는 환경적 요소, 개별적 요소의 개념을 사용하여 설명하고 있다. 이로써 ICF에서는 한층 더 장애를 묘사하는데 사회적 측면의 비중을 확장하였다. 이런 세계적인 흐름과 관련하여 우리나라 장애개념과 종류에서는 다음과 같은 두 가지 질문이 제기될 수 있다.

첫째, 우리나라의 장애정의와 종류의 변화는 ICF의 흐름과 부합하는가에 대한 질문이다. ICF에서 장애를 묘사할 때 신체기능과 구조와 같은 의학적인 정보, 활동과 참여라는 일상적인 능력과 생활양식에 관련된 정보, 상황적 요소라는 환경과 개인의 특성에 관련된 정보를 종합한다. 우리나라 장애인복지법에서는 '장애인이란 신체적·정신적 장애로 오랫동안 일상생활이나 사회생활에서 상당한 제약을 받는 자'로 규정하여 의학적 측면과 기능적 측면을 중심으로 장애를 정의하고 있다. 우리나라 장애인복지법상의 장애정의는 ICF에서 장애를 정의하는 흐름과는 상당한 거리가 있다. 그러나 현재와 같은 우리나라 제도에서 장애인복지법의 장애정의를 사회적 측면을 고려하는 방식으로 변화시키는 것이 가능한가는 의문이다. 현행 장애인복지법상의 장애기준이 장애연금 신청자격, 활동보조서비스 신청자격, 각종 감면 제도의 적용 기준 등으로 광범위하게 사용되는 유일한 기준이 되는 경우에는 의학적 정의에서 벗어나기 어렵다. 사회적 측면을 장애정의에 어떻게 반영할 것인가는 각 장애 관련 제도에서 사회적 측면을 어떻게 반영할 것인가의 문제이며, 각 제도에 맞는 다양한 장애기준이 적용되는 경우에 각 제도에 부합하는 사회적 측면을 고려할 수 있게 될 것이다.

둘째, 우리나라의 장애범위는 계속 확대되어 왔는데, 어느 정도 범위까지 확대되어야 하는가의 문제이다. 우리나라 장애 인구가 증가하고 있는 이유는 장애노출을 꺼리는 경향이 약해지고, 장애등록을 신청하는 경우가 많아진 점과도 관련이 있지만, 법적으로 인정되는 장애범주의 확대도 중요한 요인이다. 최근 우리나라 장애인구는 일본이나 대만 등의 아시아 선발 국가들의 비율과 비슷해졌다. 그러나 미국, 영국, 독일, 호주 등의 서구 국가들에 비해서는 아직 낮은 수준이다. 서구 사회와 우리나라의 이런 차이는 장애범주의 차이에서 기인한다. 예를 들면 미국의 경우에는 학습능력이 낮은 학생들을 다양한 원인과 특성에 따라 포괄적으로 학습장애로 분류한다. 그리고 많은 서구 국가들이 에이즈, 알코올 중독 등을 장애로 인정하고 접근한다. 결국 알코올 중독과 같은 문제를 장애로 인정하고, 이들에 대한 사회정책을 대중이 지지할 수 있는가의 문제가 향후 장애범주 확대를 예측하는 기준이다. 이는 결국

근본적으로 우리사회가 장애를 무엇으로 인식하고 정의하는가와 관련
된 문제이다.

참고 문헌

김용득. 2010. "제 1장 장애개념과 인구". 한국장애인개발원 『장애인백서』, 30-43.

Chubon, R. E. & Bowe, F. G. 1994. *Social and psychological foundations of rehabilitation*. Illinois: Charles C Thomas.

WHO. 1980. ICIDH: *International classification of impairments, disabilities and handicaps: A manual of classification relating to the consequences of disease*. Geneva: Author.

WHO. 1997. ICIDH-2: *International classification of impairments, activities, and participation. A manual of dimensions of disablement and functioning*. Beta-1 draft for field trials. Geneva: Author.

WHO. 2001. ICF: *International classification of functioning, disability and health*. Geneva: Author.

Williamson, C. 2001. "Social work practice with people with disabilities". In *Social work: A profession of many faces*. edited by Morales, A. T. & Sheafor, B. W. (19 Eds.). MA: Allyn & Bacon, 345-368.

제2부

서비스와 지원활동

제3장 거주시설 서비스 과정[1]

장애인거주시설이라고 하면 떠올리게 되는 이미지가 있다. 인적이 드문 곳에 있으며, 네모난 건물에 복도 양쪽으로 방이 있어 집단으로 장애인들이 수용되어 있는 모습이다. 또한 가족과 떨어져 모르는 사람과 한방에 산다. 정해진 시간에 일어나서 정해진 시간에 세수하고, 정해진 시간에 남들이 정해준 식사를 식판에 먹는다. 다른 사람들에게는 취미일 운동을, 그림 그리기를, 노래 부르기 등을 각종 유치한 제목이 붙은 프로그램을 반복적으로 참여하며 살아간다. 보통은 '시설'이라고 불리는 거주시설에서의 삶은 위와 같이 이용자 본인이 아닌 운영진 또는 직원들이 언제, 누구와, 무엇을, 어떻게 할지를 정할 것이라고 상상하

---

1) 본 장은 다음의 논문과 보고서의 주요 내용을 발췌하여 재구성한 것이다.
  김용득, 2003, "지역사회통합을 위한 생활시설의 변화 모색: 장애담론과 주거서비스의 기능을 중심으로," 교남소망의 집 개원 21주년 기념 세미나 자료집, 11-55.
  김용득·변경희·임성만·강희설·이정호·장기성·전권일·조순주, 2007, 『장애인거주시설 서비스 기능과 구조의 혁신 방안』, 보건복지부·성공회대학교사회복지연구소.
  허곤, 2010, "욕구사정과 개별 서비스 지원계획을 위한 이론과 원칙," 한국장애인복지시설협회 장애인거주시설 서비스 최저기준 종사자 교육교재.
  임성만·김용득·황규인·허곤·장기성, 2013, 『한국장애인거주시설의 미래』, EM커뮤니티.
  김용득·백은령·윤덕찬·장기성·허곤·박광옥, 2015, 『자립생활지원모델 적용을 위한 매뉴얼』, 한국장애인복지시설협회.

게 된다. 정말 시설에서 장애인들은 남들이 정한 삶을 살아갈까? 정말 그렇다면 시설에서의 삶이 그래도 되는가? 어떻게 하면 거주서비스를 이용하는 장애인이 평범한 동네 사람으로 살아갈 수 있을까?

1. 거주시설의 기원과 변화

장애인거주시설의 시작은 1945년 해방과 1950년 6.25 전쟁을 거치며 국가와 가족으로부터 보호받지 못해 거리로 내몰린 수많은 전쟁 고아. 노인. 장애인을 자선 차원에서 보호한 것에서 비롯되었다. 많은 가정이 가족 해체와 빈곤 상황에 놓이게 되고, 국가가 이를 책임질 수 있는 대책을 만들지 못했던 시대 상황의 반영이라고 할 수 있다. 1950년대부터 시설에서 자란 아이들이 성인이 된 1970년대에는 전쟁고아들을 수용하여 보호하던 많은 시설이 더는 필요 없어졌다. 이 유휴시설을 이용하여 무연고 장애인을 수용하여 보호함으로써 장애인거주시설의 숫자가 급격히 늘어나게 되었다. 이러한 수용보호가 1980년대까지 대부분 장애인시설의 모습이었고, 이 시기부터 지역사회가 아닌 시설에서 거주서비스를 제공하는 설계 자체가 갖는 태생적 문제가 드러나기 시작했다고 할 수 있다. 가족과의 분리. 집단생활에서 필연적으로 수반되는 규칙과 통제. 예산의 효율적 사용을 위한 대형화가 대표적이라 할 수 있다. 이러한 거주서비스 방식의 태생적 한계는 장애인 당사자에게 부족한 경험과 자극. 가치 절하된 대상자로 사는 삶. 다른 사람이 정해준 대로 살아가는 등 여러 가지 부정적 영향을 미쳤다.

또한 시설이 생기면서부터 최근까지 시설의 재정을 둘러싼 각종 비리와 시설 이용자에 대한 인권유린의 문제는 시설을 부정적으로 인식하게 하여 시설을 '살고 싶지 않은 곳'. '가족을 보내고 싶지 않은 곳'으로 인식하게 하는 상황을 초래했다. 이것은 서구에서도 1950년대 이전 격리, 처벌의 수단으로 장애인을 시설에서 살도록 하는 입장을 견지하고 있었던 것과 유사하다.

대부분의 장애인시설은 1980년대 이전에는 수용보호에 그쳤으며, 이 시기 장애인거주시설의 명칭은 '불구(不具)원'이었다. 사회적 격리와 수용보호를 뜻하는 그 이상도 이하도 아니었다.

1980년대 중반에 들어서야 재활 모델이 도입되기 시작하였다. 이것은 1988년 장애인 올림픽을 앞두고 정부에서 장애인시설의 건물을 현대화하고, 물리치료사 등 전문직 직원을 지원하면서 재활 접근이 가능해졌기 때문이다. 내·외부의 자원으로 시작하게 된 다양한 재활 및 여가활동 프로그램은 이용자 개개인의 욕구를 반영하고, 서비스의 통합적 접근과 개별화를 촉진하게 되었다. 이 시기에 장애인거주시설의 명칭이 '재활(再活)원'으로 변경되거나, 새롭게 만들어지는 시설들을 '재활원', '재활관'으로 통칭하였다. 이른바 '재활 서비스' 제공의 목적을 뚜렷하게 보여주고 있다.

이러한 재활을 중시하던 시설 서비스는 1990년대와 2000년대를 거치면서 장애에 대한 사회적 모델과 당사자주의 등의 영향을 받으면서 자립과 지역사회 통합을 중시하는 서비스로 새로운 변화에 직면해 있다. 이에 따라 시설의 명칭도 거주를 강조하고, 일반 공동 주거 공간과 지역사회 통합의 의미를 담은 '○○집', '○○빌라'로 변화하고 있다.

2. 개인별 지원서비스

1) 기본적인 철학

거주시설에서 시설 운영자와 서비스 제공자인 직원들의 기본적인 철학은 시설의 운영 이념에서부터 개별적인 서비스 제공에 이르기까지 시설 구성원들의 전체적인 서비스 제공 행동을 결정하는 가장 중요한 요소 가운데 하나라고 할 수 있다. 역사적으로 볼 때 이러한 기본적인 철학과 관련하여 시설들은 매우 다양한 의견을 가지고 있었다.

첫 번째 생각은 장애인들을 운영진이나 직원이 관리해줘야 하며, 보호해줘야 하는 동정의 대상으로 보는 시각이 존재한다. 당연히 이러한 시설들은 대규모로 운영되고 장애인들을 통제하여야 할 대상으로, 보호해야 할 대상으로 생각하며, 운영진과 직원들조차 장애인에 대하여 가치 절하를 유발하는 표현이 일상화되어 있다.

두 번째는 가부장적 견해이다. 일부 시설에서는 장애인들을 가족처럼, 자식처럼 생각한다고 이야기하며 자식이나 동생들에게 하듯이 자연스럽게 장애인들에게 시설장과 직원들을 아버지, 어머니라고 부르게 한다. 이러한 시설들은 장애인에 대한 체벌을 당연하게 생각할 가능성이 존재하며, 장애인에게 동생을 대하는 듯한 행동과 언어적 차별, 폭력을 구분해내기 어렵다는 문제가 상존한다.

세 번째는 장애인을 재활의 대상으로 보는 시각이다. 의료적 개념을 우선시하여 장애인을 훈련, 프로그램 등을 통해 변화시켜야 하는 대상자로 바라본다. 이러한 관점의 시설은 운영진과 직원들에게 전문가로서의 권위를 강조하고, 장애인들에게 필요한 것은 전문가가 가장 잘 알기 때문에 시설 장애인은 운영진과 직원이 결정한 프로그램과 훈련, 일상생활을 따라야 한다. 물론 장애인들에게 신체적, 심리적, 기능적

재활이 필요한 경우가 있을 수 있지만 이 때문에 장애인들이 자신의 삶을 전문가가 결정하게 되는 객체가 되는 것이 정당화될 수 없다.

그러나 위와 같은 세 가지 관점에 따른 서비스 제공이 장애인들의 성장과 발달에 별로 도움이 되지 못한다는 사실은 서구의 거주서비스 역사를 통하여 입증되었으며, 이러한 삶은 지역주민으로 평범하게 살아가는 통상적인 모습이라고 할 수 없다. 우리나라에서는 한번 입소하면 평생 동안 그 시설에 살 수밖에 없다는 인식이 지배적이다. 이는 시설 이외에는 어떠한 대안도 가지지 않은 장애인을 보호하는 것이 장애인 시설의 역할이라고 인식되어 왔기 때문이다. 그러나 최근에는 이러한 생각에 변화가 생기고 있다. 현재 시설에서 생활하고 있는 많은 장애인들이 지역사회에서 정부의 공공부조에 의하여 최소한의 생계를 유지하면서, 각종 지역사회 서비스를 통하여 교육과 직업의 세계에 진입하는 상황에 점진적으로 접근해 가고 있다. 이러한 시점에서 시설에 거주하고 있는 장애인들에게도 이러한 미래에 대한 준비와 실제로 스스로의 생활의 장을 선택할 수 있도록 하는 기회를 제공해 줄 수 있도록 노력하는 것이 시설의 당연한 책임이라고 볼 수 있다. 이런 흐름과 관련하여 정상화이론, 사회적 역할의 가치화(social role valorization) 등에서 제시하고 있는 논의들과 장애인복지 전반의 세계적인 변화를 이해하고, 거주시설의 기본적인 철학과 이념을 새로이 확립할 필요가 있으며, 개인별 지원서비스는 이런 철학을 실천하는 중요한 수단이다.

2) 개별 서비스 지원계획2)의 필요성

장애인거주시설에서의 개별 서비스 지원계획이 필요하게 된 이유는 다음의 몇 가지 중요한 변화에서 그 원인을 찾아볼 수 있다.

첫째, 장애에 대한 인식과 장애인시설 서비스의 변화이다. 장애인을 불구자로 부르며, 가치 절하된 존재로 인식하다가 동등한 권리를 가진 하나의 인격체로 인식하기 시작했다. 또한, 장애개념을 의료적 관점에서 바라보다가 사회적 관점으로 바라보면서 장애인복지의 패러다임이 변화를 겪고 있다. 또한 장애인시설의 서비스 역시도 단순 수용보호에서 재활로, 다시 자립지원과 사회통합을 지향하는 서비스로 중심이 이동하고 있다. 따라서 시설 내에서 필요한 서비스를 충족하는 것에 그치지 않고 시설 밖 지역사회에서 다양한 서비스의 모색을 필요로 하게 되었다.

둘째, 서비스 욕구 다양화 및 장애인의 권리강화이다. 2000년대 들어서 급속히 진행되는 사회 전반의 정보화는 장애인들에게도 다양한 정

---

2) 사례관리(case management)라는 용어는 1980년대 이후 사회복지 방법론에서 중요한 위치를 점하고 있다. 이 방법론이 대두되게 된 배경은 포괄적인 서비스 욕구에 대하여 여러 전문가들이 파편적인 대응을 함으로써 서비스의 일관성이 약해지는 상황을 개선하기 위한 것이었다. 사례관리는 사례(case)와 관리(management)의 합성어로서 '사례별 접근', '사례중심의 접근', '사례중심의 포괄적인 접근', '개별 클라이언트의 포괄적인 욕구에 대하여 일관성 있게 대응할 수 있는 서비스 제공 방법' 등으로 정의될 수 있다. 따라서 사례관리는 행정적 관리라는 차원에서 이해되어서는 안 되며, 개인의 개별적인 욕구를 가장 잘 충족시키기 위해 체제화 된 장치라고 보아야할 것이다. 이러한 체제화 된 장치의 골격은 초기면접, 사정, 계획수립 및 실행, 점검과 평가, 종결의 단계를 거쳐서 수행된다.

현장에서는 아직은 사례관리라는 용어를 많이 사용하고 있으나, 사례관리라는 용어에서 개별 서비스 지원계획이라는 용어로 변화하고 있는 추세에 있는 것 같다. 이는 case management라는 용어를 번역하면 사례관리가 되겠지만, 서비스를 어떻게 개인에게 맞도록 통합적으로 지원할 것인가라는 목표와 다소 행정적이면서 전문가 통제의 뉘앙스를 가지는 사례관리라는 용어가 어울리지 않기 때문이다. 우리나라 장애인거주시설에서의 사례관리의 도입은 처음에는 일부 시설에서 시작되었으며, 점차 확산되어 가는 추세에 있다. 하지만 시설운영의 기본 철학에 따라 그 과정과 절차가 다양한 형태로 나타나고 있으며, 이용자의 행정적 관리 수준에 그치는 곳도 상당수 존재한다.

이런 용어상의 뉘앙스와 시설의 최근 동향을 전반적으로 고려하여 본 장에서는 사례관리라는 용어 대신에 개별 서비스 지원계획을 서비스의 방향으로 채택하였다.

보를 접할 수 있는 기회를 갖도록 하였다. 이러한 정보를 통해 장애인들은 자기 자신의 선택권과 인권에 대하여 눈뜰 수 있었다. 장애인시설에서는 권리를 주장하는 장애인들의 다양한 욕구를 충족시킬 방안이 필요했다.

셋째, 서비스의 비효율성을 극복해야 하는 문제이다. 대부분 장애인거주시설에는 서비스를 제공하는 부서단위가 행정·관리팀, 영양급식팀, 사회재활팀, 생활재활팀, 의료팀 등으로 구성되어 있다. 또한 각 팀에서도 세부적으로 서비스가 나뉘어서 제공되고 있다. 하지만 이러한 각 팀 단위의 서비스를 각 분야의 전문가가 산발적으로 제공하는 상황은 비효율적일 수밖에 없다. 또한 시설 내의 서비스에서 그치는 것이 아니라 지역사회의 다양한 자원을 연결하는 연계서비스를 필요로 하게 되었으나 이를 통합적으로 제공하지 못하는 문제가 제기되었다.

넷째, 장애인거주시설 최저기준 등의 제도 변화이다. 1999년부터 3년 주기로 실시된 장애인거주시설 평가에서 서비스를 개별적으로 얼마나 충실하고 체계적으로 실시하고 있는가는 중요한 배점을 차지하고 있다. 이는 각 시설에서 이용자 한 사람 한 사람에 대한 개별적인 서비스 계획을 전체 조직의 통합적 접근을 통해서 얼마나 충실히 실행하고 있는가를 평가하는 것이라고 할 수 있다. 또한 보건복지부는 2010년 이후 매년 장애인거주시설의 최저 서비스 권장기준을 장애인거주시설 사업안내를 통해 발표하였다. 장애인거주시설이 기본적으로 갖추어야 하는 기준에 개별 서비스 지원계획을 명시하였다. 이러한 제도의 변화는 시설들이 개별 서비스 지원계획에 대한 원칙과 절차를 규정하는 매뉴얼을 갖추어야 할 필요를 갖게 하였다.

이런 전반적인 여건 변화와 필요성에 따라 한 사람 한 사람의 개별적인 이용자가 참여하면서 각 팀 단위 서비스와 시설 외부의 서비스를 통합적으로 고려하여 개별 서비스 계획을 만들고, 통합적으로 개별 서비스를 진행하는 개별 서비스 지원계획이 필요하게 되었다. 이러한 필요성에 의해 도입된 개별 서비스 지원계획은 시설의 서비스 전반에 걸쳐 여러 가지의 과정과 절차에 따라 이루어지고 있다. 이러한 거주시설 서비스 과정은 거주시설에서의 정상화 실천의 방향이라고 표현할 수 있을 것이다.

3) 개별 서비스 지원계획의 기본절차

개별 서비스 지원계획의 기본절차는 다음과 같이 5가지 단계로 표현될 수 있다. 각 단계는 분절된 과정이 아니며, 일방향적 단계가 아니라 연속적으로 순환할 수 있다. 각 과정에는 세부적인 과정과 내용이 있으며, 필요한 양식이 다양하게 포함되어 있다. 개별 서비스 지원계획의 개괄적인 단계와 과정을 제시하면 다음과 같다.

(1) 1단계 : 이용 결정 단계

이용 결정 단계는 세부적으로 이용 문의, 초기면접, 예비 방문, 이용 결정 회의로 나뉜다. 이러한 이용 결정 단계는 가족과 함께 생활하던 장애인이 독립하여 시설에 입주하게 되는 과정으로 장애인 당사자와 가족은 상당한 스트레스를 받을 수 있다.

(2) 2단계 : 사정 및 재사정 단계

사정단계는 세부적으로 이용자 관찰, 이용자 상담, 이전 서비스 기관의 기록 검토, 가족 상담, 내·외부 기관의 사정(진단)자료 정리, 자원조사 등으로 구성된다. 이러한 사정단계는 전문가 중심이 되기 가장 쉬운 단계 중의 하나로 이용자가 원하는 서비스, 지원, 활동을 확인하고, 이용자의 장기적인 꿈, 목표, 선호 등에 대한 파악이 중심이 되어야 한다.

(3) 3단계 : 개별 서비스 지원계획 수립 및 실천 단계

계획 수립 및 실천 단계는 세부적으로 전체 회의 일정 결정, 개별 서비스 계획 회의 진행, 개별 서비스 지원계획서 작성, 서비스 동의, 개별 서비스 실행 등으로 구성된다. 계획의 수립에서 이용자와 가족, 관련자의 참여와 의사결정은 가장 중요하다고 할 수 있다.

(4) 4단계 : 평가 단계

평가 단계는 세부적으로 모니터링, 개별 서비스 지원평가서 작성 및 검토, 서비스 계획 목표 및 실천 수정, 거주형태 변경 결정 등으로 구성될 수 있다. 평가 시 서비스를 지속할 것인지, 변경할 것인지, 종결할 것인지에 대한 중요한 결정을 내려야 하기 때문에 이용자와 가족, 관련된 사람들의 의사를 정확히 파악하는 것이 중요하다.

(5) 5단계 : 종결 및 지원 단계

종결 및 지원 단계는 세부적으로 다른 시설로의 전원, 자립생활, 원가정 복귀, 사망 등의 이유로 서비스가 종결된 이후에 이루어지는 지원을 말한다. 평가 단계에서 서비스 종결이 결정되면 이용 종료 이후에 대한 서비스 지원에 대한 계획을 세워야 한다. 다른 시설로의 전원, 자립생활, 원가정 복귀, 사망 등 각 상황에 맞는 서비스 지원이 필요하다.

3. 거주시설의 서비스 과정

1) 이용 결정 단계

거주시설 이용 결정 단계[3]은 세부적으로 이용 문의, 초기면접(intake), 예비 방문, 이용 결정 회의 등으로 구성된다. 공공의 사정 시스템이 없는 우리나라의 현실에서 이용 결정 단계에서 가지는 부담은 고스란히 이용자와 시설에게 전가된다. 거주지 읍·면·동 주민센터 혹은 시·군·구청에 시설을 이용하겠다고 신청하는 것에서 이용 결정 단계가 시작된다[4].

(1) 이용 문의(이용 의뢰)

이용 문의에서의 기본원칙은 이용을 희망하는 장애인과 가족은 충분한 정보를 제공받아야 하며, 시설은 본인의 의사를 존중하여 서비스를 제공하여야 한다는 것이다. 서비스의 구체적인 내용은 다음과 같은 것들이 있다.

- 이용 희망 장애인과 가족이 전화, 홈페이지 등을 통해 개별 시설로 직접 이용을 문의하는 경우 상담자가 개별 시설의 이용자로 적합한지 판단하여 이용 희망자의 주소지 관할 시·군·구청에 신청하도록 안내한다.

---

3) 이용 결정 단계라는 표현은 거주시설에서 일반적으로 쓰이는 용어는 아니며 일반적으로 입소, 퇴소라는 용어가 사용되고 있다. 입소 또는 퇴소라는 표현은 대표적으로 군대 훈련소에 들어갈 때 쓰이는 용어로써 시설에서 거주서비스를 받기 시작하는 장애인에게 적절한 용어인지에 대해서는 고민이 필요하다. 이용 결정이란 기존의 시설이 가지고 있던 대규모 수용의 이미지를 순화시키기 위해서 채택한 용어이며 각 시설에서는 다양한 용어들이 사용될 수 있다. 더불어 거주결정, 입주, 이주, 이사 등도 같이 사용될 수 있는 용어로 볼 수 있다. 시설에서 쓰이는 다양한 용어 하나하나에서 시설과 이용자들을 낙인화, 가치절하 시키는 것이 없는지 항상 주의할 필요가 있다.

4) 여기서 가족과 이용자의 의견이 다른 경우가 있다. 가족은 시설 이용을 선호하지만, 이용자가 꺼리는 경우에 흔히 발생하는 문제라고 할 수 있다. 때로는 이용자의 의사에 반하여 가족이 일방적으로 시설 이용을 신청하는 경우도 있어 이용 결정 단계의 절차를 거치면서 시설 이용을 하지 않는 것으로 결정하기도 한다.

- 개별 시설의 이용자로 적합하지 않은 경우 적절한 유형의 시설을 안내[5]한다.
- 시·군·구청을 통해 입소대기자 명단을 받은 경우 순번에 따라 전화로 상담을 진행하여 상담 시점에서도 시설 거주를 원하는지 확인하고, 본 시설의 이용자로 적합한지를 판단한다.
- 시설 거주 의사와 적합성이 확인된 이용 희망자가 결정되면 거주에 따른 절차를 정확히 설명하고, 시설에 대한 정보[6]를 제공한다.
- 초기면접을 위해 일정을 협의한다.

여기에서 유의해야 할 점은 이용 의뢰 및 이용 결정 단계에서 가족들의 죄책감과 장애인 당사자의 스트레스가 상당히 높을 수 있다는 점이다. 시설 정보를 과장해서 제공하지 않아야 하며, 가족과 이용 희망 장애인이 안심할 수 있도록 최대한 친절하고 상세하게, 사실적으로 안내하는 것이 중요하다.

(2) 초기면접/초기사정

초기면접의 기본 원칙으로는 이용 희망 장애인과 가족의 편의를 최대한 반영하여 일정 및 장소를 결정해야 하며, 대기 순서를 존중하여 형평성을 유지하여야 한다. 서비스의 구체적인 내용은 다음과 같은 것들이 있다.

---

[5] 정부와 지방자치단체에서 이러한 적절한 정보를 제공할 수 있는 시스템을 갖추지 못하고 있는 것이 현실로 현재는 한국장애인복지시설협회에서 제공되는 정보에 의존하는 경우가 많다.
[6] 시설 안내지를 이용자용으로 제작할 필요가 있다. 일반적으로 시설에서 사용하는 시설 안내지는 자원봉사자, 후원자, 방문자를 대상으로 제작된 경우가 많으며, 이용자가 이해하기 쉬운 방식으로 예비 이용자가 궁금해 할 수 있는 내용을 중심으로 제작되어야 한다.

- 초기면접은 대기 순서에 의해 우선순위가 결정되며, 이용 희망자와 가족의 상황에 따라 일정을 협의하도록 한다.
- 초기면접은 사회재활교사가 실시하며 예비 이용자의 기본적 인적사항을 확인한다. 그리고 상담을 통해 초기 사정 영역을 결정하고, 이용 결정 절차와 시설에 대한 정보를 제공한다.
- 초기사정의 경우 사회재활교사, 간호사, 물리치료사, 영양사, 담당 생활재활교사 등이 초기면접자의 요청에 따라 업무를 분담해서 실시한다.
- 초기사정 시 수집해야 할 정보는 이용 희망 장애인 및 가족의 이용 욕구와 희망(일생생활의 형태, 숙소 형태, 필요한 교육과 훈련, 원하는 거주기간, 원하는 활동 등), 당사자와 관련된 일반적인 정보(인적사항, 소득, 개인력, 가족을 포함한 사회적 관계망, 학습능력, 생활능력, 적응행동 수준, 기타 위험요소 등) 이다.
- 담당자는 수집된 정보를 기록[7]하고 시설의 능력을 고려하여 시설 입소의 적합성을 검토하여 예비 방문을 결정하고 일정을 협의한다.

이 단계에서 이용 희망 장애인을 위하여 필요한 경우 시설 직원이 거주 희망 장애인이 현재 거주하고 있는 가정을 방문하여 진행하는 것을 고려해야 한다. 시설에서 초기면접을 실시할 경우 사전에 초기면접과 예비 방문의 일정을 이어서 진행할 수 있도록 안내하여 이용 희망 장애인에게 편의를 제공하는 것이 필요하다. 지방자치단체가 특별한 사유(긴급한 보호가 필요한 경우 등)[8] 때문에 요청하는 경우를 제외하

---

7) 예비 이용자에 대한 기록은 사전에 예비 이용자 및 가족에게 충분히 설명하며, 동의를 받고 진행하여야 한다.
8) 현장에서 간혹 긴급한 보호가 필요한 경우를 경험하게 된다. 다음과 같은 사례가 긴급한 보호가 필요한 경우이다. K양을 17세 여자로 본인이 이름을 언어로 표현할 수 없는 정도로 중증의 지적장애인이었으며, 어머니는 가출상태였고, 아버지는 알코올 중독으로 K양을 방치하였고, 만취 후에는 폭행을 일삼았다. K양은 인간으로서의 기본적인 생활을 영위하지 못하고 있었다. K양이

고는 시설의 재량으로 대기 순서를 바꾸지 않아야 한다.

(3) 예비 방문(거주 체험)

예비 방문에서의 기본 원칙은 이용 희망 장애인이 시설의 서비스를 최대한 이용하여 경험할 수 있도록 하며, 체험기간 동안에도 선택권과 자기결정권을 보장하여야 한다. 이 단계에서의 구체적인 서비스 내용은 다음과 같은 것들이 있다.

- 예비 방문은 장애인거주시설 최저 서비스 권장기준에 의해 최소한 반나절(되도록 하룻밤을 포함) 이상 제공되어야 한다.
- 예비 이용자는 현재 이용자와의 만남, 직원과의 만남, 지역사회 둘러보기 등의 관계적 요소에 대한 정보와 식당, 침실, 공용장소, 마당 등의 시설에 대한 정보를 제공받는다.
- 예비 이용자는 시설이 개인의 요구사항을 얼마나 충족시킬 수 있는지, 이용자에 대한 여러 보관기록을 어떻게 관리하는지 등 권리적 요소의 정보를 제공받는다.
- 담당자는 거주 체험기간 동안 장애인의 욕구, 생활 및 지원 서비스 참여 및 만족 수준, 개인의 생활양식과 시설거주의 적합성 등에 대하여 기록하며, 일상생활능력, 가정생활능력, 대인관계 능력, 심리적 특성, 금전사용 능력 등을 평가하여 기록한다.
- 예비 방문기간 동안 발생하는 개인이 부담하여야 하는 비용에 대하여 안내하여야 하며, 예비 방문 평가 동의서를 받는다.

동사무소에 신고된 당시에 17세라는 나이에도 불구하고 몸무게가 15kg 정도로 신체적인 장애가 없음에도 불구하고 영양결핍과 운동부족으로 걷지 못하는 상태로 시설에 이용 의뢰되었다. 이러한 경우 대기자나 행정 절차를 기다리는 것은 이용자의 건강과 생명에 심각한 문제가 생길 수 있다고 판단되어 그날 바로 거주지를 시설로 이동하여 서비스를 진행했다. 다행히 그 후 건강을 회복하여 음악과 스포츠 방송을 즐기며 생활하고 있다.'

장애인거주시설 최저 서비스 권장기준은 반나절의 체험기간을 제시하고 있으나 예비 이용자에게 충분한 경험을 제공하고, 시설은 적응정도의 다각적 평가를 위해 일주일 정도의 시범 이용기간을 두어 거주체험이 이루어지는 것이 바람직하다. 결원이 생긴 유닛(unit 공동거주단위)의 방에서 생활하는 것을 기본으로 하나, 이용자가 원할 경우 유닛 및 방을 재조정할 수 있다. 또한 예비 이용자가 시설을 선택하기위해 제공되는 예비 방문이지만, 현 이용자들에게도 예비 이용자와 함께 사는 것을 선택할 수 있는 절차를 마련하는 것이 필요하다.

(4) 이용 결정 회의

이용 결정 회의는 이용 희망 장애인의 욕구와 특성에 맞춰 시설이 제공할 수 있는 서비스가 적합한지를 검토하는 과정이며 이용 여부를 최종 결정하는 과정이다. 이 단계에서 이루어지는 서비스의 구체적인 내용은 다음과 같다.

- 이용 결정 회의는 원장의 책임 하에 초기 사정 및 예비 방문 시 평가 기록을 담당한 모든 직원이 참여한다.
- 현 이용자 중에서 예비 이용자와 같이 생활하게 되는 이용자 또는 자치회의 임원이 이용 결정 회의에 참여하여 이용 여부를 결정하는 데 의사를 표현하도록 한다.
- 사정 및 평가서, 회의록, 소견서, 현 이용자의 의견 등을 종합하여 거주 여부에 대한 최종 결정을 한다.
- 시설은 이용 희망 장애인과 가족에게 시설의 의무, 가족 및 이용자의 의무와 권리 등을 안내하고 이용 및 서비스 계약서[9]를 작성한다.

---

9) 이용 및 서비스 계약서는 거주시설의 공통된 양식이 개발되어 있지 않아 개별 시설들이 제작하여 사용하고 있다. 예비 이용자 또는 가족에게 일방적으로 불리한 계약이 되기 쉽기 때문에 정부

- 거주가 최종 결정되었을 시 지체 없이 지방자치단체에 보고하여 행정 절차를 진행하여야 하며, 지방자치단체의 입소 결정 통지서를 수령하는 것으로 이용 결정이 완료된다.

이용 결정 회의는 원장, 사회재활교사, 간호사, 물리치료사, 담당 생활재활교사, 이용자 대표 등이 참여하는 것이 중요하다. 그리고 개별 시설은 장애 유형이나 연령 등 주요 이용 고객을 정하여 이용 결정을 하지만, 장애가 중증이라는 이유로 이용을 거부할 수 없으며, 오히려 중증장애인에게 우선으로 거주 기회를 제공해야 한다.

(5) 거주

거주과정의 기본원칙은 이용자와 보호자의 긴장감과 거부감을 완화시킬 수 있도록 충분한 정보와 상담을 제공하고, 적응을 돕기 위해 노력하여야 한다는 것이다. 이 단계에서 이루어지는 서비스의 구체적인 내용은 다음과 같다.

- 지방자체단체의 입소 결정 통지서를 수령한 후 이용자 또는 가족에게 연락하여 시설 입주 날짜를 상의한다.
- 이용 결정 기간에 미비했던 서류가 있으면 시설 입주하는 일자에 맞춰서 준비해야 할 서류를 안내한다.
- 이용자가 제공받는 옷장, 사물함, 방의 크기 등에 대한 정보를 제공하여 이용자가 원하는 개인 소지 물품을 시설 입주하는 일자에 준비할 수 있도록 한다.

와 지방자치단체에서 공용양식을 제공할 필요가 있다. 예전에는 실제로 가족의 권리를 포기하는 수준의 서약서를 시설에서 받았던 경우도 있었다.

이 단계에서는 시설의 거주를 시작하게 되는 이용자와 가족에게 거주 결정 과정의 일정과 절차에 대하여 충분히 반복 설명하여 초기에 갖기 쉬운 긴장감과 거부감을 완화시키기 위해 노력하는 것이 중요하다. 가족에게 가족모임을 소개하고 함께 활동하도록 안내한다. 또한 이용자와 가족에게 시설 및 직원은 어떠한 형태로든 사례나 향응 등을 받을 수 없다는 사실을 안내한다. 이용자에 따라 이용 초기에 잦은 방문은 시설 거주 적응을 어렵게 하기도 하고, 반대로 이용 초기에 잘 적응할 수 있도록 자주 방문하는 것이 좋은 경우 등 다양한 상황이 있을 수 있기 때문에 개인적인 성향과 상황에 맞추어 가족과 긴밀히 상의하는 것이 중요하다.

(6) 이용 결정 과정의 문제점

이용 결정 과정의 문제점은 첫째, 우리나라 거주시설을 이용할 수 있는 장애인은 기본적으로 무연고자이거나 국민기초수급권자로 제한되어 있었기 때문에 일정 소득이나 재산이 있는 장애인이 거주시설을 이용하는 것이 어려웠다. 이러한 문제는 2011년 장애인복지법 일부 개정 시 소득과 재산에 관계없이 장애인거주시설을 이용할 수 있도록 하는 조항이 포함되면서 해결되는 것 같았다. 하지만 부족한 장애인거주시설의 자릿수와 장애인이 지역에서 살 수 있는 지역사회서비스가 부족한 현실을 생각한다면 단순히 이용 자격 기준을 바꾸는 것만으로 근본적인 변화가 가능할지는 의심스럽다.

둘째, 법적으로 이용을 결정하는 권한은 개별 시설이 소재하고 있는 시·군·구청장(기초자치단체장)에게 있기 때문에 개별 시설의 이용 상담은 한계가 존재한다. 또한 기초자치단체에서의 예비 이용자에 대한 상담은 간단한 개인정보를 묻는 것에서 그치고 있다. 이용을 희망하는 장애인이 어떠한 상황에 놓여 있으며, 장애 유형, 연령, 자립의지 등 다양한 정보를 통해 사정을 실시하고, 사정 정보를 바탕으로 거주시설, 단기보호시설, 공동생활가정, 지역사회 서비스 이용 등의 다양한 선택을 장애인의 의사에 맞추어서 결정할 수 있는 공공의 사정시스템의 구축이 필요하다.

셋째, 일단 시설을 이용하기 시작하면 가족과의 관계가 단절되는 경우가 많고 이용자가 더 이상 시설을 이용하지 않아도 될 정도로 성장, 변화가 있다 하더라도 지역사회 보호체계의 부족으로 시설이용을 종료하는 것이 현실적으로 어렵다는 것이다. 물론 그럼에도 자립을 선택하는 이용자들은 커다란 도전에 직면하게 된다. 어려운 현실이지만 최근에는 장애인활동지원제도 등의 새로운 지역사회 기반 서비스들이 생기면서 중증장애인들이 지역사회에서 자립생활을 할 수 있도록 지원되고 있어 거주시설 이용자들이 자립을 위해 도전할 수 있는데 큰 힘이 되고 있다.

2) 사정 및 재사정 단계

사정 단계는 세부적으로 이용자 관찰·상담을 통한 욕구의 파악, 가족 상담, 이전 서비스 기관의 기록 검토, 영역별 사정(진단), 자원 조사 등으로 구성된다. 이러한 사정 단계는 전문가 중심이 되기 가장 쉬운 단계 중의 하나로 이용자가 원하는 서비스와 활동을 확인하고, 장기적인 꿈, 목표, 선호 등이 중심적인 고려사항이 되도록 노력하여야 한다. 서비스 제공자가 이용자에게 필요하다고 판단하는 것보다 이용자가 원하는 것에 주목하는 것이 중요하다.

(1) 이용자 관찰, 상담

이용자 관찰, 상담의 기본 원칙은 이용자의 꿈, 선호, 강점 등에 주목하여 관찰과 상담을 진행해서 서비스 목표를 수립해야 한다는 것이다. 이 단계 서비스의 구체적인 내용은 다음과 같다.

- 서비스 이용계획 과정에서 본인의 의사를 언어적으로 표현하는 것이 어려운 장애가 있는 이용자에 대한 관찰은 무엇보다 중요하다. 이 경우 관찰은 이용자의 선호, 강점을 알 수 있는 거의 유일한 수단이기 때문에 세심하고 의식적인 관찰과 기록을 유지하여야 한다.
- 거주 공간 내·외부의 일상생활 속에서 이용자의 모습을 직원이 관찰하며 일지를 활용하여 기록하여야 한다.
- 상담 및 관찰 시에는 재활 또는 활동, 자립생활에 대한 이용자의 생각과 준비 정도, 장애가 생활에 미치는 영향 등에 대해 주목하여야 한다. 상담 시 이용자의 꿈, 선호, 강점을 충분히 표현할 수 있도록 한다.

주의할 점은 중증도의 이용자에 대한 관찰은 생활 속에서 이루어지는 것으로 평소에 세밀한 관심을 가지고 의도적 관찰을 통하여 이를 기록하는 것이 중요하다. 이러한 관찰기록은 서비스의 질을 좌우하기 때문에 선임교사, 팀장 등 슈퍼바이저의 검토가 필수적으로 수반되어야 한다. 담당 생활재활교사는 중증의 이용자가 좋아하는 것을 표정과 활동에 대한 행동적 반응을 토대로 파악하고 있어야 하며, 필요시 이를 표현할 수 있는 다양한 그림을 포함하는 의사소통 도구를 활용하는 것이 좋다. 관찰로 기록된 좋아하는 것, 싫어하는 것, 강점, 약점 등은 개별 지원계획을 수립할 때 중요한 기준점이 된다.

(2) 가족(보호자) 상담

가족이 이용자에 대한 가장 좋은 옹호자인 경우가 일반적[10]이기 때문에 가족 상담의 기본 원칙은 가족이 지속적인 관심과 의사표현을 할 수 있도록 지원하여야 한다는 것이다. 이 단계에서 이루어지는 서비스의 구체적인 내용은 다음과 같다.

- 이용자의 가족 간 의사소통과 갈등 등을 포함하는 관계 특성과 가족의 경제적 상황, 사회적 상황, 가족 내 스트레스, 이용자에 대한 부모와 형제의 태도 등에 대한 정보를 수집한다.
- 이용자의 성장 과정, 이용자가 가정에서 생활하던 방식, 이용자의 선호, 이용자의 강점 등에 대한 정보를 수집한다.
- 가족이 원하는 이용자의 장기적, 단기적 목표에 대한 의견을 듣는다.

여기에서 주의해야 할 점은 가족은 장애인이 시설을 이용하게 됨으로써 자신이 돌보아야 하는 책임을 다했다는 생각을 할 수 있다는 점이다. 이에 대해 충분한 상담을 통해 시설을 이용해서 서비스를 받는 것이지만 가족으로서의 의무와 책임에 대하여 알 수 있도록 하여야 하며, 옹호자로서 지속적 관심이 필요하다는 것을 알려야 한다. 또한 직원은 가족에게 이용자가 시설을 통해 국가 또는 사회가 제공하는 서비스를 정당하게 이용한다는 생각을 할 수 있도록 설명한다. 일부의 가족은 이용자에 대한 죄책감을 가지게 될 수 있는 것에 주목하여 이에 대해 충분한 상담과 가족 모임 등을 통해 완화될 수 있도록 노력하여야 한다. 이용 결정 시 도전적 행동 또는 병력을 사실대로 이야기하지 않는 경우가 있을 수 있으므로 지속적으로 이용자의 성장 과정과 서비

---

10) 가족(부모, 형제자매, 친인척 등)이 일반적으로 장애인에게 가장 좋은 옹호자인 것은 틀림없으나, 간혹 안타까운 상황에 직면하게 되는 것도 사실이다. 시설에 입주시킨 것으로 보호자로서의 책임을 다했다고 생각하는 일부의 가족은 연락을 끊고 방문이나 연락을 하지 않으려 한다. 이들에 대한 다양한 지원을 통해 가족들이 이용자의 옹호자가 되도록 하는 것은 이용자의 삶의 질에 중요한 영향을 미친다.

스 계획에 영향을 미칠 수 있는 정보들을 수집하고 기록하여야 하며, 필요 시 전에 거주하였던 가정을 방문하는 것도 도움이 될 수 있다.

(3) 이전 서비스 기관의 기록 검토

이전 서비스 기관의 기록 검토는 이전에 이용했던 시설 및 이용 기관에 보관된 이력과 기록을 검토하여 서비스 계획을 세우는 데 참고하기 위함이다. 이 과정에서 이루어지는 서비스의 구체적인 내용은 다음과 같은 것들이 있다.

- 이전에 이용했던 시설 및 이용 기관을 확인하여 공문을 통해 해당 기관이 보관하고 있는 이력과 기록을 요청한다.
- 요청하여야 하는 정보는 이용자에게 지원된 서비스의 내용과 방법, 생활양식, 지원된 서비스의 결과 평가, 장애인의 만족도와 변화 등에 관한 기록이다.

여기에서 주의할 점은 기관에 따라 이용자의 기록을 제공하지 않을 수 있기 때문에 공문을 통해 기록을 요청하고 기록을 제공하지 않는 사유에 대하여 공문을 통해 회신을 받아 기록에 남긴다. 또한 이전 서비스 기관의 목표가 본 시설과 다를 수 있기 때문에 기록물을 통해서 이전 서비스 기관의 수준에 대해 판단, 평가를 하려고 해서는 안 되며, 제공받은 기록은 이용자의 서비스 계획을 세우는 데 참고하기 위한 자료로만 이용해야 한다.

(4) 영역별 사정 및 종합적 분석

이용자의 욕구를 비롯해서 기능, 적응행동, 잠재능력 등을 파악하기 위해 각 영역별 사정을 실시한다. 이는 시설 내부 전문가가 실시하며,

심리·정서·직업 등 일부 영역은 외부 전문기관과 전문가에게 사정을 의뢰하기도 한다. 사정 시 기본 원칙은 가능한 표준화된 사정도구를 이용하여 적응행동을 측정하지만 사정만으로 이용자를 판단하기보다는 다양한 정보와 의견을 청취하기 위해 노력해야 한다는 것이다. 이 과정에서 이루어지는 서비스의 구체적인 내용은 다음과 같다.

- 외부 기관의 자료는 의료, 언어, 심리, 정서, 교육, 직업 등 다양한 분야가 있을 수 있으며 해당 기관의 절차에 의하여 사정을 의뢰한다.
- 외부 기관에 의뢰하여 진단을 받고자 하는 분야는 회의에서 결정하거나 개별 서비스 이용계획 진행자가 사전에 판단하여 결정한다.
- 내부에서의 사정은 필요에 의해 다양한 척도를 활용하여 진행할 수 있다.
- 시설 내부의 사정은 사회재활교사, 거주지원팀, 의료지원팀(간호, 물리치료), 영양지원팀 등의 다양한 영역에서 실시할 수 있다. 시설 내에서 해야 하는 기본 사정영역은 이용자의 사회력에 대한 사정과 욕구사정을 비롯해서 일상생활관찰 사정, 의료(간호, 물리치료영역) 사정, 영양영역의 사정 등이며, 사회재활교사는 적응행동검사(ABS-RC2 등), 사회성숙도검사, 자아심리검사 등의 표준화된 척도를 통해서 이용자의 적응행동 등을 사정할 수 있다.

필요한 사정을 의뢰하고 이를 토대로 개별화지원계획을 수립하기 위해서는 각종 표준화된 사정도구에 대한 이해가 있어야 하며, 이보다 앞서 이용자에 대한 충분한 이해가 바탕이 되어야 한다. 즉, 이용자에 대한 지식과 사정도구에 대한 이해가 겸비되어야 정확한 적응행동 사정이 가능하므로 시설 내에서 사용되는 사정도구에 대한 직원의 이해 교육이 선행되어야 한다.

(5) 자원조사

자원조사의 기본 원칙은 이용자의 욕구 실현, 사회적 관계 확장, 지역사회 참여 증대, 자립생활 지원 등의 방향에서 개별 서비스가 계획되도록 조사가 이루어져야 한다는 것이다. 이 과정에서 이루어지는 서비스의 구체적인 내용은 다음과 같다.

- 이용자의 재산 현황을 조사하여 장애인연금 등의 대상이 되는지 확인한다.
- 가족과 관계자를 대상으로 자료를 수집하여 장애인이 필요로 하는 서비스에 대하여 물적, 심리적 지원이 어느 정도 가능한지를 확인한다.
- 이용자의 욕구 실현, 사회적 관계 확장, 지역사회 참여 증대, 자립생활 지원을 위해 필요한 자원을 검토해 보며, 이용자에게 부정적 영향을 미칠 수 있는 자원에 대하여도 조사한다.
- 시설 내부에서 제공되어질 수 있는 자원에 대하여 확인한다.

여기서 주의할 점은 가족뿐만 아니라 친구, 자원봉사자 등 이용자에게 개인적인 도움을 줄 수 있는 관계가 있을 수 있으므로 이들에 대해 조사하고, 이들이 어떤 도움을 얼마나 줄 수 있는지를 확인하여야 한다. 자원이라고 해서 반드시 물적, 금전적 자원만을 의미하는 것은 아니며 인적, 심리적 도움 역시도 중요하다는 것을 인지해야 한다. 또한 지역의 자립생활센터와 먼저 자립생활을 하고 있는 장애인들 역시도 도움을 받을 수 있는 중요한 자원이므로 이들과 관계를 형성할 수 있도록 지원한다.

3) 계획 수립 및 실천 단계

계획 수립 및 실천 단계는 세부적으로 전체 회의 일정 결정, 개별 서비스 계획 회의 진행, 개별 서비스 지원계획서 작성, 서비스 동의, 개별 서비스 지원으로 구성된다. 계획 수립에 있어서 이용자와 가족, 관련자의 참여와 자기결정은 가장 중요하다고 할 수 있다.

(1) 개별 서비스 지원계획 회의 일정 결정 및 회의 진행

이용자의 개별 서비스 계획을 위한 전체 일정을 각 개인에게 맞도록 조정하여 결정하고, 개별 서비스 계획 회의 진행의 기본 원칙은 이용자의 꿈, 선호를 실현하기 위한 능력 개발, 적응행동 증진, 사회적 관계망의 확장을 주목적으로 하는 강점 중심, 욕구 중심의 회의가 되도록 해야 한다는 것이다. 이 단계에서 이루어지는 서비스의 구체적인 내용은 다음과 같다.

- 이용자 본인이나 담당 생활재활교사는 필요에 따라 개별 서비스 지원계획 수립 또는 재검토를 요청할 수 있다.
- 이용이 확정된 신규 이용자의 경우 일정 기간 이내에 개별 서비스 지원계획 회의를 진행할 수 있도록 일정을 조정한다.
- 수립된 개별 서비스 지원계획은 매년 1회 이상 주기적인 평가를 실시하여 종료, 지속, 수정 여부를 결정한다.
- 참여자의 의견을 정확히 파악하고 특히 이용 당사자의 의견을 청취하도록 노력한다.
- 이용자 본인을 제외한 참여자들의 입장에서 활동, 지원, 서비스 등의 제공 여부를 판단해서는 안 되며, 이용자의 입장에서 고려해 보아야 한다.

- 자해나 타해 등의 공격적 성향으로 도전적 행동이 있는 이용자의 경우에는 이용자 본인, 공동 거주자, 직원의 보호와 안전을 위해 필요한 개별적인 조치 상황에 대해 기록한다.

중요한 것은 이용자의 긍정적인 부분을 강화하는 것에 초점을 맞춰야 하며, 부정적인 내용을 강하게 나타내는 것은 이용자의 동기를 저하시킨다는 사실을 잊지 말아야 한다. 그리고 '능력이 된다.', '능력이 안 된다.'라는 식의 이용자에 대한 단정적 판단은 하지 말아야 한다.

(2) 개별 서비스 지원계획서 작성

개별 서비스 지원계획서는 이용자의 강점, 선호, 꿈, 비전 등을 고려하여 구체적이고 실현 가능한 이용자 중심의 서비스 지원 계획을 수립하여 작성한다. 이 단계에서 이루어지는 서비스 활동은 다음과 같다.

- 개별 서비스 지원계획 회의에서 논의된 내용을 바탕으로 의미 있는 개입에 필요한 서비스를 모두 포함하여 개별 서비스 지원계획서를 작성하며, 필요에 따라 세부 개별 서비스 지원계획서를 작성하여 전체 계획의 목적이 효과적이고 효율적으로 달성될 수 있도록 구체화한다.
- 이용자의 지역사회 참여 증대와 자립을 지원하는 계획이 포함되어야 한다.
- 목표와 활동이 구체적이고 측정 가능하고, 달성 가능하며, 결과 지향적이어야 한다.

이용자의 자기결정을 증대시키기 위하여 이용자가 이해할 수 있는 언어와 형식으로 개별 서비스 지원 계획서를 작성하는 것이 중요하다.

또한 이용 당사자가 서비스 이용을 통하여 달성하고자 하는 꿈과 본인이 원하는 활동, 지원, 서비스를 확인하여야 하며, 이용자 중심의 서비스 지원 계획을 수립하며, 전 직원이 이해하여 일관성 있게 서비스가 진행될 수 있도록 한다. 또한 개인의 차이가 있으므로 기존에 제공되는 서비스 계획을 그대로 답습하여 이전에 다른 사람에게 적용되었던 계획과 동일한 계획이 수립되지 않도록 유의하여야 한다. 계획 수립 과정에서는 고정관념을 최대한 경계해야 한다.

(3) 서비스 동의

서비스 동의는 서비스 지원 계획서가 완성되면 서비스 계획에 동의하는 서명을 받고 서비스를 시작하여야 한다. 이 단계에서 이루어지는 서비스의 구체적인 내용은 다음과 같은 것들이 있다.

- 서비스 지원 계획서가 완성되면 서비스 계획에 동의하는 이용자, 가족, 담당 직원, 선임 직원, 시설장 등이 서명한다.
- 가족이 개별 서비스 지원계획 회의에 참석하지 못한 경우라도 회의에서 합의된 지원 계획서를 발송하여 가족의 이해와 동의를 구해 서명할 수 있도록 지원한다.

가족이 없는 무연고 이용자의 경우 가능한 관련된 옹호자[11]에게 서명을 받을 수 있도록 노력하며, 가족이 있는 이용자의 경우라도 이용

---

11) 원칙적으로 무연고 이용자에 대한 서비스 동의는 기초자치단체장(시군구청장)에게 받아야 하지만 이를 실행하고 있는 경우를 현장에서 찾아보기 어렵다. 옹호자(친구, 결연 자원봉사자 등)에게 서명을 받는 것이 법적 효력은 없겠지만 직원들이 책임감을 더 느낄 수 있으며, 이용자는 정서적 지지를 받을 수 있다는 의미가 있다.
성인 무연고 이용자의 경우 2013년 7월부터 시행된 성년후견인제도에 의하여 성년후견인에게 서비스 동의를 구할 수 있는 방안이 마련되었다. 성인 무연고 발달장애인의 후견인 지정이 아직 의무화된 것은 아니지만, 몇몇 시설에서는 이 제도를 이용하여 성인 무연고 발달장애인의 후견인을 지정하여 서비스 동의를 구하고 있으며 이는 확대될 전망이다.

자의 권리와 의사를 옹호하여 줄 수 있는 관련자가 있는 경우 서명을 받을 수 있도록 지원한다.

(4) 개별 서비스 지원

개별 서비스 지원을 위한 통합 계획은 시설에서 기존에 진행되는 일반 서비스, 활동, 지원, 재활서비스 등의 서비스에 반영되어 진행된다. 이 단계 서비스의 구체적인 내용은 다음과 같다.

- 개별 서비스 지원을 원활하게 하기 위하여 개인별로 필요한 경우 월별 계획이나 주간 계획을 시간표 형식으로 작성한다.
- 작성된 개인별 월간 또는 주간의 주기별 계획을 바탕으로 필요한 서비스를 진행한다.
- 서비스 계획은 수정될 수 있으나 수정된 계획은 이용자 본인의 동의를 구해야 하며, 서비스 책임자의 서명을 받아야 한다.
- 이용자의 욕구와 만족도를 수시로 확인하여 서비스 계획에 반영하여야 한다.
- 의사소통이 가능한 이용자에게는 상담을 통해, 의사소통이 어려운 이용자에게는 그림, 사진 등의 시각적 매체를 지원하여 욕구와 만족도를 확인한다.

개별 서비스 이용 계획의 원활한 수행을 위해 중요한 것은 담당 직원의 목표관리능력, 이용자의 욕구와 열망에 대한 민감성, 창의적 서비스 기획능력 및 수행의지라고 할 수 있다. 시설 차원에서는 다양한 시도에 대한 수용적 문화 형성, 효과적인 조직 구조의 설계, 인적자원에 대한 투자, 개인별 서비스 중심의 혁신 활동 등의 노력이 필요하다. 또한 직원 차원에서는 개별 서비스 지원에 대한 직원의 시간적, 인적 투자에 대하여 서로 지지하고 지원하는 수용적 태도가 필요하다.

(5) 개별 서비스 실천의 내용

거주시설의 개별 서비스 실천의 내용을 서술하는 방식은 서비스를 어떤 기준으로 분류할 것인가에 따라 달라질 수 있다. 여기서는 지원의 내용을 기준으로 거주와 공간, 일상생활, 건강관리, 의사소통, 재산관리, 이용자 참여, 자립(탈시설)의 7개로 분류하여 서술하였다(김용득 외, 2015). 이러한 분류 이외에도 개별 시설에 따라 직업, 교육, 여가활동 등이 더해질 수 있다.

첫 번째, 거주와 공간에 대한 서비스 실천이다. 거주환경은 거주시설 이용자가 스스로를 어떻게 인식하게 되는지, 다른 사람들에게 어떻게 인식되는지에 많은 영향을 미치며, 삶의 질, 서비스의 방식 등에도 영향을 미친다. 일반적인 보통의 주거환경이 아닌 대규모가 전제된 현재의 일반적 거주시설의 형태는 거주시설 이용자의 자립, 사회통합, 일상생활기술 습득 등 다양한 부분에서 부정적 영향을 미칠 가능성이 크다. 거주와 공간에서 핵심적으로 고려해야 할 것은 첫째, 보통의 가정과 비슷한 분위기여야 한다. 일반 단독주택이나 아파트 형태의 공간에서 자신의 가구를 배치하고, 자신의 물건이나 소품으로 장식할 수 있어야 한다. 거주시설의 일반적인 모습이 그러해야 하며, 그것이 기준이어야 한다. 둘째, 자립성을 증진하는 디자인과 설비여야 한다. 이용자의 일상적인 생활의 자율권과 사생활이 보장되도록 디자인되어야 한다. 개별적인 식사를 각자 준비하고 먹을 수 있는 환경이 마련되어야 한다. 이용자들은 시설에서 자유롭게 이동할 수 있어야 하며 개별 공간이 확보되어 비의존적 방식으로 살 수 있어야 한다. 셋째, 편의성이 확보되어서 이용자가 신체장애나 감각손상을 동반할 수 있는 부분에 대해 고려되어야 한다.

두 번째, 일상생활 지원에 대한 개별 서비스 실천이다. 일상생활은 평범한 일상의 일들을 지원하는 서비스로서 장애인거주시설에서 비중이 높은 부분이다. 씻기, 목욕, 대소변 처리 등 신변처리에서부터 옷입기, 헤어스타일, 화장 등의 용모 관리와 식사 준비, 세탁, 청소 등의 가정생활의 일이다. 이러한 일상생활의 모든 과정을 스스로 한다는 것은 누구에게나 현실적으로 어려운 일이다. 거주시설 이용자 중에 일부는 신체적, 인지적인 어려움으로 인하여 보통의 일상생활을 전적으로 또는 부분적으로 다른 사람의 지원으로 하게 될 수 있다. 분리되고 집단화된 시설 환경에서부터 부족한 인력, 지역사회 교류의 부족 등 다양한 문제로 인하여 거주시설 이용자는 평범하지 않은 일상생활을 살아갈 수 있다. 자기 자신의 삶에 대한 선택을 다른 사람의 결정에 따라 생활하게 되는 것은 이용자 자신들의 생활과 삶의 주체가 아닌 객체가 되는 것이다. 이것은 서비스 인력의 잘못된 인식과 접근, 공급자 중심의 서비스로 인한 것일 수 있다. 삶의 중요한 결정에서부터 평범한 하나하나의 생활까지 그 주체가 장애인 당사자여야 한다. 일상생활의 많은 부분은 집 또는 지역에서 이루어지며 평범한 생활의 형태가 되도록 지원하는 것이 중요하다. 지역 주민과 비슷한 일상생활이 이루어져야 한다. 이용자가 본인의 선호하는 일상생활을 선택하고 결정할 수 있도록 지원되어야 한다.

세 번째, 건강 관련 지원에 대한 개별 서비스 실천이다. 건강의 영역은 일상적인 진료에서부터 매년 실시해야 하는 건강검진, 과거 또는 현재의 질병에 대한 추적 검사 및 관리, 재활 치료 등이 있다. 지역사회 의료기관의 장애인에 대한 인식부족이나 이용자의 도전적 행동으로 의료적 처치의 어려움이 발생하기도 하여, 진료 거부나 시설에서 포기하게 되기도 한다. 다른 측면에서는 이용자의 과잉 투약의 위험으로 직원이 지속적인 약물관리를 하는 상황도 존재한다. 이용자가 그들의 건강을 인식하고 지역사회 의료기관에서 지속적인 건강관리 서비스를 받을 수 있도록 지원하는 것이 필요하다. 질병 예방과 건강 증진을 위한 개별적이고 지속적인 건강검진과 의료 서비스를 지원한다. 개인위생, 식생활, 올바른 약 복용, 구강관리 등을 지원하여야 한다.

네 번째, 의사소통 지원에 대한 개별 서비스 실천이다. 거주시설에서 이용자의 자기 선택과 결정을 위해 당사자의 의사를 정확히 알 수 있도록 하는 것이 중요할 것이다. 하지만 의사소통이 원활하지 않은 것은 의사소통도구의 현실적인 사용의 어려움과 낮은 활용도, 이용자의 비언어적 의사소통에 대한 인식 부족과 종사자의 직관에 따른 성급한 판단이 문제일 수 있다. 또한 발달장애인의 정확한 의사표현을 파악하기 위한 지켜보기와 기다림의 부재가 의사소통에서 어려운 점이다. 이용자의 능력과 경험에 맞는 단어를 사용하여야 하며, 다양한 의사소통의 매체와 방법을 활용하여 이용자의 의사표현이 지원되어야 한다. 서비스 지원자들은 이용자들의 의사소통에 대한 가능성과 창의적 태도를 발휘하여야 하며, 이용자가 의사를 최대한 표현할 수 있는 환경을 조성하고, 충분한 시간 제공과 기다림이 필요하다.

다섯 번째, 재산관리 지원에 대한 개별 서비스 실천이다. 재산관리는 개별 이용자에 따라 본인의 재산을 전적으로 또는 부분적, 간헐적으로 지원받아서 쓰고 관리하게 되는 경우를 말한다. 특히 발달장애인에게는 이 부분이 스스로 관리하기 어려워하는 영역으로 개인에게 맞추어 지속적인 지원을 필요로 한다. 일부 거주시설에서도 이에 대한 어려움을 겪게 되는데 재산관리 지원요청 시 체계적 지원절차가 미비하며, 이용자의 자유로운 지출이 제한되기도 한다. 이용자는 자신의 재산을 스스로 관리할 자격과 능력이 있다는 전제 인식이 중요하다. 이용자의 능력 유무와 상관없이 소유권, 지출권, 선택권이 존중되어야 하며, 이용자의 재산관리에 대해 충분히 지원하되, 지원자의 개입은 최소화할 수 있어야 한다. 이용자의 재산을 대리로 관리할 경우 재정현황을 당사자에게 정기적으로 알기 쉽게 안내하여야 한다.

여섯 번째, 이용자 참여에 대한 개별 서비스 실천이다. 이용자 개별 지원계획 회의의 이용자 참여, 이용자 참여 프로그램 개발 및 진행, 자치회 운영, 시설 운영위원회 또는 인사위원회의 이용자 대표 참여 등이 있을 수 있다. 이용자는 본인의 삶과 관련된 모든 결정에 참여할 권리가 있으나 서비스 제공자의 잘못된 인식으로 인하여 선택권이 박탈되기도 한다. 이용자와 직원의 불평등한 관계로 인하여 이용자의 참여가 제한되기도 하며, 많은 경우 이용자의 안전을 이유로 한 과도한 규칙과 통제가 존재한다. 이용자 개인이 성장과 발달이 가능한 존재로 인식하는 것이 중요하다. 이용자와 직원은 평등한 관계임을 인식하고, 서비스 전 과정에 이용자 참여를 보장함으로써 이용자와 함께하는 파트너십을 형성하여야 한다. 여기에는 이용자가 삶의 주체라는 인식이 선행될 필요가 있다.

일곱 번째, 자립과 탈시설에 대한 개별 서비스 실천이다. 시설 외부의 단기 숙박 체험, 자립생활 기술훈련, 동료상담, 인권교육 등 자립과 탈시설 관련 서비스는 거주시설에서 최근에 점점 늘고 있는 서비스 영역으로 시설에서의 생활이 아닌 독립하여 사는 것을 선택하여 자립을 준비하거나 자립하는 이용자에 대한 지원을 말한다. 그중에서 지역사회 일반주택으로의 이주를 위한 주택 마련과 소득은 가장 큰 어려움일 수 있다. 또한 이용자의 원가족이 지역사회 자립을 반대하는 경향이 많이 존재하며, 지역사회 자립 시 안정적 수입원 확보 역시 어렵다. 발달장애인에게는 조금 더 장기적 계획이 필요할 수 있는데 지역사회 자립을 위한 단계적 지원(체험홈 등)이 부족하다. 지역사회 각종 행사 등에 참여하여 지역 주민과의 지속적인 교류를 지원하여야 한다. 지역사회 다양한 자원을 활용하여 통합을 위한 기틀을 마련하여, 이용자의 자립 의지 고취 및 실천을 위한 다양한 지원을 하여야 한다. 일반주택 이주후 직업, 활동지원, 재가복지서비스를 필수로 연계하여 자립 후에도 안정적으로 살 수 있도록 지원해야 한다.

마지막으로 직업, 교육, 여가활동 등의 기타 서비스 실천이다. 개별 거주시설은 시설 이용자의 연령, 장애 정도, 장애 유형이 각각 다르다. 또한 그 시설이 위치한 지리적 환경이나 주변 편의시설이나 복지 기관 등이 다를 것이다. 그에 따라 추가적으로 제공되는 서비스가 있을 수 있다. 직업 관련 서비스는 청·장년층이 다수인 시설 등 성인시설에서 중요하게 생각되는 지원일 수 있다. 반면, 아동의 경우에는 교육에 대한 지원 비중이 높을 수 있다.

대다수의 시설에서 여가활동을 위한 개별 지원은 중요한 비중을 차지한다. 거주시설이 집의 기능을 한다고 할 때 여가활동은 부차적일 수 있으나 실제적으로는 시설에서 이용자 개인이 좋아하는 다양하고 충분한 여가활동을 지원하지 않으면 개별 이용자의 활동이 극히 제한될 가능성이 크기 때문이다. 여전히 거주시설 이용자에게 가장 흔한 여가활동은 TV보기와 산책인 경우가 많다. 이를 조금 더 개인에게 맞는 다양한 활동으로 확대하기 위한 의식적인 노력이 필요하다.

4) 점검 및 평가 단계

점검 및 평가 단계는 세부적으로 모니터링 보고서 작성 및 점검. 개별 서비스 지원평가서 작성 및 검토. 재사정 여부 결정. 서비스 목표 및 실천 수정. 거주형태 변경 결정 등으로 나뉜다.

(1) 모니터링

모니터링은 개별 서비스가 계획에 따라 지원되고 있는지 점검하고 이용자의 상황에 따라 계획을 수정하며. 서비스 과정에 대하여 정기적인 평가를 실시한다. 이 단계 서비스의 구체적인 내용은 다음과 같은 것들이 있다.

- 모니터링 보고서의 작성은 담당자가 6개월에 1회 이상 작성하여 보고한다.
- 모니터링 보고서의 내용은 서비스 과정에 대한 관찰. 일지 점검. 주기별 계획 점검. 개별 프로그램 점검. 장애연금을 포함한 개인 재산 사용 확인 등 개별 서비스 지원계획서의 내용 전체를 포괄하여야 한다.
- 모니터링 보고 시 계획에 의해 서비스가 진행되지 못한 경우 그 이유에 대한 분석과 대안이 포함되어야 한다.
- 모니터링 보고서는 선임직원과 원장의 결재를 거쳐야 하며. 필요시 재사정과 계획변경으로 전환될 수 있다.

계획한 대로 서비스가 진행되지 못한 때의 대안으로는 재사정. 계획변경. 서비스 종결 등이 있으며. 이용자가 서비스를 통해 얻고자 했던 것이 무엇인지. 만족하고 있는지. 서비스 과정에서 이용자가 겪는 어려움이 무엇인지 등에 대한 검토가 포함되어야 한다. 또한 장애인거주시설 최저 서비스 권장기준에 따라 다음과 같은 정보를 6개월 이내에 주기적으로 점검해야 한다.

- 강점, 능력, 욕구, 선호도 등의 변화
- 서비스 목표의 변화
- 관련 전문분야로부터의 입수된 새로운 정보
- 기타 이용자로부터 확인된 정보

(2) 개별 서비스 지원 평가서 작성 및 검토

개별 서비스 지원 평가서의 작성 및 검토는 개별 서비스 계획과 실천이 이용자에게 만족스럽고 계획과 목표가 효과적으로 달성되었는지 확인하는 과정이다. 이 단계에서 이루어지는 활동의 구체적인 내용은 다음과 같다.

- 개별 서비스 계획과 실천이 이용자에게 만족스러웠는지 평가받는다.
- 개별 서비스가 계획대로 진행되었는지 과정평가를 실시한다.
- 개별 서비스 계획의 목표를 달성하였는지 성과평가를 실시한다.
- 연 1회 이상 개별 서비스 지원 평가서를 근거로 개별 서비스를 점검한다.

담당 직원은 개별 서비스 지원 평가서를 작성할 때 다른 생활재활교사와 선임직원의 의견을 들어 작성하면 도움이 될 수 있으며, 모니터링보고서 및 일지 등 각종 자료를 참고하여 개별 서비스 지원 평가서를 작성한다. 또한 중요한 것은 개별 서비스 평가는 이용자의 선호를 반영하고 꿈을 실현하는 데 도움이 되었는지를 평가하는 것이며, 개별 서비스 평가 과정에는 서비스 책임자, 서비스 지원 직원, 이용자, 가족이 참여한다. 만약에 이용자가 회의에 참석할 수 없다면 평가서 작성 과정에 참여하거나 만족도 조사에 응답할 수 있는 기회가 마련되어야 한다.

(3) 서비스 계획 목표 및 실천 수정

서비스 계획 목표 및 실천의 수정은 개별 서비스 평가를 통해 차기 년도에 적용할 목표 및 실천의 수정을 의미한다. 이 단계 서비스의 구체적인 내용은 다음과 같다.

- 서비스 계획의 수정은 이용자의 욕구 변화, 목표 달성 정도, 일부 서비스 종료, 상황변화 등을 고려하여 목표 또는 서비스를 수정하는 것을 말한다.
- 서비스 계획의 목표 및 실천을 수정할 필요가 있는 경우 개별 서비스 지원 평가서 및 모니터링 보고서 등을 참고한다.
- 서비스 계획의 수정을 결정할 시는 이용자 본인과 가족의 동의를 다시 얻어야 한다.

이용자의 욕구, 꿈, 선호, 상황 등이 의미 있는 정도로 큰 변화가 아닌 경우 서비스 계획을 일부 수정하는 것으로 재사정의 과정을 거치는 수준보다 간소하게 진행할 수 있다.

(4) 재사정 여부 결정

개별 서비스 평가를 통해 이용자의 욕구, 꿈, 선호, 상황 등이 의미 있는 정도로 큰 변화가 있는 경우 재사정을 결정한다. 이 단계에서 이루어지는 주요 활동들은 다음과 같다.

- 개별 서비스 평가를 통해 계획한 서비스 실천이 되지 않고 있는 것으로 확인된 경우 그 원인을 찾는다.
- 개별 서비스 평가를 통해 이용자의 욕구, 꿈, 선호, 상황 등에 의미 있는 변화가 있었는지를 확인한다.
- 서비스 실천이 되지 않은 원인이 이용자의 변화에 있거나, 계획 자체에 문제가 있었다면 재사정을 결정한다.
- 재사정이 결정되면 2단계의 사정 및 재사정의 단계로 돌아간다.

재사정이 결정되더라도 기본적인 개별적 지원과 개별 프로그램 등은 지속적으로 지원하여야 하며, 재사정은 가능한 빠른 시간 내에 진행될 수 있도록 한다. 또한 서비스 진행 중 재사정이 필요한 경우 긴급 개별 서비스 지원계획 회의를 개최한다.

(5) 거주형태 변경 결정

거주형태의 변경은 시설 내 유닛(unit 공동거주 단위)[12]의 변경, 시설이 운영하는 체험홈으로 이주 등의 예가 있을 수 있으며 거주형태 변경이 이용자의 삶의 질을 높일 수 있을 것으로 예상되는 경우에 결정한다. 이 단계에서 이루어지는 활동의 구체적인 내용은 다음과 같다.

- 시설의 유닛은 일반적으로 장애 유형 등을 고려하여 유사 서비스를 필요로 하는 이용자들에게 서비스를 전문화하는 방향에서 결정된다. 이러한 유닛의 변경은 개별 이용자의 선택이 우선시 되어야하며, 장애의 상황 변화에 맞추어서 진행될 수 있다. 예를 들어

---

12) 유닛의 개념은 최근 장애인거주시설에서 쓰이고 있는데 공동의 거주 단위로 이해할 수 있다. 몇 개의 방, 화장실, 거실, 부엌 등 아파트나 일반 주택과 유사한 형태의 공간이 일반적이다. 시설에 따라 면적과 직원의 근무형태가 달라서 한 개의 유닛을 약 4명에서 8명 정도의 이용자들이 공동으로 사용하고 있다.

활동량이 많던 이용자가 장애의 중증화 또는 노화 등으로 활동량이 급격히 감소한 경우 비슷한 활동량을 가진 사람들이 거주하는 유닛으로 거주 장소를 변경할 수 있다.

- 자립생활 또는 그룹홈으로 전원을 목표로 하는 이용자의 경우 지역사회 체험의 일환으로 시설이 운영하는 체험홈에서 다양한 경험을 할 수 있도록 지원하기 위해 거주형태의 변경을 결정할 수 있다.
- 거주형태의 변경은 이용자가 선택할 수 있어야 하며, 이러한 변화를 통해 이용자가 원하는 것을 보다 쉽게 이룰 수 있는가, 또는 이용자 삶의 질을 향상시킬 수 있는가가 중요한 논의점이 되어야 한다.

자립생활 또는 그룹홈으로 전원을 목표로 하는 이용자의 경우 체험홈, 자립생활주택 등 다양한 거주의 형태를 경험함으로써 목표를 보다 효과적으로 달성할 수 있게 될 것이다.

5) 종결 및 지원 단계

종결 및 지원 단계는 세부적으로 전원, 자립지원, 가정 복귀, 사망, 이용 종료 후 지원계획 등으로 나뉜다. 평가단계에서 서비스의 종결이 결정된 경우 이용 종료 후 서비스 지원에 대한 계획을 세워야 한다. 서비스의 종결은 다양한 경우가 있기 때문에 상황에 맞는 서비스 지원이 필요하다고 하겠다.

(1) 다른 시설로의 전원

이용자가 원하는 경우 본 시설보나 개별 이용자의 욕구와 상황에 낮는 적절한 서비스를 제공할 수 있는 기관으로 전원을 실시한다. 이 단계의 활동에는 다음과 같은 것들이 있다.

- 개별 서비스 회의를 통해 이용자가 전원을 원하는지를 확인한다.
- 개별 서비스 회의를 통해 전원이 이용자의 삶의 질을 높일 수 있는지 논의한다.
- 전원에 대한 이용자의 욕구가 확인되고, 이용자에게 더 유리할 수 있다고 판단되면 적절한 기관이 있는지 정보를 수집하여 이용자에게 제공한다.
- 이용자가 전원할 기관을 지정하면 해당 기관의 이용 절차, 전원 관련 규정 등에 맞추어 서비스를 지원한다.
- 전원이 완료된 시점에서는 이용자의 동의를 얻어 이용자의 개인기록을 전원 될 기관에 이전하며, 이 과정은 정식 공문을 통해 진행할 수 있도록 한다.

전원은 여러 형태가 있을 수 있다. 더 활동적인 시설로의 전원, 다른 서비스 영역으로의 전원 등이 있을 수 있다. 더 활동적인 시설로의 전원은 장애가 경감되었거나 사회활동 능력이 향상된 경우에 거주지를 옮기는 것을 말한다. 중증 또는 유형별 거주시설에 거주하던 사람이 그룹홈, 자립생활주택 등으로 이동하는 경우가 이에 해당한다. 다른 서비스 영역으로의 전원은 장애인거주시설을 이용하던 사람이 노인요양시설, 정신장애요양시설 등과 같이 다른 영역의 서비스 시설로 이동하는 경우를 말한다. 중요한 점은 전원은 이용자의 욕구에 기초하여 논의되어야 하며, 가족의 동의를 얻어서 진행해야 한다는 점이다. 또한 전원기관의 기준과 절차를 존중해야 한다.

(2) 자립지원

중증장애인이라 하더라도 본인의 의지가 있고, 적절한 지원이 있다면 자립생활이 가능한 이용자는 최대한 자립할 수 있도록 지원한다. 이에 관련된 구체적인 활동들은 다음과 같다.

- 개별 서비스 회의를 통해 이용자가 자립을 원하는지 확인한다.
- 개별 서비스 회의를 통해 자립생활의 의지와 여건, 준비 상황 등을 점검한다.
- 자립에 대한 이용자의 욕구가 확인되고, 개별서비스 회의를 통해 실현 가능하다고 판단되면 자립과 관련된 서비스를 지원한다. 여기에는 활동지원서비스 신청, 장애 재판정 신청, 서울시의 경우 자립정착금 신청, 장애인 자립생활센터와의 연계, 주택임대 가능성 확인 등이 포함될 수 있다.

자립을 지원할 때 장애인 자립생활센터와 연계하여 지원하면 이용자에게 보다 다양한 지원을 할 수 있다. 본인이 자립을 원하는 경우에 개별서비스 회의를 통해 자립하여 생활할 수 있는지 점검하여야 하며, 곧바로 자립으로의 전환이 어려운 경우에는 필요한 훈련이나 지원서비스를 통하여 자립을 구체적으로 준비할 수 있도록 지원한다. 자립은 본인의 의사가 가장 중요하다. 또한 자립에 대하여 가족들은 대체적으로 부정적 시각이 많으므로 가족에게 적절한 정보를 제공하고 상담 서비스를 제공하는 등 가족의 지지를 받을 수 있도록 노력할 필요가 있다.

(3) 가정복귀

본인과 가족의 의사에 따라 언제든지 가정에 복귀할 수 있다. 이 단계에서 중요한 것은 본인과 가족의 의사에 따라 언제든지 가정으로 돌아갈 수 있으며 이때에는 적절한 서비스를 통해 보다 편하게 가정에 복귀할 수 있도록 지원해야 한다는 점이다.

이용자가 시설의 규칙을 지키지 못하여 시설 서비스 종료를 결정할 수는 있으나. 이를 악용하여 이용자의 자유를 제한해서는 안 되며, 가족에게도 이러한 이유로 압력을 가하지 않아야 한다. 또한 이용 종료를 결정하여 가정 복귀를 하는 것은 본인의 의사 또는 누구나 인정할 만한 정당한 사유가 있을 때만 진행할 수 있으며. 이는 개별 서비스 지원계획 회의와 같은 수준의 서비스 종료 회의에서 결정해야 한다.

(4) 사망

이용자의 사망 시 본인의 종교적. 개인적 성향을 고려하여 장의 절차 등의 서비스를 제공한다. 이 단계에서 이루어지는 서비스의 구체적인 내용은 다음과 같다.

- 의사에 진단에 따라 더 이상 치료가 어려워진 이용자의 경우 가능한 한 편안하게 죽음을 받아들일 수 있도록 호스피스 서비스를 제공하도록 노력한다.
- 이용자의 사망 시 본인의 종교적 성향과 개인 취향. 가족의 선택에 따라 적절한 장의 절차를 취해야 한다.
- 사망 시 사망 신고 및 퇴소 보고 등의 행정적 절차를 시설에서 담당하며. 개인 재산을 남긴 경우 이에 대한 법정 상속 등의 절차를 지원할 수 있다.

장의 절차를 전적으로 보호자가 진행하고자 할 수 있는데 이럴 경우 정부에서 제공되는 장의비를 가족에게 지급하고 시설에서는 가족이 필요로 하는 지원만 제공한다.

(5) 이용 종료 후 지원계획

시설의 서비스가 종료될 시 이용 종료 후 지원계획을 세워 계획에 따라 지원한다. 이와 관련된 서비스의 구체적인 내용은 다음과 같다.

- 전원. 자립 등을 위해 시설 서비스를 종료하게 되면 이용 종료 후 지원계획서를 작성한다.
- 이용 종료 후 지원계획서는 이용자 및 가족. 관계자와 협의하여 본인의 의사를 최대한 존중하여 계획되어져야 한다.
- 이용자가 원하는 것을 중심으로 지원하되. 이용자가 새로운 환경과 관계에 적응하도록 지원하여야 한다.
- 종료 후 서비스는 주기적인 전화상담. 방문상담 등을 포함할 수 있으며 개별 이용자에게 맞추어 개별적인 지원으로 계획되어야 한다.

때로는 종료 후 지원 서비스가 이용자의 새로운 환경에 대한 적응을 어렵게 할 수 있기 때문에 서비스 주도기관의 담당자와 연계를 통해 적절한 서비스를 지원할 수 있도록 한다.

4. 서비스 실천의 과제

몇 년 전 현장에서 경험했던 한 이야기를 통해 거주시설 서비스 실천에 대한 고민을 소개하면서 장을 마치고자 한다.

영아 때 유기되어 아동병원과 아동 장애인시설을 거쳐 성인 장애인 시설에서 거주하던 30대 중반의 지적. 지체 중복장애인 Y씨는 시설에서 실시하는 가정 체험 프로그램에 참여하게 되었다. 이 가정 체험 프로그램은 무연고 지적장애인들에게 가정생활을 체험하게 하고. 지역의 다양한 경험을 제공함으로써 조금 더 활기차게 생활하고 사회통합에 기여한다는 의도를 가지고 있었다. 직원들은 Y씨가 첫 가정 체험을 하고 돌아온 날. 가정 체험 프로그램에 본인의 집을 제공하고 자원봉사를 해 준 결연 봉사자에게 뜻밖의 이야기를 듣게 되었다. Y씨가 자원봉사자의 집에 가자마자 "세상에 이렇게 작은 집에서 사는 사람도 있어요?"라고 물었다는 것이다. 자원봉사자는 우스갯소리로 이 말을 전하였지만. 이 이야기를 들은 몇몇 직원들은 충격적인 현실을 깨닫게 되었다. Y씨는 30여 년 동안 단 한 번도 대규모 시설이 아닌 곳에서 살아본 적도. 가정과 같은 환경(이를테면 그룹홈이나 체험홈)에서 살 수 있다는 안내를 받아본 적도. 본인이 다양한 거주형태를 소개받고 선택하도록 결정권을 가진 적도 없었던 것이다.

거주시설에서 장애인 당사자들과 사회복지사들이 의식적으로 노력하지 않는다면 시설의 구조적 한계로 인해 시설 이용자가 정상화된 삶을 살아가는 것은 어려운 일이다. 노력하지 않으면 '그저 정해진 시간에 일어나서 정해진 시간에 세수를 하고 정해진 시간에 남들이 정해 준 식사를 식판에 먹으며. 다른 사람들에게는 취미일 운동을. 그림 그리기를. 노래 부르기 등'을 각종 유치한 제목이 붙은 프로그램에 반복적으로 참여하며 살아갈 수밖에 없다.

거주시설에서의 서비스 실천은 일상생활 속에서 이용자 본인이 언제. 누구와. 무엇을. 어떻게 할지 정할 수 있도록 의식적으로 묻고 이를 실천하는 것에서 출발하여야 한다.

참고 문헌

김용득. 2003. "지역사회통합을 위한 생활시설의 변화 모색: 장애담론과 주거 서비스의 기능을 중심으로." 『교남 소망의 집 개원 21주년 기념 세미나 자료집』, 11-55.

김용득·변경희·임성만·강희설·이정호·장기성·전권일·조순주. 2007. 『장애인거주시설 서비스 기능과 구조의 혁신 방안』. 보건복지부·성공회대학교사회복지연구소.

허곤. 2010. "욕구사정과 개별 서비스 지원계획을 위한 이론과 원칙." 한국장애인복지시설협회 『장애인거주시설 서비스 최저기준 종사자 교육교재』.

임성만·김용득·황규인·허곤·장기성. 2013. 『한국 장애인거주시설의 미래』. EM커뮤니티.

김용득·백은령·윤덕찬·장기성·허곤·박광옥. 2015. 『자립생활지원모델 적용을 위한 매뉴얼』. 한국장애인복지시설협회.

제4장 장애인복지관과 사회복지사의 역할

▌이 은 기

장애인복지관은 장애인에게 어떤 존재가 되어야 할까? 장애인복지관에서 일하는 사회복지사는 장애를 어떻게 인식해야 하는가? 장애인복지관이 그리고 장애인복지관의 사회복지사들이 상호 존중과 평등에 기초해서 장애인과 진정한 도움의 관계를 경험하기 위해서 어떤 노력이 중요할까? 장애인에게 구체적이고 실질적인 도움을 제공하기 위해서 사회복지사들의 관점과 역할은 어떻게 설정되어야 할까?

1. 개요

장애를 바라보는 관점들은 매우 다양한 배경과 입장으로 존재한다. 장애인복지를 수행하는 사회복지사가 어떠한 관점을 갖고 있는가에 따라 장애와 서비스를 정의하고, 실천하는 방법과 내용은 달라진다. 장애에 관한 관점은 고정된 개념이 아니라 시대적 요구와 사회 발전에 따라 변화해 왔고, 장애 관련 서비스 방향과 내용 역시 변화되어 왔다. 따라서 장애인복지 실천현장에서 사회복지사의 실천 과제와 역할 수행도 많은 변화를 요청받게 된다.

한편 한 사회가 갖고 있는 자기 질서는 제도와 행정에 의해 규정되고 관리된다. 이는 장애를 가진 사람들과 이들을 지원하는 사회적 대처뿐만 아니라, 사회복지사의 역할에도 영향을 미친다. 서비스 종류와 급여 수준, 서비스 전달 방식, 요구받는 역할 기대, 성과 기준의 변화 등에 따라 장애인과 사회복지사의 관계가 달라지기도 한다. 다른 한편으로는 체계에 순응하기보다 체계가 갖고 있는 문제점이나 한계에 대해 끊임없이 변화를 요구하고 수정시키는 관점에서 장애인과 사회복지사의 관계가 설정되기도 한다.

사회복지사의 정체성과 역할은 직접적인 현실에서 더욱 구체화된다. 관점과 실천은 그가 속한 기관이나 시설이 사회로부터 기대받는 요구와 기능이 무엇인가에 따라 정의된다. 실천현장이 어떠한 법률적, 제도적 목적과 기준에서 설치된 시설인가에 따라 관련 운영규정과 사업지침의 적용을 받는다. 사업 매뉴얼과 표준화에 의한 시설 평가 척도가 역할수행의 잣대가 되기도 한다. 내부적으로는 운영주체 법인이 추구하는 이념적 가치와 기관 구성원들의 실천 지향에서부터 기관 내 배치된 부서의 사업 목적과 역할에 따라서도 사회복지사의 실천 관점과 역할은 다양하게 표현된다. 시설이 아닌 장애 운동단체나 인권단체에서 활동하는 사회복지사는 사회변혁적인 관점에서 적극적인 사회운동과 행동으로 사회 환경의 변화를 추구한다.

본 장에서는 광범위한 장애인복지 실천현장 중 지역사회재활시설의 대표적 이용시설인 장애인복지관을 중심으로 사회복지사의 관점과 실천 역할에 대해 논하였다. 특히 장애인복지관에서 일하게 되는 사회복지사들이 가져야 할 문제의식과 역할에 관련된 관점들을 조망해 보고, 장애인복지 발전과정과 변화를 이해하며 서비스 현장에서 사회복지사가 갖추어야 할 관점과 실천 역할을 제시해 보고자 한다.

2. 장애의 인식과 서비스의 역할

1) 장애에 대한 인식

장애에 관해 직접적인 경험이 부족한 사회복지사가 장애인복지관에서 처음 일하게 될 때 장애와 서비스에 대해 추상적으로 이해하거나 잘 모르는 상태에서 시작하게 된다. 모든 사람이 처음부터 장애 관점에 대한 이해와 기반을 갖고 일을 시작하기는 쉽지 않다. 그래서 빨리 말이 통하고, 업무에 적응하기 위해 먼저 해야 하는 일이 용어를 익히는 것이다. 장애 유형의 명칭과 특성에 대해 이해하고, 이들을 지원하는 서비스 용어와 개념에 대해 익히기 시작한다.

용어는 특정 전문 분야의 개념을 함축해서 정의하고 설명하는 말이다. 장애와 관련된 용어는 개념과 관점을 내포하는데, 다음과 같은 특성이 있다. 첫째, 장애라는 용어는 국가나 시대마다 사람들이 중요시하는 가치나 합의에 따라 개념과 명칭이 다르게 사용된다. 둘째, 장애라는 용어에 대하여 개인의 신념과 경험, 문화적 차이에 따라 문화권이나 개인마다 다른 인식과 태도를 가진다. 셋째, 다양하게 사용되는 장애라는 용어는 특정 전문분야나 집단의 신념과 이해관계를 대변한 결과이다. 넷째, 장애라는 용어는 관점과 신념을 반영하며, 이를 통하여 인식과 태도를 전달하고 영향력을 지속시킨다. 이러한 측면에서 처음 접하게 되는 장애와 관련된 용어는 일종의 오리엔테이션 효과가 있다. 사회복지실천 현장에서 주로 사용되고 있는 장애 관련 용어는 그 자체가 하나의 관점으로 작용할 수 있다. 대부분 현장에서 근무하는 사회복지사들은 기관에서 서비스 기능단위로 업무가 배치되기 때문에 경험할 수 있는 역할이 한정된다. 이로 인해 접하게 되는 실천 관점은 매우 제한적이고 협소해질 수 있다. 이러한 결과, 장애에 관련된 다양한 상황과 입장에서 총체적으로 이해하지 못하고 인식하는 경향이 나타난다.

　장애를 바라보는 관점은 고정적인 것이 아니라 상대적이며, 다차원적이고 포괄적인 이해가 필요하다. 장애 유형에 대한 명칭과 특성 이해는 자칫 장애를 가진 사람들의 장애 또는 문제에 초점을 맞추도록 하며, 동일 유형의 장애를 가진 사람은 동일한 집단적 특성을 가진 사람들로 여기고, 일반화하는 오류를 범하게 할 수 있다. 장애를 특정한 상태에 고정된 특성으로 간주할 경우 이에 지원되는 서비스 역시 특정하고 경직된 형태와 정형화된 내용과 방법으로 한정될 수 있다. 이는 일반적인 사람들과 동일하게 평가하고, 설명될 기회를 배제하는 결과가 된다.

　만약 그 장애인이 부모이고, 형제이고, 자식이고, 친구이거나 직장 동료라면 자연스러운 일상적 관계 안에서 상호작용을 경험하게 될 것이고, 특정 장애 유형의 제한된 기능적 특성만을 국한해서 이해하려 하지는 않을 것이다. 기능적 제한이라는 장애에 초점을 두기보다 무엇을 필요로 하고 희망하는지, 가장으로서 책임과 역할에 어려움이 없는지, 가고 싶은 여행지는 어디인지, 친구들과 어떻게 지낼 것인지, 무엇을 좋아하고 싫어하는지, 성품이 따뜻하고 배려심이 있는지, 공격적이고 감정적인지, 고집이 센지, 의지가 강한지 약한지, 유머가 있고 유연한지, 경직되었는지, 호탕한지, 용감한지, 두려움이 많은지, 비겁한지, 내성적인지, 도전적인지, 완벽주의자인지, 남에게 인정받는데 신경쓰는지, 소극적인지, 능동적이고 주도적인지와 같이 더욱 다양한 사람들의 일반적 특성과 다르지 않게 바라보게 될 것이다. 이렇게 장애를 가진 사람들을 대할 때 기능적 제한과 문제에 국한하지 않고, 장애를 가진 사람들 개개인의 경험과 능력, 개선과 선호, 가치관과 신념, 일함과 만족, 좋음과 싫음, 상황과 선택을 일반적인 사람들의 경우와 다르지 않게 그대로 보는 것이 그들을 존중하면서 관계하는 태도의 시작이 될 수 있다.

서비스 측면에서도 장애를 가진 사람들이 갖는 특정한 제한된 기능에 초점을 맞추게 된다면 서비스는 기능 발달과 적응에 목표를 둔 활동이 주가 될 수 있다. 반면에 장애를 가진 사람들이 기본권적인 사회적 권리로써 선택하고 이용할 수 있는 서비스라는 차원에서 접근한다면 그들의 권리와 개별적인 욕구를 중심으로 선택 가능성을 높이는 접근 방법이 주가 되도록 노력하게 될 것이다. 전자의 경우에는 장애인 개인에 초점을 맞추어 개별화하고 개인의 기능적 능력 발달과 변화를 추구할 것이며, 후자의 경우에는 장애인 개인의 욕구에 초점을 두면서 개별적인 지원 방법과 함께 삶의 조건과 환경을 변화시키려고 노력할 것이다. 즉, 문제의 소재와 변화의 대상을 장애인 개인에게 두는가, 아니면 장애인 개인을 둘러싼 환경과 지원 요소에 두는가에 따라 개념적 접근에서 차이가 나타난다. 장애인의 능력을 변화시키는 접근과 장애인에 대한 사회적 지원 수준이나 상황 조건을 변화시키는 접근은 이분법적으로 양분되어 주장되기도 한다. 이러한 접근들은 장애인 개인의 장애 유형과 정도, 연령, 상황 조건에 따라 필요 정도와 적용 가능성이 다를 수 있으며, 통합적인 접근이 중요하다는 점에서 균형 있는 이해와 적용이 강조되어야 한다. 이론적 수준에서 개별적 접근과 환경적 접근은 대립적으로 설명될 수 있으나 실천의 수준에서는 통합적으로 적용되어야 하는 중요한 실천의 영역들이다.

2) 장애에 대한 서비스의 역할

장애를 바라보는 관점의 변화는 필요로 하는 서비스의 변화로 이어져

왔다. 무엇이 장애이고 사회적인 서비스인가에 대한 이해는 시대마다 달랐고, 시대의 이데올로기와 장애인과 장애인을 지원하는 사람들의 사회운동을 통해서 계속 발전해 왔다. 1990년 즈음 비슷한 시기에 교통사고로 휠체어를 사용하는 척추가 손상된 중도장애인 두 사람이 있었다. 똑같이 병원 재활의학과에서 일차적인 재활치료를 마치고 기숙사 생활을 하면서 직업훈련을 받는 시설에 입소했다. 한 사람(박씨)은 학교에서 운동선수였고, 활달하고, 외형적이며 주어진 상황을 적극적이고 주도적으로 받아들였다. 다른 한 사람(김씨)은 대학생이었고, 조용하고, 기타를 치며 감성적인 노래를 잘 불렀고, 섬세하고, 온화한 성격이었다. 훈련 기간이 끝나고 각자 경기도와 서울의 집으로 돌아갔다. 이후 첫 번째 사람 박씨는 중고차를 사서 이동 문제를 해결하고, 적극적인 대인관계 능력으로 중고차 매매 영업일을 하면서 살아갔다. 또 한 사람인 김씨는 정반대의 상황에서 살았다. 훈련시설에서 돌아간 서울 집은 계단만 있는 상가건물 2층에 있었다. 그래서 김씨는 자신의 방 안에서만 지냈다. 부모는 생업에 종사하여 장시간 밖에서 보냈고, 동생은 시간이 부족한 고등학생이었다. 김씨는 다른 사람의 도움 없이는 집 밖으로 나갈 수 없었기 때문에 집안에서 감금 아닌 감금 생활을 해야 했다. 김씨가 직업훈련시설에 있는 동안 김씨를 도와주었던 사회복지사는 김씨가 주 중에는 기숙사에서 지내다가 집에 가는 주말이 되면 집까지 데려다주고 월요일에 직업훈련시설로 데리러 오며 이동보조를 해 주었다. 직업훈련시설 이용을 종료한 이후에도 사회복지사는 김씨의 집을 방문하여 맥주를 나누어 마시는 동료가 되기도 하였다. 그러면서 집 밖으로 나올 수 있는 방법으로 다른 장애인 직업전문학교에 입소하거나 장애인단체 활동에 참여하는 것을 계획해 보면서 사회활동을 이어 갈 방법을 이논하기도 했다. 그러나 고질적인 욕창이 괴롭혔고, 실제로는 아무런 사회적 관계나 활동을 하지 못하여 생활리듬은 무너졌으며, 점점 더 무기력해지면서 불면증과 우울증에 시달렸다. 결국은 수면제 과다 복용으로 죽음에 이르게 되었다.

박씨와 김씨는 의학적으로는 같은 건강 조건과 신체적 기능과 구조에서 유사한 제약을 가지고 있던 장애인이었지만, 사회적 활동에 대한 참여 과정과 결과에서는 많은 차이를 보였다. 박씨와 김씨의 이야기를 개별적 차원과 환경적 차원의 관점에서 본다면, 과연 장애란 어떤 것이고, 장애와 서비스는 무엇인지, 사회적 지원이나 사회복지사의 역할은 무엇인가를 생각해 볼 수 있다.

개별적 측면에서 한 사람은 능동적이고 역동적이었으며, 환경적 측면에서는 지방 고향 동네의 연고와 인맥을 활용하여 먹고사는 문제를 해결하고 살아갈 수 있었다. 다른 한 사람은 도시의 넘을 수 없는 장벽 안에 고립되어 숨 쉴 수 없는 생활을 해야만 했다. 만약 개별적 요소 차원에서 김씨의 성격이 능동적이고 적극적이었다면, 어떻게든 주변에서 이동 자원봉사자를 구하거나, 단체든 어디든 소속되어 상호작용할 수 있는 생활을 만들었을 것이다. 그랬다면 상황은 달라졌을 것이다.

환경적 요소 차원에서 김씨와 관계하고 지원했던 사회복지사가 그를 둘러싼 가족체계와 환경체계에 더욱 적극적인 개입의 우선순위를 두고 지원했다면 상황은 변할 수 있었을 것이다. 부모를 이해시키고 거주환경을 이동 제약과 물리적 장벽이 낮은 아파트나 다른 집으로 이사하도록 했다면, 사회적 관계가 가능한 지역의 자원체계를 조사하여 교류하거나 모임에 나갈 수 있도록 연결하는 중개자의 역할을 적극적으로 수행했더라면 결과는 달라졌을 것이다. 그러나 불행히도 그가 만난 사회복지사는 1년 남짓한 초보였다. 장애인 개인에 초점을 둔 접근은 충실하고 인간적이었으나 가족이나 환경에 대한 접근에 대해서는 준비되어 있지 않았다.

시설이나 기관에서 일하는 사회복지사들의 평균 근속연수는 길지 못하다. 근무 경력만이 수행 역량을 결정하는 요소는 아니지만, 장애와 환경에서 필요에 따라 균형 있게 접근하는 사회복지사의 실천 능력이 짧은 기간에 길러지기 어려운 것이 사실이다. 그리고 많은 경우 오랜 경력에도 불구하고 여전히 장애인 개인에 대한 접근에는 충실하지만 그들의 가족이나 살아가는 환경 속에서 부정적인 상황 조건을 긍정적으로 변화시키는 역할에는 소극적인 경우가 많은 것 같다.

장애인의 생활 여건과 직접 관련되는 환경적 요소들에 대한 지원 수준을 과거와 비교해 보면 양적으로나 질적으로 많은 변화가 이루어졌다. 대표적으로 접근권과 이동권 보장 확대이다. 지금도 부족할 수 있지만, 편의시설이 확충되어 예전보다 이동 장벽이 많이 낮아졌다. 건강보험 급여를 통해 보장구 지원도 향상되었다. 보조공학 기술의 발전은 일상생활을 제약했던 욕창 문제에서 벗어나도록 체중 분산과 순환이 잘 되는 욕창 방지용 에어매트를 사용할 수 있게 되었다. 전동휠체어의 보급으로 이동 제약에서 크게 벗어날 수 있게 되었다. 차량 소유의 증가도 이동 장벽을 완화시켰다. 장애인 콜택시 도입은 활동 공간을 확장시켰다. 주거환경개선사업은 생활 공간의 편의성을 개선하였다.

사회적 서비스의 증가는 사회참여의 기회를 크게 신장시켰다. 지역사회중심 이용기관이 생활 권역별로 설치되어 건강기능 유지와 사회적 관계를 맺고 사회 활동에 참여할 기회가 확대되었다. 자립생활운동은 장애 당사자의 동료상담과 적극적인 사회 참여로 사회 변화를 가속시켰고, 자립생활센터의 설립과 확대는 당사자가 주체로 활동할 기회를 확장시켰다. 장애인활동지원제도의 도입은 전문가나 가족에게 의존된 삶에서 벗어나 사회 활동을 수행하는데 제한되는 부분은 보조할 수 있게 되었다. 각종 법률을 통해서 부처마다 제도가 신설되어 사회자원은 증가했고, 서비스 지원 가능성은 과거에 비해 높아졌다.

1990년대와 현재를 비교하면 분명히 법률과 제도, 예산과 인프라, 서비스 종류와 내용은 크게 발전되었다고 볼 수 있다. 이러한 발전에 가장 큰 원동력은 장애운동의 결과이다. 그러나 상대적인 변화와 양적 증가에도 불구하고, 개별 장애인의 서비스에 대한 체감도와 만족 수준은 크게 달라지지 않았다는 주장이 많다. 개인의 사회적 권리로써 제도화된 소득 보장과 서비스들이 다양하게 도입되었으나 급여의 적절성 면에서 열악하고 낮은 수준에 머물러 있기 때문에 장애인 개인의 삶의 문제에 대해 만족할 만한 선택이 가능하다고 볼 수 없다.

또한 과거에 비해 사회 환경적 지원 수준과 지원받을 가능성이 높아졌다고 해서 모든 장애인이 동일한 수준의 기회를 보장받고 있는 것은 아니다. 즉 개별적 요인과 환경적 요인이 결합하고, 개인의 경험과 선택, 삶의 과정과 상황에 따라 필요로 하는 지원의 종류와 내용은 다양한 양상으로 나타난다. 어떤 여성장애인은 자립생활운동을 소개받고, 동료 상담 과정과 연수에 참여하여 자아 성장을 이루며, 사회에 대해 자신감을 갖고 재능을 펼칠 수 있는 문화예술단체 활동가가 되어 자신의 변화와 경험을 강연하면서 왕성하게 사회 활동을 한다. 그러나 다른 여성장애인들은 그러한 경험을 선택하거나 행동하지 않는다. 억압과 차별적 경험이 낮아서일 수 있고, 어쩌면 단순히 사람들과 사회적 관계를 맺고 부대끼는 것 자체를 싫어하기 때문에 적극적이지 않은 선택을 할 수도 있다. 그리고 장애 유형에 따라서도 상황이 다르다. 발달장애인이나 중증·중복장애인의 경우 선택 가능한 사회적 지원 조건이나 수준이 상대적으로 더 부족한 상황에 있다.

3. 장애인복지관의 서비스와 관점의 변화

1980년을 전후하여 설립되기 시작한 장애인복지관은 그동안의 환경 변화에 따라 사회적으로 요청받는 역할과 내용이 양과 질적으로 많이 달라졌다. 이러한 변화는 인정할 만한 내부 발전에 의한 것도 있으나 외부환경 변화의 영향으로 수동적으로 달라진 부분도 있다. 전체적으로 장애인복지관은 인력, 예산, 서비스 종류와 내용 면에서 크게 발전하였다.

그렇다면 장애인복지 실천현장에서 사회복지사의 관점과 실천은 어떤 변화와 발전들이 있었는가? 장애인복지관은 주로 어떤 장애인과 함께하여 왔는가? 그들과 관계하는 주요한 서비스 관점과 실천은 무엇이었는가? 이러한 차원의 검토를 통해 사회복지사의 관점과 실천의 변화들을 이해할 수 있다.

1) 장애인복지관 서비스 개요

장애인복지관은 1982년 서울장애인종합복지관이 설치된 이후 2019년 현재 전국에 234개소(http://www.hinet.or.kr)가 운영되고 있다.

한국장애인복지관협회가 표방하는 장애인복지관의 기능과 역할은 "가정 내에서 생활하고 있는 장애인을 대상으로 장애의 사정과 평가, 사회심리, 직업재활, 교육재활, 의료재활, 재가복지 서비스 등 장애인의 지역사회 생활에 필요한 종합적인 서비스를 제공하고 장애인에 대한 사회적 인식개선 사업을 수행하는" 것이다. 협회는 재활서비스 센터의 기능, 사회교육 센터의 기능, 사례관리 센터의 기능, 프로그램 개발 센터의 기능, 지역사회 조직과 사회운동 센터의 기능을 복지관의 기능으로 본다. 또한 복지관의 구체적인 업무로 상담 및 사례관리, 기능 강화

지원, 장애인 가족 지원, 역량 강화 및 권익옹호 지원, 직업지원, 지역 사회 네트워크, 문화 여가 지원, 사회서비스(바우처) 지원 등 8가지를 들 수 있다(이지수, 2015).

장애인종합복지관의 이용 장애인을 장애유형별로 보면, 지적장애인, 자폐성장애인과 같은 발달장애인 이용자 비율이 대체로 70~80%정도 차지하고, 지체장애인과 뇌병변장애인이 20~30%를 차지한다. 시각장애인이나 청각장애인에 대한 서비스를 목적으로 운영되는 종별 복지관의 경우는 특정 장애 유형에 대한 특화된 서비스를 제공한다.

이용 장애인을 연령별로 보면 학령 전 영유아기, 학령기, 청년기, 성인기, 중장년기, 노년기로 구분할 수 있다. 발달장애 유형은 학령 전후기를 중심으로 전 생애의 이용자들이 분포되어 있으며, 지체장애인과 중도장애인들은 주로 중장년기와 노년기의 이용자 비율이 높다. 장애 유형과 연령 분포는 세부 서비스가 목적하고 있는 대상과 내용에 따라서 비중이 달라진다. 예를 들면 보조공학 분야 중에 자세 유지 보조기구 제작·보급 사업이라면 척추 변형 진행을 예방해야 할 성장기 연령이 주 대상이 될 것이고, 장애 유형은 중추 신경계 이상으로 척추 변형이 발생하는 뇌병변장애인이 중심이 된다.

서비스 욕구는 장애 유형과 연령 시기, 장애 정도, 가족 및 지역 상황 등을 기준으로 볼 수 있는데, 당사자 본인, 가족, 지역 차원의 욕구와 필요에 의해 서비스가 분류될 수 있다.

학령 전 영유아는 조기 발달에 필요한 각종의 치료교육 서비스 욕구가 중심이 된다. 부모의 장애 수용과 가족 기능의 강화를 위해 부모 역할 교육과 형제 지원과 같은 가족지원 서비스도 이 시기에 지원되는 것이 중요하다. 학령기 중 초등학생 시기는 발달과 더불어 학교생활 적응, 또래 관계와 사회성 향상에 목표를 둔다. 중, 고등학생 시기는 사회성을 개발하고 학교와 연계하여 직업준비와 개인별 진로계획을 통해 생애 단계별 전환을 지원한다. 청년기와 성인기는 직업적응력과 지역사회 적응기술을 향상하여 지원고용으로 직업생활이 가능하도록 지원한다. 일반고용이 어려운 사람들은 보호작업장을 이용한다. 직업 이외의 서비스는 다양한 문화 여가 활동이나 동아리 활동, 선택권이 강조되는 자치회 활동, 평생교육 차원의 교육, 문화 활동 등에 참여할 수 있다. 중증장애인의 경우 주간보호센터를 이용한다. 중·장년기 이상의 지체장애인과 뇌병변장애인들은 신체 기능과 일상생활능력 유지를 위해 건강 관련 활동에 참여하고, 문화 여가와 교육기회를 통해 사회적 관계를 이어간다. 장애 유형과 연령 시기와 상관없이 빈곤 상황이거나 일차적인 생활기능이 취약한 가정에 대해서는 지역사회 자원을 개발, 조직화하여 생활에 필요한 요소들을 지원한다.

이용자 욕구나 만족도 조사를 해보면 발달장애인 부모의 욕구는 이용 기간과 시간 연장을 원하는 응답이 공통적으로 높게 나타난다. 지역사회 생활에서 필요로 하는 서비스에 대해 질적인 만족은 높으나 만족한 서비스를 계속 이용할 수 있는가에 대한 문제가 해결되지 않고 있다. 특히 성인기 이후부터 요구되는 서비스 지원은 매우 장기적인 평생지원을 해야 하는데, 이에 대해서는 적절한 대응이 이루어지지 못하고 있다. 향후 장애인복지관이 해결해야 할 중요한 문제 중의 하나이다.

2) 장애인복지관의 서비스 관점 변화

서비스는 장애인과 가족이 지역사회에서 어떻게 살아가는 것이 가치 있는 삶이고, 행복하고 만족할 만한 수준이며, 편안한가의 문제와 관련이 있다. 이런 맥락에서 장애인복지기관에서 수행하고 있는 서비스 관점과 실천을 보다 다차원적으로 바라볼 필요가 있다. 같은 장애를 가진 사람이 미국, 유럽, 일본, 캄보디아, 한국 등 어느 나라에서 살고 있는 가에 따라 지역에서 인정되고 살아가는 삶의 방식은 다를 것이다. 한 나라 안에서도 같은 장애를 가진 사람이 거주시설, 장애인복지관, 보호 작업장, 자립생활센터, 주간보호센터, 캠프힐과 같은 거주 공동체 가운데 어디에 소속되어 살아가느냐에 따라 일상적인 생활 방식과 요구받는 수행 역할 과제들이 각기 다르다. 이는 그가 속해 있는 문화권이나 서비스 목표에 따라 욕구와 지원에 관한 관점과 실천이 각기 다른 가치에 의해 적용받을 수 있음을 시사한다. 즉, 한 사회나 전문가 집단이 정의한 서비스 개념 틀과 메뉴 안에서 서비스는 정의되고, 장애인의 삶은 그 범위 안에서 선택이 제한될 수 있다.

장애인복지관이 설립된 배경은 사회적으로 장애 관련 서비스가 부재했던 상황에서 모든 장애에 대한 종합된 서비스 전달을 위해서였다. 현재의 시각에서 장애 유형별 필요한 욕구의 총량과 다양성을 고려해 볼 때 실현 불가능하고 적절하지 못한 가정이라고 볼 수 있다. 장애 개인마다 적극적인 지역생활을 위해 지원되어야 할 서비스의 종류와 총량을 단순하고 단편적으로 생각했던 것으로 보인다. 장애인복지 서비스가 부재했던 환경에서 우선적으로 장애인의 능력을 개발하는 데 초점을 두었다. 이는 곧 재활 모델이 가지고 있는 가정과 유사한 것이라고 할 수 있다.

재활 모델의 기본적 생각은 장애인 개인이 갖고 있는 현재 능력을 진단하고, 취약한 기능을 보완하기 위하여 재활 치료와 교육, 훈련에 목표를 두고 발달시켜서 지역사회에서 적응하고 생활할 수 있게 하는 데 있다. 재활 모델에서 사회복지사의 역할은 장애를 진단하고, 필요한 재활 서비스에 알맞게 연결하는 일, 그리고 사회복지사 자신도 직접 서비스 수행자가 되어 교육계획이나 사회성훈련 계획, 직업적응이나 지역사회적응훈련 계획 등을 수립하고, 개별이나 집단을 대상으로 치료사나 교사의 역할을 수행한다. 장애인의 능력을 진단하기 위하여 일상생활이나 사회 적응기술 수행능력, 직업능력의 범주들을 영역별 하위 단위 항목으로 구성하여 장애인의 현재 수준을 점수화한다. 전문가가 처음 진단한 점수가 개입 전 사전 상태의 능력을 의미하는 기초선이 되고, 중간 과정과 종결 과정에서 다시 동일 항목에 대해 점수화하여 능력 발달과 변화 정도를 사후 평가해서 효과성을 확인한다. 이러한 재활 모델의 중요한 관심은 전문가의 전문적 능력과 장애인의 향상된 변화 정도이다. 즉, 재활 모델에서 장애 문제 해결 과정과 방식의 핵심은 권위 있는 전문가의 전문성에 의해 주도되는 것이고, 장애인은 전문성에 의존한 대상자의 위치에 놓이게 된다. 그래서 재활 모델은 전문가주의라고 한다. 더 나아가 기관의 행정 관료적인 특성과 결합하고, 전문가 권위와 집단 문화가 배타적으로 더해지면 기관 중심의 운영 문화가 강력하게 형성되기도 한다.

재활 모델은 자립생활운동이 펼쳐지면서, 당사자주의와 사회적 모델에 입각한 비판적 공격을 받게 된다. 지난 20년간 장애인들의 복지 욕구, 특히 재활 서비스의 욕구가 다양화하고 빠르게 증대하는 상황에서 장애인복지관이 전문적인 재활 서비스 사업에 치중하다 보니 지금은 장애인복지관이 그러한 전문적인 재활 서비스 기능만을 수행하는 곳이냐 하는 비판적 논의가 제기되고 있다(이종길, 2010). 이러한 영향은 재활 모델의 정점에 있었던 장애인복지관의 치우침을 일정 부분 반성하고 수정하게 하였다. 2000년대 초반 장애인복지관은 동료상담 프로그램을 운영하거나 장애인 리더들이 참여할 수 있도록 지원하였다. 그리고 자립생활지원모델이라는 개념에서 복지관의 역할을 논하기도 하였다. 최근에는 장애인활동지원제도 도입 후 복지기관과 자립생활센터가 서비스 수행기관으로서 동일한 기능을 수행하면서 수요자를 상대로 경쟁

관계에 놓여 있기도 하다.

　최근의 변화들은 더 이상 모든 장애인을 전문가가 결정하는 재활 모델의 대상으로 간주하지 않는다. 그러나 그렇다고 해서 모든 장애인이 당사자주의에 의한 자립생활모델을 선택하는 것도 아니다. 두 가지 차원의 모델은 장애와 서비스라는 큰 틀의 범위와 필요에 의해 이분법적으로 존재하기보다는 서로 공존하고 포용되어야 한다. 어떤 장애 시기와 유형의 서비스 필요에 대해서는 전문가의 전문성을 필요로 하는 지점이 있을 수 있다는 것을 인정해야 한다. 또한 어떤 필요에 의한 지점에서는 장애 당사자의 권리와 선택에 의한 자립생활모델을 더 크게 수용할 수 있어야 한다. 장애 욕구와 지역생활 지원이라는 더욱 큰 차원의 목적과 다양하고 광범위한 필요들에 대해 한쪽 차원의 입장에서만 바라볼 것이 아니라 다원주의적인 입장에서 볼 필요가 있다. 과거 전문가 권한에 의존해야 했던 구조에서 당사자 참여와 선택 권한이 인정된 대등한 관계에서 새로운 상호의존성이 경험되어야 한다. 두 모델 체계는 더욱 독립적이고, 선택 가능한 권리가 지역생활에서 실현되어야 한다는 공통된 목표 지점에서 만나질 수 있다. 실질적인 협력과 연대는 지역생활 지원에 필요한 자원 요소들을 공유하고 교환하는 관계를 맺으면서 확대될 수 있을 것이다.

　재활 모델에서 전문가 권위와 결정은 자립생활운동뿐만 아니라 인권 친화적인 지원 강조와 소비자주의 발전, 공급주체의 다양화 등에 의해 많은 변화를 겪게 되었다. 장애인 당사자에게 참여와 선택의 실질적인 권한이 부여되어 서비스 계획과 과정에서 이용자가 주도적인 역할 주체가 될 수 있도록 필요한 정보를 제공하고, 자치 회의에 참여하여 원하는 활동을 결정할 수 있도록 지원하는 변화들이 추구되었다. 이때 전문가의 전문성은 당사자가 원하는 역할을 잘 수행하는 데 필요한 자원들을 지원하는 능력으로 평가된다. 장애 유형에 알맞게 정보를 제공하고, 의사소통 수단을 지원하고, 자원을 발굴하고, 이를 중개하여 지역생활에 필요한 지원들에 대한 이용자들의 선택 가능성을 확대하는 것이 대표적인 전문가의 역할이 된다.

발달시기 장애 아동에게는 장애인복지관의 치료교육서비스 외에 더욱 안정된 보육 시스템과 지원이 개발된다면 서비스 선택의 수준은 달라질 수 있다. 장애아동복지지원법이나 발달장애인 권리보장 및 지원에 관한 법률은 장애인복지관의 전통적인 재활 모델 관점을 축소시키고 새로운 역할로의 변화를 가속화시키고 있다. 이러한 역할 변화는 직접적인 서비스 제공 역할뿐만 아니라 다양한 사회자원들을 연결하고 선택과 권리를 높여주는 방향으로 이동될 것으로 보인다.

최근 지역사회에서 자립생활에 필요한 역량을 강화하는 목표의 프로그램과 자기결정의 경험을 향상하는 자조활동 프로그램이 확대되고 있다. 발달장애인 중심의 권익옹호사업이 강조되고 있고, 이용자의 능력에 맞게 의사소통을 보완해 주거나 대체해 주는 그림이나 상징과 같은 수단들을 사용하여 중증장애인과 관계하고, 상호작용하는 데 중요하게 활용되고 있다.

직업재활에 대한 인식도 재활 모델의 관점에서는 장애인의 직업능력을 높이고, 고용시장에서 직무에 적응할 수 있도록 지원하는 데 전문가의 역할이 한정된다. 현실적으로 이 과정을 통해 직업생활에 참여가능한 장애인은 제한적이다. 일반 노동시장에 참여가 어려운 중증장애인은 직업재활시설인 보호작업장을 이용한다. 그러나 직업생활에 대해 일반고용과 보호고용으로 크게 두 가지 관점으로 구분했던 개념이 확장되고 있다. 장애인의 일이라는 성격과 참여를 두 가지 체계만으로 협소하게 다루기보다 다양한 의미에서 일을 가질 수 있도록 하는 방안이 확대되었다. 공공적인 사회적 일자리 사업의 일환인 장애인일자리

사업이나 사회적 기업과 같이 환경적으로 지역 중심의 중간 주체를 활성화하여 직업생활의 기회가 확대되고 있다. 이는 장애인 개인의 직업능력 향상이라는 재활 모델 관점을 넘어서 사회적 지원정책 변화에 의해 직업 기회가 확대되고 있음을 의미한다.

4. 장애인복지관의 운영환경

장애인복지관에서 재활 모델 관점이 상당히 고착되고 전문적 실천역할이 중심을 이루어왔던 이유는 내적으로는 전문가의 위상과 권한에 대한 기대가 작용한 결과일 수 있다. 외적인 요인으로는 사회복지 행정이 가진 장애에 대한 비전문성과 행정주의다. 사회복지 행정에서 강조하는 내용이 장애복지서비스에 경직되게 적용되면서 특정한 실천 관점이 과도하게 강조되어 왔다.

1) 시설평가의 영향

장애인복지관은 사회복지사업법에 의해 3년마다 평가를 받는다. 시설에 대한 평가와 검증은 수요자와 사회적 기대에 부응하고, 서비스의 개선과 발전이란 차원에서 부정될 이유가 없다. 다만 사회복지 행정의 일반적인 강조점과 장애인복지관 스스로 전문성에 대한 강조 현상이 결합한 결과가 장애인복지관의 기능과 역할을 재활 모델 관점에 치우치게 하는 원인이 되었다. 사회복지 행정은 공적 예산 투입에 대한 효과성, 효율성, 책무성 등을 강조한다. 여기에 결합한 장애인복지관의 효과성은 전문적인 재활 모델의 수행을 통해 입증하고자 했다. 이러한 효과성 평가의 관점은 장애인의 발달 변화에 대해 진전 정도를 사정하고 향상 정도를 입증해야 하는 재활 모델의 논리가 근간이 되었다.

한편 장애인복지관은 평가결과에 따라 인센티브가 주어지고, 평가 점수에 의해 기관의 성과 능력을 지역사회와 행정부처로부터 인정받기 때문에 평가에 자유로울 수 없다. 또한 평가의 관점과 기준은 일종의 매뉴얼과 같이 표준 수행기준으로 일상의 서비스 운영 결정에 영향을 미치게 한다. 여기에 효율성이란 요소가 더해지면 양적인 산출에 민감하게 반응하고 실적에 과도하게 경쟁적으로 집착하게 한다. 그 결과 장애인의 삶의 질 문제를 중심에 두고 어떻게 긍정적으로 변화하도록 지원했는가보다는 어떤 행위를 얼마나 많이 수행했는가를 관리하는데 치중하게 한다. 이러한 평가체계에서는 '무엇을, 어떻게 했는가?'는 중요한 이슈가 되지 않는다. 단지 '무엇을, 얼마나 했는가?'가 중요해진다. 그리고 이것은 정해진 '규칙' 즉, 평가 지표에 의해 수행된다(박정연, 2010). 장애인복지관이 장애인의 삶에 긍정적인 영향을 미쳤는지에 대해서 구체적인 성과를 제시하지 못하고 있다는 지적(김정열, 2010)도 이런 맥락과 관련이 있는 것으로 보인다.

이러한 평가의 영향은 구체적으로 다음과 같은 현상을 초래하고 있다. 첫째, 재활 모델 관점에서 개인 중심의 발달과 변화에 효과성을 입증하는 실천이 계속 강조된다. 둘째, 재활 모델 차원에서 효과성이 예측되는 사람들이 서비스 이용 대상자로 선별되는 경향이 생긴다. 셋째, 다방면의 집중적인 지원을 필요로 하는 중증장애인의 욕구나 구조화된 프로그램에 포함되어 있지 않은 개인의 개별적인 서비스 욕구가 배제되거나 거부될 수 있다. 넷째, 장애 개인의 다양한 욕구를 중심으로 다각적인 서비스를 개발하기보다 성과가 입증되고 익숙한 전형적인 재활 서비스 프로그램에 안주하게 만들 수 있다. 다섯째, 재활 모델 중심의 서비스 제공자만이 전문가로 인정받도록 조장하는 경향이 있다

최근에는 시설 평가의 역기능을 개선하고자 양적 평가를 축소하고,

질적 지표 중심의 평가체계를 도입하려는 노력이 이루어지고 있다.

2) 전달체계의 영향

또한 장애인복지관은 다른 장애인복지시설이나 일반 사회복지 전달
체계와 비교하여 서비스 이용 단위에 대한 개념이 검토될 필요가 있
다. 노인장기요양제도. 장애인활동지원제도와 같이 제도화된 서비스 영
역은 개인의 욕구 정도와 서비스 필요에 따라 소요되는 서비스 비용과
투입 요소가 세분화되고. 개인별로 차등하여 산정된다. 노인장기요양서
비스 급여는 개인의 능력과 욕구에 대한 평가를 토대로 시설서비스.
재가서비스. 복지용구 급여 등으로 구분하여 급여 자격을 부여한다.

장애인시설 가운데 장애인거주시설(생활시설. 공동생활가정. 단기보
호시설). 주간보호시설. 직업재활시설 등은 거주자나 이용자 정원이 정
해져 있다. 이용 장애인의 수에 따라 배치되는 직원 수가 결정되고.
이에 필요한 예산이 차등적으로 지원된다. 학교의 경우도 학생 수에
따라 예산 배정과 교사 배치가 이루어진다. 그러나 장애인복지관은 이
용기관으로서 세부 서비스 단위별 정원을 자체적으로 정할 수는 있으
나 기관 전체 차원에서 이용자 정원 개념을 두고 있지는 않다. 장애인
복지관은 이용자의 욕구와 서비스 필요도, 장애 정도, 필요한 지원 수
준에 따라 비용이 가산되거나 추가되는 보조가 없는 상황이다. 이러한
경우 고정된 인력 규모 내에서 다양한 이용자들의 지속적인 서비스 이
용 욕구를 보장하는 것이 어렵게 된다. 중증장애인의 종합적인 서비스
욕구를 포괄하는데 제한이 따르기 때문에 이용자를 선별하거나 이용
기간에 제한을 두어 중증장애인의 서비스 이용을 행정적 기준으로 배
제시키는 현상이 나타나고 있다. 이런 영향으로 다방면의 강도 높은
지원을 필요로 하는 중증장애인이나. 청년기 이후 지역생활에서 장기

간 지원이 필요한 중고령의 발달장애인에 대해서는 적절히 대처하지 못하고 있다는 비판이 제기되고 있다. 이용자의 욕구 중심으로 필요로 하는 자원이 탄력적으로 확보되지 않은 상태에서는 '기관의 재정'이 '이용자의 욕구'보다 더 우선시 되고 있다. 이것은 매우 현실적인 이슈이다. 구체적으로 이용자의 욕구를 기반으로 한 서비스를 기획하기보다는 기관의 재정구조를 고려하여 현실적으로 가능한 서비스에 집중될 가능성이 크다. 이 경우 서비스는 이용자의 진정한 욕구 충족을 추구하기보다는 재정의 제약이라는 조건 내에서 전문가 중심의 서비스에 머무를 수 있다(김미옥·김용득, 2006).

서비스 제도화와 보장이 가능하기 위해서는 현행 장애인복지 관련 서비스 인프라가 통합되어 하나의 단일 전달망으로 종합되고, 개인에게 요구되는 서비스 종류에 따라 이용 권리가 연결되는 구조로 개편되어야 한다. 그러나 현행 전달 구조는 개인의 욕구와 서비스를 중심으로 통합되어 있지 않고 부처별로, 부처 안에서도 부서별로 서비스 기능을 중심으로 파편적으로 산재되어 있다. 장애인복지관은 지역사회의 대표적인 장애인서비스 기관이기 때문에 이런 여러 부서 또는 여러 가닥에서 시작된 파편적인 요소들과 각개의 관련을 가지게 된다. 그리고 파편적인 각개의 요소들은 각각에 대한 행정적 기준을 충족하도록 되어 있다. 이것이 장애인복지관이 통합적으로 기능하지 못하는 중대한 방해요소가 되고 있다.

5. 통합적 실천관점에서 사회복지사의 역할

장애인복지서비스 영역에서 사회복지사가 수행하는 역할은 개인의 욕구체계를 파악하고, 이에 필요한 관계된 지원체계를 중개하여 연결하는 일이다. 욕구체계는 대상 장애인의 연령 시기에 따른 발달이나 역할 과업. 장애 유형. 가족. 지역사회에서 필요로 하는 상황 등을 통해 판단한다. 이에 대응하는 지원체계는 각종 법률과 제도를 포함한 공식적인 서비스 자원뿐만 아니라 지역사회 자원이 모두 활용된다. 사회복지사의 실천은 욕구와 지원이라는 두 축 사이에 존재하는 수많은 관점과 실천이론. 지향성들 가운데 어떤 지점을 선택하고 행동하는가에 따라 수행되는 역할의 종류와 내용이 결정된다.

장애인복지서비스는 복합적인 장애인의 욕구에 대해 다양한 전문분야의 전문가들이 협력하여 개입하는 특징을 가지고 있다. 사회복지사가 다른 장애 관련 전문가와 차별되는 역할은 개인과 환경 사이에 존재하는 욕구와 지원체계라는 총체적인 상황을 실천의 대상으로 삼는다는 점이다. 따라서 사회복지사는 욕구와 지원체계 전체의 관계에서 개인에게 필요한 다양한 지원들이 연계될 수 있도록 통합적인 실천을 수행해야 한다.

장애인 욕구체계에 대한 접근은 장애인 개개인의 장애 유형과 특정한 연령 시기에 따른 본인의 욕구뿐만 아니라 가족관계에서의 어려움이나 지원 요구. 지역사회 수준에서 발생하는 서비스 배제나 부족으로 인해 발생하는 문제까지 총체적으로 이해하고 판단해야 한다. 과거의 욕구사정은 장애인의 장애 정도와 상황. 능력을 평가하여 필요한 직접적인 재활 프로그램에 연결하는 것에 목적을 두었다. 이러한 전문가의 욕구사정은 해당 기관에서 제공 가능한 서비스 기능을 중심으로 이용자를 선별하여 배치하는 데 목적이 있다. 그리고 이러한 사정은 개인의 일상생활이나 사회 활동 전반에 대한 종합적인 고려보다는 기능적으로 취약한 특정 능력에 대해 발달목표를 설정하고 이에 대한 재활 서비스를 제공하는 목적으로 수행되었다.

이러한 수행 관점은 발달 시기인 아동기나 교육과 훈련 단계에 해당하는 연령 시기와 프로그램에 한해 적용되어야 한다. 학령기 이후 성인기나 발달을 목표로 하는 프로그램이 아닌 사회활동을 경험하는 다양한 문화여가활동, 동아리 활동, 평생 교육, 스포츠 활동 등의 프로그램을 이용하는 사람들에게는 발달 정도와 능력에 대해 복잡한 사정을 거쳐 서비스에 배치하는 것이 불필요할 수 있다. 오히려 개인이 선호하고 희망하여 선택하는 지역사회 활동들을 어떻게 가능하게 지원할 수 있는지가 목표가 되어야 한다. 다시 말해서, 발달 시기에 있는 장애인에게는 특정한 기능적인 발달과 능력 향상을 목표로 하는 사정과 계획이 수행될 수 있다. 반면에 발달 시기 이후이거나 지역생활과 사회적 관계를 위한 활동에 참여하는 사람들에게는 발달 목표가 아닌 그들이 독립적으로 선택하고, 활동할 수 있도록 지원하는 계획들이 중심이 되어야 한다.

전체적인 욕구체계에 대한 사회복지사의 사정 관점은 다음과 같이 설정될 수 있다. 첫째, 장애인 개인의 특정한 장애 유형과 생애 주기에 요구되는 발달 과업과 사회적 역할 과제 수행에 어떤 기능적인 제한과 필요들이 개인적 차원과 환경적 차원에서 나타나고 있는지를 파악해야 한다. 둘째, 가족 내에서 장애 수용과 지원 수준, 양육태도 등의 영향이 긍정적인지, 부정적인지에 따라 필요한 개입이 검토되어야 한다. 셋째, 지역사회 서비스 자원 활용이 부족한지, 필요한 자원과 적절한 지원 관계를 맺고 있는지에 따라 개개인에게 적합한 지역사회 자원 활용 계획이 포함되어야 한다. 이러한 욕구체계에 대해 이해와 사정이 종합적으로 수행되기 위해서는 해당 장애 유형과 시기에 어떠한 발달과업과 사회적인 역할 수행과제가 요구되는지 제기되는 이슈들이 무엇인지에 대해 풍부하게 인지할 수 있어야 한다.

사회복지사가 이러한 욕구체계에 대해 종합적으로 균형 있게 이해하고 접근하는 관점을 갖기 위해서는 해당 장애 유형과 연령 시기에 관련된 연구 논문이나 보고서, 관련 이슈에 대한 토론회, 세미나, 공청회 자료집, 장애 언론 매체에서 사회적 이슈가 되고 있는 쟁점과 이해관계자들의 주장들, 관련 장애단체나 연구소, 전문가 단체, 협회나 학회의 자료, 국내 법률과 제도, 다양한 관련 서비스 기관들의 현황과 사례, 외국의 대처 방식 등 다차원적인 관련 지식과 견해들을 익혀야 하고, 판단할 수 있는 이해와 실천 경험들을 갖추어야 한다.

만약 사회복지사가 자기 영역과 분야에만 관심과 이해가 한정된다면 그만큼 욕구체계에 대한 이해와 판단할 수 있는 시야는 좁아지고 편협해질 수 있다. 그리고 장애 당사자와 가족, 다양한 타 분야의 전문가들과 원활한 의사소통을 수행하기 어려울 것이다. 예를 들면 장애 아동을 지원하는 사회복지사는 장애 발달에 관해 특수교육이나 정서·행동 분야의 관점과 실천 원리에 대해 기초적인 이해가 있어야 한다. 그래야지만 장애 아동의 감각, 인지, 언어, 정서, 운동, 사회성 발달에 대해 최소한 인지하고 관련된 사람들과 의사소통할 수 있게 된다. 가족의 장애수용 과정과 장애 형제의 심리적 어려움, 부모의 역할 갈등과 부담 정도를 이해하고 가족의 기능과 심리적 어려움을 어떻게 지원할 것인지를 도출할 수 있어야 한다. 아동과 관련된 서비스 자원이 적정하게 연결되고 활용되는지 알고 있어야 하며, 이를 위해서는 지역사회에 존재하는 다양한 자원체계와의 관계망을 파악할 수 있어야 한다.

아동복지법에서 시행하는 드림스타트센터와 협력해서 취약한 장애 아동과 가족에게 지원될 수 있는 서비스 목록이 확보되어야 한다. 보건복지부에서 시행하는 장애아동가족지원사업에서 장애아동 발달재활 서비스(바우처사업), 장애아가족양육지원사업 등을 지원 수단으로 활용할 수 있어야 한다. 교육청에서 시행하는 영유아 지원에서부터 평생교육에 이르기까지 협력될 수 있는 서비스 자원과 관계를 맺을 수 있어야 한다. 교육복지사업을 활용하여 학교생활에서 인식개선과 다른 학생과의 통합 문제를 지원할 수 있어야 한다. 보육시스템과 통합 유치원에 대한 이해를 통해 장애아동에게 통합된 보육 환경이 적절한지에 대한 부모의 고민을 상담할 수 있어야 한다. 문화체육관광부와 한국문화예술교육진흥원 등의 각종의 기금을 활용하여 문화 예술이나 영화제작 동아리 등 다양한 활동에 참여를 지원할 수 있어야 한다. 지방자치단체의 특성화 사업에 제안 사업을 개발하거나 각종 지원재단을 통해서 지원 서비스를 확대할 수 있어야 한다. 더욱 적극적인 차원에서는 지역사회 기업이나 단체, 시민활동과 연계하여 자원체계를 개발, 협력, 조직화하여 장애 가정의 빈곤 상황이나 위험에 대한 지원체계가 새로이 만들어질 수 있도록 필요한 역할을 수행할 수 있어야 한다. 다른 장애 유형과 생애 주기의 욕구에 대해서도 같은 맥락으로 욕구체계와 지원체계 사이의 관계에서 사회복지사의 역할 관점과 실천이 다양하게 모색될 수 있어야 한다.

사회복지사는 이러한 욕구체계와 자원체계 사이에서 사정에서부터 중개자의 역할, 서비스 제공자의 역할까지 다양한 실천 과업이 요구된다. 통합된 관점에서 사례관리자로 역할을 하게 되고, 때로는 옹호자로서 지역사회 자원을 설득하고 유리하게 변화시키는 역할이 요구된다. 통합적으로 접근하는 사례관리 실천에서 사회복지사는 장애 당사자의 욕구를 중심으로 그와 관련된 가족이나 이웃, 지역사회 자원 관계망을 모으고 협력한다. 이를 기반으로 필요한 지원들을 조직화하여 서비스 계획으로 통합하고, 실천을 주도하며 실천 과정을 점검하고, 결과를 평가하는 역할을 수행한다.

참고 문헌

김미옥·김용득. 2006. "이용자 참여의 개념구조". 『한국사회복지학』, 59: 39-64.

김정열. 2010. "토론: 장애인복지 발전 과정과 장애인복지관의 역할 및 기능". 『한국장애인복지관협회 10주년 기념세미나 자료집』, 30-34.

박정연. 2010. 『장애인복지관의 위기담론에 대한 사회학적 접근』. 서강대학교 사회학과 석사학위논문.

이종길. 2010. "장애인복지 환경 변화와 장애인복지관의 전략 및 과제." 『한국 장애인복지관협회 10주년 기념세미나 자료집』, 36-91.

이지수. 2015. "발달장애인의 개인별 지원계획 실현을 위한 발달장애인 지원센터 운영방안." 『2015 한국장애인복지학회 추계 학술대회 자료집』, 151-159.

http://www.hinet.or.kr(한국장애인복지관협회 홈페이지).

제5장 자립생활과 자립생활센터

▌윤 재 영

유엔 장애인 권리협약(Convention on the Rights of Persons with Disabilities) 제19조에서는 '장애인의 자립적인 생활과 지역사회 통합'을 요구하고 있으며, 우리나라 장애인복지법 제4장에서도 '자립생활의 지원' 규정을 두고 '자립생활지원(제53조)', '중증장애인 자립생활지원센터(제54조)', '활동지원 급여의 지원(제55조)', 그리고 '장애동료 간 상담(제56조)' 등을 명시하고 있다. 장애인들의 자립생활(independent living)을 어떻게 이해해야 할 것인가? 어떤 배경과 철학에서 자립생활운동이 일어나게 되었을까? 자립생활운 동이 남긴 자립생활센터는 어떤 특성과 전망을 가지고 있는가? 자립생 활을 이해하기 위해서는 이러한 의문들을 해결해야 한다.

1. 자립생활의 배경

장애인의 자립생활은 정치적(political), 이념적(ideal), 그리고 실천적 (practical) 차원에서 이해되어야 한다(김동호, 2000). '정치적'이라 함은 장애인복지의 주도적 역할이 기존의 재활 전문가에서 장애인 당사자로 이전되어 가는 사회적 현상(운동)을 자립생활이 표상한다는 것이고, '이념적' 차원이라 하면 사회적 맥락에서 장애를 이해하는 방식에 새롭고 주목할 만한 철학적 사상을 자립생활이 내포하고 있다는 뜻이며, '실천적'이라 함은 자립생활이 장애인복지를 위한 구체적인 서비스로 활용된다는 점이다. 그러므로 우리가 자립생활을 이해하기 위해서는 사회운동과 이념적 차원에서 자립생활의 배경과 역사 그리고 서비스 모델 차원에서 자립생활센터를 살펴볼 필요가 있다.

미국에서 비롯된 자립생활운동은 보완적인 성격을 가지고 있는 여러 사회운동들과 맥을 같이 한다. 이러한 사회운동에는 시민권 운동, 소비자 운동, 자조 운동, 탈의료화·자기치료(self-care) 운동, 환자 역할, 탈시설화·정상화 운동 등이 있다. 이러한 사회운동을 배제하고서 자립생활운동의 기원과 이념을 제대로 파악하기란 불가능하다(DeJong, 1981). 미국에서 장애인의 자립생활이 주창되었던 배경에는 다음의 요소들이 관련되어 있다.[1]

1) 시민권 운동

1960년대 미국의 시민권 운동은 자신의 권익을 찾으려는 소수 민족을 포함하여 수많은 사회집단에 영향을 미쳤다. 사회에서 불이익을 당하고 있는 집단들이 자신들의 권리를 인식하는 동시에 자신들의 권리가 어떤 식으로 유린되고 있는지를 이 운동을 통하여 깨닫게 되었다.

시민권과 수급권을 찾는 운동의 관심은 취약한 계층의 문제에까지 미쳤다. 예를 들어, 정신건강 분야의 경우 환자들이 치료를 거부할 수 있는 권리와 자신들이 원하는 수준의 보살핌을 받을 수 있는 권리를 획득하게 되었다. 자립생활운동도 역시 시민권과 수급권에 관심을 기

---

1) 이 내용은 정립회관에서 2001년에 번역한 Gerben DeJong의 박사학위 논문, Environment Accessibility and Independent Living Outcomes(1981)에서 상당 부분 가져왔음을 밝힌다.

울었다. 시민권에 대한 자립생활운동의 관심은 1973년 미국 재활법 (Rehabilitation Act)에서 고용을 비롯한 여러 가지 형태의 차별을 금지하는 내용을 통해 반영되었다. 시민권에 대한 관심은 여기에 머물지 않았다. 이동이 불편하여 건물에 접근하기 힘든 중증장애인들은 지역 사회에서 참여가 봉쇄되므로 이들의 시민권은 보장되지 않는다는 장애인들의 주장이 계속되었다. 많은 장애인들이 공적부조나 활동보조의 혜택을 받지 못한 상황에서 원치 않는 장기간의 시설 보호를 받아야 하였으므로, 수급권을 찾는 것이 이들에게 지역사회 생활의 전제 조건이었다.

시민권 운동은 시민들의 권리를 지켜내는 효과와 함께 이러한 권리를 어떻게 지켜나가야 하는지를 일깨워주었다. 합법적인 방법이 힘을 발휘하지 못할 때, 장애인들은 연좌농성 등과 같은 사회행동의 기술도 도입하였다. 시민권 운동에서 비롯된 흑인 운동은 자립생활운동에 영향을 미쳤으며, 미국의 흑인 운동은 비장애인들이 장애를 가진 사람들을 대하는 태도와 행동의 저변을 더욱 깊게 연구하도록 자립생활운동을 고무시켰다.

2) 소비자 운동

소비자 중심주의는 판매자나 서비스 공급자에 대한 불신에서 출발한다. 생산품의 신뢰성과 서비스의 적절성을 평가하는 것은 소비자들의 몫이다. 소비자의 주권이 자유시장경제 이론의 중심이지만 실제적으로도 전문가들이 이러한 주권을 차지하고 있는 것이 사실이다.

소비자 운동을 통한 소비자 주권의 신장으로, 장애인 정책 및 재활서비스의 전문가 주권 현상에 변화가 일기 시작했다. 예를 들어, 직업생활의 경우 재활계획을 세우는 데 있어서 전문상담가의 최종적인 확정이 필수적이었으나 전문가의 이러한 최종 확정 대신에 내담자와 상담가가 함께 서명하는 개별 재활계획(IWRP: Individualized Written Rehabilitation Plan)을 작성하도록 1973년의 재활법에서 규정하게 되었다. 이 밖에도, 장애인들의 법적 권리와 혜택을 알려주는 새로운 권익옹호센터들이 우후죽순격으로 생겨났다. 자립생활운동으로 인한 인식의 변화로, 수년간의 장애 경험이 있는 이들은 정부의 혜택이나 규정을 공공복지 분야에 근무하는 전문가들보다 더 정확히 알고 있는 경우도 생겨났다.

3) 자조 운동

자조 운동은 여성운동모임(Female Improvement)에서부터 익명의 알코올 중독자 모임(Alcoholics Anonymous)에 이르는 아주 다양한 집단을 아우르고 있는 운동이며, 자조 조직은 이미 설립된 대인서비스 기관을 보조하는 혹은 이에 대한 실효성 있는 대안으로 기능하는 상호 원조집단을 의미한다. 자조 집단은 대개 다른 사회조직이 깊게 다루지 않는 문제와 욕구에 천착한다.

장애인들의 경우 그들의 주된 자조 조직은 자립생활을 위한 센터들이라 할 수 있다. 자립생활을 돕기 위한 여러 종류의 센터들이 기존의 대인서비스 체계의 부속기관 형태로 혹은 대안적인 서비스 제공자로 활동하고자 했다. 기존의 재활서비스 체계를 보완하는 형태를 띠면서, 많은 경우 이러한 센터들은 활동보조서비스(attendant care) 등과 같은 대인서비스를 제공하는 통로가 되어준 것이다. 대안체계로써, 이러한 센터들은 동료상담이나 권익옹호서비스처럼 주류 재활기관에서 제공하지 않는 형식의 서비스를 제공한다.

소비자 중심주의에서 이미 언급한 바대로, 자조 운동의 원동력은 주류를 형성하고 있는 전문 서비스에 대한 불신이다. 자조 조직은 자신들의 삶과 자신들이 받는 서비스를 스스로 통제하는 연습의 기회를 스스로에게 주고자 하는 것이다. 이들 조직은 지식을 제공하며 의식을 일깨우는 모임으로 소비자들이 주권을 행사하도록 돕는 것이다.

4) 탈의료화와 자기치료(self-care)운동

"탈의료화(demedicalization)"란 생애의 일정 시기에서 의료 전문가의 권위에 도전하려는 흐름이다. 예를 들어, 알코올 중독과 정신장애는 일탈이나 범죄의 범주에서 제외되었고 질병의 범주에 속하게 되었다. 심지어는 아동학대까지도 "질병"이라고 일컫는 이들이 생겨나게 되었다. 이러한 결과로 출산과 죽음을 포함하여 우리 생애의 전반에 다소간의 의료적 개입이 매 단계 이루어지고 있는 것이 현실이다.

과도하게 의료화되어 있는 이러한 현상에 대해 많은 사람들이 대응책을 마련하고자 하였으며 모든 생활 여건과 생애 전반이 의료화되어 있는 상태에서 벗어나야 한다는 주장을 펴게 되었다. 탈의료화는 보건과 의료 분야에서 나타난 자조 운동의 확산으로 볼 수 있으며 자기치료운동이라 할 수 있다.

자립생활운동은 탈의료화/자기치료 논쟁의 한 흐름을 주도하고 있다. '일단 의료적 안정 상태에 접어들었을 때, 의료체계의 보호 아래에서 장애의 관리가 어디까지 이루어져야 하는가?'에 대한 문제 제기이다. 장애와 관련한 많은 공공정책은 그것이 화급을 요하는 경우이든지, 수입을 보장해줘야 할 경우이든지, 장기적인 시설보호를 요하는 경우이든지 간에, 의료 전문가에 의해 주도되고 있다는 것이다. 과다한 의료적 개입은 불필요할 뿐만 아니라 역효과를 가져온다는 것이 자립생활운동의 주장이다.

의료적 안정 상태에 접어든 장애 관리는 탈의료화되어야 한다는 신념이 자립생활운동의 중요한 배경이 되고 있다. 장애를 가진 이들의 주장에 따르면, 자신들의 장애를 관리하는 일은 일차적으로 사적인 문제이며 의료적 문제는 부차적인 것이다. 장애인의 삶에 대한 끊임없는 의료적 개입은 장애 "환자"와 의료전문가 모두에게 의존성을 심어주는 것이며 결과적으로 재활 혹은 자립생활이라는 목적을 달성하고자 하는 이 두 집단 모두에게 바람직하지 않을 수 있다는 것이다.

5) 환자 역할(The Sick Role)

환자 역할은 다음과 같은 면제(제외)와 의무라는 서로 상관되어 있는 두 가지 경향에서 기인한다.

- 환자는 질병의 정도나 특성에 따라 정상적인 행동과 책임에서 제외된다.
- 환자는 자신의 질병에 대한 어떠한 책임도 면제받는다. 환자는 일반적으로 자신의 상태에 대해 납득할 필요가 없으며, 자신의 의지만으로 상태를 호전시키라는 요구도 받지 않는다.

이러한 면제가 주어지는 데에는 사실 다음과 같은 교환 조건이 있다.

- 환자는 자신의 상태가 비정상적이며 바람직하지 못한 것임을 규명해야 할 의무가 있으며, 가능한 모든 것을 동원해 자신의 상태를 회복시켜야 할 의무가 있다.
- 환자는 자질을 갖춘 이의 도움을 찾아 나서야 할 의무가 있으며, 상태의 호전을 위하여 의사와 협력하여야 할 의무가 있다.

일반적인 환자 역할은 일시적인 것이다. 하지만 장기적이거나 영구적인 장애를 가진 사람들에게 있어서 근본적인 신체조건을 회복시키는 것이 즉각적일 수는 없는 일이다. 장애라는 것은 보통 어떤 존재의 회복할 수 없는 일부이기 때문에. 장애인은 환자 역할에 따라 자신의 상태를 수용해야 함과 아울러 "비정상적"이고 "바람직하지 못한" 자신의 존재도 수용하기 시작해야 하는 것이다. 더욱이 이들은 장애를 가지고 있는 동안 환자 역할에서 서술한 의존성을 당연한 것으로 받아들이기 시작한다. 이렇게 되면 환자 역할은 장애인으로부터 그들이 책임져야 할 의무까지도 빼앗아버리는 결과를 낳게 된다.

환자 역할 그리고 이 역할에서 파생된 장애인 역할을 통해 형성될 것이라고 생각되는 행동상의 기대를 자립생활운동은 받아들이지 않는다. 가족 구성원으로, 직장인으로, 시민으로 갖게 되는 자신들의 책임을 면제받는 대신에 어린아이들과 같은 의존성을 인정해야 하는 상황을 거부한다는 것이다. 사실 장애인들의 입장에서 이러한 면제는 지역 공동체의 생활에 참여할 수 있는 권리와 완전한 인격체로서 갖는 자신들의 권리를 부정하는 것과 같은 것이다.

6) 탈시설화와 정상화 운동

의료 모델과 장애인의 의존성이 가장 잘 드러나는 곳이 수용(거주)시설일 수 있다. 시설은 모든 것이 이미 구비된 사회체계이므로, 이곳의 직원들은 외부의 별다른 간섭 없이 장애인에 대한 사회적 통제를 이룰수 있다.

탈시설화 운동은 정상화(normalization) 및 주류화(mainstreaming) 등의 개념과 밀접한 관련을 지니고 있다. 이 두 개념은 아동 및 청소년기의 발달장애와 연관되어 주로 논의되어 왔다. 장애아동들을 위해서는 그들을 시설에 따로 격리하거나 특별학급을 만들어 교육하는 것이 가장 바람직한 것으로 여겨진 때도 있었다. 하지만 최근에는 비장애인들 사이에서 "정상적으로 주류에 합류하는"것이 바람직하다고 생각되어진다. 정상화는 단순한 탈시설화 이상의 의미를 지니고 있다. 정상화의 개념에서 볼 때, 탈시설화는 실패의 가능성을 안고서 미래로 내딛는 첫 발걸음인 것이다. '위험성이 내포된 존엄성'은 자립생활운동을 표현하는 또 다른 말이기도 하다. 이전에는 장애인에게 실패 가능성을 배제시키면서 장애인은 독립심이 부족하고 옳고 그름에 대한 선택능력이 결여되어 있다고 평가하였기 때문이다.

이러한 배경에서 자립생활은 기존 장애인복지의 틀을 벗어난 새로운 하나의 패러다임으로 이해될 수 있다(Braddock and Parish, 2001). 요컨대, 자립생활은 '자기결정권, 동등한 기회 그리고 자존감을 가지려는 장애인들의 운동이자 철학'이며(Morris, 2004; 양희택, 2005) "지금까지 장애인 문제에 접근하는 새로운 관점들을 총체적으로 담아내고 있는 것"(김동호, 2000)으로 장애인의 문제, 이의 대안, 그리고 이에 대한 연구의 새로운 패러다임으로 인식될 필요가 있다(권선진, 2007).

<표 5-1> 재활 및 자립생활패러다임

항 목	재활패러다임	자립생활패러다임
문제의 정의	물리적인 손상, 취업능력의 부족, 심리적 부적응, 동기 및 협력의 부족	전문가, 친척, 타인 등에 대한 의존성, 불충분한 지원 서비스, 건축구조물 상의 장벽, 경제적 장벽
문제의 소재	개인에 내재됨	환경 및 재활과정에 있음
사회적 역할	환자-클라이언트	소비자
문제의 해법	의사, 물리치료사, 작업치료사, 직업상담사 등에 의한 전문적인 개입	동료상담, 권익옹호, 자조, 소비자 주도, 물리적 장벽 및 경제적 인센티브 제거
주체	전문가	소비자
바라는 성과	ADL의 극대화, 유급 고용, 심리적 적응, 동기 유발, 완전한 치료	자기 관리(self-direction), 환경 개선, 사회·경제적 생산성

출처: DeJong, 1981.

2. 자립생활의 역사

미국에서 시작된 자립생활운동이 언제. 어디서 시작되었는지를 정확히 말하기란 쉽지 않다. 자립생활운동의 진원지는 크게 둘로 볼 수 있다. 첫째는 비장애인들의 세상에서 더욱 더 자신을 실현코자 하는 장애인들의 노력이며, 둘째는 직업재활 프로그램을 통해 아무런 혜택을 받을 수 없는 중증장애인들의 문제를 고민하는 재활 전문가들의 노력이기도 하다. 이러한 두 노력이 어우러져 입법화의 성과를 낳기도 했으나, 이들의 관심사항과 출발점은 서로 상이한 부분이 있다(DeJong, 1981).[2] 여기서는 장애인들의 노력으로 가시화된 자립생활센터를 중심으로 그 역사를 살펴보고자 한다.

일리노이즈 대학에서 실시된 장애학생 프로그램을 자립생활운동의 자생적 시발로 꼽아야 할 것이다. 이 프로그램은 중증 신체장애를 가진 사람들이 자신들의 지역사회에서 더욱 편리하게 생활할 수 있도록 돕는 프로그램이다. 1962년 4명의 중증장애인들이 캠퍼스와 멀리 떨어진 보호시설에서 캠퍼스와 가까운 일반 집으로 이사했다. 이 프로그램은 자조 노력을 전제로 하는 것이며 일리노이즈 대학을 무장애 공간으로 만들려는 움직임이었다.

이후 1970년대 캘리포니아의 버클리에서 에드 로버츠[3]가 이끈 자립생활센터(CIL: Center for Independent Living)가 개소되면서 비로소 이 운동이 가시화되고 힘을 얻기 시작하였다. 1972년 버클리 자립생활센터는 책임자를 두고 자조 집단으로 조직을 갖추었으며, 이 조직의 책

---

2) 미국에서 초기 대다수의 직업재활 전문가들이 생각할 때, 자립생활서비스는 고용이 불가능하다고 판단되는 장애인들을 대상으로 제공되는 것이다. 자립생활은 직업재활이 불가능한 경우 대안으로 생각되는 것이었으며, "자립생활재활"은 "직업재활"과 구분되는 개념인 것이다. 직업재활 전문가들에게 있어서, 자립생활이란 고용이 불가능한 경우 지역사회에서 장애인이의 삶을 가능케 해주는 의료 및 사회서비스를 말하는 것이었다. 이러한 입장에서 볼 때, 자립생활과 재활은 서로 경쟁관계에 있는 정책목적을 가지고 있었던 것으로 보인다. 자립생활운동과 관련된 사람들은 자립생활과 고용이 정책목적에 있어서 서로 경쟁관계에 놓여 있다는 개념 그 자체를 거부하였다. 고용은 자립생활운동의 통합된 목적 중 하나이어야 하며, 이것이 경쟁관계에 놓인 목적이 되어서는 안 된다는 것이다.

3) 에드 로버츠(Edward Verne Roberts)는 1939년 1월 29일 미국 샌프란시스코에서 태어나 1953년 소아마비(polio)를 앓게 되며 이로 인해 호흡에 어려움을 겪을 정도로 신체기능이 마비되어 왼손의 두 손가락과 오른발의 두 발가락만 움직일 수 있게 된다. 2년여의 병원생활 후, 어머니(Zona Roberts)의 지지 속에서 학업을 지속하여 Community College of San Mateo에서 정치학을 전공하고 1962년 UC, Berkeley에 진학한다. 대학 시절 장애를 가진 학생들과 Rolling Quads를 조직하고 1972년에는 이들 중 3명과 함께 Center for Independent Living을 시작한다. 1974년 Jerry Brown이 캘리포니아 주지사로 당선되고 Department of Rehabilitation의 Director로 지명된다. 이 당시 작업치료사인 Catherine McDugan과 결혼하여 1978년 아들 Lee Roberts를 낳게 된다. 1983년 World Institute on Disability를 설립하여 12년간 활동하다 1995년 3월 14일 버클리 자신의 집에서 심장마비로 생을 마친다(Brown, 2000).

임자 역시 장애를 가진 사람이었다. 이 센터는 동료상담, 권익옹호서비스, 교통편의 제공, 자립생활기술훈련, 활동보조인 의뢰, 건강 관리, 주택 소개, 휠체어 수리 등과 같은 매우 광범위한 서비스를 제공하였다(Brown, 1978; Stoddard, 1978). 다양한 장애 조건을 가지고 있는 사람들 모두를 서비스 대상자로 삼는 것 또한 버클리 센터만의 특성이었다. 이 센터는 미국 캘리포니아 지역의 다른 18개 센터 중에서 가장 먼저 생겨났다.

동부에서는 1974년부터 보스턴 자립생활센터가 활동을 시작하였다. 보스턴 자립생활센터에서는 주거환경의 변화와 활동보조서비스를 강조하였다(Corcoran, et al., 1977). 이와 유사한 센터들과 조직들이 휴스턴, 콜롬비아, 안 아보 등지에서 생겨났다. 당시는 매주 새로운 센터가 등장하다시피 하였다. 권익옹호와 당사자 중심의 서비스를 적절히 조화시켜 각 센터들이 자신들만의 독특한 서비스를 선보였다. 이렇게 다양한 센터들은 자립생활운동 조직의 구심점이 되었으며 자립생활운동의 핵심 목적을 수행하는 매개체가 되어주었다.

미국의 자립생활운동은 재활법(Rehabilitation Act of 1973)의 개정과 장애인법(Americans with Disabilities Act of 1990)의 제정을 성공적으로 끌어내며, 자립생활운동의 거점이 되었던 자립생활센터는 1970년대 중반부터 제도화되기 시작한다.[4] 재활법(Title Ⅶ의 Chapter 1과 2)에 근거해 재활청으로부터 자금을 지원받고 있는 센터는 미국 전역에 354개소가 있다(Usiak, Tomita and Tung, 2004).

한편, 우리나라에 자립생활운동의 이념이 본격적으로 소개된 것은 1993년 한국장애인연맹(Disable Peoples' International, Korea)을 통해 『ADA의 충격』이라는 일본 서적이 번역되면서부터이다. 이후 1997년에는 한국 소아마비협회 직원들이 버클리 자립생활센터를 방문하여 자립

---

4) 1972년 버클리 자립생활센터가 연방정부로부터 연간 $50,000을 지원 받았으며, 1979년에는 10개의 자립생활센터가 연방정부로부터 재정적 지원을 받기 시작하였다.

생활운동의 이념과 자립생활서비스에 대해 연수하였으며, 1998년부터는 정립회관이 일본의 대표적인 자립생활센터인 휴먼케어[5]와 함께 국제학술대회, 직원연수, 강연회, 세미나, 동료상담 교실, 자립생활 체험프로그램 등의 사업을 지속적으로 실시하면서 자립생활운동의 철학과 이념을 전국적으로 확산시켰다(김경혜·최상미, 2004).

특히, 2000년에는 서울 동대문구의 피노키오자립생활센터와 광주 우리이웃장애인자립생활센터가 설립되어 일본 자립생활센터협의회(Japan Council on Independent Living Centers)의 지원을 받기도 하였다. 2002년 10월에는 서울시가 3억원을 확보하여 피노키오장애인자립생활센터, 광진장애인자립생활센터, 서울장애인자립생활센터, 프렌드케어자립생활센터, 믿음복지회 등 5곳의 자립생활센터에 운영비와 사업비를 지원하였다.[6] 또한 2003년 7월에는 사회복지공동모금회가 기획사업으로 '중증장애인의 지역사회자립생활 기반조성사업'을 마련하여 7곳의 센터[7]에 연간 최고 4천 5백만 원 가량을 2년간 지원하였다. 이에 따라 2002년 10월부터 2005년 5월까지 전국에 있는 11개의 자립생활센터가 서울시나 공동모금회로부터 인건비를 포함한 운영비와 사업비를 지원받았다(이익섭 외, 2007).

이 같은 지원에 힘입어, 2001년까지 불과 3곳뿐이었던 전국의 자립생활센터는 2005년에 25개소에서 현재는 200여 곳에 이른다. 국내 자립생활센터는 통상 50~300명 정도의 회원을 기반으로 평균 약 8명의 직원으로 구성되어 있고, 이들 직원 중 30%는 장애를 가지고 있는

---

5) 1986년에 설립된 일본 최초의 자립생활센터이다(http://humancare21.at.infoseek.co.jp).
6) 2004년 1월부터 서울시는 양천장애인자립생활센터와 중증장애인 독립생활연대를 추가로 지원하였다.
7) 광진장애인자립생활센터, 노들장애인자립생활센터, 서울장애인자립생활센터, 우리이웃장애인자립생활센터, 전북장애인손수레자립생활협회, 제주장애인자립생활센터, 중증장애인독립생활연대 등 7개의 센터가 공동모금회의 지원을 받았으며, 이와 함께 전국자립생활자조단체협의회가 간사 단체로서 지원을 받았다.

것으로 파악된다. 센터의 기본 사업은 정보 제공과 의뢰, 권익옹호, 동료상담, 자립생활기술훈련으로 이에 더해 사례관리, 탈시설지원사업 그리고 기타 특화사업을 수행하고 있다(한국장애인자립생활센터총연합회, 2014).

3. 자립생활센터의 특성과 역할

1) 자립생활센터의 특성

1986년 미국 재활법에 따른 자립생활센터의 기준은 운영위원의 51%가 장애인이어야 하며, 1명 이상의 장애인이 관리직 직원에 포함되어 있어야 하고, 1명 이상의 장애인이 일반직 직원으로 활동해야 하며, 2개 이상의 자립생활서비스를 제공하는 것이었다(Nosek et al., 1989). 이 같은 기준이 1992년 재활법에서 다소 수정되어 운영위원 다수가 중증장애인일 것, 장애인 고용에 대한 적극적 조치(affirmative action)를 수행할 것, 투명하게 재정을 관리할 것, 의사결정에 참여하는 다수가 장애인일 것, 서비스를 받고자 하는 중증장애인은 서비스 내용에 대해 충분히 고지받을 수 있어야 할 것, 매년 자체 평가-연간보고서-성과평가를 수행할 것 등으로 바뀌었으며(Wilson, 1999), 이는 장애인의 지배(control)와 운영의 책임성을 보다 정교화시킨 것이다.

이 같은 기준의 바탕에는 첫째, 인간은 누구나 동등한 가치를 지니고 있으며, 지역사회의 모든 생활영역에 참여할 권리가 있다. 둘째, 장애인들은 스스로 선택하며 자신의 삶을 지배할 수 있도록 임파워먼트 되어야 한다는 자립생활센터의 철학이 담겨져 있는 것이며(Kim, 2008), 너불어 이봉자들의 자립을 위해 다음과 같은 단계적인 목표를 수행하도록 요구하고 있는 것이다.

첫째, 이용자들의 자기 통제력(self-direction)을 제고시키는 것이다. 이는 이용 장애인들의 건강 관리, 돈 관리, 활동보조서비스 관리 등의 수행능력을 제고하므로 종국적으로 자신의 삶에 주인(control your own life)이 되도록 하는 것이다(Perenboom et al., 2003). 둘째, 이용자들의 가족과 친구 등을 포함한 대인관계를 증진시키는 것이며(Stoddard and Brown, 1980), 셋째, 이용자들의 지역사회 연계활동(Involvement in community activities)과 사회·경제적 생산성을 높여주는 것이다.

물론 자립생활센터는 지역사회의 체계변화를 주도하므로 지역사회 자립 여건의 개선을 도모하여야 하며 여기에는 장애인복지 서비스 여건, 물리적 여건(도로·교통수단·건물의 접근성, 지역주민의 인식) 등이 포함된다. 이 같은 자립생활센터의 활동 목표는 종국적으로 지역사회 장애인들의 적극적이고 완전한 사회 참여를 최종 목표로 하고 있는 것으로써 에드 로버츠가 제시한 '자립생활서비스 체계도'에 잘 나타나 있다.

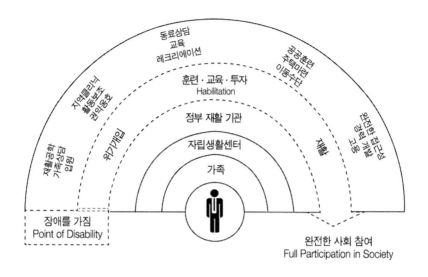

동료상담
교육
레크리에이션

공공훈련
주택마련
이동수단

지역클리닉
활동의 권익옹호

훈련·교육·투자
Habilitation

완전한 접근성
능력 개발 고용

위기개입

정부 재활 기관

재활

자립생활센터

재활공학
가족상담 입원

가족

완전한 사회 참여
Full Participation in Society

<그림 5-1> 에드 로버츠의 자립생활서비스 체계도

출처: Stoddard, 1978.

요컨대, 자립생활센터는 서비스를 이용하는 소비자(혹은 당사자)에 의해 관리되며, 지역사회를 기반으로 운영되어야 하고, 전 장애영역을 대상으로 서비스가 제공되어야 하며, 이용시설이어야 하고, 민간 비영리 기관이라는 특징을 가지고 있다(Wilson, 1998).

2) 자립생활센터의 핵심 요소

자립생활운동의 핵심 가치인 개인의 선택(choice)과 통제(personal control), 그리고 자기결정(self-determination) 등은 소비자 중심을 강조하는 것으로 자립생활센터 서비스 모델의 근간이 되었다. 이 같은 모델의 발전에 대한 의견을 DeJong(1983)은 다음과 같이 언급하였다. "위험의 고귀함(dignity of risk)은 자립생활운동의 진수(head)이다. 실패의 가능성이 배제된다면 진정한 독립과 온전한 인간의 상징인 선택의 권리를 훼손하는 것이다."

자립생활운동의 리더들은 이 운동의 철학적 원칙을 실제적인 서비스 프로그램과 지역사회 옹호활동으로 바꾸어 내면서, 모든 센터들의 서비스 접근방식이 매우 다양할 수밖에 없음을 인정하였다. 자립생활센터가 발전됨에 따라 효과적인 지역사회 중심의 자립생활서비스를 설계하고 유지하기 위해서 필수적인 핵심 요소가 분명히 제시될 필요가 있다(Lacht, 1988).

(1) 정책결정과 운영상의 소비자 주도

장애를 가진 사람이 조직의 정책이나 운영절차, 서비스 제공, 지역사회 활동 등을 관장하는 결정에 주도적인 역할을 하여야 한다. 이러한 입장에서, 넓은 의미의 "소비자"란 직접적으로 서비스를 받는 장애인을 의미하며 권익옹호활동을 통해 이차적인 혜택을 받게 되는 장애인들까지 포괄하는 것이다. 의사결정에 있어서의 소비자 주도는 정책, 운영절차, 서비스, 활동 등이 장애인들의 욕구에 민감하게 반응하고 이들의 권리가 존중될 수 있도록 하기 위한 것이다.

(2) 서비스의 목적과 방법에 있어서의 소비자 주도

자립생활서비스는 욕구를 파악하고, 자립생활의 목적과 목표를 설정하고, 서비스 참여를 결정하는 최우선적인 책임을 서비스를 받는 소비자에게 맡긴다. 다시 말해, 서비스 제공자의 역할이 서비스를 조정하고 원하는 사람들에게 이를 제공하는 것에서 소비자가 선택한 서비스에 잘 참여하도록 지원하여 소비자의 독립성과 자기 충족감을 증진시켜주는 것으로 바꾸어 놓은 것이다.

(3) 전 장애영역 강조

자립생활은 모든 장애인들의 욕구에 대응해야 함을 강조하고 있다. 전 지역에 걸쳐 특정 장애집단에 대한 서비스를 강조하는 일반 프로그램과 자립생활 프로그램이 원칙적으로 차별화되고 있다.

(4) 지역사회 기반과 지역사회 요구에 대한 부응

자립생활센터는 서비스 현장에 있는 장애 공동체의 욕구에 부응해야 하며 이들에 접근할 수 있도록 설계되어 있다.

(5) 동료역할모델

자립생활이 동료역할모델을 강조하는 것은 장애를 가지고 자신들의 지역사회에서 생산적이고 의미 있는 삶을 성공적으로 쟁취해 낸 동료 장애인들의 식견과 지원이 장애를 가진 다른 이들에게 크게 도움이 된다는 신념을 반영하고 있는 것이다. 독립적인 생활을 얻어내고자 노력하는 장애인 당사자들에게 이러한 동료는 강력한 역할모델이자 촉매자가 되는 것이다.

(6) 제공되는 서비스의 범위

자립생활은 개인적인 독립의 성취와 관련된 지식, 기술, 선택, 지원 등 다양한 차원의 요구에 반응해야 하므로 일정한 서비스가 제공되어야 한다. 정보 제공 및 의뢰, 기술훈련, 옹호, 동료상담 등의 핵심 서비스를 포함하여 활동보조서비스, 주택서비스, 이동서비스, 교육서비스, 직업서비스, 보장구서비스, 커뮤니케이션서비스, 법률서비스, 사교 및 오락서비스 등이 이에 포함된다.

(7) 지역사회 권익옹호활동

자립생활은 당사자가 독립적인 생활양식을 이루어내기 위해서 지역 사회 내의 환경 및 사회적인 장애물이 반드시 제거되어야만 한다는 입장을 가지고 있다. 따라서 이를 위해 개별 서비스와 지역사회 권익옹호, 이 두 가지 모두를 위해 힘을 쏟아야만 한다. 이러한 지역사회 권익옹호 활동은 장애인들이 지역사회 생활의 모든 측면에서 평등한 접근권을 가지며 이 사회에 의미 있는 통합을 이루어낼 수 있도록 장애를 가진 사람들의 기회를 넓히는 것을 말한다.

(8) 상시적이며 열려있는 서비스

자립생활은 종결 지향적인 서비스가 아니다. 서비스는 소비자의 요구와 관심을 끊임없이 반영하면서, 늘 소비자에게 열려 있으며 이용에 거리낌이 없도록 하고 있다.

자립생활서비스 모델의 이 같은 핵심 요소는 당사자 주도의 중요성, 동료지지의 강력한 영향력을 강조하고 있으며, 자립생활센터는 기존의 재활서비스를 통해 적절한 서비스를 받지 못한 장애인 집단의 욕구를 충족시키고자 설립되었다는 사실을 강조하고 있다. 자립생활서비스 모델은 자기결정을 신장시켜주는 개별적인 지지 서비스와 사회 및 경제적 주류에 통합화를 지향하는 지역사회 권익옹호라는 양자 모두를 추구한다.

3) 자립생활서비스의 형태

각기 다른 지역사회의 여건에 맞춰 서로 다른 장애인들의 자기 결정을 존중하는 자립생활서비스는 전달 방식과 서비스의 범주에 개별 유연성이 필수적으로 자리 잡아야 한다. 하지만 이러한 다양성을 가로질러 정보 제공 및 의뢰, 동료상담, 자립생활기술훈련, 권익옹호 등과 자립생활 4대 핵심 사업이 마련되었다. 더불어, 주택서비스, 이동서비스, 활동보조서비스, 보장구 지원, 커뮤니케이션, 법률서비스, 교육서비스, 직업서비스, 상담, 여가지원 등이 자립생활서비스에 포함된다(Lacht, 1988).

(1) 정보 제공 및 의뢰

장애인들에게 있어서 정보 제공 및 의뢰에 대한 접근은 꼭 필요하다. 다양한 형태의 직접 서비스와 더불어, 자립생활을 성취할 수 있는 가능성에 영향을 미치는 선택의 폭, 자원, 최근 장애 이슈 등에 대한 정보가 필요하다. 무엇보다도 자립의 성취는 여러 다양한 기관과 지역 조직들의 상호협력 속에 이루어져야 하므로 적극적인 의뢰 역시 필수적이다. 정보 제공 및 의뢰 서비스는 다른 서비스 제공자들과 연계되어 지역사회 전반에 걸쳐 이루어진다. 이 같은 지원서비스는 장애 이슈에 대한 일반인의 인식을 높이는 수단이 되기도 하며, 장애인 당사자들이 지역사회에서 활용할 수 있는 서비스와 자원에 대해 알게 한다.

직원들의 구성과 축적되어 온 정보의 질에 따라 정보 제공 및 의뢰 서비스의 형태와 전달방식은 판이하게 달라진다. 몇몇 센터들은 상당히 잘 짜인 체계를 갖추고 전문적인 직원을 두어 자료를 잘 정리해 두고 있으나, 많은 센터들은 형식이 제대로 갖추어지지 않은 상태로 서비스를 제공하고 있다. 효과적인 정보 제공과 의뢰 서비스를 위해서는 다양한 주제와 관련된 최신의 주소록, 자원목록, 정보 모음집 등이 갖추어져 있어야 한다.

센터는 건축물의 접근가능성, 활동보조, 시민권, 커뮤니케이션, 지역사회 장벽 제거, 교육과 훈련, 구직, 보장구, 소득보장, 보건의료 및 성상, 주택, 일상생활, 자조 및 개인의 성장, 여가, 이동서비스 등과 같이 자립생활과 관련된 주요 영역들에 대한 정보를 제공하게 된다. 보다 완성도 높은 정보 데이터베이스를 위해서는 세부 장애 유형에 대한 정보, 권익옹호와 관련된 정보, 장애인의 생활에 영향을 미치는 제도 등에 관한 정보도 갖추고 있어야 한다.

자립생활센터는 의뢰를 주고받을 수 있는 다양한 기관들과 연락망을 형성하고 의뢰관계를 개발해야 한다. 이러한 기관들에는 직업재활시설, 일차보호시설, 의료시설, 재활시설, 주택 및 교통기관, 정신보건 및 지적장애 기관, 사회복지기관, 장애 관련 조직 등이 포함된다. 의뢰서비스를 위해서는 지역에서 활용 가능한 각 기관들의 다양한 서비스에 대해 잘 알고 있어야 할 뿐만 아니라 이러한 서비스에 소비자들이 접근할 수 있는 방법에 대해서도 숙지하고 있어야 한다.

정보 제공 및 의뢰가 단순해 보이는 서비스라 하더라도, 자립생활에서 이러한 서비스가 주는 의미는 장애인들이 자기 신뢰를 쌓아가도록 지원하는 데 있다. 또한 정보 제공 및 의뢰서비스는 소비자와 지역사회의 욕구를 파악하게 해주는 귀중한 자료원이 될 수 있다. 정보 제공 및 의뢰서비스가 제공되어야 하는 소비자들의 문의 내용을 정확히 기록하고 통계를 이용해 정리한다면, 센터는 서비스의 방향과 충족되지 못하고 있는 소비자들의 욕구에 대해 알 수 있게 된다. 이러한 자료는 사업자금을 얻어내는 제안서를 작성하는 데 사용될 수 있을 뿐만 아니라 새로운 프로그램과 권익옹호활동에 필요한 계획을 세우는 데에도 활용될 수 있다.

(2) 동료상담

자립생활서비스는 장애인이 역할모델로서 서비스에 직접 관여하는 것을 강조하고 있으며 이러한 차원에서 동료상담은 자립생활서비스의 초석이 되고 있다. 동료상담의 기본 전제는 장애와 관련된 경험을 바탕으로 장애인만이 자신들의 동료를 지원할 수 있는 자격을 갖추고 있다는 것이다. 자립생활서비스의 핵심 사업 중의 하나인 동료상담을 통해 바람직한 수준의 자립과 지역사회통합을 이룬 "동료상담가" 혹은 "동료옹호가"는 자신의 지식과 경험을 서비스의 소비자들과 나누는 것이다. 동료상담 과정을 통해 참가자들은 소비자로서 자립생활을 위해 필요한 서비스에 대해 인식하게 되고, 특정 상황을 어떻게 접근해야 하는지에 대해 알게 되며 자립을 가로막는 외부 방해물을 극복하려는 자신감을 얻게 된다.

동료상담 과정 중에서는 감정이입, 존중, 진실함, 구체적임, 자기 노출, "지금 여기"에 대한 강조, 직면(confront)의 능력 등과 같은 효과적인 상호의사소통 기술이 강조되며(Pankowski, et al., 1981), 동료 간 상호작용의 애틋하고 감정이입적인 특성이 동료상담의 가장 중요한 측면이다.

장애에 대한 경험, 탁월한 문제대처 능력, 타인과의 용이한 상호작용과 더불어, 효과적인 동료상담가는 장애와 관련된 여러 가지 이슈들에 대한 폭넓은 지식을 가지고 있어야 한다. 동료상담가의 행동은 그의 태도 자체로서 권리 존중의 실례(實例)가 되어야 한다. 이는 장애인도 다른 일반인들과 같은 권리와 책임을 가졌다는 사실을 이해하고 수용하는 것이다. 적극적이며 자기주장을 펼칠 수 있는 태도 등과도 잘 연결되어야 하기에, 이러한 권리와 책임에 대한 인식만으로는 충분치 않다. 동료상담가는 동료들의 이익을 위해 그들을 옹호해줘야 할 뿐만 아니라, 더욱 중요한 것은 그들 스스로가 자신의 이익을 위해 자기를 옹호할 수 있도록 지원해주어야 한다. 또한 동료상담가는 장애인들이 지역사회에서 이용할 수 있는 서비스들과 이를 이용하는 방법에 대해 충분히 알고 있어야만 한다(Pankowski, et al., 1981).

자립생활에 있어서 동료상담 과정은 많은 효과를 낳고 있다. 무엇보다도 문제대처능력을 개발시켜주며, 자기주장과 자기신뢰를 강화시켜

주고, 자신의 가치를 높여준다. 더불어 동료상담가들도 이를 통해 대인 관계 및 의사소통 기술을 개선시키며 타인을 돕고 있다는 성취감을 느끼게 된다.

(3) 권익옹호

자립생활센터는 서비스를 이용하는 개개인의 소비자들을 대상으로 권익옹호활동을 실시한다. 권익옹호의 주된 주제는 소비자 주체(consumer control)와 자기 신뢰(self-reliance)이다. 자신의 삶을 스스로 관장하고 스스로 선택하는 권리를 갖게 하려는 이 서비스의 기본 신념에 비춰볼 때, 이는 소비자들이 자신의 이익을 위해 스스로 행동하며 의존의 상태를 단호히 거부할 수 있도록 이들의 역량을 강화시키려는 것이다.

당사자를 위한 권익옹호는 장애인들이 자신의 삶에 대한 선택권을 누릴 수 있도록 지원하고 자립을 위한 이들의 잠재능력을 짓누르는 상황을 극복할 수 있도록 지원하는 일련의 접근방식을 아우르고 있는 것이다. 권익옹호 지원에는 두 가지 차원의 접근방법이 있다. 먼저, 대안이 될 수 있는 전략을 찾아내고 부당한 상황을 극복하기 위해 이러한 전략을 언제 어떻게 사용하는지를 알게 하는 문제해결 과정을 통해서 센터 직원들이 이용자들의 자기옹호 능력을 고무시키는 것이다. 많은 센터들에서 일대일로 혹은 집단의 상호작용을 이용한 그룹으로 권익옹호 훈련을 실시하고 있다.

다른 접근 방법으로는 필요하다고 판단될 경우 센터의 직원들이 소비자들을 대신해서 직접적인 행동에 돌입하는 것이다. 즉, 관계 당국에 전화를 하고 직접 만나거나 문제가 되는 상황을 놓고 중재자로 나서는 것이다. 하지만 어떤 경우든지 자신들의 문제와 어려움에 대처하고 자신들의 자립을 높이는 당사자 스스로의 활동을 동기화시키는 방향으로 진행된다.

권익옹호 프로그램에서는 의사소통과 문제해결 기술을 가르치고 관계 기관 및 정책결정자들과 직면하는 효과적인 전략을 교육시키는 과정이 포함된다. 서비스 이용자들은 자립생활의 핵심 서비스인 권익옹호를 통해 다음과 같은 지식과 기술을 획득하게 된다.

- 각자의 법적 지위와 권리를 이해하는 것
- 장애 관련 법을 이해하고 각자의 권리와 자립을 지켜내는 방법에 대해 알게 되는 것
- 법적인 정보와 지원을 제공하는 조직들에 대해 알게 되는 것
- 장애인 우대정책(affirmative action), 고용의 평등, 차별금지 등에 대해 알게 되는 것
- 기관의 결정에 항의하는 방법을 배우는 것
- 개인의 권리를 옹호할 수 있는 능력을 향상시키는 것
- 권리침해행위에 대해 인식하고 이에 대처하는 것
- 주어진 상황에서 문제해결 및 의사결정기술을 적용하는 것
- 기관의 대표나 타인들에게 자신의 의사를 당당하게 밝히고 협상할 수 있는 능력을 향상시키는 것
- 직장을 구하고 이를 유지하고 발전시켜나는 옹호능력을 향상시키는 것
- 자신에게 맞는 주거환경을 획득할 수 있는 옹호능력을 향상시키는 것
- 자신에게 주어진 혜택이나 경제적 지원을 획득할 수 있는 옹호능력을 향상시키는 것

기본적으로 동료역할모델을 활용하여 권익옹호 능력을 향상시키며 집단 내의 상호작용과 공유를 통해 이를 강화시켜 나가고자 한다.

(4) 자립생활기술훈련

독립적인 생활양식을 확보하고 이를 진작시키기 위해서 자립생활기술훈련은 매우 중요하다. 거의 대부분의 자립생활센터들은 기술훈련 형태의 서비스를 제공하고 있다. 하지만 담당자, 기술훈련의 범위, 훈련장소, 훈련의 체계화 정도에 따라 매우 다양한 형태로 이루어지고 있다.

어떤 센터들은 기술훈련이 독립된 서비스가 아닌 동료상담, 권익옹호 등과 같은 다른 핵심 서비스에 필요한 요소라고 생각하기도 한다. 기술훈련을 독립된 서비스로 여기는 센터들은 이를 일대일 혹은 집단을 통해 당사자의 공통 욕구에 부응하고자 한다. 특별히 집단을 통한 훈련 서비스를 제공하는 센터들은 문서화된 커리큘럼을 작성하거나 연차적인 과정을 만드는 등 보다 구조화된 형태의 기술훈련을 제공하려는 경향을 보이고 있다.

기술훈련은 활동보조, 셀프케어 및 일상생활기술, 커뮤니케이션, 재정관리, 개인의 성장 등과 같이 자립생활과 연관된 모든 분야에 걸쳐 있다. 다음은 자립생활에 필요한 다양한 기술들에 대한 예시이다.

- 개인의 활동보조를 효과적으로 관리하는 것
- 자신에 대한 케어와 일상생활을 수행하는 것
- 적절한 보장구를 효과적으로 사용하는 것
- 쇼핑과 집안일 등을 하는 것
- 집안에서 안전하고 독립적으로 움직이기 위하여 감각운동기술 (sensory mobility skills)을 개발하는 것
- 옥외에서 가능한 독립적으로 여행하기 위하여 감각운동기술을 개발하는 것

- 집단에서나 사교적인 상황에서 편안하게 의사를 주고받는 것
- 수당 및 수입, 통장, 예산 등 개인의 재정을 관리하는 것
- 민간 혹은 공공 교통수단을 활용하는 것
- 운전면허를 취득하는 것
- 자신의 장애에 대한 타인의 태도에 대처하는 것

자립생활기술훈련은 센터나 당사자의 집 혹은 지역사회에서 실시될 수 있다. 미국의 경우 일부 센터들이 건강 관리 및 자기 케어에 대한 훈련과정을 제공하기 위해 간호사나 작업치료사를 고용하기도 한다. 센터 직원들은 소비자의 권리, 재정 관리, 자신의 문제에 대처하기 등과 같이 케어 외의 과정을 맡게 된다. 이를 위해 자질을 갖춘 직원의 채용, 적절한 훈련매뉴얼 및 자료집 제작, 서비스 전달 방법의 보다 명확한 규명 등이 필요하다.

(5) 기타 자립생활서비스

자립생활센터는 센터 이용자의 욕구, 서비스 지역, 운영위원회의 결정, 활용 가능한 자금원 등에 맞춰 다음과 같은 다양한 서비스들을 제공한다.

① 활동(지원)보조

많은 자립생활센터들이 장애인활동지원제도에 따라 활동지원기관으로 활동보조인과 장애인을 연결시켜주는 사업을 시행하고 있다. 대부분의 센터들은 장애인 당사자들을 대상으로 활동보조인의 관리에 대한 교육을 실시하며 일부 센터들에서는 활동보조인 교육기관으로서 활동보조인을 대상으로 장애에 대해 이해하고 활동보조기술을 익힐 수 있도록 하는 프로그램을 제공하고 있다.

② 교육서비스

대부분의 센터들은 지역사회 네트워크를 통해 교육 및 훈련 프로그램을 의뢰하고 있으며 몇몇 센터들에서는 교육 관련 서비스들을 제공하고 있다. 센터에서는 당사자들이 교육목표를 설정할 수 있도록 직접 지원하며 교육과 관련하여 소비자들이 선택할 수 있는 사항들을 파악해준다.

③ 보장구

자립생활센터는 당사자들이 활용 가능한 장비와 보장구에 대해 알 수 있도록 돕거나 직접 대여하고 있다. 그리고 당사자의 경험을 바탕으로 한 사용 및 구입 방법을 매우 실제적이고 적극적으로 안내한다.

④ 주택

지역사회에서 접근 가능한 주택을 연결해주는 것이 주택지원의 중요한 방식이다. 또한 소비자들이 보조금을 받는 주택의 수급자가 되도록 지원하고, 부동산의 소유주들 및 주택지원 기관들과 폭넓은 관계를 개발하는 것 역시 주택서비스에 포함된다. 어떤 센터들은 특별한 자금을 확보하여 주택 개조를 지원해 주기도 하고, 지역사회의 자원과 연결해주기도 한다.

⑤ 여가서비스

자립생활센터는 장애인들의 참여가 가능한 지역사회 여가활동에 관한 중요한 정보 집합소이다. 많은 센터들은 당사자들을 위해 정기적으로 여가 행사를 마련하고 있으며, 자신들의 장애 때문에 선뜻할 수 없는 여가활동에 함께 하도록 당사자들의 참여를 적극적으로 독려한다.

⑥ 이동서비스

어떤 자립생활센터는 직접적으로 이동서비스를 제공하며 이용자들이 센터의 활동에 참여할 수 있도록 차량을 운행한다. 일부 센터에서는 장애인들이 병원에 가는 데에 차량을 지원하기도 한다. 활용 및 접근 가능한 민간·공공 이동수단에 대한 정보 제공과 사용방법 안내 등이 중요한 이동서비스 중의 하나이다.

⑦ 직업 관련 서비스

직접적으로 직업재활서비스를 제공하기보다는 정부의 직업재활기관이나 지역의 고용개발 프로그램 등과 같은 다른 기관들과 자신들의 서비스를 조정하는 일들을 대부분의 센터에서 실시하고 있다. 직업재활서비스를 제공하는 센터라 하더라도 직업재활의 모든 단계에 부응하는 다각적인 직업재활 프로그램을 실시하지는 않는다.

4. 자립생활의 과제와 평가

자립생활 개념과 서비스의 급속한 확산은 중증장애를 가진 사람들이 지역사회의 생활에서 경제적·사회적 주류에로의 통합을 이루는 데 매우 큰 공헌을 하였다. 하지만 이러한 지역사회 중심의 자립생활운동은 프로그램의 급속한 증가와 신장으로 인하여 해결해야 할 심각한 이슈들에 봉착하게 된다. 많은 논의와 관심을 모으는 긴급한 이슈들은 다음의 세 가지로 요약될 수 있다. 즉, 안정되고 충분한 자금기반의 미비, 자립생활서비스의 목적과 취지로 인한 갈등, 모든 장애 영역에 서비스를 제공하여야 하는 원칙에 대한 강도 높은 강조 등이다. 이로 인하여 국내 자립생활센터들은 다음과 같은 과제를 안고 있다(이익섭 외, 2007:

윤재영. 2009).

첫째, 전 장애 영역으로 서비스가 확대되어야 한다. 자립생활센터의 활동은 장애인의 문제를 정치적인 시각에서 해결하고자 하는 시도이다. 자립생활센터의 프로그램이 그 영향력을 극대화할 수 있기 위해서는 전 장애 영역을 포괄하려는 노력이 절대적으로 필요하다.[8] 또한 읍·면 지역에서의 자립생활서비스 전달 방안을 모색하여야 한다. 아직까지 우리나라의 경우 자립생활센터 프로그램이 제도화되지 못하였으므로 농촌지역에서 서비스를 제공하는 것이 쉽지 않은 것이 사실이다. 그러나 자립생활센터 프로그램 초기부터 농촌지역에 대한 고려와 고민이 이루어지는 것이 바람직하다. 대도시의 거점센터가 인근의 열악한 지역에 위성 센터의 배양을 모색하는 등의 시도가 꾸준히 이어져야 하겠다.

둘째, 자립생활센터의 법적 근거를 구체적으로 마련하여 제도화하여야 한다. 이미 자립생활센터 재원의 상당 부분이 정부 자금으로 충당되고 있기는 하지만 법적으로 자립생활센터의 명확한 개념을 정립하여 장애인복지서비스 전달체계로 제도화하는 것이 바람직하겠다. 이를 통해 자립생활센터가 인권운동단체인지 혹은 서비스 전달기관인지에 관한 소모적인 센터 성격 논쟁을 마무리 짓고, 새로운 패러다임에 근거하여 장애인복지서비스를 제공하는 기관으로서 우리나라에 안착되는

8) 이를 위해 자립생활센터는 다음의 여섯 가지 질문에 답을 가지고 있어야 한다. 첫째, (서비스 욕구) 자립생활서비스 모델을 통해 어떤 방식으로 운동성장애뿐만 아니라 시각장애, 청각장애, 정신지체, 뇌손상, 정신질환 등과 같은 다양한 장애를 가지고 있는 사람들의 서비스 욕구를 효과적으로 충족시킬 수 있을까? 둘째, (서비스 철학) 자율적인 의사결정 능력에 한계를 가지고 있는 다양한 개인들에게 서비스를 제공함에 있어서 어떻게 소비자 주도의 기본 원칙을 충실히 따를 수 있을까? 셋째, (서비스 전달) 다양한 장애를 가진 집단에게 자립생활서비스를 제공함에 있어서 공유될 수 있는 서비스 내용은 무엇이며 어떤 변경내용과 부가적인 서비스가 고려되어야 할까? 넷째, (직원채용) 전 장애 영역을 고려하는 서비스를 제공하기 위해서 자립생활조직의 직원구성과 고용방식에는 어떤 변화가 요구될까? 다섯째, (재원마련) 새로운 장애영역에 확대하여 서비스를 제공하기 위해 필요한 충분한 재원마련이 가능할까? 여섯째, (기관들간의 관계) 특정한 장애집단에 서비스를 제공하기 위해 어떤 종류의 네트워킹 활동과 의뢰관계가 필요할까?

계기가 될 것이다.

셋째, 자립생활센터 연합체의 전반적인 역량을 강화해야 할 필요가 있다. 자립생활센터 연합체는 지금껏 우리 사회에서 배제되어 온 중증 장애인을 대변하기 위하여 통합성과 전문성, 그리고 자율성을 갖춘 역량 있는 조직체로 거듭나야 할 것이다. 장애인자립센터 연합체의 역량 강화는 자립생활센터의 기준 설정 그리고 자립생활센터 직원들에 대한 체계적인 교육 등과 같은 전략적인 활동으로 이어져 자립생활센터 서비스의 질을 높이는 기반이 되어야 한다.

넷째, 자립생활센터의 핵심 서비스에 대한 서비스 표준 매뉴얼이 개발되어야 한다. 이를 위해 핵심 서비스를 정하여 현재 초보적인 수준에 머물러 있는 자립생활센터의 서비스를 우리나라 여건에 맞게 발전시키고 표준화하여 매뉴얼을 제작 보급하는 것이 서비스의 질을 높이는데 일정 부분 기여할 것이다.

다섯째, 자립생활센터 프로그램이 보다 더 정교하게 설계되고 효과적인 기술적 운영이 가능하게 된다면 앞으로 자립생활센터의 파급력은 지금보다 훨씬 더 커질 것으로 기대된다. 지역사회와 재가 장애인들의 변화를 위해 보다 적극적으로 지역사회에 파고드는 아웃리치가 이루어져야 한다. 지역사회 장애인들에게 친근한 곳으로 자립생활센터가 자리를 잡기 위해서는 이용 장애인들과 센터의 직원들 간의 동료차원의 실질적인 지지관계를 형성하고, 고용 등과 같은 장애인의 생산성을 제고하는 서비스를 개발하며, 포괄적이고 개별적인 전문서비스와 연계하는 등의 노력이 이루어져야 한다. 사실 이를 위해 장애인 자립생활센터에 대한 재정적, 기술적 지원이 요구된다.

요컨대, 자립생활은 두 가지 큰 도전에 직면해 있다. 하나는 자기만족의 기류에 저항하는 주장을 끊임없이 제기해야 하는 것과 다른 하나는 현장의 분열을 초월하여 모두에게 더욱 명확하고, 모두가 함께 공유할 수 있는 미래의 비전을 제시하여 이 혁신적인 운동을 안착시키는 것이다(Lachat, 1988).

장애인복지실천 전문가들에게 자립생활은 장애인복지의 이슈와 성과를 분석하는 독특한 시각을 제공해준다. 이 같은 독특한 시각을 표현하기 위해 국내 자립생활 활동가들은 자립생활을 하나의 패러다임으로 소개하였다. 패러다임은 분석기준틀(analytic frames of reference) 이상의 의미를 지니고 있다. 패러다임은 아주 중요한 잠재적 사회기능이다. 패러다임은 특정 학문에 속해 있는 학생, 학자, 실무자 등을 준비시킨다. 패러다임은 전문적인 실천(professional practice)범위를 결정하는 데 도움을 주며, 전문가 집단에게 정당성을 부여해 주기도 한다.

지금까지 장애인복지정책 및 연구는 대체로 장애인들의 한계를 부각시키는 쪽으로 문제를 정의해왔던 패러다임에 속해 있었다. 일대일의 임상서비스를 강조해 온 전통적인 방법은 타학문을 배제해왔다. 다양한 환경상의 변수들을 수용하고 장애인복지 문제의 폭을 넓혀나가기 위해 자립생활패러다임은 장애인복지정책과 연구 분야에 있어서 다른 학문, 이를테면 법학, 건축학, 경제학, 정책학 등의 참여를 초청하고 있다. 이들 학문들과의 융합은 장애인복지정책과 실천 그리고 연구 분야에 활기를 띠게 할 가능성이 높다(DeJong, 1981).

궁극적으로 장애인복지정책에 대한 연구와 논의에 조건을 제시할 수 있는 주체는 장애인들 자신임을 인정할 수밖에 없다. 물론 그렇다고 해서 장애인들이 특정 학문의 주요한 가정들(assumptions)을 무시할 수 있다는 것은 아니다. 장애인들이 이기심을 초월한 존재라는 것도 아니다. 그들은 결코 그렇지 않다. 하지만 모든 장애인복지정책과 연구의 핵심에 자리 잡고 있는 장애와 장애의 특성에 대한 중요한 가정들이 있으며, 이러한 가정들은 장애인들에 의해서 점검될 필요가 있다. 장애인들의 감독이 없다면 이러한 기본 가정들은 전문가 집단의 입맛에 맞게 조정되고 기존의 이론에 맞춰 재단될 것이며, 심지어 왜곡되기도 할 것이다.

　따라서 자립생활운동은 우리 사회에서 장애인들이 자리매김하고 싶은 자신들의 모습에 대한 가장 분명한 선언이다. 전문가들의 끊임없는 개입이 필요시 되는 의존적인 존재가 아니라 스스로를 거뜬히 지휘할 수 있는 완전한 개인이라는 선언이다. 이들은 이제 지역사회에 대한 참여를 애초에 막아버리는 자신들을 둘러싼 환경의 방해물을 제거하고자 나섰다. 그러므로 자립생활을 역사적인 사회운동이나 장애인복지실천 모델로만 이해한다면 충분치 않을 수 있다. 전문적인 장애인복지를 실천하고자 하는 이들에게 자립생활은 장애인복지를 대하는 기본 신념 중의 하나로 자리를 잡을 필요가 있다.

참고 문헌

권선진. 2007. "장애인복지법과 학술적 · 정책적 · 실천적 함의." 『2007 한국 장애인복지학회 춘계학술대회자료집』.

김경혜 · 최상미. 2004. 『장애인 자립생활센터 운영 기반 조성방안』. 서울시 정개발연구원.

김동호. 2000. "자립생활패러다임에서 본 한국 장애인복지관 연구". 연세 대학교 행정대학원 석사학위논문.

양희택. 2005. "장애인복지의 새로운 패러다임(Paradigm): 장애인 자립생활 개념정의를 위한 시론(始論)적 연구." 『재활복지』. 9(2): 53-86.

윤재영. 2009. "개념도를 활용한 장애인 자립생활센터의 서비스 구성". 『재활 복지』. 13(1): 41-60.

윤재영. 2010. 『장애인자립생활의 의미와 측정』. 성균관대학교 일반대학원 박사학위논문.

이익섭 · 김경미 · 윤재영. 2007. "한국의 장애인자립생활센터 시범사업 평가와 향후 과제." 『한국사회복지학』. 59(2): 197-222.

한국장애인자립생활센터총연합회. 2014. 『장애인자립생활센터 운영기준 마련 연구』.

Braddock, D., and Parish, S. 2001. "An institutional history of disability." pp.11-68. in *Handbook of Disability Studies*, edited by G. L. Albrecht, K. D. Seelman, and M. Bury. Sage.

Brown, B. M. 1978. "Second Generation: West Coast." *American Rehabilitation* 3 (July-August): 23-30.

Brown, S. 2000. "Zona and Ed Roberts: Twentieth century pioneers." *Disability Studies Quarterly* 20(1): 26-42.

Corcoran, P.J., et al. 1977. *The BCIL Report. Peter Reich*, ed. Boston: Tufts-New England Medical Center, Rehabilitation Institute (July).

DeJong G. 1981. *Environment Accessibility and Independent Living Outcomes*. University Center for International Rehabilitation USA/Michigan State

University.

DeJong, G. 1983. "Defining and Implementing the Independent Living Concept". In N. Crew, I. Zola and Associates, *Independent Living for Physically Disabled People*. San Francisco, CA: Jossey-Bass Publishers.

Kim, K. M. 2008. "The current status and future of center for independent living in Korea." *Disability & Society* 23(1): 67-76.

Lachat, M. A. 1988. *The Independent Living Service Model: Historical Roots, Core Elements, and Current Practice*. NH: Center for Resource Management, Inc.

Morris, J. 2004. "Independent living and community care: A disempowering framework". *Disability and Society* 19(5): 427-442.

Nosek, M., Jones, S. D. and Zhu, Y. 1989. "Level of Compliance with Federal Requirements in Independent Living Centers". *Journal of Rehabilitation* 55: 31-37.

Pankowski, J., and others. 1981. *Peer Counseling as a Rehabilitation Resource. Hot Springs, Ark.: Institute on Rehabilitation Issues*, Arkansas Rehabilitation Research and Training Center.

Perenboom, R. and A. Chorus, 2003. "Measuring participation according to the International Classification of Functioning, Disability and Health (ICF)." *Disability and Rehabilitation* 25(11-12): 577-587.

Stoddard, S. 1978. "Independent Living: Concepts and Programs." *American Rehabilitation* 3 (July-August): 3-5.

Stoddard, S. and B. Brown. 1980. "Evaluating california's independent living centers." *American Rehabilitation* 5: 18-23.

Usiak, D. J., Tomita, M. R. and Tung, J. 2004. "Can the 704 Annual Performance Report be used planning? A critical review". *Journal of Vocational Rehabilitation* 20: 5-20.

Wilson, K. E. 1999. "Center for independent living in support of transition." *Focus on Autism & Other Developmental Disabilities* 13(4): 246-252.

제6장 서비스와 이용자 참여[1)]

┃김용득

서비스 제공자들은 전문가이기를 선호한다. 압도적 우위의 지식과 자원을 가지고 수준 높고 위엄 있는 서비스를 제공하고자 한다. 이런 서비스에 감사와 존경을 표하던 장애인들이 당사자주의(self-determinism, 자기결정주의)라는 이름으로 새로운 질서를 주장한다. 서비스의 전문성 지향과 당사자주의는 조화될 수 있을까? 있다면 그 방법은 무엇일까?

1. 개요

최근 들어 우리사회의 장애인복지서비스 분야에서 자주 언급되는 대표적인 용어가 소비자주의(consumerism)와 당사자주의(self-determinism)이다. 소비자주의는 '주는 대로 받는' 수동적 서비스 수혜자에서 상품의 구매자와 같이 '상품을 선택하는' 적극적인 구매자 또는 서비스 선

---

1) 본 장은 다음 논문들의 내용의 일부들을 발췌하여 재구성한 것이다.
　김용득. 2005. "영국 커뮤니티케어의 이용자 참여 기제와 한국 장애인복지서비스에 대한 함의". 『한국사회복지학』 57(3): 368–388.
　김용득·김미옥. 2007. "이용자 참여의 개념 구조: 한국장애인복지에 대한 함의". 『한국사회복지학』 59(2): 39–64.

택자로의 전환을 주장하는 흐름이다. 당사자주의는 장애 문제는 전문가에 의해서 판단될 문제가 아니라 장애인 당사자의 경험에 기초하여 본인 스스로 결정의 주체가 되어야 한다는 '자기결정'의 원칙을 제기하는 흐름이다.

이런 흐름들은 장애인들이 주체적으로 선택하고 참여하는 주체로 인정받아야 한다는 점에서 동일한 맥락에 있는 것으로 볼 수 있을 것이다. 그러나 엄밀한 의미에서 보면 두 가지 용어를 통해서 주장하는 전략은 일정한 차별성이 있으며, 본질적으로는 갈등적인 관계에 있다고 볼 수도 있다. 소비자주의는 공급자 간의 경쟁을 전제로 하는 시장원리의 도입을 통하여 장애인이 적극적인 구매자의 역할을 수행할 수 있다고 보며, 장애인의 주체적 참여를 위하여 경쟁과 시장원리를 지지한다는 면에서 보면 수단적인 측면을 강조한다고 볼 수 있다. 반면에 당사자주의는 전문가에 의한 결정이 아닌 장애인 스스로에 의한 자기결정을 지지한다는 면에서 원론적인 차원에서의 서비스의 '민주성' 또는 '자기결정 원칙'을 주장하는 것이며 좀 더 강력한 '전문가 배제 또는 역할 축소'를 주장한다.

소비자주의는 서비스의 성격 또는 본질에 관련된 문제제기라기 보다는 서비스를 전달하는 장치를 자본주의 시장에서 상품이 소비되는 것과 동일한 원리로 구성하자는 것이며, 당사자주의는 서비스의 성격 또는 본질과 관련하여 서비스 정책결정과 전달과정에서 당사자의 통제력과 장악력을 높이고자 하는 장애인 자치의 원리를 강조한다고 볼 수 있다. 소비자주의 접근을 통해서 선택권이 높아질 수 있고 이를 통해서 서비스에 대한 장애인 자치가 확보될 수 있다고 믿는다면 두 가지 흐름은 동일한 입장에 있는 것이라고 할 수 있을 것이다. 반면에 시장을 통한 선택은 단지 부분적인 수준에서 선택권을 높일 수 있을 뿐이고, 서비스의 전 과정은 여전히 전문가나 관료에 의해 지배된다고 본다면 소비자주의와 당사자주의는 갈등적인 관계에 있게 될 것이다.

현재 우리나라의 장애인복지서비스 정책과 실천의 현상을 보면 두 흐름은 갈등적인 관계이기보다는 상호지지적인 관계에 있는 것으로 보인다. 장애당사자주의를 표방하는 자립생활 그룹에서 장애당사자의 선택권을 높이는 수단으로 소비자주의 방식을 지지하고 있으며, 아직까지 장애인활동지원과 같은 소비자주의 접근방식에 대한 공식적인 반대의견은 제기되지 않고 있다는 점에서 그렇게 판단할 수 있다.

영국의 경우를 보면 당사자의 자기결정 논의를 주도하고 있는 사회적 모델에 입각한 논자들은 이미 시장 방식으로 편성되어 있는 커뮤니티케어에 대하여 비판적인 입장에 있다. 1990년대 이후에 시장기제로 재편된 커뮤니티케어에서 장애인의 독립과 선택을 의미 있게 높였다는 증거를 발견하지 못하였으며, 이 체계에 의한 서비스는 본질적으로 장애인의 의존성을 높이고 있다고 비판하고 있다. 이런 점에서 보면 영국사회의 경우는 소비자주의와 당사자주의는 갈등관계로 설정되어 있다. 예를 들어 DCDB(Derbyshire Coalition of Disabled People)가 운영하는 DCIL(Derbyshire Centre for Integrated Living)에서는 영국 커뮤니티케어의 핵심적인 기제인 지방정부에 고용되어 있는 전문가에 의한 'care assessment' 와 'care management'는 장애인의 의존성을 증가시켰으며, 융통성이 떨어지는 경직된 서비스를 제공하고 있기 때문에 장애인 스스로가 욕구사정을 하고, 스스로가 서비스의 과정을 관리하는 'self assessment'와 'self management' 방식의 도입을 주장하고 있다(Priestley, 1999). 이 예는 소비자주의와 당사자주의가 대립되는 지점을 잘 보여주는 것이라고 할 수 있을 것이다. 영국에서의 커뮤니티케어에 대한 비판적 논의의 요지는 당사자주의 입장에서의 소비자주의에 대한 비판인데, 시장기제의 도입을 통한 사회복지서비스의 효율성 확보와 이용자 참여의 증진이라는 목표를 내걸었던 영국 커뮤니티케어 체계는 당사자주의의 입장에서 보면 '소비자주의를 토대로 한 개혁이며, 장애인의 자립과 선택을 의미 있게 증진시키지 못했다.'는 것이다.

그렇다면 우리나라의 장애인복지서비스 현실에서 소비자주의와 당사 자주의를 어떻게 받아들일 수 있을 것인가? 우리나라의 전반적인 복지 현실에서 장애인이 서비스 상품의 소비자로 자리매김하는 소비자주의 지향이나, 장애인이 서비스 전달과 결정의 주체임을 강조하는 당사자 주의 주장과는 너무나 거리가 먼 상황에 있다. 우리나라 장애인서비스는 절대적인 공급부족의 상황이며, 이용자의 서비스 이용정도나 서비스 질에 의해 정부지원금이 지급되는 방식보다는 건물의 규모나 직원 수에 의해 정부지원금이 결정되는 제공자 중심의 전달체계를 가지고 있다.

이런 현실에서 장애인복지서비스의 개혁의 문제는 포괄적인 차원에 서 소비자주의와 당사자주의가 가지고 있는 문제의식을 포함하면서, 구체적인 합의점을 표현할 수 있는 용어로 표현되는 것이 적절할 것이 다. 이런 관점에서 이용자 참여는 우리나라 사회복지서비스 현실에 상 황적으로 적절하며, 우리나라에서 회자되고 있는 이념들을 긍정적으로 소화해 낼 수 있는 개념으로 주장할 수 있다. 본 장에서는 이용자 참 여와 관련된 다양한 입장과 논의들을 고찰하고, 이런 논의들을 토대로 우리사회에서 제기되어야 하는 정책적, 실천적 과제들을 검토한다.

2. 이용자 참여의 개념과 쟁점

1) 이용자 참여와 관련 용어들

참여의 문제는 사회복지서비스 영역의 결정적인 요소로 등장하였으며, 따라서 서비스를 계획하거나 전달하는 사람들은 원칙적으로 서비스 이용자들의 영향력을 기꺼이 인정해야 한다. 영국에서 발간된 사회복지 용어 사전에서는 서비스 이용자를 다음과 같이 설명하고 있다(Pierson & Thomas, 2002: 485).

이용자라는 단어는 사회복지나 사회적 보호서비스를 받는 모든 사람들을 지칭하는 용어이다. 사회복지사들이 함께 일하는 다양한 집단에 대한 일반적인 호칭으로 '서비스 이용자(service user)' 또는 '이용자(user)'라는 용어가 사용된 것은 1990년대 들어서이다. 그 전까지는 서비스를 받는 사람들에 대하여 가장 흔히 사용되었던 용어는 '클라이언트'였는데, 1990년대 이후로 '이용자'라는 용어로 대체되었다. 이 용어는 점차 실천가, 관리자, 교육자들에게 폭넓게 파급되어 갔는데, 이는 아마도 이 용어가 서비스를 받는 사람들의 권리와 영향력을 강조하는 최근의 추세에 부합하는 이미지를 전달하기 때문인 것으로 보인다.

사회복지서비스에서 이용자 참여와 관련된 논쟁을 보면 논자가 전문가냐 아니면 받는 사람이냐에 따라서 참여의 개념을 달리 사용하는 것으로 나타났다(Beresford & Campbell, 1994). 전문가들은 소비자(consumer)라는 관점에서 참여를 접근하는 경향이 강하며, 반면에 이용자들은 욕구를 충족하고 독립성을 유지할 수 있도록 해 주는 권리, 역량강화, 적절한 지원(support)을 강조하는 경향이 있었다.

이용자 참여와 관련된 몇 가지 다른 용어들이 있는데, 소비자주의(consumerism), 역량강화(empowerment), 파트너십(partnership), 권리(right), 시민권(citizenship) 등이 여기에 해당되는 것들이다(Pierson & Thomas, 2002). 소비자주의 접근에서 흔히 언급되는 '고객' 또는 '소비자'라는 용어도 이용자라는 용어와 마찬가지로 1990년대부터 많이 사용되기 시작했는데, 이용자라는 표현과 강조점은 유사하다고 볼 수 있지만 상품과 서비스의 구매를 특별히 강조하는 표현으로 받아들여지고 있다. 역량강화라는 용어는 개인들 간의 관계에서 사용되기도 하고, 어떤 경우에는 개인과 사회적, 정치적 구조 사이의 관계에서 사용되기도 한다.

역량강화는 일종의 '권력 취약성'에 관한 이론이라고 할 수 있는데, 사회적 차별과 배제를 표현할 때 자주 사용되는 용어이다. 역량강화라는 표현은 지역사회 운동을 위한 자조 활동, 정치적 과정에서의 참여 등의 과정에서뿐만 아니라 서비스 이용자와 사회복지사와의 상호작용 과정에서도 사용될 수 있다. 후자의 미시적 정의에서 보면 역량강화는 서비스 이용자들이 자신들의 문제를 해결하기 위해서 전문가들과 함께 노력하다 보면 그 결과로 스스로 더 높은 통제력을 행사할 수 있게 된다는 것을 의미한다.

파트너십도 참여의 한 형식을 지칭하는 것이지만 권력을 공유한다는 점에서 다른 용어와 구분되는 특징이 있다(Braye, 2000). 시민권은 Marshall의 개념에서 보면 사람들의 복지와 평등의 증진에 관계된 시민의 권리와 의무를 지칭하는 것이며, 국가에 의한 복지급여와 서비스 수급자격에 대한 사회민주주의적인 이념에 근거한 국가서비스에 대한 권리를 의미한다(Harris, 1999).

시민권에 관한 사회서비스의 접근 방식은 정치적 입장에 따라 상이하다. 우파는 시민권을 서비스와 자원들을 공공 영역에서 떼어내어 유사시장(quasi-market)의 영역으로 이전시킴으로써 개별적 시민을 복지소비자의 한 사람으로 역량 강화한다는 전략을 통해서 달성될 수 있는 것으로 본다. 반면에 좌파는 복지에 대한 시민의 사회적 자격을 식상한 국가주의로부터 거리를 두고자 했으며, 복지국가의 관료전문주의 체제에 대한 반감의 표현으로 개별적 시민에 대한 새로운 관심을 표명하였다(Harris, 1999).

이용자 참여를 표현하는 다른 용어들은 다양한 이념적, 정치적 선호를 반영한다. 특정 용어는 특정한 이념을 표현하기 위하여 선택되기도 하고, 어떤 경우에는 동일한 용어가 사용자의 이념에 따라 다르게 해석되기도 한다. Biehal(1993)에 의하면 이용자 참여에 대한 접근 방식은 자문(consultation) 방식, 시장주도(market driven) 접근, 권리와 시민권 접근 등의 세 가지로 구분된다. 자문방식의 접근은 이용자의 자문을 통하여 서비스 전달의 민감성을 높이는데 초점을 두는데, 이 접근을 통해서 행정적 효율성을 높일 수는 있겠지만 이용할 수 있는 서비스의 질과 범위를 결정하는 데 이용자들의 권한이 향상되는 것은 아니다. 시장주도 접근은 공공서비스 시장에서의 소비자 선택을 통한 참여로 정의된다. 이 접근에서 서비스 이용자들은 서비스 제공자들 사이의 경쟁을 통하여 최대한의 이익을 얻는 소비자로 간주된다. 권리와 시민권 접근에서 이용자 참여는 시민으로서의 서비스 이용자의 권리와 존엄을 보장하는 방안으로 공공서비스 의사결정에서의 참여를 증진시키는 데 중점을 둔다.

2) 이용자 참여의 주요 쟁점

'서비스 이용자'라는 용어는 지역사회에서 살아가기 위해서 일정한 지원을 필요로 하는 사람들을 지칭하는 용어이다. '이용자 참여'는 그들이 어떤 서비스를 어느 정도 받아야 하는가에 영향을 미치는 결정에 대한 이용자의 관여를 의미한다. 이용자 참여의 문제를 논의하는 기본적인 출발점은 전문가와 이용자 간의 불평등한 관계의 문제이다. 불평등한 권력관계의 문제는 이용자와 제공기관 간의 개인적 또는 집단적 관계의 경험에서 핵심적인 요소가 된다. 이용자 참여라는 용어보다 역량강화(empowerment)라는 용어를 더 선호하는 사람들의 경우에는 서비스 실행에 있어서 근본적으로 달라져야 하는 문제는 권력의 재분배임을 강조한다.

Stevenson과 Parsloe(1993)는 권력의 균형을 달성하려는 시도는 매우 복잡한 것이라는 점과 조직 전체가 변화 필요성에 대한 절박한 인식과 이해가 없이는 달성하기 어렵다는 점을 강조하고 있다. 그러나 많은 경우 역량강화를 위한 법률의 내용이나 정부의 지침은 역량강화를 실천하기 위해서는 높은 수준의 전문적 능력을 요구한다는 점을 간과하는 경향이 있다. 예를 들면, 우리나라의 사회복지사업법에서는 이용자의 대표가 시설 운영위원회에 참여하도록 규정하고 있다. 그러나 현실에서는 이들의 참여는 아주 부분적이거나 제한적이며, 형식적인 참여 수준을 벗어나지 못하고 있다.

한편 역량강화에 대하여 구체적으로 고민하는 사회복지사들은 어떻게 하면 자신들의 욕구와 권리가 침해당하지 않으면서 서비스 이용자들의 욕구와 권리가 조화롭게 강화될 수 있을 것인가에 대하여 고심해 왔다. 이용자의 역량강화라는 관점에서 접근하는 경우에 사회복지사의 역할은 이중적일 수밖에 없는 속성을 가지고 있다. 한편에서는 역량강화를 적극적으로 돕는 사람이지만 다른 한편에서는 이용자들을 분류하고 제약하는 활동을 수행하게 된다. 사회복지서비스 기관을 이용하는 사람들은 '클라이언티즘(clientism)'이라고 할 수 있는 부당한 억압에 직면하게 되며, 이용자들은 기관의 직원보다 열등한 존재로 취급당하게 된다. 기관의 직원들은 '이용자들과 함께 활동한다는 관점보다는 이용자들을 대상으로 활동하는 관념'에서 벗어나기 어렵다는 점도 같은 맥락이라고 할 수 있다.

이용자 참여는 크게 두 가지 차원으로 분류된다(Lindow & Morris, 1995). 첫째는 자신들의 개인적인 생활에 영향을 미치는 결정에 대한 개인의 참여이다. 둘째는 이용자 집단에게 영향을 미치는 결정에 대한 개인의 참여이다. 대체로 개인 차원에서의 참여보다는 서비스 이용자 집단에게 영향을 미치는 문제에 관련된 참여가 더 큰 주목을 받아왔다. 그리고 이용자 참여에서 또 하나의 중요한 쟁점은 이용자 참여와 관련된 전문가 교육과 직원 훈련의 문제이다.

전통적으로 이용자 중심과 자기결정은 사회복지실천에서 가장 중요한 가치로 생각되어 왔다. 그러나 현실 세계에서 이용자들은 항상 서비스의 다른 주체들에 비해서 상대적으로 낮은 지위에 있었다. 그 이유는 이용자들의 결핍된 재정능력, 서비스 절차에 대한 빈약한 지식, 이용자로서의 법적 권리에 대한 낮은 이해도, 사회적 관계망의 취약, 미미한 정치적 영향력, 다른 대안의 부재 등으로 설명될 수 있다 (Austin, 2002). 이런 불균등한 권력관계 때문에 서비스 이용자들은 부정적인 경험의 위험에 놓이게 된다. 그럼에도 불구하고 균등한 관계를 통한 참여가 서비스의 효과성을 높인다는 점에 대해서는 공감이 이루어지고 있다(Biehal, 1993).

3) 이용자 참여의 논의 구조

복지 이용자 운동의 성장과 발전을 통하여 이용자 참여에 관련된 쟁점들은 사회복지 전반에서 중요하게 다루어지기 시작했다. 이용자 운동과 이용자 조직들은 유럽에서는 1970년대를 거치면서 규모와 영향력이 강화되었으며, 이제는 개별 국가 차원에서뿐만 아니라 국제적인 연대를 통하여 영향력을 행사하고 있다. 복지 이용자 운동들은 수동적인 수급자가 아닌 적극적인 참여자의 입장에 기초하여 기존의 이용자들과 복지정책 사이의 관계를 변화시키는데 주력하고 있다(Beresford & Holden, 2000).

사회복지서비스 영역에서 이용자 참여의 발전은 몇 가지 분야로 나누어 볼 수 있다(Braye, 2000). 첫 번째는 자신들이 받는 서비스에 대한 개별 이용자 또는 이용 후보자로서의 참여이다. 두 번째는 서비스 공급과 개발을 위한 전략적 계획과정에서의 참여이다. 세 번째는 지방 정부에 대해서는 독립적이면서 사회복지서비스를 제공하는 역할을 수행하는 이용자 주도의 서비스와 조직을 만들고 발전시키는 일이다. 네 번째는 사회복지서비스와 복지공급에 대한 연구에서의 참여이다. 다섯 번째는 사회복지서비스 분야에서 일하는 직원들의 훈련에서 자문역할이나 훈련시키는 사람으로 참여하는 것이다. 여섯 번째는 광범위한 사회적 활동에서 서비스 이용자들의 영향력을 증진시키는 일이다. 일곱 번째는 서비스 이용자라는 범위를 뛰어넘어서 지역사회 전체의 참여와 관련된 영역이다.

그리고 사회복지서비스에서 참여적 접근의 발전을 견인하는 동력은 법적 및 정책적 요소, 전문가 요소, 이용자 요소 등의 세 가지가 제시될 수 있다(Braye, 2000). 법적 및 정책적 요소는 서비스를 이용하는 사람들에게 정보를 제공하고, 이용자로부터 자문을 구하고, 이용자를 참여시킬 것을 요구하는 법률이나 정부지침을 의미한다. 전문가 요소는 사회복지의 가치와 관련이 있는데, 개입 목표는 참여를 통하여 더 잘 달성된다는 점을 강조한다. 이용자 요소는 욕구에 대한 자기결정, 자기옹호, 서비스에 대한 이용자 선택 등을 요구하는 흐름을 의미한다.

참여의 의도와 관련해서는 소비자주의 모델, 민주적 모델, 치료 모델 등의 세 가지가 있다(Braye, 2000). 소비자주의는 복지시장의 이념을 수반하는데, 이 시장에서는 욕구와 서비스는 거래되어야 하는 상품이고 공급과 수요에 의해서 조정된다. 이 모델을 통해서 서비스 적절성과 융통성이 높아질 수는 있지만 서비스 자체는 여전히 기관과 전문가들에 의해서 통제된다. 민주적 모델은 영향력과 통제력을 높이고자 하는 의도를 가지고 참여하는 것을 말한다. 이 모델은 개별적이 아닌 집단적인 차원에서 이용자들의 경험을 변화시키는 수단으로 자원배분, 전

달체계 조직화, 서비스 관리 등의 정책결정과 관련된 문제에 대한 참
여를 강조한다. 치료 모델은 이용자와 공급자 사이의 상호존중을 강조
하며, 권력 관계에서의 변화를 추구하지는 않는다.

이용자가 보유한 권력이 높은 것에서부터 순서대로 나열하면 시민적
통제(citizen control), 위임된 권력(delegated power), 파트너십(partnership),
구슬리기(placation), 자문(consultation), 정보 제공(informing), 치료(therapy),
조종(manipulation) 등이다(Braye, 2000).

이처럼, 이용자 참여의 쟁점은 다양한 영역에 적용될 수 있으며, 다
양한 동력에 의해서 발전하며, 각기 다른 모델에 의해서 설명될 수 있
다. 그리고 참여의 수준에서도 큰 차이가 존재할 수 있다. 이를 표로
제시하면 〈표 1〉과 같다.

〈표 6-1〉 사회복지서비스에서의 이용자 참여의 개념적 틀

영역	주요동력	모델	참여의 정도
•개별서비스 이용자로서의 참여 •서비스 공급과 개발을 위한 전략적 계획에서의 참여 •정부에 독립적인 이용자 주도의 서비스 개발 •사회복지서비스 연구에 참여 •직원 훈련 또는 자문으로서의 참여 •일반 사회활동에서의 이용자의 참여 증진 •이용자의 범위를 초월한 지역사회 전체의 참여	•법적 및 정책적 요소 •전문가 요소 •이용자 요소	•소비자주의 모델 •민주적 모델 •치료 모델	•시민적 통제 •위임된 권력 •파트너십 •구슬리기 •자문 •정보 제공 •치료 •조종

출처: Braye, S., 2000.

3. 우리나라의 현실과 대안

서비스 결정과정에서 이용하는 사람들의 적극적인 참여는 서비스에서 민주성이라는 측면과 아울러 서비스의 효과성에도 긍정적이라는 원론적인 차원의 주장에 대해서는 대체로 공감이 있다. 그러나 참여 행위가 어느 수준에서 어떤 방법으로 이루어져야 의미 있는 참여로 볼 수 있는가에 대해서는 상반된 견해가 있는 것 같다.

수년 전에 필자는 서비스 기관에서 일하는 직원과 이용자 참여에 관한 의견차이 때문에 논쟁을 한 적이 있었다. 여기서 필자는 장애인복지관을 이용하는 사람들이 자신들의 서비스에 대한 결정에 의미 있게 참여하기 위해서는 공식적인 서비스 계획회의에 직접 참여하여 자신의 견해를 개진할 수 있어야 한다고 주장했다. 그런데 장애인복지관의 담당자는 전문가인 자신이 초기상담을 통하여 장애인의 이야기를 충분히 경청했기 때문에 서비스 계획회의에 장애인이 참여할 필요가 없다는 것이었다. 그리고 서비스 계획회의는 전문가들이 전문적인 의견을 주고받는 자리이기 때문에 비전문가인 이용자가 참여하는 것은 적합하지 않다고 주장했다. 이는 이용자 참여가 어떤 수준에서 이루어져야 하는가에 대한 다른 견해를 보여주는 것이다.

우리나라 사회복지사업법에서는 사회복지시설의 개방적이고 민주적인 운영을 위하여 운영위원회를 두도록 하고 있으며, 동법 시행규칙에서 운영위원회의 구성에 관하여 시설거주자 또는 시설거주자의 보호자 대표와 지역주민 등이 위원으로 참여할 수 있도록 하였다. 이 규정을 통해서 보면 사회복지사업법상의 사회복지시설에서는 이용자나 보호자 또는 지역주민이 중요한 결정에 참여할 수 있다. 그리고 실제로 많은 장애인복지시설의 운영위원회에는 이용자나 보호자의 대표들이 실제로 위원으로 참여하고 있다. 그러나 위원회에 형식적으로 자리를 배정하는 수준이 아닌, 실제로 결정에 영향을 미치는 의미 있는 참여가 이루어지고 있는지는 의문이다.

필자는 영국 버밍엄에 있는 African-Caribbean 노인들이 생활하고 있는 시설(care home)을 방문한 적이 있었다. 여기에서는 매월 1회 모임을 갖는 서비스 질 평가를 위한 집단(Quality Review Group)이 구성되어 있는데, 이 집단은 거주인, 거주인의 가족, 직원 등으로 구성되어 있다. 이 집단은 월 1회 모임을 통해서 시설에서 제공되는 서비스의 문제점들을 논의하고, 이 문제들에 대한 개선 방안을 합의해서 제안하게 된다. 이 제안들은 시설의 운영진들에게 통보될 뿐만 아니라 지방정부의 담당 부서에도 통보된다. 이 제안 내용에 대하여 지방정부는 주기적으로 이 집단의 제안이 잘 처리되고 있는지를 점검한다. 이용자들의 의미 있는 참여가 이루어지기 위해서는 이런 정도의 실효성 있는 장치가 마련되어야 한다.

현재 우리나라에서도 이용자 참여의 문제가 본격적으로 논의되기 시작하였다. 그러나 아직은 선언적인 수준에 있는 듯하다. 이런 논의가 이용자에게로, 전문가들에게로, 개별시설들에게로, 정부에게로 녹아들어가기 위해서는 구체적인 수준의 대안들이 검토될 필요가 있다.

1) 제도를 변화시키는 방법

(1) 이용자 선택제도 도입

이용자가 서비스를 선택하게 하는 것은 이용자 참여를 높이는데 사용되는 가장 일반적인 전략이다. 이용자 선택은 공급자 경쟁을 수반하므로, 흔히 시장기제의 도입으로 표현되기도 한다. 영국의 커뮤니티케어, 독일의 수발보험, 일본의 개호보험, 우리나라 노인요양보험과 사회서비스 이용권 제도 등이 이에 해당한다. 영국 등의 복지국가를 경험한 나라들에서 시장기제를 도입하는 추세는 한편으로는 국가복지의 축소와 관련이 있다고 볼 수 있다. 그러나 다른 면에서 보면 1980년대 후반부터 1990년대에 걸쳐서 진행된 이런 변화는 관료적이고 제공자 중심적인 복지에 대한 개혁이라는 성격도 동시에 가지고 있다.

사회복지서비스에서 시장기제의 도입이 실천현장에서 이용자 참여에 긍정적인 효과를 가지기 위해서는 몇 가지 선행 조건이 필요하다. 이 가운데 가장 중요한 것이 이용자가 의미 있는 선택을 할 수 있을 정도로 서비스의 공급이 충분한가의 문제이다. 우리나라 장애인서비스의 부족한 공급량을 고려해 볼 때, 시장 접근을 채택하는 데는 일정한 한계가 있는 것으로 보인다. 하지만 공급확대와 함께 시장 접근 방식의 도입 가능성이나 유효성에 대한 검토는 지속적으로 이루어질 필요가 있을 것이다. 시장기제가 이용자의 선택을 보증하기 위해서는 충분한 정보가 이용자에게 제공되는 것이 전제되어야 한다. 실제로 선택에 도움이 되는 수준의 서비스 및 제공기관에 대한 정확한 정보를 제공할 수 있는 제공기관 정보공시제도 등을 검토하여야 한다.

(2) 지역자치의 강화

사회복지서비스를 중앙집권적인 방식에서 지방자치의 방식으로 전환하는 가장 중요한 이유는 지역차원의 의사결정 과정에 서비스와 관련된 다양한 주체들의 참여가능성이 높아진다는 점이라고 할 수 있다. 지방이양은 지역에 밀착된 서비스를 통해서 주민과 공무원 간의 관계가 더 가까워질 수 있을 뿐만 아니라 지역단위의 위원회와 같은 민주적 과정에 이용자인 주민들이 참여하기가 더 용이해진다고 볼 수 있다 (Servian, 1996). 우리나라에서도 공공부문의 지방화라는 명분에 의하여 2005년부터 장애인복지서비스의 대부분이 지방으로 이양되었다. 지방이양을 통해서 이용자를 포함한 다양한 복지주체들의 참여가 증진되었는가를 보면 부정적인 평가를 내릴 수밖에 없는 것 같다.

지방이양이 다양한 주체들의 민주적 참여라는 성과를 만들어 내기 위해서는 지방정부들이 다양한 참여기제를 작동시키도록 견인하는 장치들이 중앙정부 차원에서 정교하게 제시되는 것이 필요하다. 아무런 조건 없이 지방에 권한을 넘겨주는 일은 참여를 강화시키기보다는 지방정부의 일방적 권한을 강화시키는 결과가 될 수도 있다. 따라서 지방이양과정에서는 지방정부들이 서비스 정책결정이나 서비스 전달과정에서 이용자의 참여를 보장하도록 하는 장치들을 제시하는 것이 필요하다. 우리나라에서 진행되었던 2005년의 지방이양은 이런 고려가 이루어지지 못했기 때문에 이용자 참여에는 긍정적인 영향을 미치지 못한 것으로 보인다.

(3) 서비스 신청과 사정받을 권리 보장

우리나라 사회복지사업법 33조에서는 '사회복지서비스를 필요로 하는 자와 그 친족 그 밖의 관계인은 관할 시장·군수·구청장에게 보호대상자에 대한 사회복지서비스의 제공을 신청할 수 있다.'고 규정하고 있다. 이 규정은 2003년 법 개정에서 새로이 포함된 내용이다. 그 동안 실효성 있게 집행되지 못하다가 최근 2건의 신청권 관련 판결이 있었고[2], 희망복지지원단(2012년 5월 개시) 등을 통하여 사회복지서비스에서 공공부문의 역할이 강조되면서 그 중요성이 부각되고 있다. 우리나라에서 사정받을 권리가 실제로 보장될 수 있기 위해서는 이것이 법률상의 권리임을 선언하고 사법체계를 통해서 보장될 수 있다는 점을 분명히 하는 법 개정이 필요하다.

---

2) 신청권 소송은 거주시설에 있던 장애인이 지역사회로 이주하면서 지방정부에 이주에 필요한 지원서비스를 신청하였다가 거부된데 대하여 제기한 소송이다. 청주지방법원(2010. 9.30. 2010구합691)에서는 원고의 청구를 기각했으며, 서울행정법원(2011. 1. 28. 2010구합28434)에서는 원고 승소판결을 내렸다.

사정받을 권리는 법률에 의해서 명시적으로 규정되어야 하며, 장애인이나 가족들에 의한 이의제기가 가능한 수준으로 명확한 사정체계가 공식적으로 수립되어야 한다. 우리나라 사회복지사업법 33조의 규정을 개정하여 사정받을 권리를 법적으로 보장하고, 이를 실행할 수 있는 구체적인 조치를 통하여 스스로 서비스가 필요하다고 간주되는 모든 사람들이 공적 전달체계를 통해서 사정받을 수 있도록 해야 개별 이용자의 서비스 과정에 대한 참여 수준이 높아질 수 있을 것이다.

2) 서비스 제공조직에서 시도할 수 있는 방법

우리나라 장애인복지조직에서는 원칙적인 차원에서 다음의 몇 가지 점들을 생각해 볼 필요가 있다.

우선 이용자 참여의 의의와 중요성에 대하여 직원들이 제대로 인식하고 있는지에 확인할 필요가 있다. 우리나라 장애인복지 조직의 전문가들은 서비스 전달과정에서 이용자의 참여를 정말로 중요하다고 생각하는지, 그리고 실제로 이용자의 결정과정에 대한 참여를 환영하고 있는지 질문해 볼 필요가 있다. 그리고 평가나 지침에서 이용자 참여의 중요성을 환기하는 것이 필요하다. 장애인복지관의 평가지표에서 이용자 참여 여부를 묻는 질문을 보다 강화할 필요가 있으며, 이용자의 만족도 등의 요소들도 좀 더 정확하고 비중 있게 반영하는 것이 필요하다.

보다 구체적인 차원에서 이용자의 참여 제고를 위하여 장애인복지조직에서 검토해 볼 수 있는 방안들은 다음과 같은 것들을 생각해 볼 수 있을 것이다.

첫째, 사정(assessment)과정에서 이용자 참여 및 계약 제도를 도입하는 방안이다. 이용자 주도의 서비스 흐름은 변화하는 장애이 개념적 모델에도 부합한다. 사정 과정에서 소비자의 참여는 실질적이고 구체적이어야 한다. 이러한 방안으로 사정결과를 논의하는 절차인 서비스 계획회의 과정에서 장애인 본인이나 보호자의 참여를 권장하여야 한다. 그리고 개별서비스 계획이 확정되는 과정에서 본인이나 보호자가 서비스 계획에 동의하는 서명을 서비스가 개시되는 조건으로 하는 방안을 생각해 볼 수 있다.

둘째, 이용자가 주도하는 평가를 실시할 수 있을 것이다. 우리나라 대부분의 장애인복지 조직에서는 이용자 만족도 등의 이름으로 서비스에 대한 평가를 실시하고 있다. 그러나 이 평가는 서비스 제공자 주도의 과정이다. 이용자 중심의 평가가 되기 위해서는 우선 평가 과정이 공식적이면서도 비밀이 보장되는 평가가 되어야 하며, 평가기준 결정과 평가 자료 수집과정에서 이용자의 실질적인 참여가 이루어지는 것이 중요하다. 이 과정을 통하여 서비스 이용자들은 집단적으로 서비스에 대한 개선 의견을 제시할 수 있을 것이며, 직원이 평가과정을 지원한다면 연 1회 정도의 이용자 주도의 평가가 가능할 것이다.

셋째, 프로그램에서 자조 중심의 활동을 강조하는 방안이다. 우리나라의 실천현장에서 자조 성격의 프로그램들이 잘 발전되지 못하고 있는 이유는 환경적 취약성 문제 외에도, 관료적 조직형태로 운영되는 장애인서비스 조직상의 문제, 개별적 모델에 입각한 훈련을 받아온 전문가들의 지향성의 문제, 공공 서비스에 대하여 권리로 인식하는 경험이 빈약하여 서비스에 의존적인 경향을 가진 이용자의 문제 등으로 설명될 수 있을 것이다.

넷째, 조직 내에 권익옹호서비스 기구를 설치하는 방안이다. 장애인을 위한 권익옹호활동은 최근 들어서 그 중요성이 강조되고 있다. 그러나 지금과 같은 프로그램 방식의 업무 구조에서는 권익옹호활동을 실천하기는 매우 어렵다. 이러한 점을 감안하여 과도적으로 권익옹호서비스 팀을 구성하는 방안을 생각해 볼 수 있다. 이 팀에서는 지역사회의 다양한 활동에서 발생할 수 있는 차별에 대하여 장애인과 지역주민들에게 경각심을 가지도록 하고, 구체적인 차별이나 불이익이 발생했을 경우 적극적으로 권익옹호활동을 수행하도록 할 수 있을 것이다. 이 권익옹호서비스 팀에서는 장애관련 정보 제공, 서비스 조직 내에서의 소비자의 권리침해 구제, 이용자 주도의 평가 실시, 지역사회 생활에서의 권리침해 구제, 지역사회 인식개선 캠페인 실시 등의 업무를 담당할 수 있을 것이다.

3) 전문가들이 달라지는 방법

이용자 참여에 영향을 미치는 요소는 여러 가지로 설명될 수 있겠지만, 그 가운데 가장 중요한 요소 중의 하나는 서비스 제공자가 이용자의 참여에 어떤 태도를 가지느냐이다. 이용자 참여에서 전문가 역할은 다음의 두 가지가 중요할 것이다.

첫째, 전문가와 이용자 사이의 관계에 대한 것으로 장애인들이 자신들의 욕구에 대하여 가지고 있는 전문성과 전문가들이 서비스 내용이나 절차에 대하여 가지고 있는 전문성이 조화를 이루는 '서비스에 대한 협조적인 접근(co-citizen approach)'이 실무자들에게서 일반화되어야 한다(Rummery, 2002). 진정한 파트너십은 전문가들이 이용자들과 기꺼이 협력하려고 하는 경우에만 가능하다. 실무자는 자신들의 서비스에 대하여 솔직하고 공개적이어야 하며, 이용자 참여에 대하여 공감하는 태도를 가지고 있어야 한다(Biehal, 1993). 둘째, 수사에 불과한 것이 아닌 진정한 의미에서의 이용자 참여가 이루어지기 위해서는 이용자를 참여시키는 기술 개발이 필수적이다. 욕구주도의 서비스가 실현되려면 이용자들이 스스로 자신들의 욕구를 명확히 표현할 수 있도록 하는 실천 기술의 개발이 필요하다.

사회복지사들은 한편으로는 자신들이 일하는 환경인 복지체계의 한계 안에서 일하는 사람들이지만, 다른 한편으로는 서비스 이용자의 이익과 역량강화를 위하여 일하는 실천가이기도 하다. 사회복지사의 이런 다소 상반된 것으로 보이는 두 가지 다른 특성들을 균형을 이루는 것이 중요하다. 제도 변화를 통해서 이용자의 참여를 보장할 수도 있지만 사회복지사의 열성과 적극적인 역할 그 자체가 이용자의 참여와 이익에 긍정적인 영향을 미칠 수 있다. 이를 위해서 사회복지교육은 이용자 참여에 대한 사명감을 높이고 참여를 유도할 수 있는 기술을 개발하는 일에 더 많은 관심을 가지는 것이 필요하다.

4) 이용자의 목소리를 높이는 방법

대체로 이용자들은 전문가들의 결정을 반대해 본 경험이 적으며, 자신들이 받는 서비스 결정에 참여할 수 있다는 권리의식이 약하다(Biehal, 1993). 따라서 지방정부들과 서비스 기관들이 이용자들의 광범위한 참여를 원한다면, 이용자들에게 조직적인 접근성을 보장하고 효과적인 참여를 위하여 필요할 것으로 보이는 개별적 및 집단적 지원을 제공하는 것이 필수적이다(Beresford and Croft, 1993). 많은 서비스 기관들은 서비스 이용자들이 대표를 통해서 서비스 관련 의사결정에 참여하는 것을 원한다고 주장하지만, 이용자들은 기관들의 이용자 참여를 실천하는 노력이 크게 부족하다는 점을 지적하고 있다(Beresford and Campbell, 1994).

서비스 기관들이 만들어 놓은 위원회나 회의에 한 두 사람의 이용자만을 참여시키는 형식에 지나지 않은 참여, 자신들의 권익을 적극적으로 주장하는 장애인단체의 구성원보다는 이런 활동과는 거리가 있는 개별적인 이용자의 참여를 더 선호하는 경향, 장애인과 서비스 이용자들이 소속한 단체의 대표자로서가 아닌 서비스를 이용하고 있는 개인 차원에서 참여해 달라는 기관의 요구. 전문가나 관리자 또는 정책결정자들에게 적용되는 기준과는 달리 서비스 이용자들에게 특히 대표성을 강조하는 이중적인 자세 등이 모두 이용자 참여에 대한 기관의 노력이 미흡하다는 점을 지적하는 증거들이다.

이용자 참여에 대한 이용자와 제공자와의 이런 관점의 차이 때문에. 기관의 우세한 권력에 대처할 수 있도록 하는 지지역할로서의 복지 이용자 운동에 주목할 필요가 있다. 1970년대 이후 영국뿐만 아니라 북미. 유럽 등에서 복지 이용자 운동과 조직들이 규모와 영향력 면에서 크게 성장하였고. 일국 차원에서뿐만 아니라 국제적 차원에서도 중요한 위치를 점하고 있다(Beresford and Holden, 2000). 이런 경향을 잘 보여주는 대표적인 영역이 장애인운동이며. 다른 분야의 운동에 비해서 월등히 정치적 영향력이 높은 편이다. 이 운동은 전통적인 정치에 도전하면서 자신들의 새로운 정치적 전망을 표현하고 있으며. 자립. 참여. 통합. 자조 조직 등과 같은 중요한 개념들을 이론과 실천을 통하여 발전시키고 있다.

4. 맺음말

현재 우리나라에서 다양한 장에서 다양한 방식으로 논의되고 있는 소비자주의. 당사자주의 등은 공통적으로 장애인의 선택과 참여를 강조하고 있다. 그리고 이런 경향들을 장애인복지서비스에 적용하면 이용자의 참여 증진으로 귀결될 수 있을 것이다. 그리고 서비스 실천의 효과성이라는 측면에서도 이용자의 참여는 중요한 과제로 설정될 수 있을 것이다.

이용자의 참여를 확대하기 위한 노력은 향후 수년간 우리나라 장애인복지서비스 실천에서 핵심적인 과제로 설정될 것이다. 이런 과정을 통해서 전문가와 이용자가 적대적 대립관계가 아닌 평등에 기초한 상호보완적인 파트너십을 구축할 수 있을 것이다. 이를 위해서는 제도적 기반을 마련하는 일이 우선적으로 필요할 것이며, 실천현장에서도 구체적인 서비스 전달과정에서 이용자 참여를 확대할 수 있는 단서들을 찾아내는 노력이 필요할 것이다. 이와 함께 전문가들에 대한 교육 과정에서도 이용자 참여의 의미를 각인시킬 수 있어야 할 것이며, 장애인 당사자들도 조직적으로 사회복지서비스 과정에서의 참여를 주장하는 것이 필요할 것이다.

참고 문헌

김용득. 2005. "영국 커뮤니티케의 이용자 참여 기제와 한국 장애인복지서비스에 대한 함의". 『한국사회복지학』, 57(3): 363-387.

김용득·김미옥. 2007. "이용자 참여의 개념 구조: 한국장애인복지에 대한 함의". 『한국사회복지학』, 59(2): 39-64.

Austin, D. M. 2002. *Human services management*. NY: Columbia University Press.

Beresford, P and S. Croft. 1993. *Citizen involvement: a practical guide for change*. London: Macmillian.

Beresford, P. and C. Holden. 2000. "We have choices: globalisation and welfare user movements". *Disability & Society*, 15(7): 973-989.

Beresford, P. and J. Campbell 1994. "Disabled people, service users, user involvement and representation". *Disability & Society*, 9(3): 315-325.

Biehal, N. 1993. "Changing practice: participation, rights and community care". *British Journal of Social Work*, 23: 443-458.

Braye, S. 2000. "Participation and involvement in social care: an overview". pp. 9-28. in *User involvement and participation in social care: research informing practice*, edited by Kemshall, H. and R. Littlechild. London: Jessica Kingsley.

Harris, J. 1999. "State social work and social citizenship in Britain: from clientelism to consumerism". *British Journal of Social Work*, 29: 915-937.

Lindow, V. and J. Morris. 1995. *Service user involvement: Synthesis of findings and experience in the field of community care*. A Report for the Joseph Rowntree Foundation.

Pierson, J. and M. Thomas. 2002. *Dictionary social work*. Glasgow: Harper Collins.

Priestley, M. 1999. *Disability politics and community care*. London: Jessica Kingsley.

Rummery, K. 2000. *Disability, Citizen, Community Care*. Hampshire: Ashgate. 김용득 역. 2005. 장애인의 시민권과 영국의 지역사회보호. 서울: EM실천.

Servian, R. 1996. *Theorizing empowerment: individual power and community care*. Bristol: The Policy Press.

Stevenson, O. and Parsloe, P. 1993. *Community care and empowerment*. York: Joseph Rowntree Foundation.

제7장

장애패러다임과 사회복지실천

┃ 김 용 득

　　장애인복지관. 장애인거주시설. 주간보호시설 등을 통해서 사회복지사들을 중심으로 장애인복지실천이 이루어진다. 그러나 사회복지사의 실천은 고단하다. 우선. 실천현장에서는 전문영역별로 세분화되고 치료영역이 다양해지는 추세이다. 따라서 폭넓고 보편적인 대처능력을 요구하는 사회복지사의 역할은 이런 추세에 낙후되는 것 같은 인상을 받는다. 다른 한편에서는 자기결정주의 또는 당사자주의가 급속히 확산되고 있다. 이는 세계적인 흐름과도 맞닿아 있는 큰 흐름이다. 따라서 전문가의 권위와 재량권은 장애인으로부터 공격받고 있다. 이런 환경에서 장애인복지실천을 담당하는 사회복지사의 역할은 어떻게 변화해야 하는가?

1. 개요

　　세계적으로 20세기 중반 이후 장애인서비스를 주도하는 패러다임은 지속적인 변화를 거치고 있다. 이러한 변화는 시설과 의존 중심의 서비스에서 자립생활과 지역사회 서비스를 강조하는 방향을 추구하고 있다. 이처럼 개별화와 지원을 강조하는 추세는 우리나라에서도 이미 보편적

흐름으로 자리를 잡아가고 있다. 이런 흐름은 전문가의 재량적 판단의 여지를 약화시킨다는 면에서 보면 장애인복지실천의 핵심 인력인 사회복지사의 역할과 정체성을 위협하는 것으로 인식될 수도 있다. 그러나 구체적으로 살펴보면 이런 변화는 사회복지실천(social work practice)의 전통적인 가치와 부합하는 방향이다. 본 장에서는 사회복지실천이 지향하는 가치와 역할이 최근의 자립과 자기결정을 강조하는 방향으로 변화하는 장애인복지 패러다임과 어떤 면에서 일치를 이루며, 이런 일치를 구체적인 실천의 모습으로 어떻게 구체화할 수 있는지 살펴본다.

2. 사회복지서비스의 개념과 원리

사회복지서비스(social welfare service)라는 용어는 사회서비스(social service)나 대인사회서비스(personal social service) 등과 혼용하여 사용되기도 하고, 구분하여 사용되기도 한다. 일반적으로 사회서비스는 영국 연방권에서 많이 사용되는 용어로 사회부조, 사회보험, 아동복지, 교정, 정신위생, 공중보건, 교육, 오락, 노동보호, 주택제공 등이 포함된다. 그러나 영국에서도 1968년 지방당국 사회적서비스법(Local Authority Social Service Act)이 제정된 이후에는 사회서비스를 국민건강서비스나 소득유지 프로그램과는 구별하여, 대인사회서비스와 동의어로 사용하기도 한다. 대인사회서비스는 서비스 제공자인 전문가가 아동이나, 노인, 장애인 등 서비스 대상자와의 대인관계에 기초하여 직접적이고 전문적인 서비스를 제공하는 특성을 갖고 있다(장인협 외, 2000).

우리나라와 일본에서는 사회복지서비스와 사회복지사업이라는 표현이 자주 사용되는데, 이 경우에는 사회복지라는 제도적 틀 안에서 제공되는 대인서비스라는 보다 제한된 의미로 이해된다(장인협 외, 2000).

법률적인 면에서 본다면 사회복지서비스 영역을 대표하는 법률은 사회복지사업법이라고 할 수 있다. 따라서 우리나라 사회복지사업법에서 사용하고 있는 '사회복지사업'의 정의를 사회복지서비스의 정의로 생각하더라도 크게 문제가 되지는 않을 것이다.

사회복지사업법에서 사회복지사업이라 함은 '다음 각 목의 법률에 따른 보호·선도 또는 복지에 관한 사업과 사회복지상담, 노숙인 등 보호, 직업지원, 무료 숙박, 지역사회복지, 의료복지, 재가복지, 사회복지관 운영, 정신질환자 및 한센병력자의 사회복귀에 관한 사업 등 각종 복지사업과 이와 관련된 자원봉사활동 및 복지시설의 운영 또는 지원을 목적으로 하는 사업'을 말한다. 관련 법률은 국민기초생활 보장법, 아동복지법, 노인복지법, 장애인복지법, 한부모가족지원법, 영유아보육법, 성매매방지 및 피해자보호 등에 관한 법률, 정신보건법, 성폭력방지 및 피해자보호 등에 관한 법률, 입양촉진 및 절차에 관한 특례법, 일제하 일본군위안부 피해자에 대한 생활안정지원 및 기념사업 등에 관한 법률, 사회복지공동모금회법, 장애인·노인·임산부 등의 편의증진 보장에 관한 법률, 가정폭력방지 및 피해자보호 등에 관한 법률, 농어촌주민의 보건복지증진을 위한 특별법, 식품기부 활성화에 관한 법률, 의료급여법, 기초노령연금법, 긴급복지지원법, 다문화가족지원법, 장애인연금법, 장애인활동 지원에 관한 법률, 노숙인 등의 복지 및 자립지원에 관한 법률, 보호관찰 등에 관한 법률 등이다.

이러한 법률 체계에 의하면 장애인복지서비스는 사회복지사업법이 정하는 일반 원칙에 의하여 운영되는 장애인복지법상의 대인서비스를 지칭하는 것으로 이해할 수 있다. 사회복지사업 관련 법률들의 구조에서 본다면 사회복지사업법의 핵심적인 운영 원리는 서구에서 발전해온 사회사업(사회복지)의 원리에서 찾을 수 있을 것이다. 따라서 사회복지서비스 실천은 사회사업(social work)의 원리를 통해서 설명될 수 있으며,

장애인복지서비스는 장애인을 위한 사회사업(사회복지) 실천 활동으로 이해될 수 있다.

사회사업(사회복지)은 사회사업 실천을 통하여 개별, 집단, 가족, 지역사회의 문제를 해결하고, 만족할 만한 개별적, 집단적, 지역사회 차원의 관계를 경험할 수 있도록 돕는 과학이나 전문적 활동으로 정의된다(Fareley et al., 2000). 이러한 정의를 그림으로 표시하면 다음과 같다.

문제들		사회사업(사회복지) 실천		목표
개별적 문제 : 장애, 자살, 약물, 비행 등 가족의 문제 : 의존, 아동학대, 이혼, 가출 등 지역사회 문제 : 실업, 인종차별, 주택, 여가시설 등	+	개별사회사업(사회복지) 집단사회사업(사회복지) 지역사회사업(사회복지) 사회사업(사회복지)조사 사회사업(사회복지)행정 및 정책	=	사회적응과 사회적 기능 향상

<그림 7-1> 사회사업(사회복지)의 개념

출처: Fareley et al., 2000.

사회사업(사회복지)의 핵심적인 관심은 사람들의 사회적 기능을 향상시키고, 다른 사람들과 상호작용하는 능력을 증진시키는 데 있다. 동시에 개인적인 문제들의 해결을 돕는 활동을 포함하고 있다. 이러한 개념과 목적을 갖는 사회사업(사회복지)의 특징들은 다음과 같이 설명될 수 있다(Fareley et al., 2000).

- 개인의 개별성, 환경요소, 행동요소들을 포함하는 총체성에 초점을 둔다.
- 개인의 행동에 영향을 미치는 요소로서 가족을 강조한다. 가족을 사회적 기능 향상을 위한 기본적인 수단으로 보며, 많은 사회문제들은 부적절한 가족관계에서 기인한다고 본다.
- 문제해결을 위해 사람들을 돕는 데 있어서 지역사회 자원 활용을 매우 중요하게 다룬다. 따라서 사회복지사는 지역사회 자원에 대한 포괄적인 지식을 갖추어야 하며, 동시에 이들 자원을 이용자의 욕구충족을 위하여 연결할 수 있어야 한다.
- 전통적인 사회사업(사회복지)에서는 개별사회사업(사회복지), 집단사회사업(사회복지), 지역사회조직 등의 세 가지 과정을 강조하며, 이러한 전통은 여전히 유지되고 있다.
- 사회사업(사회복지) 과정의 핵심은 관계이다. 이용자와 정서적으로 지지적인 관계를 형성하는 것을 중요하게 본다.
- 이용자의 이해에 있어 정신의학이나 심리학적인 이해를 강조한다.
- 사회적 관계, 사회적 기능의 결과 등을 이해함에 있어 사회학이나 사회심리학에 대한 이해를 강조한다.
- 사회문제나 특정 행동에 대한 제도의 영향을 인식하는 것을 중요하게 여긴다. 예를 들어 비행청소년의 문제를 해결함에 있어, 청소년에 대한 상담이나 치료와 더불어 사회제도의 변화를 통해서 비행을 예방하는 방안을 모색하는 일도 중요하게 다룬다.
- 대부분의 사회복지사는 사회복지기관에 소속되어 있으며, 조직을 통하여 슈퍼비전, 컨설테이션, 협력 등의 긍정적인 자원을 제공받는다.

- 이용자나 지역사회가 스스로 자기의 문제를 해결할 수 있도록 돕는데 목적을 둔다.
- 개인이나 집단에 대한 상담과 치료 외에도 문제의 예방에 관심을 가진다.
- 사회복지사는 서비스와 활동의 조정을 원활히 하기 위한 팀 어프로치를 발전시키는 데 기여하는 역할을 하여야 하는 것으로 본다.

3. 사회사업(사회복지) 실천과 지역사회복지센터

지역사회복지센터는 지역사회의 복지를 향상시키고자 하는 지역사회 복지 운동의 산물이다. 지역사회복지센터의 기원은 유럽과 미국 등에서 20세기 초반에 설치되기 시작한 인보관(settlement house)에서 찾을 수 있다. 지역사회복지센터 운동은 네 가지의 신념을 공유하는 흐름이다 (Estes, 1997). 첫째, 분권화된 서비스의 기반이 되는 지리적 지역사회를 강조한다는 점이다. 둘째, 상대적으로 취약한 거주자들의 욕구에 대응하기 위하여 지역사회의 모든 부분들 사이의 파트너십의 창출을 강조한다는 점이다. 셋째, 빈곤한 사람들과 역사적으로 소외되어 왔던 여성, 아동, 노인, 장애인 등과 같은 사회적 불이익을 받은 집단들에게 우선적인 관심을 둔다는 점이다. 넷째, 정치적 조직화와 같은 높은 차원의 사회개혁을 위하여 광범위한 권익옹호 노력을 강조한다는 점이다.

이러한 역사적 기원에서 출발한 지역사회복지센터는 빈자들과 전통적으로 소외를 당해온 사람들의 사회적 안녕을 진작시키는 적극적이고 유력한 힘으로 기능하고 있다. 최근 들어 지역사회복지센터 운동은 전 세계의 거의 모든 국가에서 이루어지고 있으며, 과거와 마찬가지로 사회개혁과 지역단위의 유효한 서비스 제공이란 두 가지 역할을 유지하고 있다.

최근의 지역사회복지센터들이 강조하고 있는 내용들은 다음의 일곱 가지로 요약될 수 있다(Estes, 1997). 첫째, 분권화된 서비스 제공을 위한 가장 효과적인 장으로 지리적 개념의 지역사회를 강조한다. 둘째, 사람을 발전의 중심에 둔다. 셋째, 지역사회 사람들과 정부 간의 제도적 연결 관계를 제공한다. 넷째, 상대적으로 소외된 지역사회 거주자들의 욕구에 대처하기 위하여 지역사회 파트너십의 형성을 증진한다. 다섯째, 빈자들에 대하여 광범위한 물질적 원조를 제공한다. 여섯째, 사회적으로 불이익을 받는 집단들의 사회적, 정치적, 경제적 권리를 신장시킨다. 일곱째, 지역사회에 거주하는 사람들과 함께 근본적인 사회개혁을 지향한다.

4. 지역사회서비스 패러다임

서구에서 진행되어 온 20세기 이후의 장애인복지서비스의 발전은 크게 세 가지의 단계로 설명할 수 있다(Bradly & Knoll, 1995). 첫 번째 단계는 1970년대 중반까지에 해당하는 단계이다. 이 단계는 시설화, 의존, 분리 등의 용어로 표현되는 시기이며, 장애를 가진 사람들은 '병자' 또는 '취약한 사람'으로 묘사되는 의료적 관점이 주도하는 시기이다. 두 번째 단계는 1970년대 중반에서 1980년대 중반까지의 기간을 포함하는 단계이다. 이 단계는 지역사회서비스가 만들어지는 단계이며, 장애인이 성장·발전하며, 지역사회에서 살 수 있도록 도와주는 전문화된 훈련 서비스의 제공이 강조된 시기이다. 세 번째 단계는 1980년대 중반부터 현재까지의 기간을 포함하는 단계이다. 이 단계는 장애를 가지고 있는 사람들도 지역사회 구성원(community membership)이라는 관점을 강조하는 시기로 지역사회에서의 통합, 자립, 삶의 질, 개별화 등을 위한 기능적 지원(functional supports)을 강조한다.

지역사회 중심의 재활서비스로 표현되는 세 번째 단계는 이전 단계의 전문화된 서비스들을 통해서 '장애를 가지고 있는 사람들의 독립성. 사회통합. 생산성 등이 실제로 향상되었는가?'라는 질문에 대한 반성을 토대로 하고 있다. 이 단계에서의 기본적인 관점은 개인이 환경에 어떻게 적응할 것인가에 초점을 두기보다는 개인에게 환경을 적응시키는 관점과 개인의 환경에 대한 적응을 높일 수 있는 지원의 개념을 동시에 강조한다. 그리고 개인의 적응을 돕기 위한 지원에 있어서도 서비스를 통한 기술의 향상이 실제로 지역사회에서의 참여를 증진시킬 수 있도록 할 때에 이를 기능적 지원이라고 하며. 이를 통한 지역사회에서의 참여와 관계에서의 변화를 강조한다. 기능적 지원의 개념은 '프로그램의 조각들'에 대한 집착에서 벗어날 것을 요구한다. 즉. 사람들을 지역사회에서 실시되는 프로그램에 배치하는 것에 초점을 두기보다는 장애인들의 일상적인 욕구들을 충족시켜 줄 수 있는 공식적 및 비공식적 지원망을 만들어 내는데 초점을 두며. 서비스의 장소도 가정. 학교. 직장 등의 생활 현장으로 이동할 것을 요구하는 개념이라고 할 수 있다.

'지역사회'를 강조하는 패러다임. 관점. 모델 등은 이러한 세 번째 단계의 실천과 관련된 흐름을 칭하는 용어로 이해할 수 있을 것이다. 이런 흐름이 갖는 특징은 지역사회에 대한 강조. 인간관계. 기능적 지원과 개별화. 서비스의 융통성 등으로 표현될 수 있다(Bradly & Knoll. 1995). 그리고 지역사회 중심의 실천에서 강조하는 원칙은 장애인과 그 가족들에 의한 자기결정과 관계 구축을 통한 장애인의 지역사회 참여이며. 이러한 원칙은 과거의 '지역사회 프로그램 패러다임'에서 '지원 패러다임'으로의 전환을 요구하는 것이라고 볼 수 있다(Leake & James. 1995).

5. 장애패러다임에 입각한 서비스 원칙

장애패러다임의 변화는 장애인복지서비스 실천가에게 강점관점, 자기주도성, 독립생활, 능력강화 등에 기반을 두어 접근할 것을 요구한다. 이러한 관점에서 제기되는 장애인복지서비스 실천을 지도하는 기본적인 요소는 다음과 같이 요약될 수 있다(Mackelprang & Salsgiver, 1999).

첫째, 서비스를 이용하는 사람들은 장애에도 불구하고 능력을 갖고 있거나, 능력을 개발할 수 있다고 믿는 것이다. 현재 이용자가 통찰력, 지식, 기술 등이 빈약하다면 전문가들은 이들의 통찰력, 지식, 기술을 높일 수 있도록 책임을 가져야 한다. 이러한 관점에서 보면 지적장애로 금전관리에 어려움을 겪고 있는 사람이라 하더라도 가능한 한 많은 영역에서 스스로 금전을 관리할 수 있는 권리가 인정되어야 하며, 필요한 지원이 제공되어야 한다.

둘째, 장애 문제는 장애를 가지고 있는 사람의 개별적인 문제이고, 개인이 사회에서 적절한 기능을 수행하기 위해서는 먼저 장애인이 변화되어야 한다고 보는 전통적인 관점을 거부하는 것이다. 이는 장애에 대한 병리학적 관점을 거부하는 일이다.

셋째, 장애인 서비스에 어떤 실천 모델을 적용하는 데 있어, 장애는 사회적 구성의 결과이며 개입의 강조점은 우선적으로 사회적, 정치적인 것이 되어야 한다는 점을 믿는 것이다. 이는 장애에 대하여 소수자(minority) 관점을 받아들이는 것으로 장애인은 사회적 조건에 의하여 억압받고 있는 소수자임을 인정하는 것이며, 사회참여를 방해하는 환경, 태도, 정책의 제거나 수정이 강조되어야 한다는 점이다.

넷째, 장애 역사나 장애 문화를 인정하는 일이다. 사람들의 장애 종류나 장애 정도는 다양하지만, 장애인에게 공통적으로 내재화되어 있는 보편성이 개별 장애인의 특수성 보다 우선한다는 점을 인정하는 일이다. 장애인은 성장하는 과정에서 억압과 고립을 경험할 수 있기 때문에 서비스 실천 전문가는 이 억압이 생애과정에 미친 영향을 이해하는 것이 필요하다. 그리고 장애인 당사자들의 자기권익 옹호를 위한 정치적 실천을 지원하는 역할을 수행하여야 한다.

다섯째, 장애를 가지고 있는 사람들이 사회적인 억압을 경험했다 하더라도 장애에 내재해 있는 기쁨을 인정하는 것이다. 장애에 적용되는 실천모델은 장애를 차이로 인식하더라도 역기능 그 자체로 보아서는 안 된다는 것을 의미한다.

여섯째, 장애인 당사자들이 자기의 생활을 결정할 수 있는 권리가 있음을 인정하는 일이다. 이는 전문가의 개입방법과 수준은 기본적으로 소비자가 결정한다는 원칙과 부합하는 것이다. 즉, 전문가가 생각하는 개입 내용과 방법은 소비자인 장애인에 의해서 완전히 또는 부분적으로 거절되거나 또는 받아들여질 수도 있다는 점을 인정하는 일이다.

6. 새로운 패러다임이 요구하는 변화들

장애에 대해 새롭게 제기되는 패러다임이 요구하는 변화들을 사회복지사의 역할, 서비스 의사결정의 과정, 가족에 대한 관계, 서비스 제공 장소 등으로 나누어 제시하면 다음과 같다(Weiss, et al., 1995).

1) 사회복지사의 역할

사회복지사의 역할은 개인이나, 가족, 그리고 소속 기관의 요구에 따라 다양하게 설정될 수 있을 것이다. 새로운 서비스 패러다임에 의해 가장 크게 영향을 받는 역할 요소들은 서비스 조정자로서의 역할, 권익옹호자로서의 역할, 상담가로서의 역할 등 세 가지 영역이라고 할 수 있을 것이다.

(1) 서비스 조정자의 역할

장애인과 그 가족을 돕는 사회복지사의 전통적인 역할 중에 하나는 서비스 조정자의 역할이다. 전통적인 조정자의 역할에서는 지역사회의 일반인들이 이용하는 서비스를 제외하고, 장애인과 그 가족들에게만 적용되는 장애와 직접 관련된 특수한 자원에 한정되었다. 그러나 새로운 관점에서 사회복지사는 장애인과 가족들의 필요에 의해 제기되는 지역사회에 존재하는 포괄적인 자원들에 대한 접근을 강조하고 있다.

<표 7-1> 사회복지사의 요구되는 역할 변화: 서비스 조정자

전통적 관점: 시설 중심, 전문가 중심의 관점	소비자 주도 관점: 지역사회 중심, 장애인 주도 관점	소비자 주도 관점이 요구하는 사회복지사 도전 과제들
- 의뢰나 서비스 조정을 통해 개인과 가족을 돕는다.	- 장애인과 그 가족들이 서비스를 획득하거나, 개발하거나 조정할 수 있도록 돕기 위하여 컨설턴트나 훈련 제공자로 활동한다.	- 컨설팅 기술에 더 익숙해져야 한다.
- 일반인들이 이용하고 있는 서비스를 제외한 장애와 직접 관련된 서비스 자원에 의뢰한다.	- 특수한 서비스뿐만 아니라 일반적인 서비스를 개발할 수 있도록 돕거나, 이들 서비스에 의뢰한다.	- 일반적이면서 지역사회에 기반을 두고 있는 서비스들에 대한 지식을 넓혀야 한다.

전통적 관점: 시설 중심, 전문가 중심의 관점	소비자 주도 관점: 지역사회 중심, 장애인 주도 관점	소비자 주도 관점이 요구하는 사회복지사 도전 과제들
- 장애인을 위한 서비스 조정 활동을 하며, 동시에 장애인에게 영향을 미치는 쟁점이 제기되었을 때 다른 비장애인 가족을 위하여 활동한다.	- 비장애인 가족과 장애당사자를 포함하는 모든 가족 구성원들을 위해 서비스 조정 활동을 한다.	- 모든 가족 구성원들의 요구를 묘사하는 데 더 민감할 수 있어야 한다.

출처: Weiss, et al., 1995.

(2) 권익 옹호자의 역할

사회복지사는 장애인이 필요한 서비스를 받을 수 있도록 돕는 권익 옹호자의 역할을 수행해 왔다. 전통적으로 사회복지사의 권익옹호 역할은 기존에 존재하는 서비스에의 접근성을 높이는 정도의 역할이 주를 이루었다. 그러나 최근의 변화하는 패러다임에서는 권익옹호의 범위가 대폭 확대되는 추세에 있는 것으로 보인다. 권익옹호활동의 범위도 존재하는 서비스에 대한 접근성의 문제뿐만 아니라, 새로운 서비스를 요구하거나 정책이나 제도를 변화시키는 활동까지를 포함하는 추세에 있다.

<표 7-2> 사회복지사의 요구되는 역할 변화: 권익 옹호자

전통적 관점: 시설 중심, 전문가 중심의 관점	소비자 주도 관점: 지역사회 중심, 장애인 주도 관점	소비자 주도 관점이 요구하는 사회복지사 도전 과제들
- 장애인이 기존 서비스와 자원을 받을 수 있도록 권익옹호활동을 한다.	- 제도변화를 위하여 소비자인 장애인 및 지역사회 자원제공자들과 함께 권익옹호활동을 한다.	- 존재하고 있지 않은 서비스와 자원 체계를 고안해낼 수 있어야 한다.

전통적 관점: 시설 중심, 전문가 중심의 관점	소비자 주도 관점: 지역사회 중심, 장애인 주도 관점	소비자 주도 관점이 요구하는 사회복지사 도전 과제들
		- 소비자와 가족 중심적인 정책과 절차를 만들기 위하여 다른 전문분야 및 행정 직원들과 함께 권익옹호활동을 해야 한다.
- 개인과 가족을 위한 권익옹호 이슈를 확인한다.	- 권익옹호 이슈를 실천하는 장애인 및 전문가로 구성된 연합단체에 참여한다.	- 지역사회조직화 기술과 정치적 행동 기술을 개발한다.

출처: Weiss, et al., 1995.

(3) 상담자의 역할

장애인을 돕는 사회복지사는 장애인과 그 가족에 대한 지지적인 상담을 제공하는 역할을 수행해 왔다. 전통적으로 상담의 초점은 장애인과 그 가족들이 장애에 적응하고 재활서비스를 잘 활용할 수 있도록 하는 것이었다. 그러나 지역사회패러다임의 강화와 더불어 상담자의 역할이 장애에 대한 적응이라는 제한된 관점에서 장애인 가족들과 관련될 수 있는 부부관계, 부모의 불안, 우울, 형제자매관계 등과 같은 포괄적인 관점으로 변화하고 있는 것으로 보인다.

<표 7-3> 사회복지사의 요구되는 역할 변화: 상담자

전통적 관점: 시설 중심, 전문가 중심의 관점	소비자 주도 관점: 지역사회 중심, 장애인 주도 관점	소비자 주도 관점이 요구하는 사회복지사 도전 과제들
- 가족 구성원 가운데 장애를 가지고 있는 사람과 관련된 이슈들에 대하여 부모 상담을 제공하는데 주력한다.	- 가족 장애문제와 관련되지 않은 문제들에 대해서까지 상담 이슈를 확장한다. 형제자매나 다른 가족 구성원들을 위하여 상담서비스를 제공한다.	- 상담 이슈의 범위를 가족 전체 구성원의 문제로 확장하도록 기관 내에서 문제를 제기한다.
- 장애를 가지고 있는 사람들의 정신건강 욕구에 대해서는 거의 관여하지 않는다. 지원과 격려를 제공하기는 하지만 정신건강 욕구에 대해서는 거의 관심을 기울이지 않는다.	- 욕구가 있다면 장애인의 정신건강 욕구에 대해서도 대처한다.	- 장애인의 정신건강 욕구를 효과적으로 확인할 수 있는 방법을 배운다.

출처: Weiss, et al., 1995.

2) 서비스 의사결정의 과정

전통적 관점에서 사회복지사들은 다른 전문직들과의 팀 접근을 통해서 장애인과 그 가족에 가장 적합할 것으로 생각되는 서비스 계획을 만들고, 제안하는 일을 수행해 왔다. 이러한 과정에서 전문가들은 장애인과 그 가족들에게 지도력을 행사해 온 것으로 볼 수 있다. 그러나 지역사회 중심과 당사자 주도의 서비스 관점에서는 장애인과 그 가족이 서비스 계획을 마련하는 팀의 구성원으로 인정될 뿐만 아니라, 서비스 계획과정의 주도자로 인정할 것을 요구한다. 이러한 과정에서 전문가들은 장애인과 그 가족들이 좋은 의사결정을 하두록 돕는 역할을 수행하게 될 것이다.

<표 7-4> 서비스 의사결정 과정에서 요구되는 변화

전통적 관점: 시설 중심, 전문가 중심의 관점	소비자 주도 관점: 지역사회 중심, 장애인 주도 관점	소비자 주도 관점이 요구하는 사회복지사 도전 과제들
- 가족을 위한 개입 계획을 만드는 전문가 팀의 일원으로 참여한다.	- 개인과 가족들이 스스로 가족 미래 계획을 만들 수 있도록 돕기 위하여 컨설턴트로 활동한다.	- 가족들이 적절한 정보에 기반한 결정을 할 수 있도록 충분한 정보를 제공하는 역할을 한다.
- 의사결정과정에서 지도자로 활동한다.	- 의사결정 과정에서 가족과 개인이 주도력을 발휘할 수 있도록 지원한다.	- 다른 방법이 더 적절할 것으로 생각되더라도, 장애 당사자와 그 가족의 선택을 존중하고 지원할 수 있어야 한다.

출처: Weiss, et al., 1995.

3) 가족에 대한 관계

전통적 관점에서 사회복지사는 가족과의 관계에서 장애인의 욕구를 충족시키기 위한 서비스 계획을 수립하는 데 필요한 가족의 기능을 사정하는 역할을 수행해 왔다. 이러한 사정 자료를 통해서 장애인과 그 가족들이 현존하는 재활서비스를 가장 잘 활용할 수 있도록 돕는 방법을 모색하게 된다. 그러나 새로운 패러다임에서는 전문가가 어느 수준에서 개입해야 하는지를 결정할 때 장애인 당사자의 주도적인 관여를 전제한다. 장애인과 그 가족의 요구에 따라 사회복지사는 치료자, 권익옹호자, 훈련 제공자, 정보 제공자, 서비스 조정자 등의 다양한 역할을 필요에 따라 수행하게 된다.

<표 7-5> 가족에 대한 관계에서 요구되는 변화

전통적 관점: 시설 중심, 전문가 중심의 관점	소비자 주도 관점: 지역사회 중심, 장애인 주도 관점	소비자 주도 관점이 요구하는 사회복지사 도전 과제들
- 가족의 기능을 사정하고 가족들이 제안된 서비스를 사용할 수 있도록 돕는다.	- 가족들이 서비스 계획을 만들고 실행할 수 있도록 돕기 위하여 컨설턴트로 활동한다. 가족에 대한 사정은 가족의 요구가 있는 경우에 수행한다.	- 부모들이 서비스 계획을 만들고 실행하는 데 도움이 되는 기술들을 부모들에게 훈련시킨다.
- 전문가들이 가족 구성원들에게 중요한 계획을 개발하도록 서비스 팀을 지원한다.	- 장애 가족의 모든 구성원들에게 충분한 범위의 서비스(유연한 재정지원, 형제자매 집단구성)를 제공한다.	- 가족 구성원들을 위한 계획을 만들고 실행하기 위해 지지적으로 활동할 수 있는 팀을 만드는 데 도움이 되는 협상과 권익옹호 기술을 발달시킨다.
- 기관의 서비스 전달자라는 입장에 기초하여 가족과의 관계를 설정한다.	- 관계를 설정하는 데 가족의 기대를 존중한다. 각 가족의 독특한 강점과 욕구에 기반하여 다양하게 역할을 설정한다.	- 컨설턴트, 서비스 조정자, 권익 옹호자, 상담자 등으로서 갖추어야 할 기술을 발달시킨다. 각 가족들이 요구하는 부분에 한해서 서비스를 제공한다.

출처: Weiss, et al., 1995.

4) 서비스 제공 장소

전통적인 관점에서 사회복지사는 장애인 주거시설, 장애인 기관, 병원 등에서 서비스를 전달한다. 이러한 관점에서 서비스는 장애인을 위하여 특별히 마련된 시설에 기반하여 서비스를 제공하며, 서비스의 대부분은 사회적 기술이나 적응 문제 등과 같은 심리사회적 영역으로 제한되게 된다. 반면에, 지역사회 중심의 관점에서는 지원생활(supported living), 지원고용(supported employment)의 현장 등과 같은 보다 일반적이고 지역사회를 기반으로 한 장소에서 서비스를 제공하게 된다. 이러한 관점에서는 심리사회적인 문제 이외에도 교통문제의 조정, 비장애인 근로자와의 관계 조정 등과 같은 사회체계와 관련된 문제들에도 관여하게 된다.

<표 7-6> 서비스 제공 장소와 관련하여 요구되는 변화

전통적 관점: 시설 중심, 전문가 중심의 관점	소비자 주도 관점: 지역사회 중심, 장애인 주도 관점	소비자 주도 관점이 요구하는 사회복지사 도전 과제들
- 전문화된 주거서비스 센터, 서비스 기관, 병원, 주간보호센터 등과 같은 형태 속에서 서비스를 제공한다.	- 지원생활(supported-living) 상황, 지원고용 장소, 당사자의 가정 등과 같은 보다 일반화되고 지역사회에 기반한 세팅에서 서비스를 제공한다.	- 지역사회의 다양한 서비스 제공자들과 새로운 네트워크를 개발한다. 이를 위하여 조정과 협상 기술을 향상시킨다.
- 위의 세팅 내에서 보다 효과적으로 기능을 수행할 수 있도록 장애인을 돕는다.	- 장애인들이 집이나 지역사회에서 효과적으로 기능할 수 있도록 돕는다.	- 일반 가정이나 보통의 지역사회 세팅에서 보다 성공적으로 일하는 데 필요한 기술을 개발한다.

출처: Weiss, et al., 1995.

참고 문헌

장인협·이혜경·오정수. 2000. 『사회복지학』. 서울대학교 출판부.

Bradly, V. J. & Knoll, J. 1995. "Shifting paradigms in services to people with disabilities" In *Community rehabilitation services for people with disabilities.* edited by Karan. O. C. & Greenspan. S.. MA: Butterworth-Heineman, 5-19.

Estes, R. J. 1997. Social work, social development and community welfare centers in international perspective. *International Social Work,* 40: 43-55.

Farley, O. W., Smith, L.L. & Boyle, S. W. 2000. *Introduction to social work,* MA: Needham Heights.

Leake, D. W. & James, R. K. 1995. "Shifting paradigms to natural supports: A practical response to a crisis in disabilities services". In *Community rehabilitation services for people with disabilities.* edited by Karan. O. C. & Greenspan. S. 1995. MA: Butterworth-Heineman, 20-37.

Mackelprang, R. W. & Salsgiver, R. O. 1999. *Disability: a Diversity Model Approach in Human Service Practic*e. Brooks/Cole Publishing Co.

Weiss, N. R., Leviton, A. N. & Mueller, M. H. 1995. "The changing role of social workers". In *Community rehabilitation services for people with disabilities.* edited by Karan. O. C. & Greenspan. S. 1995. MA: Butterworth-Heineman, 235-254.

제3부

정책과 담론

제**8**장 　 장애인정책의
　　　　　 현황과 전망

▎김 용 득

　우리나라의 주요 장애인정책들은 어떤 변화를 거쳐서 현재에 이르게 되었는가? 소득보장, 교육, 고용 등의 영역에서 장애인을 위한 구체적인 내용들을 어떤 것들이 있는가? 이들 내용들은 어느 수준이며, 향후 어떤 방향으로 개선 또는 발전될 것인가?

1. 개요

　장애인정책에서 다루어야 하는 주제의 범위는 크게 확장하여 차별, 고용, 소득보장, 의료, 복지서비스, 주택, 건축, 교통 등을 포괄하여야 하며, 동시에 아동, 청소년, 성인, 노인 등의 전체 연령층을 포괄해야 한다.

　우리나라의 장애인정책은 1970년대 후반까지는 개별적인 자선에 의존하는 수준이었다. 현대적 장애인정책의 개념은 1976년 UN의 '1981년 세계장애인의 해' 선포에 이어서 정부가 1977년에 '특수교육법'을 제정하고, 1981년에 '심신장애자복지법'을 제정함으로써 만들어지기 시작했다. 1980년대 후반 장애계의 생존권보장 요구에 의해 1990년 제정된 '장애인 고용촉진 등에 관한 법률'과 1989년에 개정된 '장애인복지법'은 장애운동의 영향을 받았다는 점에서 의의가 있다. 1997년 제정된 '장애인·노인·임산부 등의 편의증진 보장에 관한 법률', 1999년 개정된 '장애인복지법' 등은 제도적 차원에서 장애인에 대한 사회복지정책의 기본적인 틀을 마련하고, 사회적 환경의 개선을 시도하고 있다는 점에서 큰 의미를 부여할 수 있을 것이다.

최근 들어서는 '장애인 차별금지 및 권리구제 등에 관한 법률'이 2007년 4월에 제정되었고, 2008년 4월부터 시행되었다. 그리고 '장애인 등에 대한 특수교육법'이 2007년 5월에 이전의 특수교육진흥법을 대체하여 제정되었고, 2008년 5월부터 시행되었다. 그리고 장애인의 소득보장을 위하여 '장애인연금법'이 2010년 3월에 제정되었으며, 동년 7월부터 장애인연금이 지급되기 시작했다. 이런 변화는 장애인의 차별금지와 권리확보라는 관점에 입각한 중요한 전환으로 이해될 수 있으며, 이들 법의 제정 과정에서 장애인운동의 요구가 중요하게 영향을 미쳤고, 국민 대중들이 장애문제를 사회적 대처가 필요한 영역임을 인식하는 데 크게 기여하였다는 점에서 중요하다.

최근 장애인정책은 장애인 패러다임의 변화와 관련하여 과거의 협소하고 잔여적인 차원의 접근에서 복지, 교육, 고용, 문화, 사회참여 등의 복합적 영역에 대한 보편적 대처를 필요로 한다. 이런 관점에서 본고에서는 장애인정책의 대표적 분야인 소득보장, 교육, 고용 분야들을 중심으로 동향을 살펴보고자 한다.

2. 소득보장

장애인 가구는 비장애인 가구에 비해 소득이 낮을 뿐만 아니라 장애로 인한 추가비용으로 인해 빈곤에 빠질 가능성이 매우 높다. 특히, 가구주가 장애인인 경우에는 근로활동에 제약을 받게 되어 소득이 낮게 될 가능성이 매우 높다. 이에 따라 장애인은 전통적으로 사회복지 정책의 주 대상으로 여겨져 왔으며, 소득보장 지원은 이들에게 가장 중요한 영역이다(이선우, 2010).

2014년 장애인가구의 월평균 소득은 223.5만원으로 전국 월평균 가구소득(356.0만원)의 62.7% 수준이며, 2017년 장애인가구의 월평균 소득은 242.1만원으로 전국 월평균 가구소득(361.7만원)의 66.9%로 나타났다.

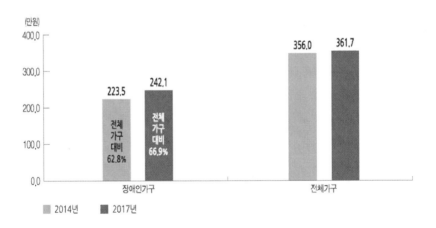

<그림 8-1> 전체가구와 장애인가구의 월평균 소득액 비교

출처: 고용노동부·한국장애인고용공단 고용개발원, 2018.

그리고 전체 장애인가구의 절반 이상이 월 200만원 미만의 소득을 벌고 있는 것으로 나타났으며, 2017년 기준 월평균 소득의 분포는 '50만원 미만' 3.2%, '50~99만원' 22.6%, '100~149만원' 13.7%, '150~199만원'이 11.2%로 나타났다.

<표 8-1> 장애인가구의 연도별 월평균 소득 및 지출액

(단위 : %, 만원)

구 분	2008년		2011년		2014년		2017년	
	소득	지출	소득	지출	소득	지출	소득	지출
전 체	100.0	100.0	100.0	100.0	100.0	100.0	100.0	100.0
50만원 미만	12.3	11.7	10.3	9.0	7.5	7.9	3.2	3.4
50~99만원	24.8	25.2	20.7	23.9	23.3	24.1	22.6	24.4
100~149만원	16.3	18.6	15.2	18.0	13.8	17.2	13.7	15.8
150~199만원	11.2	13.8	12.7	15.2	11.4	14.9	11.2	13.2
200~249만원	10.4	11.7	11.7	13.0	9.7	12.5	10.0	12.6
250~299만원	5.9	6.8	6.9	6.5	7.8	6.3	7.1	8.0
300~349만원	6.3	5.1	7.8	6.6	6.9	7.2	8.1	8.8
350~399만원	4.1	2.4	3.9	2.5	4.0	2.6	5.2	4.1
400~449만원	4.11	2.71	3.4	2.6	4.3	3.2	4.6	4.2
450~499만원			1.6	0.8	2.4	0.9	2.8	1.6
500만원 이상	4.4	2.0	5.7	2.0	9.0	3.2	11.3	4.0
평균금액	181.9	155.5	198.2	161.8	223.5	170.6	242.1	190.8

출처: 고용노동부·한국장애인고용공단 고용개발원, 2018.

장애로 인한 월평균 추가비용을 살펴보면, 2017년 기준 전체 평균이 165만 1천원으로 나타났다. 추가 비용의 구체적인 지출 내역은 의료비의 비중이 가장 높았으며, 그 다음으로 부모사후 및 노후대비비, 보호·간병인비, 교통비 등이 중요한 비중을 차지하는 것으로 나타났다.

<표 8-2> 연도별 장애로 인한 추가소요 비용

(단위 : 천원)

구 분	2005년	2008년	2011년	2014년	2017년
전 체	155.4	158.7	160.7	164.2	165.1
교통비	22.9	17.8	22.8	25.6	20.5
의료비	90.2	57.3	56.8	66.0	65.9
보육·교육비	6.1	6.2	6.0	4.1	8.0
보호·간병인	11.8	9.9	14.1	13.6	20.6
재활기관 이용료	2.1	2.0	1.9	4.2	4.8
통신비	1.2	1.4	9.6	9.9	9.8
장애인보조기구 구입·유지비	6.4	36.8	31.7	18.9	7.2
부모사후 및 노후대비비	8.8	6.2	5.4	16.8	22.9
기 타	6.0	21.2	12.3	5.1	5.4

출처: 고용노동부·한국장애인고용공단 고용개발원, 2018.

장애인소득보장을 지원하는 정책을 논의하기 위해서는 장애인연금이나 장애수당과 같이 장애에 국한된 제도뿐만 아니라 전 국민의 소득지원 프로그램인 국민연금과 국민기초생활보장제도에 대해서도 함께 다루어야 한다. 그러나 이런 전반적인 소득지원 프로그램은 사회복지정책에서 상세하게 다루기 때문에 본 장에서는 장애인에게 국한된 소득지원 정책인 장애인연금과 장애수당제도를 중심으로 살펴보기로 한다.[1]

장애인복지법에 의한 장애인 소득지원은 1990년부터 저소득 중증장애인에게 '생계보조수당'을 지급하면서 시작되었다. 그 이후로 철도 및 지하철 요금 할인, LPG 연료사용 허용, 자립자금 대여, 지하철 무료 이용, 영구 임대주택 입주 시 가산점 부여, 국내선 항공료 할인, 승용차 특별소비세 면제, 전화요금 할인 등의 간접지원 제도를 확대하였다.

---

1) 본 내용은 보건복지부 홈페이지에 게시된 자료를 재구성한 것이다.

1999년에는 장애인복지법을 전면 개정하면서 생계보조수당제도를 폐지하고 장애수당(성인장애인의 소득지원), 장애아동수당(장애아동 양육에 소요되는 추가비용 지원), 보호수당(성인장애인 보호에 소요되는 추가비용 지원) 제도를 규정하였다. 그러나 실제로는 과거의 장애인 생계보조수당과 동일한 내용에 장애수당이라는 용어만 변경하여 지급하였다. 2002년에는 장애아동가구를 대상으로 장애아동수당이 도입되었다. 그러다가 2007년 장애인의 이동을 지원하는 대표적인 제도였던 LPG 연료 지원제도가 폐지되면서 장애수당과 장애아동수당의 지급 대상을 확대하고, 급여 수준도 높아졌다. 이 시기에 장애인 소득지원의 대상을 대폭 확대하고, 급여수준도 장애로 인한 소득기회의 상실을 실질적으로 보전할 수 있는 수준으로 인상해야 하며, 이를 위해서 장애인연금제도 도입 필요성이 논의되기 시작했다. 2010년 7월부터 장애인연금제도가 도입됨으로써 장애인 소득지원제도는 만18세 이상의 중증장애인을 대상으로 하는 장애인연금, 장애인연금지급 대상에서 제외된 과거의 장애수당 지급대상이었던 만18세 이상의 경증장애인에게 지급되는 장애수당, 만18세 미만의 장애아동을 대상으로 하는 장애아동수당제도 등으로 구성되었다.

장애인연금제도란 일을 하기 어려운 중증장애인의 생활 안정을 위하여 매월 일정 금액을 연금으로 지급하는 사회보장제도이다. 장애인연금을 지급받는 대상은 만18세 이상의 중증장애인 중 본인과 배우자의 소득과 재산을 합산한 금액(소득인정액)이 선정기준액 이하인 사람이다. 여기서 중증장애인은 장애등급이 1급, 2급 및 3급 중복장애를 가진 장애인을 말한다. 3급 중복장애란 3급의 장애인으로서 3급에 해당하는 장애유형 외에 다른 유형이 장애가 하나 이상 있는 사람을 말하며, 주된 장애가 3급이며, 3-6급의 부장애가 등록되어 있는 경우이다.

그리고 본인과 배우자의 소득과 재산을 합산한 금액(소득인정액)이 선정기준액 이하여야 한다. 소득인정액은 월 소득평가액[2]과 재산의 월 소득환산액[3]을 합산한 금액이다. 2018년 현재 선정기준액은 배우자가 없는 장애인은 월 121만원, 배우자가 있는 경우는 월 193.6만원이다 (보건복지부, 2018).[4]

장애인연금은 기초급여와 부가급여로 구성된다. 기초급여는 근로능력의 상실 또는 현저한 감소로 인하여 줄어드는 소득을 보전해 주기 위하여 지급하는 급여로 소득보장 성격의 연금이다. 국민연금 가입자 최근 3년간 월 평균소득(A값)의 5%로, 2018년 9월부터 2019년 3월까지의 경우 250,000원(감액이 없는 경우)을 기본급여로 지급한다. 단, 기초노령연금을 받는 65세 이상은 기초급여를 지급하지 않는다. 부가급여는 장애로 인하여 추가로 드는 비용의 전부 또는 일부를 보전해주기 위하여 지급하는 급여로 추가지출 보전성격의 연금이다. 65세 미만의 기초생활수급자는 매월 8만원, 차상위 계층은 매월 7만원, 차상위를 초과한 경우에는 2만원을 추가 지급한다. 65세 이상 차상위 계층에게는 매월 7만원, 차상위 초과계층에게는 매월 4만원을 지급한다. 기초급여와 부가급여를 포함한 장애인연금액은 기초생활보장제도의 소득산정에서 제외된다.

장애인연금은 「장애인연금법」을 근거로 만18세 이상 중증장애인 중

---

2) 월 소득평가액은 (근로소득, 사업소득, 재산소득, 이전소득 등의 합계) - (상시 근로소득 공제) 이다. 이전소득은 정기적으로 지급되는 각종 급여, 수당, 연금 및 고소득 가구 중증장애인의 경제적 수준을 평가하기 위해 세대별 주민등록표와 같이 하는 부모, 자녀와 그 배우자의 주택 및 건강보험료를 조회하여 추정하는 소득을 말한다. 상시 근로소득 공제는 1인당 월 69만원 기본 공제 후 30%를 추가로 공제한다.

3) 재산의 월 소득환산액은 {(일반재산−기본재산공제)+(금융재산−2,000만원)+(자동차가액)−(부채)} ×재산의 소득환산율(연4%)÷12개월+(고급자동차, 고가회원권의 환산액) 이다. 기본재산공제는 대도시 1억 3천 5백만원, 중소도시 8천 5백만원, 농어촌 7천 2백 5십만원으로 계산된다. 금융 재산공제는 가구별 2천만원(인별 적용은 아님)을 적용한다.

4) 장애인연금 대상자 여부 확인은 장애인연금 홈페이지(www.bokjiro.go.kr/pension)에서 소득재산 사항을 입력하면 확인할 수 있다.

일정 소득 이하인 자를 대상으로 지급하고, 장애수당은 「장애인복지법」 제49조에 따라 지급하고 있는 제도이다. (경증)장애수당과 장애인연금 대상자는 만18세 이상이며, 장애아동수당 대상자는 만18세 미만이다.

장애수당은 만18세 이상의 등록한 장애인 중 3~6급의 장애등급을 가진 사람으로 국민기초생활수급자 및 차상위 계층을 대상으로 한다(3급의 중복장애인은 중증장애인이므로 제외됨). 지급 금액은 2018년 기준으로 기초수급 및 차상위 경증장애인 1인당 월 4만원, 보장시설 입소 경증장애인 1인당 월 2만원이다.

장애아동수당은 국민기초생활보장법에 의한 수급자 및 차상위 계층의 만18세 미만 등록 장애아동을 대상으로 지급한다. 지급 금액은 기초수급자 중 생계 또는 의료급여 수급 중증장애아동 1인당 월 20만원, 기초수급자 중 주거 또는 교육급여 수급 중증장애아동 1인당 월 15만원이다. 기초수급 경증장애아동 1인당 월 10만원, 차상위 중증장애아동 1인당 월 15만원, 차상위 경증장애아동 1인당 월 10만원, 보장시설 입소 중증장애아동 1인당 월 7만원, 보장시설 입소 경증장애아동 1인당 월 2만원이다.

3. 특수교육

우리나라 장애인의 교육수준은 일반 인구에 비해서 매우 낮은 수준이다. 최근에 장애인 교육에 대한 국가의 개입이 확대되면서 이런 차이가 개선되고 있지만, 아직도 차이는 크다. 장애인의 낮은 교육수준은 직업이나 사회참여 등의 영역에서 참여하지 못하는 원인으로 작용하기 때문에 시급히 개선해야 할 문제이다. 장애인의 교육수준을 보면, 중졸이하의 비율이 전체 인구와 비교했을 때 매우 높은 반면, 대학교 이상의 비율은 현저히 낮은 것으로 나타나고 있다.

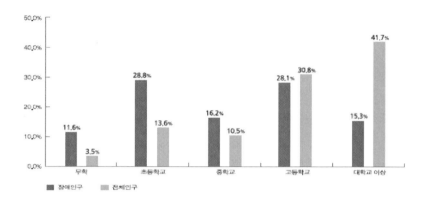

<그림 8-2> 전체 인구 대비 장애인의 학력구성비

출처: 고용노동부·한국장애인고용공단 고용개발원. 2018.

특수교육은 장애로 인하여 일반교육과정의 목표를 달성하기 어려운 학생들의 교육적 요구에 대한 특별한 지원을 의미한다(노선욱, 2010). 장애인 등에 대한 특수교육법에 따르면 특수교육은 특수교육대상자의 교육적 요구를 충족시키기 위하여 특성에 적합한 교육과정 및 특수교육 관련 서비스 제공을 통하여 이루어지는 교육을 말한다. 특수교육대상자는 시각장애, 청각장애, 정신지체, 지체장애, 정서·행동장애, 자폐성장애, 의사소통장애, 학습장애, 건강장애, 발달지체와 그 밖에 대통령령으로 정하는 장애를 가진 사람 중 특수교육을 필요로 하는 사람으로 진단·평가된 사람으로 하고 있다(장애인 등에 대한 특수교육법 제15조). 특수교육 관련 서비스란 특수교육 대상자의 교육을 효율적으로 실시하기 위하여 필요한 인적·물적 자원을 제공하는 서비스로서 상담지원, 가족 지원, 치료지원, 보조인력 지원, 보조공학기기 지원, 학습보조기기

지원, 통학지원 및 정보접근 지원 등을 말한다.

특수교육대상자의 유치원, 초등학교, 중학교 및 고등학교 전 과정의 교육은 의무교육이다. 2018년 4월 기준으로 특수학교[5], 일반학교 특수학급[6], 일반학급, 순회교육[7] 등과 관련된 현황은 다음과 같다(교육부, 2018). 먼저, 특수학교는 전국에 175개가 있으며, 25,919명의 특수교육대상 학생이 특수교육을 받고 있다. 특수학교에서 특수교육을 담당하고 있는 교원은 8,483명이다. 그리고 전국 7,954개의 유·초·중·고등학교에 설치된 10,676개 특수학급에서 48,848명의 특수교육대상 학생이 특수교육을 받고 있다. 특수학급에서 특수교육을 담당하고 있는 교원은 11,077명이다. 또한 전국 7,725개 유·초·중·고등학교의 14,712개 일반학급에 15,595명의 특수교육 대상 학생이 배치되어 통합교육을 받고 있다. 가정·시설·병원·학교 등에 순회·파견 형태로 실시되는 순회교육은 특수학교에서 257개 학급에 925명, 특수학급에서 312개 학급에 1,135명, 특수교육지원센터에서 2,232명을 대상으로 실시하고 있다. 순회교육을 담당하고 있는 교사는 특수학교 263명, 특수학급 353명, 특수교육지원센터 721명 등으로 총 1,337명이다.

최근 10년간의 특수교육 규모의 변화를 보면 다음 그림과 같다. 최근 장애학생의 통합교육 확산으로 특수학급의 수는 계속 늘어나는 추세이며 최근 5년간 연평균 266개 학급이 증가하였다. 2018년 특수교육 대상학생은 90,780명으로 전년 대비 1,427명이 증가하였으며, 최근 특수교육대상자의 교육기회 확대 및 지원서비스 강화로 지속적으로 증가하는 추세이다. 특수교육 담당교원의 수는 매년 증가하여 2018년

---

5) 특수학교는 특수교육 대상자만을 위한 교육과정을 운영하는 독립된 학교를 말한다. 대체로 유치부, 초등부, 중등부, 고등부 등이 하나의 특수학교에 포함되어 있다.
6) 특수교육을 위해 일반학교 내에 설치된 장애학생들로 구성된 학급이나.
7) 특수교육 교원 및 특수교육 관련서비스 담당 인력이 학교나 의료기관, 가정 및 복지시설 등에 있는 특수교육대상자를 위해 직접 방문하여 실시하는 교육을 말한다.

특수교육 담당교원 1인당 학생 수는 4.53명이나 이는 『장애인 등에 대한 특수교육법』의 기준인 4.0:1에 아직 미치지 못하고 있다.

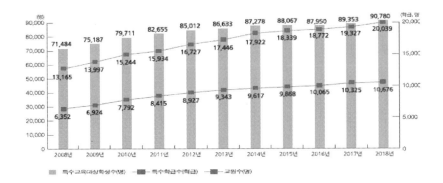

<그림 8-3> 연도별 특수교육 규모의 변화

출처: 고용노동부·한국장애인고용공단 고용개발원, 2018.

우리나라 특수교육 예산은 2006년 교육부문 전체 예산의 3.6% 수준이던 것이 2018년에는 4.4%로 증가하였다. 그리고 특수교육대상자 1인당 특수교육비는 30.398천원으로 전년도에 비해 701천원이 높아졌다.

<표 8-3> 연도별 특수교육 예산의 변화

(단위 : 천원, %, 명)

구 분	교육부 예산	특수교육예산	특수교육예산비율	수혜학생 수	1인당 특수교육비
2006년	29,426,304,000	1,051,284,265	3.6	62,538	16,810
2007년	31,044,748,000	1,145,295,143	3.7	65,940	17,369
2008년	35,897,425,000	1,352,939,269	3.8	71,484	18,926
2009년	38,698,867,000	1,545,753,946	4.0	75,187	20,559
2010년	38,595,975,000	1,667,641,925	4.3	79,711	20,921
2011년	41,618,722,000	1,966,284,753	4.7	82,665	23,786
2012년	45,752,654,000	2,138,496,638	4.7	85,012	25,155
2013년	49,643,947,000	2,245,781,336	4.5	86,633	25,923
2014년	49,986,533,000	2,153,125,519	4.3	87,278	23,787
2015년	55,878,247,529	2,179,562,387	3.9	88,067	25,295
2016년	57,448,363,978	2,323,602,767	4.0	87,950	27,016
2017년	57,003,830,743	2,664,432,153	4.7	89,353	29,697
2018년	63,872,934,485	2,783,412,270	4.4	90,780	30,398

출처: 고용노동부·한국장애인고용공단 고용개발원, 2018.

우리나라 장애인교육은 1977년 제정·공포된 특수교육진흥법에 의해 공적으로 보장되기 시작하였고, 전국 시·도에 공립 특수학교 및 특수학급이 설치되는 등 특수교육 발전의 기반이 되었다. 특수교육진흥법은 9차례에 걸친 개정이 이루어졌으며, 그 중 1994년 전면 개정에서는 통합교육 및 개별화교육 등 새로운 교육흐름의 도입, 장애학생의 적절한 선정·배치 등 절차적 권리 강화를 위한 특수교육 운영위원회의 도입 등 중요한 조치들이 포함되었다. 이 당시 현장의 요구 및 사회변화를 반영하여 내실 있는 특수교육 정책을 정착시키기 위하여 특수교육진흥법의 전부 개정을 추진하게 되었다. 특수교육진흥법은 초·중등교육 중심으로 규정되어 있어 장애 영유아 및 장애 성인을 위한 교육지원에 대한 규정이 미흡하였으며, 국가 및 지방자치단체의 특수교육 지원에 대한 구체적인 역할 제시가 미흡하여 법의 실효성 담보에 한계가 있었다. 이런 문제점들을 반영하여 「장애인 등에 대한 특수교육법」이 마련되어 2007년에 공포되고, 2008년에 시행되었다(교육과학기술부, 2011).

「장애인 등에 대한 특수교육법」은 「교육기본법」 제8조에 따라 국가 및 지방자치단체가 장애인 및 특별한 교육적 요구가 있는 사람에게 통합된 교육환경을 제공하고 생애주기에 따라 장애유형·장애정도 등의 특성을 고려한 교육을 실시하도록 하고 있다. 이 법에서 정하고 있는 주요 내용은 다음과 같다(교육과학기술부, 2011).

1) 특수교육대상자에 대한 의무교육 연한 확대 (법 제3조, 시행령 제2조 및 제3조)

의무교육이란 교육의 기회균등 원칙에 입각하여 모든 국민에게 사회적·경제적 지위에 관계없이 최소한의 필수적인 공통교육을 보장하기 위한 제도이다. 현재 우리나라는 모든 국민에 대해 초등학교와 중학교 과정의 의무교육을 실시하고 있으며 특수교육대상자의 의무교육도 동일하게 적용되어 왔다. 그러나 법 시행으로 특수교육대상자의 경우 유치원 과정부터 고등학교 과정까지 의무교육을 받아야 하고, 만3세 미만의 장애영아 교육과 고등학교 이후의 전공과 과정은 무상교육을 받게 된다.

2010년에 만5세 이상 장애유아와 고등학교 과정이, 2011년 만4세 이상 그리고 2012년부터는 만3세 이상의 모든 장애유아가 의무적으로 교육을 받게 되었다. 다만 현재 특수교육이 필요한 장애유아 중 교육기관보다 보육시설을 이용하는 장애유아가 더 많으므로 장애유아의 취학편의를 위해 일정한 교육적 요건을 갖춘 보육시설 이용을 의무교육 이행으로 간주하도록 하였다.

2) 장애의 조기발견체제 구축 및 장애영아의 무상교육 (법 제14조, 시행령 제9조, 시행규칙 제2조)

「특수교육진흥법」에는 장애의 조기발견이나 조기교육에 관한 절차 및 권리규정이 없어 장애를 발견하는 시기가 늦었고, 장애를 발견하더라도 「영유아보육법」에 따라 무상보육의 혜택만을 받을 수 있어서 장애영유아를 둔 가정에서는 주로 사교육에 의존해야 했기 때문에 그에 따른 가계부담도 상당한 것으로 나타났다. 「장애인 등에 대한 특수교육법」에서는 만3세 미만 장애영아에 대해 무상교육을 실시하고, 장애의 조기발견을 위한 무상의 선별검사 실시 또는 영유아 건강검진 결과를 활용하도록 규정하였다.

3) 특수교육지원센터 설치·운영 법적근거 마련
(법 제11조, 시행령 제7조)

특수교육지원센터 설치·운영은 특수교육계의 요구를 반영하여 「제 2차 특수교육발전 5개년 계획('03년-'07년)」의 추진과제로 선정되어 그 동안 정책 사업으로 추진되어 왔다. 하지만 시설 확보 및 전담인력 배치 등에 대한 법적 근거가 없어 지역사회 중심으로 실질적인 특수교육을 지원하는 데 한계가 있었다. 동법에서는 특수교육지원센터를 하급 교육행정 기관별로 설치·운영하도록 규정하고, 특수교육대상자의 조기발견, 진단·평가, 특수교육 연수, 교수·학습활동의 지원, 특수교육 관련서비스 지원, 순회교육 등을 담당하도록 하였다.

4) 통합교육의 강화(법 제21조, 시행령 제16조)

최근 5년간 특수교육대상자의 교육환경별 배치현황을 살펴보면, 일반학교에 배치되어 통합교육을 받고 있는 특수교육대상자의 수는 해마다 증가하고 있다. 일반학교에 배치되어 통합교육을 받는 학생이 2007년에는 전체 특수교육대상자의 65.2%이었던 것이 2008년도 67.3%, 2011년도 70.1%, 2014년도 70.4%, 2018년도 71.0%로 매년 증가하고 있다. 특수교육 대상자의 통합교육을 위해 일반학교 내에 설치되는 특수학급도 최근 5년간 연평균 300여 학급씩 지속적으로 증설되어 왔다. 하지만 아직도 통합교육현장에서 특수교육대상자의 교육권 보장을 위한 교육과정 조정, 학습보조기기 지원, 보조인력 지원, 교원의 장애이해 등이 미흡하여 차별사례가 발생하는 경우가 있다. 동법에서는 특수교육대상자를 가능하면 통합된 교육환경에 배치하도록 하면서 거주지에서 가장 가까운 학교에 다닐 수 있게 하였다. 물론 대상자의 장애 정도. 능력. 보호자의 의견 등을 종합적으로 판단하여 특수교육 운영위원회의 심의를 거쳐 교육장 또는 교육감이 최종 결정하게 된다. 그리고 특수교육대상자가 재학하고 있는 일반학교의 장으로 하여금 특수교육 대상자의 장애 유형. 정도 등을 고려하여 교육과정 조정. 보조인력 지원. 학습보조기기 지원. 교원연수 등에 관한 통합교육계획을 수립·시행하도록 규정함으로써 통합교육의 성공적인 실행이 가능하도록 제도적 정비를 하였다.

특수학급이 미설치된 일반학교에 배치된 특수교육대상자에게 특수교육을 제공하기 위하여 특수교육지원센터의 교사가 방문하여 지원할 수 있게 되었고. 특수교육지원센터를 중심으로 통합교육을 받고 있는 학생들에게도 특수교육 관련 서비스를 제공할 수 있게 되었다.

5) 진로 및 직업교육의 강화
(법 제23조, 시행령 제17조 및 제18조)

특수교육 대상자가 학교를 졸업하고 사회로 원활하게 이동할 수 있도록 하기 위해 중학교과정 이상 각급 학교의 장은 관련 기관과의 협력을 통하여 직업재활훈련 및 자립생활훈련을 실시하는 진로 및 직업교육을 강화하였다. 진로 및 직업교육을 직접적으로 실시하는데 필요한 별도의 교실 외에 취업과 연계될 수 있도록 실습을 위한 직업훈련실을 설치하고 인력과 경비도 지원할 수 있게 되었다. 그동안 「초·중등교육법」 제6조에 따라 고등학교 과정을 설치한 특수학교에 전문 기술교육을 하기 위해 수업 연한 1년 이상인 전공과를 둘 수 있도록 하였으나. 이제는 특수교육대상 학생의 특성·능력·장애유형 또는 요구 등에 맞추어 직업재활훈련 뿐만 아니라 자립생활훈련을 실시하기 위해 전공과를 운영할 수 있고. 특수학급에도 전공과를 설치할 수 있다.

6) 학급설치 및 교사배치 기준의 상향조정을 통한 교육의 질 제고(법 제7조, 시행령 제2조)

「특수교육진흥법」에서는 특수교육대상 학생 1인 이상 12인 이하인 경우 1개 학급을 설치할 수 있었으나 「장애인 등에 대한 특수교육법」에서는 유·초·중·고별로 각각 4명·6명·6명·7명을 기준으로 1개 학급을 설치할 수 있도록 하여 특수교육대상자 개개인의 특성과 능력에 따른 개별화된 교육을 제대로 실행할 수 있게 되었다.

7) 특수교육 관련 서비스 제공(법 제28조, 시행령 제23조, 제24조, 제25조, 제26조, 제27조, 제28조, 제29조, 시행규칙 제5조와 제8조)

「장애인 등에 대한 특수교육법」에서는 특수교육을 특수교육대상자의 교육적 요구를 충족시키기 위하여 특성에 적합한 교육과정과 특수교육 관련 서비스 제공을 통하여 이루어지는 교육으로 정의하고, "특수교육대상자의 교육을 효율적으로 실시하는 데 필요한 인적·물적 자원을 제공하는 서비스"로서 관련 서비스를 제공하도록 규정하고 있다. 법 제정과정에서 치료교육 제도가 폐지됨에 따라 2008년 개정된 특수학교 교육과정의 순차적 적용을 고려하여 물리치료, 작업치료 등 치료지원을 2009년부터 연차적으로 제공하게 되었다. 2009년에는 유치원 과정, 초등학교 1학년과 2학년, 2010년에는 초등학교 3, 4학년과 중학교 1학년 특수교육대상자에게 실시하였고, 2011년에는 초등학교 5, 6학년과 중학교 2학년, 고등학교 1학년, 2012년은 중학교 3학년과 고등학교 2학년, 2013년에는 고등학교 3학년 특수교육 대상자에게 제공되었다.

그 동안 치료교육활동은 언어치료, 청능훈련, 물리치료, 작업치료,

감각·운동·지각훈련, 심리·행동적응훈련, 보행훈련, 일상생활훈련 등 8개 영역의 활동으로 나뉘어 모든 학생을 대상으로 정해진 수업시간에 제공되어왔다. 새 법에서는 치료교육활동 대신 치료지원을 제공하도록 규정하였으므로 교육감 또는 교육장은 진단·평가결과를 바탕으로 학생 개개인의 교육지원 내용을 결정하고 그에 따라 학생별로 치료지원 내용이나 방법 등을 결정하게 된다. 또한 물리치료, 작업치료를 비롯하여 특수교육대상자에게 필요한 것으로 결정되는 치료지원은 국가면허 혹은 국가공인, 민간자격증을 소지한 전문치료사가 제공하게 된다.

8) 장애인에 대한 고등교육 강화
(법 제29조, 제30조, 제31조, 시행령 제30조, 제31조)

1995학년도부터 도입된 특수교육대상자 대학특별전형제도 시행으로 대학에 입학하는 장애학생들이 증가함에 따라 대학교에 재학 중인 장애학생의 실질적 학습권을 보장하고 교육복지를 향상하기 위한 조치로서 장애학생 지원을 위한 법적 기구마련이 필요하였다. 장애학생의 교육 및 생활지원을 총괄·담당하는 전담기구를 두어 학습활동에서 장애로 인한 불이익이 없도록 하였다.

9) 장애인에 대한 평생교육 지원
(법 제33조, 제34조, 시행령 제32조)

지식기반 사회의 도래로 평생학습의 욕구가 증대하고 있으며, 특히 장애성인의 경우 학령기에 장애로 인해 교육 기회를 놓친 사례가 많으므로 장애성인들의 평생교육에 대한 지원 근거가 필요하였다. 따라서 일반 평생교육시설에서 장애인 평생교육과정을 운영할 수 있도록 하고,

장애인만을 위한 별도의 시설로서 학교형태의 장애인 평생교육시설을 설치할 수 있도록 하면서 일반 평생교육시설이 기본적으로 갖추어야 하는 시설·설비 외에 장애인편의시설을 갖추도록 하였다. 또한 장애인 평생교육시설을 설치·운영하는 사람이 공공시설을 이용하려는 경우 그 공공시설의 본래 이용목적을 해치지 않는 범위에서 이용할 수 있도록 지원근거를 마련하였다.

4. 장애인 고용

2018년 5월 기준 장애인구의 경제활동참가율은 37.0%, 실업률은 6.6%, 고용률은 34.5%, 로 나타난 반면, 전체인구의 경제활동 참가율, 실업률, 고용률, 은 각각 63.9%, 4.0%, 61.3%로 나타나, 전체인구에 비해 장애인구의 경제활동상태는 현저히 낮은 수준이다. 이를 비교하여 제시하면 다음의 표와 같다.

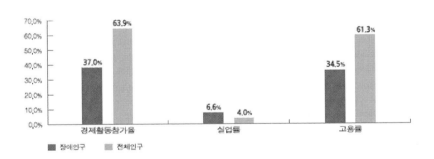

<그림 8-4> 장애인과 전체인구의 경제활동 상태(15세 이상)

출처: 고용노동부·한국장애인고용공단 고용개발원, 2018.

2018년 5월 기준으로 종사상 지위별 장애인의 취업자 구성비를 살펴보면, 상용근로자 38.7%, 고용원이 없는 자영업자 21.8%, 임시근로자 18.6%, 일용근로자 10.4%, 고용원이 있는 자영업자 6.0%, 무급가족종사자 4.5% 등의 순으로 나타났다. 이는 전체인구의 상용근로자 비율이 50.8%인 점과 크게 차이가 난다.

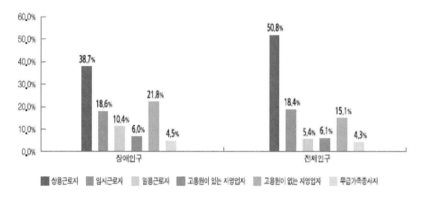

<그림 8-5> 장애인구와 전체인구의 종사상 지위

출처: 고용노동부·한국장애인고용공단 고용개발원, 2018.

그리고 같은 시기를 기준으로 장애인 취업자의 직업별 분포를 살펴보면, 다음 그림과 같이 임금 근로자 가운데는 단순노무 종사자가 37.0%로 나타났고, 비임금 근로자 가운데는 농림어업 숙련종사자 39.2%로 가장 높게 나타났다.

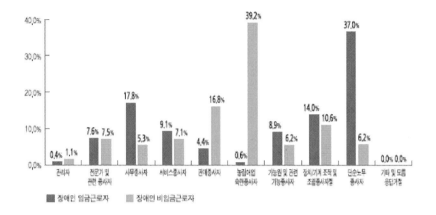

<그림 8-6> 장애인의 종사상 지위별 직업 구성 비율

출처: 고용노동부·한국장애인고용공단 고용개발원, 2018.

전체인구에 비해 장애인의 낮은 고용율과 낮은 종사상의 지위 문제는 많은 국가에서 보이는 현상이며, 이 문제를 해결하기 위하여 국가가 개입하게 된다. 장애인의 열악한 고용상의 지위의 원인을 어디에 두느냐에 따라 국가의 개입방법이 달라진다. 장애인은 장애라는 요인으로 인해 생산성이 저하되고 이로 인해 고실업과 저소득에 직면한다고 보는 경우 국가의 개입은 장애인의 낮은 생산성을 보완해 줄 수 있는 장치를 도입하는 방향으로 모색된다. 반면에 장애인 고용이 어려운 이유가 고용주의 장애인에 대한 편견과 차별 때문이라고 보는 경우 국가의 개입은 차별을 금지하는 제도를 구축하는 방향으로 모색된다. 우리나라는 장애인고용을 높이기 위하여 의무고용제도와 차별금지제도를 동시에 운용하고 있다.

1) 장애인 의무고용제도의 변화

우리나라 장애인고용과 관련된 대표적인 제도는 1990년 제정되어 1991년부터 시행된 장애인 고용촉진 등에 관한 법률에 의한 의무고용제도이다.[8] 의무고용제도란 비장애인에 비해 고용상 취약계층인 장애인의 고용기회를 넓히기 위하여 일정 수 이상의 근로자를 고용하는 사업주에게 의무적으로 장애인을 고용하도록 하는 제도이다. 1990년에 제정된 장애인 고용촉진 등에 관한 법률은 국가 및 지방자치단체와 사업주의 장애인 고용에 대한 책임을 명시하였고, 이를 강제하기 위해 상시근로자 300인 이상 사업주에 대해서는 일정비율 이상의 장애인을 고용하도록 의무화하였다.[9] 그리고 의무고용률에 미달하는 인원에 대해서는 부담금을 납부하도록 하는 의무고용제도를 도입하였다. 이 법에 따라 장애인 고용을 전담할 한국장애인고용촉진공단(현 한국장애인고용공단)이 설립되어 장애인 고용에 필요한 조직과 내용을 구체화함으로써 장애인 고용이 장애인 정책의 중심으로 자리를 잡게 되었다.

그러나 의무고용제도의 도입에도 불구하고 사업주가 장애인을 고용하기보다는 부담금을 납부하여 고용의무를 이행하지 않으려는 경향이 강해 장애인 고용률은 1991년 0.39%에서 1997년 0.46%로 증가하는데 그쳐 의무고용제도에 의한 실질적인 장애인 고용효과는 크지 않았다. 한편, 의무고용제도의 도입 이후 고용효과가 미진한 가운데 장애인 고용정책이 중증장애인에 대한 보호고용 규정 없이 경증 장애인의 고용촉진 및 고용알선에 초점을 두고 있다는 장애인단체의 비판이 제기되기 시작하였다. 그러던 중 1997년 말 외환위기 이후로 새로운 장애인

---

8) 의무고용제도의 변천에 대한 설명은 유완식 등(2010)의 장애인 고용정책의 변천과 의무고용제도의 발전방향에서 제시된 내용을 요약하여 제시한 것이다.

9) 의무고용제도는 1991년부터 실시되었고, 의무고용률은 1991년 1%, 1992년 1.6%, 그리고 1993년 2%가 적용되었다.

고용정책의 필요성이 대두되었다. 이 과정에서 노동부와 보건복지부에서 서로 다른 형태의 입법안을 주장하였다. 1999년 말 장애인 고용촉진 및 직업재활법이 국회에서 통과되어 2000년 개정 공포되었다. 한편, 1999년에는 장애인 기준을 완화하여 국가유공상이자 및 산재장해자를 의무고용대상에 추가하였다.

장애인 고용촉진 및 직업재활법 제정 이후 의무고용사업체의 장애인 수는 1997년 10,331명에서 2002년 20,709명으로 대폭 증가해 의무 고용제도 도입 이후 0.4%대에 머물렀던 장애인 고용률도 0.99%로 두 배 이상 증가했다. 2000년에는 국가 및 지방자치단체에 권장사항이던 장애인 고용을 강제 의무사항으로 적용하였고, 민간부문의 장애인 고용을 선도하기 위해 재직 중인 장애인 공무원 수가 1만 명에 이를 때까지 장애인 공무원의 공개채용 비율을 100분의 5로 상향 조정하였다. 그 결과 2002년 정부부문의 장애인 고용률은 1.66%로 대폭 증가하였다. 2000년대 초 민간부문과 정부부문의 장애인 고용률이 이처럼 빠르게 증가한 사실은 장애기준의 변화와 관련되어 있다. 1999년 장애기준을 완화하여 국가유공상이자 및 산재장해자를 의무고용대상에 추가로 포함하였고, 2000년에는 장애인복지법의 장애범주가 확대되었다.

2004년 장애인 의무고용 적용대상 사업체를 종전의 상시근로자 300인 이상에서 상시근로자 50인 이상으로 확대하여 2만 개의 의무고용 일자리를 추가로 만들었고, 2006년에는 국가 및 지방자치단체의 적용 제외 직종 축소와 민간부문 의무고용사업체의 업종별 적용제외율의 단계적인 폐지로 3만 개의 의무고용 일자리를 추가로 확보하였다. 이로써 우리나라 의무고용제도는 원칙적으로 모든 사업체의 모든 직종에 적용되는 종합적인 의무고용제도로의 기반이 구축되었다.

한편, 장애인 고용정책의 주된 재원인 장애인기금은 1999년 이후 계속 감소를 해 왔다. 장애인기금은 의무고용 사업주가 납부하는 부담금으로 조성되어 각종 장애인 고용촉진 및 직업재활사업, 고용장려금 지급 등에 사용되는데, 1990년대 말 이후 의무고용사업체의 장애인 고용률이 높아지면서 장애인기금의 주 수입원이 되는 부담금 수입보다 고용장려금 지출이 더 빠르게 증가해 기금 수지가 악화하기 시작하였다. 이러한 장애인기금의 감소에 따른 대응책으로 2004년 고용장려금의 지급단가를 인하하고, 2005년부터 부담기초액을 상향 조정하였다.

2009년부터 국가 및 지방자치단체의 의무고용률을 3%로 하였고, 2010년에는 공공기관의 의무고용률을 3%로(2017년 3.2%), 민간부문의 사업주 의무고용률을 2.3%로 적용하였다(2012년 2.5%, 2014년 2.7%, 2017년 2.9%). 또한, 2010년 중증장애인의 고용률을 높이기 위해 의무고용 인원의 산정에서 중증장애인을 2배수로 인정하는 더블카운트제도를 시행하였다. 그리고 의무고용률을 상회하여 장애인을 고용하는 사업주에게 지급하는 고용장려금은 그동안 일률적으로 적용하던 것을 장애인근로자에게 지급하는 임금, 고용기간 및 장애정도 등을 고려하여 차등적으로 지급할 수 있도록 하였다.

정부부문과 민간부문을 모두 포함한 장애인 고용률은 2000년 0.82%에서, 2017년 2.76%로 3배 이상 증가하였다. 2006년 국가 및 지방자치단체의 장애인 의무고용적용 직종확대와 민간부문의 업종별 적용제외 폐지에 따라 장애인 고용률이 다소 하락하였으나 이후 지속적으로 증가하였다. 정부부문의 장애인 고용률은 2000년 1.48%에서, 2017년 3.30%로 약 3배 증가하였고, 민간부문의 경우 2000년 0.73%에서, 2017년 2.67%로 4배 가까이 증가하였다.

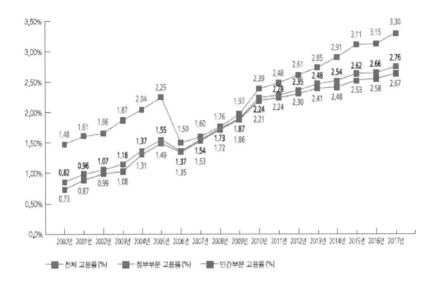

<그림 8-7> 장애인 고용률의 변화

출처: 고용노동부·한국장애인고용공단 고용개발원, 2018.

2) 장애인 고용촉진 및 직업재활기금

직업재활기금은 장애인 고용촉진 및 직업재활사업을 수행하기 위해 장애인 고용부담금을 재원으로 1991년에 설치된 것이며, 장애인 고용장려금 지급, 장애인 취업지원, 표준사업장 설립지원, 직업능력개발지원, 보조공학기기지원 등의 사업을 수행하고 있다. 2019년도 장애인 고용촉진 및 직업재활기금은 전년 1,390,450백만원 대비 315,153백만 원이 감소한 1,075,297백만원으로 편성되었다.

<표 8-4> 2019년 장애인 고용촉진 및 직업재활 기금

(단위 : 백만원)

구 분	2018계획 (A)	2019계획 (B)	증감 (B-A)	%
계	1,390,450	1,075,297	△315,153	△22.7
□ 순수입	538,106	624,922	86,816	16.1
○ 자체수입	535,256	617,797	82,541	15.4
■ 고용부담금	519,867	599,742	79,875	15.4
■ 가산금	759	1,100	341	44.9
■ 기타 경상이전수입	8,122	8,293	171	2.1
■ 융자 원금 회수	-	-	-	-
■ 재산수입	6,508	8,662	2,154	33.1
○ 정부내부수입	2,850	7,125	4,275	150.0
□ 여유자금 회수	852,344	450,375	△401,969	△47.2

출처: 고용노동부, 2018.

3) 직업재활서비스

장애인을 위한 직업재활서비스는 장애인복지관, 직업재활시설, 장애인단체 등의 인프라를 통해 제공되고 있다. 특히 중증장애인의 직업재활 활성화를 위해 2000년부터 장애인고용촉진기금의 일부를 재원으로 하여 장애인직업재활기금사업이 시행되었으며, 2007년의 경우 장애인복지관, 직업재활시설, 장애인단체 등 162개소를 사업수행기관으로 지정하여 중증장애인에게 직업지도, 직업적응훈련, 지원고용, 취업알선 및 취업 후 적응지도, 직업능력개발훈련 등의 직업재활서비스를 제공하였다. 장애인직업재활기금사업은 2008년부터 재원구조를 기금에서 보건복지부의 일반회계로 전환하고, 직업재활수행기관의 예산 및 관리업무를 한국장애인고용공단에서 한국장애인개발원으로 수행체계를 개편하였다. 수행체계가 개편되면서 장애인직업재활기금사업은 중증장애인직업재활지원사업으로 명칭이 변경되었고, 2019년 현재 226개소의 장애인복지관, 직업재활시설, 장애인단체 등의 사업수행기관이 중증장애인을 대상으로 직업재활서비스를 제공하고 있다.

이와 별도로 장애인의 직업훈련 및 보호고용을 위해 장애인복지법 시행규칙에서 정하고 있는 장애인직업재활시설은 장애인 보호작업장, 장애인 근로사업장, 장애인 직업적응훈련10) 시설이 있다.11) 2017년 기준 보호작업장 553개소, 근로사업장은 62개소, 직업적응훈련시설 10개소가 운영 중이다.

<표 8-5> 연도별 직업재활시설 수

구분		2004	2005	2006	2007	2008	2009	2010	2011	2012	2013	2014	2015	2016	2017
보호작업장	시설 수	217	220	177	189	212	250	373	403	422	447	477	496	516	553
	이용 인원	6,308	6,432	4,835	5,238	5,559	6,574	10,009	10,680	11,374	12,086	12,930	13,616	14,335	14,960
근로사업장	시설 수	21	24	24	29	31	33	44	53	56	64	64	64	63	62
	이용 인원	1,178	1,252	1,246	1,344	1,422	1,516	1,761	2,190	2,384	2,653	2,721	2,798	2,762	2,724
직업적응훈련시설	시설 수	-	-	-	-	-	-	-	-	-	-	-	-	-	10
	이용 인원	-	-	-	-	-	-	-	-	-	-	-	-	-	157
총계	시설 수	238	244	319	339	364	386	417	456	478	511	541	560	579	625
	이용 인원	7,486	7,684	9,481	10,059	10,422	11,048	11,770	12,870	13,758	14,739	15,651	16,414	17,097	17,841

출처: 보건복지부 · 한국보건사회연구원, 2018

---

10) 직업적응훈련시설은 직업재활서비스에서 배제되는 중증장애인을 위하여 2015년 12월에 장애인복지법 시행규칙에 신규로 포함시킨 직업재활시설의 종류이다.

11) 장애인복지법 시행규칙에서는 보호작업장, 근로사업장, 직업적응훈련시설 등에 대해서 다음과 같이 정의하고 있다.
- 보호작업장: 직업능력이 낮은 장애인에게 직업적응능력 및 직무기능 향상훈련 등 직업재활훈련 프로그램을 제공하고, 보호가 가능한 조건에서 근로의 기회를 제공하며, 이에 상응하는 노동의 대가로 임금을 지급하고, 장애인 근로사업장이나 그 밖의 경쟁적인 고용시장으로 옮겨갈 수 있도록 돕는 역할을 하는 시설
- 근로사업장: 직업능력은 있으나 이동 및 접근성이나 사회적 제약 등으로 취업이 어려운 장애인에게 근로의 기회를 제공하고, 최저임금 이상의 임금을 지급하며, 경쟁적인 고용시장으로 옮겨갈 수 있도록 돕는 역할을 하는 시설
- 직업적응훈련시설: 작업능력이 극히 낮은 장애인에게 작업활동, 일상생활훈련 등을 제공하여 기초 작업능력을 습득시키고, 작업평가 및 사회적응훈련 등을 실시하여 보호작업장 또는 근로사업장이나 그 밖의 경쟁적인 고용시장으로 옮겨갈 수 있도록 돕는 역할을 하는 시설

5. 장애인정책의 전망

1977년 특수교육법 제정과 1981년의 심신장애자복지법 제정 이후 30여 년 동안에 장애인 정책은 양적인 측면과 질적인 측면에서 커다란 변화와 발전이 있었다. 의무고용제도 도입, 장애범주의 확대, 통합교육 원칙의 확립, 차별금지법의 제정, 장애인연금제도의 도입 등이 대표적인 변화의 내용이라고 할 수 있다.

향후 장애인정책의 변화 전망은 크게 두 가지로 대별할 수 있다. 첫째, 세계적인 장애패러다임의 변화 방향성과 부합하는 장애정책의 보편적 관점이 한층 더 강조되고 강화될 것이다. 과거의 장애에 대한 접근은 분리 접근이 주도적이었다. 일반교육의 기회가 배제되었기 때문에 특수하게 만들어진 학교를 이용하였고, 지역사회의 거주 장소에서 배제되었기 때문에 외딴 지역의 대형시설에서 모여서 살았으며, 장애인이 일반 체육시설의 이용에서 배제되었기 때문에 장애인만을 위한 체육시설을 만들어서 이용했다. 그러나 이런 과거 방식의 접근은 더 이상 적절하지 않다는 데 광범위한 합의가 이루어지고 있는 것으로 보인다. 향후 장애인정책의 변화는 일반학교에서 교육받고, 일반주택에서 거주하고, 일반직장에서 근무할 수 있도록 하는데 초점이 맞추어지게 될 것이다.

둘째, 장애인정책의 제도 간 상호연계성과 통합성의 쟁점이 점차 중요해질 것이다. 지금까지 장애인정책의 발전은 부분적, 파편적이었다고 할 수 있을 것이다. 정책이 빈약한 수준일 때 정책의 발전은 개별 사안별로 이루어진다. 그리고 사안별로 각개약진 방식으로 발전하더라도 중요한 문제는 발생하지 않는다. 그러나 현재의 장애인정책의 상황은 이런 단계를 지나고 있는 것으로 보인다. 새로운 제도의 도입은 이제 새로운 제도의 문제만이 아니라 관련 제도들의 조정 문제가 필수적으로 검토되어야 한다. 장애인연금제도는 기존의 장애인수당제도, 국민연금제도, 국민기초생활보장제도, 노령연금 등과의 제도적 관련성을 검토해야 한다. 각 제도는 독립적인 것이 아니라 긴밀한 상호연관성을 갖고 있으며, 새로운 제도의 설계에서는 과거와 달리 체계적이고 종합적인 조망이 점차 그 중요성을 더해 갈 것으로 전망된다.

참고 문헌

고용노동부·한국장애인고용공단 고용개발원. 2018. 『2018 장애인통계』.

고용노동부. 2018. 『장애인고용촉진전문위원회 심의자료』.

교육과학기술부. 2011. 『특수교육연차보고서』.

교육부. 2018. 『특수교육연차보고서』.

노선옥. 2010. "제 6장 교육". 한국장애인개발원. 『장애인백서』.

보건복지부. 2018. 『장애인연금 사업안내』.

보건복지부·한국보건사회연구원. 2018. 『통계로 보는 사회보장 2018』.

유완식·장창엽·김용탁·변민수·홍자영·윤형경. 2010. 『장애인 고용정책의 변천과 의무고용제도의 발전 방향』. 한국장애인고용공단 고용개발원.

이선우. 2010. "제 3장 소득보장". 한국장애인개발원. 『장애인백서』.

제9장 장애인복지서비스 정책

┃ 김 용 득

장애인복지서비스 영역은 과거와 현재가 공존하고, 양적 성장과 질적 변화가 함께 이루어지고 있는 역동성이 높은 영역이다. 공급자에게 재정을 지원하는 방법으로 서비스가 제공되는 장애인복지관, 직업재활시설 등과 바우처 카드를 통하여 이용자가 서비스를 선택하게 하는 이용자 재정지원 방식으로 제공되는 활동지원서비스, 발달재활서비스가 공존한다. 이런 가운데 탈시설, 자기결정, 자립생활, 권리옹호 등 서비스의 질적인 변화를 요구하는 흐름들이 강력하다. 이런 배경 안에서 우리나라 장애인복지서비스의 구조는 어떤 상황에 있으며, 어떤 방향으로 이동할 것인가? 그리고 복지서비스에 대한 장애인의 체감은 매우 낮다고 한다. 그렇다면 장애인복지서비스의 구조를 어떻게 만들면 체감을 높일 수 있겠는가?

1. 서비스 현황

장애인 사회복지서비스는 지체장애, 뇌병변장애, 시각장애, 청각장애, 언어장애, 지적장애, 자폐성장애, 정신장애, 신장장애, 심장장애, 호흡기장애, 간장애, 장루·요루장애, 안면장애, 뇌전증장애 등(15개 유형) 다양한 유형의 장애를 가진 사람들이 사회참여 활동을 할 수 있도록 지원하는 서비스들로 구성된다. 서비스는 거주시설, 지역사회재활시설, 직업재활시설, 발달재활서비스, 활동지원서비스 등으로 구성된다.

<표 9-1> 장애인 사회복지서비스 현황

서비스 대상 분류 시설분류		생애주기별 이용자격						소득수준별 이용자격				
								저소득층		전국 가구 평균 소득 100%	전국 가구 평균 소득 150%	전체 (소득 기준 없음)
종류	세부종류	신생아기	영·유아기	아동기	청소년기	성인기	노년기	기초생활수급자	전국 가구 평균 소득 50%			
거주시설	장애유형별 거주시설											
	중증장애인 거주시설											
	장애영유아 거주시설	6세 미만										
	공동생활가정											
	단기거주시설							단, 수급자 우선				
지역사회재활시설	장애인복지관											
	장애인의료재활시설											
	주간보호시설							단, 수급자 우선				
	장애인체육시설											
	장애인심부름센터											
	수화통역센터, 점자도서관											

서비스 대상 분류 시설분류		생애주기별 이용자격						소득수준별 이용자격				
종류	세부종류	신생아기	영·유아기	아동기	청소년기	성인기	노년기	저소득층		전국가구평균소득100%	전국가구평균소득150%	전체(소득기준없음)
								기초생활수급자	전국가구평균소득50%			
직업재활시설	보호작업장											
	근로사업장											
	직업적응훈련시설											
바우처사업	발달재활서비스	장애 아동(만18세 미만)						평균소득 150% 이하				
	활동지원서비스	1-3급 장애인(만 6~64세)										

장애인거주시설에서는 장애인이 원 가정에서 생활하기 어려운 경우에 거주 장소와 지원서비스를 제공한다. 장애유형별 거주시설, 중증장애인 거주시설, 장애영유아 거주시설 등 과거 생활시설에 해당하는 거주시설의 경우 입소 대상은 원칙적으로 국민기초생활수급자와 무연고자로 제한되며, 일부 정원의 범위에서 실비용을 납부하면 일반 계층에서도 이용할 수 있다. 최근 법 개정을 통하여 지역사회재활시설에서 거주시설로 변경된 공동생활가정과 단기거주시설의 경우는 소득에 관계없이 이용할 수 있다. 지역사회재활시설은 지역사회의 원 가정에 거주하는 장애인에게 일상적인 생활에 대한 지원서비스에서부터 전문적인 재활 치료서비스에 이르기까지 다양한 서비스를 제공한다. 직업재활시설은 일반 노동시장에서 근로하기 어려운 중증장애인에게 직업생활의 기회를 제공한다. 그리고 최근에는 장애인활동지원서비스와 장애아동발달재활서비스 등의 바우처 카드를 사용하는 서비스가 계속 확대되는 추세에 있다.

서비스 이용자격을 보면, 과거 생활시설에 해당하는 거주시설의 이용자격은 원칙적으로 국민기초생활수급자로 제한되며, 지역사회재활시설과 직업재활시설은 특별히 정해진 이용자격 없이 서비스를 제공하는 시설에서 서비스 제공여부를 판단하도록 되어 있다. 그리고 장애아동 발달재활서비스는 전국 가구평균소득 150%이하에 국한하며, 장애인활동지원서비스는 1~3급 장애인으로 등록한 경우에 신청이 가능하며, 가구소득에 따른 서비스 접근 제한은 없다.

장애인거주시설은 자신의 가정에서 생활하기 어려운 장애인에게 일정기간 동안 거주·요양·지원 등의 서비스를 제공하는 동시에 지역사회에서의 활동을 지원하는 시설이다. 장애유형별 거주시설(지체·뇌병변장애인, 시각장애인, 청각·언어장애인, 지적·자폐성장애인), 중증장애인 거주시설, 장애영유아 거주시설, 단기거주시설, 공동생활가정 등으로 구분된다. 2016년 현재 장애인거주시설은 모두 1,505개소가 있으며, 이중 58.6%인 882개소가 단기거주시설과 공동생활가정이다. 이와 관련된 구체적인 현황은 다음과 같다.

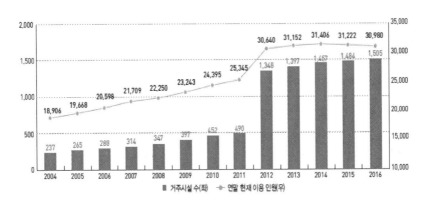

<그림 9-1> 연두별 장애인 거주시설 수와 이용자 수

출처 : 보건복지부 · 한국보건사회연구원, 2017.

| 구분 | 소계 | | 장애유형별 생활시설 | | | | | | | | | | | 중증장애인 요양 | | 장애영유아 | | 단기보호 시설 | | 공동생활 가정 | |
| | | | 생활시설 소계 | | 지체장애인 | | 시각장애인 | | 청각언어 장애인 | | 지적장애인 | | | | | | | | | | |
	시설수	인원	시설수	인원	시설수	인원	시설수	인원	시설수	인원	시설수	인원	시설수	인원	시설수	인원	시설수	인원	시설수	인원
2001	203	17,720	130	11,607	34	2,710	10	623	11	784	75	7,490	73	6,113	-	-	-	-	-	-
2002	213	17,959	142	11,351	32	2,355	11	708	13	776	86	7,512	71	6,608	-	-	15	-	63	-
2003	225	18,432	147	11,545	32	2,374	12	708	13	778	90	7,685	74	6,558	4	264	25	-	100	-
2004	237	18,906	150	11,498	31	2,357	12	717	11	674	96	7,750	82	7,117	5	291	30	-	152	-
2005	265	19,668	166	11,714	31	2,332	13	632	12	735	110	8,015	93	7,657	6	297	61	-	331	-
2006	288	20,598	179	12,241	30	2,281	15	824	12	728	122	8,408	102	8,038	7	319	69	-	358	-
2007	314	21,709	189	12,921	33	2,283	14	792	11	521	131	9,325	116	8,345	9	443	76	-	400	-
2008	347	22,250	202	12,814	33	2,292	14	784	11	546	144	9,192	136	8,981	9	455	84	-	450	-
2009	397	23,243	235	13,048	38	2,230	14	760	11	519	172	9,539	153	9,728	9	467	91	-	531	-
2010	452	24,395	260	19,270	40	3,673	14	873	10	386	196	14,338	182	4,813	10	312	103	-	589	-
2011	490	25,345	289	14,038	39	2,102	15	787	9	361	226	10,788	191	10,798	10	509	119	-	637	-
2012	1,348	30,640	342	14,926	40	2,057	16	786	8	335	278	11,748	201	11,006	10	510	128	1,438	667	2,760
2013	1,397	31,152	356	15,069	39	1,978	16	770	8	320	293	12,001	216	11,412	9	473	131	1,432	685	2,766
2014	1,457	31,406	375	15,246	44	2,208	15	632	7	270	309	12,136	223	11,344	9	466	137	1,495	713	2,855
2015	1,484	31,222	383	14,920	39	1,668	16	628	7	255	321	12,369	233	11,314	10	541	141	1,548	717	2,899
2016	1,505	30,980	381	14,817	40	1,766	17	711	7	228	317	12,112	233	11,192	9	452	146	1,616	736	2,903

출처 : 보건복지부 · 한국보건사회연구원, 2017.

지역사회재활시설은 장애인에게 상담·치료·훈련 서비스를 제공하거나 장애인의 일상생활, 여가활동, 사회참여활동 등을 지원하는 시설을 말한다. 지역사회재활시설은 장애인복지관, 장애인 주간보호시설, 장애인 체육시설, 장애인 수련시설, 장애인 심부름센터(2015년 이후 장애인생활이동지원센터로 명칭 변경), 수화통역센터, 점자도서관, 점자도서 및 녹음도서 출판시설, 장애인 재활치료시설 등으로 구분된다. 이들 시설의 연도별 현황은 다음 그림과 같다.

<표 9-3> 연도별 지역사회재활시설 수

구분	장애인 지역사회재활시설							장애인단기보호	공동생활가정	의료재활시설
	계	복지관	주간보호시설	체육관	심부름센터	수화통역	기타			
2005	1,049	130	259	22	124	108	-	61	331	14
2006	1,125	137	274	25	129	107	-	69	358	26
2007	1,286	157	321	24	149	143	-	76	400	16
2008	1,419	171	365	26	152	154	-	84	450	17
2009	1,563	185	395	27	154	162	-	91	531	18
2010	1,701	191	443	27	154	176	-	103	589	18
2011	1,820	199	485	27	156	180	-	119	637	17
2012	1,140	205	526	28	156	191	-	-	-	-
2013	1,184	219	558	29	155	199	-	-	-	18
2014	1,213	223	592	29	156	193	20	-	-	18
2015	1,248	224	625	30	156	193	20	-	-	18
2016	1,303	231	663	34	159	194	22	-	-	20

출처 : 보건복지부 · 한국보건사회연구원, 2017.

　장애인을 위한 직업재활서비스는 장애인복지관, 직업재활시설, 장애인단체 등의 인프라를 통해 제공되고 있다. 특히 중증장애인의 직업재활 활성화를 위해 2000년부터 장애인고용촉진기금의 일부를 재원으로 하여 장애인직업재활기금사업이 시행되었으며, 2007년의 경우 장애인복지관, 직업재활시설, 장애인단체 등 162개소를 사업수행기관으로 지정하여 중증장애인에게 직업지도, 직업적응훈련, 지원고용, 취업알선 및 취업 후 적응지도, 직업능력개발훈련 등의 직업재활서비스를 제공하였다. 장애인직업재활기금사업은 2008년부터 재원구조를 기금에서 보건복지부의 일반회계로 전환하고, 직업재활수행기관의 예산 및 관리업무를 한국장애인고용공단에서 한국장애인개발원으로 수행체계를 개편하였다. 수행체계가 개편되면서 장애인직업재활기금사업은 중증장애인직업재활지원사업으로 명칭이 변경되었고, 2019년 현재 226개소의 장애인복지관, 직업재활시설, 장애인단체 등의 사업수행기관이 중증장애인을 대상으로 직업재활서비스를 제공하고 있다.

이와 별도로 장애인의 직업훈련 및 보호고용을 위해 장애인복지법 시행규칙에서 정하고 있는 장애인직업재활시설은 장애인 보호작업장, 장애인 근로사업장, 장애인 직업적응훈련시설이 있다. 2017년 기준 보호작업장은 553개소가 설치되어 있으며, 14,960명이 일하고 있다. 근로사업장은 62개소가 있으며, 2,724명이 고용되어 있다. 직업적응훈련시설은 10개소가 있으며, 157명이 이용하고 있다.

<표 9-4> 연도별 직업재활시설 수

구분		2004	2005	2006	2007	2008	2009	2010	2011	2012	2013	2014	2015	2016	2017
보호작업장	시설 수	217	220	177	189	212	250	373	403	422	447	477	496	516	553
	이용 인원	6,308	6,432	4,835	5,238	5,559	6,574	10,009	10,680	11,374	12,086	12,930	13,616	14,335	14,960
근로사업장	시설 수	21	24	24	29	31	33	44	53	56	64	64	64	63	62
	이용 인원	1,178	1,252	1,246	1,344	1,422	1,516	1,761	2,190	2,384	2,653	2,721	2,798	2,762	2,724
직업적응훈련시설	시설 수	-	-	-	-	-	-	-	-	-	-	-	-	-	10
	이용 인원	-	-	-	-	-	-	-	-	-	-	-	-	-	157
총계	시설 수	238	244	319	339	364	386	417	456	478	511	541	560	579	625
	이용 인원	7,486	7,684	9,481	10,059	10,422	11,048	11,770	12,870	13,758	14,739	15,651	16,414	17,097	17,841

보건복지부 · 한국보건사회연구원, 2018.

활동지원서비스의 근거가 되는 장애인활동지원법은 2010년 12월에 제정되었고, 2011년 3월에 개정되었다가[1]. 같은 해 10월부터 시행되

---

1) 2010년 12월에 제정된 장애인활동지원법에서는 급여의 범위에 활동보조, 방문간호, 방문목욕, 주간보호를 포함하였다. 이처럼 일부의 서비스만 포함한 것은 시설서비스와 재택서비스를 하나의 구조에 통합하는데 따르는 현실적인 어려움을 고려한 과도기적인 급여범위 설정이었다. 이후 단계적으로 거주시설서비스와 여타의 재택서비스도 이 제도에 편입할 것으로 예정하였다. 영국이나 일본 등도 하나의 제도에 시설서비스와 재가서비스를 통합하여 운영하고 있다. 당초 우리나라 활동지원법도 이런 의도에서 주간보호를 포함하였다. 그러나 2011년 3월에 개정된 활동지원법에서는 재가급여의 1단계 확대 대상인 주간보호가 삭제되었으며, 삭제 이유는 주간보호서비스는 시설서비스라는 것이었다. 이로써 우리나라의 활동지원제도는 장애인복지서비스를 포괄하는 법이 아니라 이전의 '장애인활동보조서비스'를 규정한 법임을 선언한 것으로 이해해야 하는 상황이 되었다. 그러다가 활동지원서비스 이용자 중 발달장애인의 비율이 높아지면서 발달장애인에게 적합한 서비스가 추가되어야 하는 필요성이 제기되면서 주간활동을 급여의 종류에 추가하는 방안이 검토되었으며, 이를 위하여 2016년부터 시범사업이 추진되었다. 이를 계기로

었다. 서비스 신청. 심사. 제공기관으로의 연결 등과 관련된 업무 수행은 국민연금공단이 정부의 위탁을 받아 수행한다. 활동지원서비스는 혼자서 일상생활과 사회생활이 어려운 만6세-64세의 1-3급 장애인 중 활동지원 인정조사 결과 220점 이상인 사람에게 제공된다. 활동보조(신체. 가사. 사회활동지원). 방문간호. 방문목욕 등을 이용할 수 있는 이용권(바우처)이 지급된다. 급여량은 활동지원 등급에 따라 결정되며. 개별적 상황에 따라 추가급여가 산정될 수 있다.

<표 9-5> 활동지원등급별 급여 구성

활동지원등급	기본급여	추가급여
1등급	127만 원	독거, 취업 · 취학여부, 출산여부 등 생활환경에 따라 10만 8천원 ~293만 8천원 추가 지급
2등급	101만 2,000원	
3등급	76만 4,000원	
4등급	50만 6,000원	

보건복지부, 2018.

발달재활서비스는 성장기의 정신적·감각적 장애아동의 기능향상과 행동발달을 위한 적절한 재활치료 서비스를 지원하여 장애아동 양육가족의 높은 재활치료 비용으로 인한 경제적 부담을 경감하는 목적으로 운영되며. 소득이 전국 가구평균소득 150%이하 가구의 만18세 미만의 뇌병변. 지적. 자폐성. 언어. 청각. 시각장애아동을 대상으로 한다. 월 이용금액은 22만원이며. 이용자 부담금액은 소득에 따라 면제에서부터 8만원까지로 구성된다. 2017년 12월 기준 이용자 수는 52,830명이며. 이용액은 870억 수준이다.

활동지원제도가 장애인복지서비스를 포괄하는 방향으로 발전해야 하는 필요성에 대한 검토가 다시 본격적으로 이루어졌다 할 수 있다. 그러나 2019년부터 활동지원서비스와 별개의 제도로 발달장애인을 위한 주간활동서비스가 시작되었다.

<표 9-6> 연도별 발달재활서비스 이용자 수 및 이용액

(단위: 명, 만원)

구분	2014년 12월	2015년 12월	2016년 12월	2017년 12월
이용자 수	50,769	51,609	52,200	52,830
이용액	8,563,030	8,622,253	8,652,818	8,691,978

출처 : 보건복지부 · 한국보건사회연구원, 2018.

발달재활서비스의 2017년 월 단위 이용자 수는 다음의 그림과 같다.

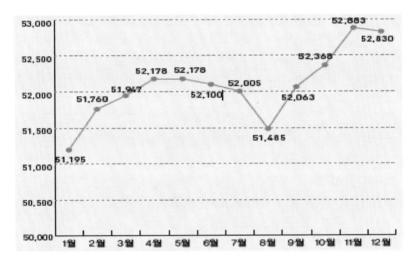

<그림 9-2> 발달재활서비스 월별 이용자 수

출처 : 보건복지부 · 한국보건사회연구원, 2018.

2. 제도 발전과정과 서비스의 구조

우리나라 장애인복지서비스 제도의 형성과 서비스 확대는 기본적으로 세 가지 단계로 설명할 수 있다. 첫 번째 단계는 1970년대와 1980년대의 수용시설 또는 생활시설 중심의 확대이다. 1970년대에는 20년 전(1950년대)에 만들어진 전쟁고아 시설의 아동들이 성인이 되면서 많은 시설들이 장애인시설로 전환되었다. 또한 1980년대에는 1988년 올림픽 행사를 위하여 도심 외곽에 장애인 거주시설을 대대적으로 이주시키고 확장하였다. 현재 장애인거주시설 특히, 대형 거주시설의 대부분은 이 시기에 만들어졌으며, 현재까지도 이 모델에 입각해 운영되고 있다. 이 시기의 서비스 제공 목적은 '오갈 데 없는 장애인들을 밥 굶기지 않고 보호하고, 다른 사람의 부담이 되지 않도록 지역사회와 분리된 공간에서 보호하는 것'이었다. 두 번째 단계는 1980년대와 1990년대의 이용시설 또는 지역사회재활시설의 확대이다. 이 시기는 국제적으로 장애인에 대한 인권이 각성되기 시작한 시기고, 이런 흐름에 합류하기 위하여 수용시설이 아닌 서비스 기관을 설립하기 시작하였고, 그 운영은 비영리 민간주체를 활용하였다. 1980년대는 주로 장애인복지관과 같은 대규모 이용시설 중심으로 신규 설치가 이루어졌다. 1990년대에는 장애인복지관의 양적 확대가 집중된 시기였고, 주간보호시설이나 단기보호시설 등과 같은 소규모 지역사회재활시설들이 도입된 시기이다. 이 시기의 서비스의 목적은 '장애인은 전문가에 의한 적절한 치료, 교육, 훈련을 통하여 재활할 수 있고, 지역사회에서 생활할 수 있도록 한다는 것'이었다. 세 번째 단계는 2000년대 이후의 자립생활과 이용자 선택 방식의 서비스 확대이다. 이 시기는 사회적 모델과 자립생활운동이 국내에 소개되고, 장애당사자들의 서비스 요구 운동의 목소리가 높아지면서 한편으로는 장애인당사자들이 운영하는 자립생활센터가 설치되고, 다른 한편으로는 장애인자립생활을 지원하는 활동보조제도가 도입되었다. 2000년대 중반에 자립생활센터의 설치와 바우처 방식의 활동보조제도 도입이 이루어졌고, 2000년대 후반에는 장애아동재활치료서비스가 바우처 방식으로 도입되었다. 그리고 2010년대에 들어서는 장애인활동보조제도가 장애인활동지원에 관한 법률 제정과 함께 활동지원제도로 확대되었으며, 우리나라에서 가장 예산규모가 큰 중심적인 제도로 자리를 잡았다.

지난 40년에 걸친 장애인복지서비스의 발전이 보여주는 가장 두드러진 특징은 다른 나라에 비하여 매우 빠른 속도로 서비스가 확대되고, 서비스를 주도하는 패러다임도 급속히 변화하였다는 점이다. 우리나라 장애인복지서비스 변화가 보여주는 또 다른 특징은 각 단계에서 도입되고 확충된 서비스 제도들은 새로운 패러다임에 맞게 조정되지 않고 각 단계의 제도 탄생 패러다임에 비교적 충실하게 유지되고 있다는 점이다. 이런 현상을 잠금(lock-in)현상으로 칭할 수 있다(김영종, 2012). 잠금현상은 제도적 틀을 패러다임 변화에 맞게 근본적으로 바꾸기 보다는 새로운 서비스 요구에 대해서 단편적으로 대응한 결과라고 할 수 있다. 또한 서비스 공급자의 기득의 이해를 최대한 존중한 결과이기도 하다.

현재 장애인서비스의 핵심 과제는 '장애의 사회적 모델을 서비스 제도와 실천에서 어떻게 실현할 것인가?'이다. 이 질문에 대한 대안을 모색하기 위해서는 잠금현상을 더 이상 그대로 안고 가기는 어렵다. 근본적인 대안 모색이 필요하다. 이런 점에서 현재 장애인복지서비스 개편의 핵심 과제는 '잠금해제(lock-out)'로 설정되어야 한다.

1) 공급자 지원과 수요자 지원

우리나라 사회복지서비스는 전통적으로 공급자(기관) 지원방식을 통하여 제공되었다. 그러다가 2000년대 후반에 들어오면서 노인요양보험제도와 사회서비스 바우처 제도가 도입되면서 수요자(이용자) 지원방식이 점차 확대되기 시작했다. 일반적으로 보면 서비스의 성격에 따라 수요자를 지원하는 것이 더 효과적일 수 있고, 또 어떤 경우에는 공급자를 지원하는 것이 더 안정적일 수 있다. 그러나 현재 우리나라의 공급자 지원방식과 수요자 지원방식의 병존은 이런 서비스 성격에 따라 결정되어 있는 것이 아니라 2000년대 후반에 도입된 서비스들은 수요자 지원방식으로, 그 이전부터 존재하던 서비스들은 공급자 지원방식으로 재정이 지원되고 있다.

<표 9-7> 장애인복지서비스별 재정지원방식(자격 결정 기관)

구 분	재정지원방식 (자격결정 기관)
장애인복지관	공급자 지원 (해당시설)
장애인 활동지원서비스	수요자 지원 (지방정부)
장애아동 발달재활서비스	수요자 지원 (지방정부)
장애유형별, 중증장애인, 장애영유아 거주시설	수요자 지원과 공급자 지원 (지방정부)
장애인단기거주시설	공급자 지원 (해당시설)
장애인공동생활가정	공급자 지원 (해당시설)
장애인주간보호시설	공급자 지원 (해당시설)
장애인직업재활시설	공급자 지원 (해당시설)

이런 지원방식의 병존의 문제는 다음의 두 가지 문제를 야기한다.

(1) 지원방식 병존으로 인한 혼란

이용자의 서비스 진입경로에 혼란과 불편이 발생한다. 일반적으로 수요자 지원방식은 서비스 이용자격을 공공에서 판단하며, 공급자 지원방식에서는 공급자가 판단한다. 이처럼 서비스 이용을 위한 진입경로가 달라서 서비스 접근성에 불편을 초래하고 있다.

공급자 지원방식으로 제공되는 장애인복지관. 단기보호시설. 주간보호시설. 공동생활가정. 직업재활시설 등은 정부의 지원으로 운영되면서 누구에게 얼마만큼의 서비스를 제공할 것인가의 결정은 해당 공급기관에서 한다. 이렇게 각각 결정되기 때문에 동일한 형편에 있는 장애인이 동시에 두 가지를 받는 경우도 있고. 아무런 서비스를 받지 못하는 경우도 있다. 공동생활가정과 단기보호시설을 제외한 장애인거주시설의 경우는 공급자 지원방식이면서 지방정부에서 이용자격을 결정한다. 기초생활수급자와 무연고자인 경우에 지방정부에 서비스를 신청하고. 지방정부에서 빈자리를 찾아서 연결한다. 그리고 서비스 비용은 지방정부에서 지원하는 연 단위 보조금과 개인당 기초생활수급비용으로 충당된다. 수요자 지원방식으로 제공되는 장애인활동지원서비스와 장애아동발달재활서비스의 경우에는 지방정부에 서비스를 신청하면 지방정부에서 서비스 제공여부와 제공량을 결정하고. 민간에서는 결정된 서비스 양만큼을 제공하며. 이용자는 지방정부에서 제공된 바우처 카드를 통해서 서비스 제공자에게 비용을 지불한다.

지방정부가 장애인으로부터 서비스 신청을 받은 경우에 활동지원서비스. 장애아동발달재활서비스를 이용할 수 있는지 판단할 수 있다. 이용자격이 있는 경우에 서비스가 제공되도록 하는 책임이 지방정부에 부여되며. 제공기관을 확보할 책임도 지방정부에 있다. 그러나 장애인복지관. 단기보호시설. 주간보호시설. 공동생활가정. 직업재활시설 등의 경우에는 지방정부에서 서비스가 필요하다고 판단한 경우에도 실제로 서비스를 받을 수 있도록 할 수 있는 장치가 없다. 이용자의 선발은 해당시설이 직접 하기 때문이다. 그리고 공동생활가정과 단기보호시설을 제외한 장애인거주시설의 경우에도 지방정부에서 빈자리를 찾지 못하면 서비스는 제공되지 않는다. 이런 체계에서는 지방정부에서 시급하고 중대한 욕구를 가진 경우라고 판단한 경우에도 서비스를 받지 못하는 경우가 자주 발생한다. 서비스 재정지원 방식이 다른 과도적 상황 때문에 서비스에 대한 공평한 접근성이 확보되어 있지 못하고 있다.

(2) 과도한 공급자 지원방식 의존의 한계

우리나라 장애인복지서비스의 저변을 이루는 거주시설서비스, 지역사회재활서비스, 직업재활서비스에 대한 정부의 재정부담 방식은 기관 운영비를 연단위로 정하고 이 재정을 주기적으로 교부하는 방식이다. 이러한 지원방식은 다음과 같은 문제들이 있다.

첫째, 이용자 선발의 합리성의 문제이다. 현재 대부분의 사회복지서비스는 공적 전달체계의 조정이 없는 상태에서 각 민간 개별기관이 이용자를 선발하고 있다. 이런 사실은 서비스를 받는 사람들 간의 서비스에 대한 접근성과 서비스 제공의 형평성을 유지하기 어렵게 만드는 요인이 된다. 개인의 정보 능력과 서비스 접근 능력에 따라 여러 개의 기관을 동시에 이용하고 있는 사람이 있는가 하면, 대단히 서비스가 시급한 상황임에도 불구하고 전혀 서비스를 이용하고 있지 못하는 문제가 발생할 수 있다.

둘째, 공공과 민간의 단절의 문제이다. 최근 들어 사회복지서비스의 공급이 지속적으로 확대되어 왔음에도 불구하고 공공영역은 여전히 현금급여의 제공자와 민간영역에 대한 행정적 통제자의 역할만을 수행하고 있다. 그러나 정부재정에 의한 총 서비스 공급이 증가하게 되면, 서비스 제공에 대한 공평성과 책임성의 이슈가 제기될 수밖에 없기 때문에 공공전달체계가 서비스 신청에 대해 심사를 하고, 서비스를 받을 자격을 부여하도록 하는 압력을 받게 된다. 이렇게 되면 서비스 제공기관은 공공 전달체계에 의해서 자격이 부여된 사람에게 서비스를 제공하는 기능을 수행하게 된다.

셋째, 누구에게 재정을 지원해야 하는지의 기준에 문제가 생길 수밖에 없다는 점이다. 현재의 재정지원의 가장 중요한 기준은 법인이 운영하는 시설로서 과거부터 정부 보조금을 받아왔던 시설이 보조금 지급 대상이다. 서비스 제공 기능에서 과거부터 보조금을 받고 있는 시설과 그렇지 않은 신고시설을 비교해 볼 때 전자는 정부 보조금 지급 기준에 해당하는 전액을 받고, 후자는 아무런 지원을 받지 못하고 있는 사실은 정당화되기 어렵다.

넷째, 지원 금액에 대한 합리적 산출근거가 없다. 정부는 특정 종류의 시설의 운영에 소요되는 100%의 재정을 보조하고 있다고 하나 운영시설은 실제로는 연간 운영경비의 70~80%에 불과한 금액을 보조받고 있다고 주장하고 있다. 이는 재정 지원액의 산출 기준이 합리적으로 수립되어 있지 못하기 때문이다.

다섯째, 기존의 재정지원 방식은 이용자 중심이 아닌 공급자 중심이라는 문제가 있다. 현재의 방식에서는 서비스 공급조직은 이용자의 욕구에 민감하고 이용자의 욕구에 귀 기울이는 것보다는 재정을 지원하는 지방정부 공무원의 요구에 민감하게 반응하는 것이 훨씬 유리하며, 이는 최근 사회복지서비스의 가장 중요한 추세인 이용자 중심의 서비스 제공에 부합하지 않는다.

여섯째, 서비스 제공조직의 책임성을 담보하기에 적합하지 않은 방식이다. 현재와 같은 정액보조금 방식에서는 재정을 회계의 기준에 맞게 집행했는지가 일차적인 관심인데, 이것만으로 사회적 책임성이 확보되었다고 보기 어려울 것이다. 결국 제공조직의 책임성 확보는 공공재정을 서비스 제공이라는 조직의 목표에 맞추어 가장 효율적이면서 효과적으로 집행할 수 있도록 하는 제도적 유인장치를 필요로 하며, 현재의 재정 집행방식은 이에 부합하지 않는다.

(3) 개편 방향

이러한 문제점들을 고려해볼 때 공급자 지원방식으로 유지되어야 할 필요가 있는 서비스들에 대해서는 합리적인 재정지원 산출기준이 마련되어야 하며. 수요자 지원방식이 더 적합한 서비스의 경우에는 지원방식을 변경하는 방안이 검토될 필요가 있다.

정부가 재정을 부담하고 민간이 서비스를 대행하는 방식은 크게 세 가지로 나눌 수 있다. 첫째. 직접적 서비스 요금(fee for service) 방식이다. 이는 노인요양제도나 사회서비스 바우처 제도와 같이 개인별 서비스 급여액을 제도 운영기관(건강보험공단 또는 지방정부)이 결정하고, 이 금액의 범위에서 제공기관을 선택해서 이용하도록 하는 방식이다. 둘째. 간접적 서비스 요금 방식이다. 장애아동과 같이 여러 종류의 서비스를 동시에 받아야 하는 복합적인 욕구를 가진 사람들의 경우 서비스 행위별 요금을 적용하기는 어렵다. 이 경우에는 어떤 서비스를 받을 수 있는지에 대해서는 지방정부가 자격심사를 하고, 이용자가 복수의 제공기관들 중에서 선택하여 이용하면. 지방정부는 제공기관에 자격을 가진 사람에 대한 전년도 서비스 제공 실적을 기준으로 당해 연도 운영예산을 산정하는 방식이다. 셋째. 서비스 또는 프로그램 계약(contract) 방식이다. 이는 개인단위의 요금방식으로 재정이 할당되는 것이 어렵거나 적절하지 않은 경우 목적하는 과업 단위 또는 프로그램 단위로 재정이 할당되는 방식이다. 기존의 장애인복지서비스들 가운데 이들 세 가지 방식들을 선택적으로 적용하여 공급자 지원과 수요자 지원방식을 현실에 맞게 적절하게 조화시키는 것이 필요하다.

2) 국고보조와 지방이양

국고보조사업 중에 명백한 지방사무. 반복적 집행 성격의 경상운영비지원사업. 단순한 지방재원보전 성격의 보조사업. 국고보조의 실익이 적은 국고보조사업이 지방으로 이양되었다. 이렇게 지방사무로 전환된 사업에 대해서는 지방정부가 계획과 제공의 책임과 권한을 갖도록 하였다. 국고보조사업으로 남는 사업의 경우는 명백히 국가사무이거나 국가적으로 꼭 필요하거나 지방이양 시 축소가 예상되는 사업. 중앙정부의 정책수립과 밀접히 연계되어 있고 대내외 환경변화에 국가적으로 대처해야 하는 사업 등이 해당되었다. 이러한 방침에 따라 기존의 국고보조사업 중 67개 사회복지사업이 지방으로 이양되고. 나머지는 국고보조사업으로 남게 되었다. 그리고 최근에 장애인거주시설 등은 국고보조사업으로 환원되기도 하였다. 이처럼 국고보조사업과 지방이양사업의 분리는 각 지역에 서비스 인프라를 설치하는 데 어려움을 야기할 수 있다.

<표 9-8> 장애인 서비스의 지방이양사업과 국고보조사업 현황

구 분		국고보조사업	지방이양사업
시설 운영	거주 시설	• 장애인 거주시설	• 공동생활가정 • 장애인 단기거주시설
	비 거주 시설	• 장애인 활동지원서비스 • 장애아동 발달재활서비스 • 언어발달지원서비스 • 장애아가족 양육지원서비스 • 장애아동 부모지원기관 운영 • 장애인 일자리 지원	• 장애인복지관 • 장애인재가복지센터 • 장애인주간보호시설 • 의료재활시설 • 장애인체육관 • 시각장애인심부름센터 • 시각장애인재활지원센터 • 청각장애수화통역센터

구 분	국고보조사업	지방이양사업
		• 지적장애인자립지원센터 • 장애인해피콜봉사센터 • 장애인정보화지원센터 • 지체장애인편의시설센터 • 직업재활시설
시설 설치	• 권역별재활센터	• 장애인편의시설 설치
시설 기능보강	• 장애인거주시설 기능보강 • 장애인직업재활시설 기능보강	• 장애인복지관 기능보강 • 장애인체육관 기능보강
서비스 프로그램	• 중증장애인 자립생활지원사업 • 여성장애인 역량강화 교육사업 • 재활보조기구 교부사업 • 장애인생산품판매시설	• 장애인 특별 운송사업 • 여성장애인 가사도우미 • 청각장애아동 달팽이관 수술

2004년 정부혁신지방분권위원회의 '지방분권 로드맵'에 따라 재정이양과 연계한 중앙권한의 획기적인 지방이양이 추진되었고, 2005년에는 전통적인 장애인복지서비스 분야의 핵심 사업들도 대부분 이양되었다. 이런 추세는 서비스 전달에서 최종 전달 조직의 역할을 강화하고, 서비스와 관련된 핵심적인 기능들이 이용자들에게 근접하게 하는 목적으로 이루어진 조치였다.

그러나 장애인복지서비스의 지방이양이 서비스 질을 저하시키지 않으면서 지방이양이 추구하는 목표를 달성하기 위해서는 전제조건들이 확보되어야 한다. 그 첫 번째 조건은 지방정부가 제공하는 서비스를 견제하고 지도할 수 있는 분명한 서비스 표준(service standard)이 마련되어 있어야 한다는 점이다. 서비스 제공의 기본절차, 욕구가 확인된 경우에 필수적으로 제공되어야 하는 서비스, 욕구확인 절차, 최소한의 서비스 기준을 충족하지 못하는 서비스 제공기관에 대한 관리 등이 서비스 표준의 내용에 포함될 수 있다. 두 번째 조건은 서비스의 질을 평가하고 서비스의 최소한의 요건들을 충족할 수 있도록 견제하는 감독기능이 있어야 한다. 사회복지서비스 제공 책임이 지방으로 이양된 경우에도 각 지방정부의 사회복지서비스가 국가가 정한 일정한 기준을 충족하고, 최소한의 국가적 틀을 유지하도록 하는 장치가 필요하다. 지방정부에서 제공하는 서비스의 질이 현저하게 낮다든지, 서비스 이용자의 인권을 침해했다든지 등의 사유가 발생했을 때 이에 대처할 수 있는 국가적인 감독 장치가 필요하다.

지방정부의 사회복지서비스 집행권한과 중앙정부의 국가서비스 관리기능이 조화되는 것이 중요하다. 이를 위하여 중앙정부는 지방정부의 서비스 제공을 견인할 수 있는 서비스 내용과 절차에 관한 국가적인 틀(national service framework)을 제시하여야 하며, 이 틀을 지속할 수 있도록 하는 감독기구를 설치하여야 한다.

이와 함께 근본적인 재검토가 필요한 부분도 있다. 당초 사회복지서비스의 지방이양은 지역에서 발생하는 복지서비스 욕구에 지방정부가 구체적이며 능동적으로 대처하는 것이 적절하다는 논거에서 시행되었다. 그러나 이런 기대했던 효과보다는 심각한 부작용이 발생하였다는 비판이 많다. 이런 부작용의 핵심은 분권교부세 도입 이후 예산 부족 현상이 점점 심각해져 왔다는 점이다. 노인이나 장애인 인구의 증가 속도, 가족기능의 변화 속도 등에 따른 복지서비스 확대 요구는 분권교부세액의 결정기준이 되는 내국세액의 증가율을 크게 앞서기 때문에 현재의 분권교부세 시스템으로는 늘어나는 복지서비스 수요를 감당하기 어렵다는 문제가 있다(구인화·양난주·이원진, 2009). 지방이양사업에 대한 중앙정부의 재정지원 산출방식이 증가하는 복지서비스 욕구와 연동되어야 한다. 또한 서비스 성격에 따라 일부 지방이양사업에 대해서는 국고보조사업으로 환원하는 등의 조치도 검토되어야 한다. 서비스의 성격에 따라 전국적인 차원의 지원과 관리가 필요한 분야는 국고보조사업으로, 서비스 제공범위가 지방 수준이고 서비스 내용에서도 지역특성을 반영해야 하는 서비스는 지방이양사업으로 재편하는 작업이 필요하다는 지적이 제기되고 있다. 또한 주간보호시설과 같이 시기적으로 기본 인프라를 확보하는 것이 꼭 필요한 경우에는 시설의 신규설치에 대해서 국고보조사업으로 일정기간 동안 운영하는 등의 방안도 고려되어야 한다.

3. 최근 동향과 과제

장애인복지서비스 분야에 중대한 영향을 미치게 될 최근 동향의 두 가지는 장애등급제 폐지와 발달장애인법(발달장애인 권리보장 및 지원에 관한 법률)의 시행이다. 장애등급제 폐지는 국정과제로 채택되어 2019년 하반기에 시행되어야 하는 상황이다. 발달장애인법은 2014년 4월에 국회에서 의결되고, 2015년 11월부터 시행되었다. 이 두 가지가 어떤 모습으로 자리를 잡느냐에 따라 우리나라 장애인복지서비스 제도의 모습은 크게 달라질 수 있다.

1) 등급제 폐지와 맞춤형 전달체계

장애등록 및 등급제도는 우리나라 장애인복지의 역사이다. 1988년 11월에 전국적으로 장애인등록을 시작했다. 장애인등록제도 시행 당시 장애유형은 5개 유형(지체, 시각, 청각, 언어, 지적장애)에 불과하였으나 2000년에 5개 유형(뇌병변, 자폐, 정신, 신장, 심장장애), 2003년에 5개 유형(호흡기, 간, 장루·요루, 안면, 뇌전증장애)이 추가되어 현재는 15개

유형의 장애를 포괄하고 있다. 2015년 현재 등록 장애인 수는 약 250만 명으로 전체인구의 4% 수준이며, 2000년 등록 장애인 수 약 100만 명의 2.5배 수준이다. 장애인구 수의 증가는 장애범주 확대의 영향도 있지만, 장애인정책의 발전과 복지급여 확대와도 관련이 있다. 장애인 등록제도 시행 당시에는 장애인으로 등록해도 국가로부터 받을 수 있는 서비스가 거의 없었다. 이런 이유로 장애를 가지고 있는 사람들이 장애등록을 신청하지 않는 경우가 많았으며, 1990년대 중반 이전에는 장애를 가진 사람들 중 장애로 등록하는 비율은 40%이하 수준이었다.

장애인등록제도 시행 이후 장애인서비스는 꾸준히 확대되었다. 항공요금 할인, 차량 취득세와 등록세 면제, 의료비 지원, 이동통신요금 할인, 건강보험료 감면, 자녀교육비 지원 등의 각종 감면 또는 할인제도가 확대되면서 지급대상을 결정하는데 장애등급을 주요 기준으로 사용하고 있다. 또한 장애인연금제도, 장애인활동지원제도, 장애인고용장려금제도 등의 핵심적인 장애인복지제도에서도 장애등급을 급여기준으로 사용하고 있다. 현재 중앙정부, 지방자치단체, 공공기관, 민간기관 등에서 장애등급을 기준으로 현금급여, 현물급여, 감면 또는 할인 등의 형태로 제공되는 복지급여는 80여종에 이른다.

장애등급제를 둘러싼 갈등은 복지급여 확대과정과 관련되어 있다. 정부는 2007년 중증장애수당의 지급대상이 확대되고 급여수준이 높아지면서 중증장애수당 지급대상자는 국민연금공단 장애심사센터를 통해 적격성 심사를 받도록 하였다. 이전에 지역 병의원 의사들로부터 판정받은 장애등급의 신뢰성에 문제가 있다는 이유에서였다. 장애등급을 엄격하게 관리하기 위한 장치는 2010년 장애인연금제도 도입, 2011년 장애인활동지원제도 시행 등과 함께 더 강화되었다. 이로 인해 이전에 복지급여를 받던 사람이 등급 재판정을 통해 탈락하는 안타까운 상황들이 발생하였다. 이런 상황에서 장애인단체들은 2012년 대통령선거

국면에서 장애등급제는 사람을 등급으로 나누는 비인간적인 제도임을 역설하면서 등급제 폐지라는 대안을 정치권에 호소하였다. 등급제 폐지는 당시 새누리당, 민주당 선거공약으로 채택되었고, 이후로 등급제 폐지가 국정과제로 추진되었다. 이어서 2017년 대통령 선거에서도 등급제 폐지는 주요 정당의 공약으로 채택되었으며, 현재 국정과제로 계속 추진되고 있는 상황이다.

등급제 폐지는 장애인정책의 패러다임 전환을 요구하는 이슈이다. 장애등급제는 효율성 측면에서는 세계적으로 유례를 찾아볼 수 없을 정도로 복지급여 전달비용을 낮추는 행정효율성이 높은 장치이다. 그러나 복지급여가 개인의 상황에 맞게 설계되어야 하는 개별중심의 지원, 맞춤형 복지의 정신에 비추어 보면 의사가 판단하는 장애 정도에 모든 급여를 맞추는 매우 비인간적인 제도이다. 이런 면에서 등급제 폐지는 정당하다. 그러나 등급제 이후의 단기 대안마련에는 상당한 어려움을 겪고 있다. 등급제 폐지 이후에 복지급여의 기준이 복지제도마다 각각 마련되어야하기 때문이다. 즉, 장애인연금의 지급대상 장애기준, 장애인활동지원서비스 대상 장애기준, 장애인 고용장려금 지급대상 장애기준, 각종 감면 및 할인제도 대상 장애기준 등이 각각 마련되어야 한다. 그리고 장애인제도마다 신청 시에 장애 정도 심사 및 환경조사가 이루어져야 한다. 이를 위해서 제도 단위로 서비스 이용자격 심사절차가 마련되고, 이에 필요한 인력과 조직이 확보되어야 한다. 이는 장애인복지 전달체계의 전면적인 개편을 요구하는 일이다. 이러한 어려움 때문에 장애 정도를 숫자로 표시하는 등급을 없애고 중증장애와 경증장애로 구분하는 방안이 검토되고 있다.

장애등급제 폐지는 자원중심(resource-led, service-led) 사정에서 욕구중심(need-led) 사정으로 변하되어야 하는 필요성에 대한 논의의 시각이라 할 수 있다. 욕구중심 사정이 이루어지기 위해서는 세 가지 전제가

꼭 필요하다. 첫째, 중앙정부 차원에서 전국에 사용할 수 있는 욕구사
정을 위한 사정 도구 또는 패키지가 개발되어야 한다. 둘째, 사정 도
구 또는 패키지를 사용할 공공분야 사회복지사들을 사정 전문가로 양
성하는 교육훈련 프로그램이 마련되어야 한다. 셋째, 훈련받은 전문가
들의 사정결과가 존중될 수 있는 행정에서의 재량적 공간이 확보되어
야 한다. 도구를 기계적으로 사용하여 점수(cutting point)를 정하는 방
식에서는 욕구 주도의 사정이 실현되기 어렵기 때문이다. 이 세 가지
과제는 지방자치단체 단위의 대안적인 사회복지전달체계 구축의 핵심
요소라 할 수 있다.

2019년 하반기에 장애등급제는 중·경중으로 구분하는 과도적 변화를
예정하고 있다. 장애등급제 폐지 이후를 준비하기 위해서는 크게 두
가지 작업이 중요하다. 첫째는 등급제 폐지 이후 각 서비스별 장애기
준을 마련하는 것이다. 구체적으로 장애인연금 등의 소득보장 제도에
적용할 장애기준, 활동지원서비스 등의 서비스 제도에 적용할 장애기
준, 감면할인 및 이동지원 제도에 적용되는 장애기준의 마련이다.[2] 둘
째는 장애인의 개인적인 욕구를 고려하여 맞춤형으로 서비스를 설계하
기 위한 새로운 전달체계의 구축이다.
　2015년에 6개 기초자치단체에서 진행하였던 장애인 맞춤형 지원체

---

[2] 등급제 폐지가 기존 제도를 이용하는 장애인들에게 큰 혼란을 주지 않고 시행되기 위해서는 제
도에 따라 조금씩 다른 접근이 이루어져야 한다. 장애인연금, 복지서비스, 감면할인 등의 구체적
인 제도의 상황에 맞게 장애 정도가 고려되는 방식이 고민되어야 한다. 장애인연금의 경우 장애
수준에 관계없이 장애를 가지고 있으면서 소득이 일정 수준 이하라는 기준만으로 장애인연금의
지급도 가능하다. 또 동일한 저소득인데 장애 정도가 더 중한 사람에게 상대적으로 좀 더 많은
금액의 장애인연금이 지급되어야 한다고 생각하면 장애인연금 지급을 위한 장애심사는 의학적
기준 중심으로 측정되는 방안을 채택해야 한다. 장애등급이라는 기준을 배제하려면 활동지원제
도의 인정심사의 수준도 좀 더 섬세하게 하는 방안도 검토해야 한다. 감면할인제도에서는 현실
적으로 단기간 내에(중증장애인에게 국한된 또는 더 많은 자원을 할당하는 감면제도가 없어지지
않는 한) 중·경중 정도의 구분을 적용하지 않을 수 없을 것이다.

계 시범사업은 등급제 폐지 이후 서비스 분야에서 어떻게 적용할 것인 가의 대안을 모색한다. 연금공단이 심사 자료를 생산하고, 이를 토대로 개인별지원계획의 개요적인 제안을 한다. 여기에 대해서 기초자치단체 의 심의위원회에서 개인별지원계획을 확정하고 제공서비스를 정한다. 당시 시범사업 수행을 위한 예산 중 서비스 제공 소요예산은 기초자치 단체에. 맞춤형 지원 시행을 위한 시스템 운영예산은 국민연금공단에 지급하였다. 당시 시범사업의 실제 모습은 공단이 심사뿐만 아니라 서 비스 전반에 주도적으로 관여하는 구조를 취하였다. 그러나 연금공단 은 지역사회의 각종 서비스 및 자원에 대한 통제권한이 없기 때문에 서비스 제공을 주도하기는 어렵다. 이런 점에서 연금공단과 기초자치 단체의 바람직한 역할분담 모형의 큰 원칙은 연금공단은 복지서비스 제공에 필요한 심사를 수행하고, 기초자치단체는 심사결과를 토대로 서비스 계획을 수립하고 집행하는 구조로 볼 수 있다(김동기, 2015). 연금공단의 향후 근본적인 역할은 장애심사이다. 장애등록을 위한 심 사기능을 바탕으로 복지서비스 관련 장애심사를 전문적으로 수행하는 조직으로 설정된다. 장애인활동지원 심사 기능도 이런 맥락에서 일관 된다.

맞춤형 전달체계의 핵심 대상이 되는 장애인 서비스 중 국고보조사 업은 장애인활동지원제도를 중심으로 제도의 적용범위를 단계적으로 확대·통합해 나가고, 특별한 사정으로 거주시설 입소가 불가피한 경우 에는 지역사회 소규모 거주시설을 이용하도록 설계해 간다. 지방이양 방식으로 제공되는 서비스 영역(장애인복지관, 주간보호시설 등)은 새 로운 맞춤형 전달체계를 통하여 서비스 제공기관에 진입하는 방식으로 서비스 접근경로를 단계적으로 변경한다. 그리고 교육, 고용 등의 관련 서비스는 담당기관으로 이관한다. 이 역할을 집행하는 전달체계의 주 체는 기초자치단체가 되고, 서비스 전달에 필요한 핵심 자료인 장애심사 기능은 연금공단이 위탁받아 수행하는 구조를 취한다. 새로운 맞춤형 전달체계는 기초자치단체 중심, 연금공단은 협력의 방향으로 설정된다.

이런 기본적인 원칙 아래에서 기초자치단체의 상황에 맞는 다양한 형태의 전달체계를 선택적으로 활용할 수 있는 모델 제시가 필요하다. 희망복지지원단이 활성화되어 있는 기초자치단체의 경우는 장애인 맞춤형 전달체계는 희망복지지원단의 일부로 작동하게 하는 것이 적절하다. 희망복지지원단이 소극적으로 운영되는 지역에서는 장애인 맞춤형 전달체계가 독립적인 형태로 운영되는 모델이 적합하다. 또한 발달장애인 지역센터가 설치되어 있는 시군구는 발달장애인에 대한 서비스 신청은 모두 발달장애인 지역센터로 의뢰하는 방식으로 운영되는 모델이 적합하다. 장애인 맞춤형 전달체계의 모델은 개별 기초자치단체의 형편에 맞게 '기초자치단체 특성에 기초한 맞춤형 모델'로 제시되는 것이 적절하다.

2) 발달장애인법과 지원체계

발달장애인법이 2015년 11월 21일부터 시행되었다. 발달장애인법의 시행에 즈음하여 예산확보 상황 등을 고려한 평가를 보면 이 법의 시행으로 당초 원했던 발달장애인의 삶에 의미 있는 변화를 가져올 것인가에 대한 회의적인 의견이 많다. 반면에 이 법의 시행은 발달장애인에 대한 사회적 민감성을 제고하고 별도의 정책 접근의 근거를 마련하였다는 점에서 앞으로 상당한 성과를 기대할 수 있을 것이라는 기대도 있는 것 같다. 발달장애인법 시행의 평가와 향후 과제설정은 크게 발달장애인 권리보장 측면과 지원서비스 측면으로 나누어 살펴볼 수 있다.

첫째는 발달장애인의 권리보장 측면이다. 발달장애인법에서는 자신을 스스로 주장하거나 방어하는데 어려움이 있는 발달장애인의 권리를 존중하고 보호하는데 특별한 장치가 필요하다는 점을 인정하고, 이를 이행하는 내용을 담았다. 발달장애인이 자기의 일을 스스로 결정하여 처리하도록 하는 것을 원칙으로 하고, 이런 기본 취지가 최대한 유지될 수 있도록 하는 지원을 사회의 책무로 선언했다. 예를 들면 발달장애인이 통상적인 문장을 이해하기 어려운 경우라면 간단한 단어나 그림을 통해서 결정해야 할 사안을 이해하도록 정부가 지원책을 마련해야 한다(교육부의 의사소통도구 개발과 활용, 행정자치부의 의사소통지침 개발과 교육). 그리고 검찰과 경찰에서 조사받을 때 발달장애인을 이해하는 사람으로부터 조사받을 수 있도록 해야 한다(전담 검사 및 전담 사법경찰관의 지정과 교육).

권리보장을 둘러싼 쟁점은 교육부, 행정자치부, 법무부 등의 관계부처에서 법이 정하고 있는 사항을 성실히 이행하도록 보증할 수 있는가의 문제가 중요해 보인다. 시행령의 제5조(의사소통도구의 개발·교육 및 전문인력 양성), 제6조(민원담당 직원에 대한 의사소통지침 개발 및 교육), 제7조(인식확산을 위한 교육), 제8조(전담검사 및 전담사법경찰관 등에 대한 교육) 등에서 관련부처의 의무를 비교적 명확히 지정하였다. 이 부분은 실제로 어느 수준으로 이행할 것인가의 온도차가 매우 중요하다. 실효성 있게 집행되도록 하기 위해서는 장애계가 계속적으로 관계 부처에 요구하고, 확인하는 노력이 중요할 것으로 보인다.

그리고 발달장애인법에서 권리구제 기능을 부여하고 있는 '발달장애인지원센터'와 장애인복지법이 정하고 있는 '장애인권익옹호기관'의 관계 설정의 문제도 중요해 보이다. 현재 발달장애인법의 시행령과 시행규칙을 전체적으로 보면 발달장애인지원센터의 핵심적인 역할을 개인별지원계획수립에 두고 있는 것으로 보인다. 정부에서는 권리구제의 문제는 전담검사나 전담사법경찰과 제도를 제대로 활용하고, 보건복지부 수준에서는 장애인복지법상의 장애인 권익옹호기관을 중심으로 발달장애인 권리구제를 시행하는 방안을 채택한 것으로 보인다. 그렇다면 발달장애인지원센터(중앙 및 광역단위) 권리구제 기능은 어떻게 설정되어야 하는가? 발달장애인지원센터(중앙 및 광역단위)는 교육부, 행정자치부, 법무부 등에 시행해야 하는 권리보장 지원방법을 안내하고, 시행을 모니터링하는 역할로 설정되는 것이 적절해 보인다. 그리고 권리구제 측면에서도 장애인복지법상의 장애인옹호기관을 적극적으로 활용하고 협력하도록 설정하는 것이 필요할 것이다.

둘째, 발달장애인 지원서비스 측면이다. 발달장애인들은 지속적이면서 밀착된 서비스가 필요한 사람들이기 때문에 특별한 서비스 전달 장치가 필요하다는 점을 인정하고, 이를 이행하는 내용을 담았다. 서비스의 핵심 기준은 개별화와 당사자 의사의 존중이고, 이를 구체적으로 실현할 수 있도록 전문가가 적극적으로 듣고, 이를 통해서 당사자의 의사를 확인하고, 당사자의 의사를 바탕으로 일상이 이루어질 수 있도록 필요한 지원활동을 설계하는 일이 개인별지원계획이라는 이름으로 포함되었다. 이 일을 하도록 만들어지는 조직이 발달장애인지원센터이다. 전국을 관장하는 중앙센터와 광역자치단체별로 1개씩 지역센터를 필수적으로 만들도록 정하였다. 그리고 기초자치단체 단위인 시군구의 경우는 의무는 아니지만 설치할 수 있도록 근거를 만들었다. 사실 광역센터가 시·도지역의 전체 발달장애인에 대한 실효성 있는 개별화지원을 하기는 어려울 것이다(김진우, 2015). 광역자치단체 수준의 센터는 기초자치단체 수준의 개인별지원계획 수립과 개별화된 지원서비스의 제공을 지원하는 역할로 설정되는 것이 현실적일 것이다. 그런데 시군구 단위의 지역센터 설치는 임의사항이기 때문에 조만간 설치가 쉽지 않다는 문제가 있다. 현실적인 측면에서 기초자치단체 수준을 보면 사회적 취약계층의 맞춤형 지원을 담당하는 희망복지지원단. 등급제 폐지 이후를 위하여 시범사업으로 시행되고 있는 장애인 맞춤형 전달체계 등과 별도로 발달장애인 지역센터를 새로운 조직으로 설치하는 것은 쉽지 않아 보인다. 시군구 수준의 지역센터 설치를 위한 현실적이고 구체적인 방법을 모색하면서. 다른 한편에서는 두 가지 보조적인 방안을 검토해 볼 필요가 있다. 먼저. 개인별지원계획 수립 역할을 지역의 서비스 기관에 위탁하고 광역 발달장애인지원센터가 이를 지원·관리하는 체계를 생각해 볼 수 있다. 지역사회의 장애인복지관 등이 지역센터는 아니지만 발달장애인법상의 개인별지원계획 수립과 실행의 역할을 할 수 있도록 하는 것이다. 다른 하나의 방법은 현재 시범사업으로 진행되고 있는 맞춤형 전달체계에서 개인별지원계획 업무를 수행하도록 하는 방법이다. 맞춤형 전달체계의 핵심 역할은 기초자치단체가 하고. 장애인의 욕구심사는 연금공단이 하는 것으로 설정한다면 기초자치단체가 개인별지원계획을 확정하고. 이를 지역 내 서비스기관을 통해서 시행하는 방안을 생각해 볼 수 있다.

발달장애인 개인별지원계획을 통해서 일상이 본인의 상황과 취향에 맞게 이루어지도록 돕는 목표를 분명히 하는 것이 중요하다. 그림 그리는 것을 좋아하고 축구를 좋아하고 친구들과 함께 지내기를 좋아하고 커피 만들기를 좋아하는 발달장애인이 필요한 지원을 통해서 좋아하는 일들을 일상에서 할 수 있게 하는 것이 개인별지원의 핵심이다. 지금까지는 거주시설 이용. 복지관 이용. 주간보호 이용. 보호작업장 이용 등과 같이 일정한 공간에 배치하는 것이 서비스였다면. 개인별지원계획을 통한 맞춤형 서비스는 개인의 일상을 자연스럽게 이루어지도록 지원하는 것이 목표가 되어야 한다. 이를 위해서 서비스는 최대한 유연해야 한다.

발달장애인법의 제정이 가지는 핵심적인 두 가지 측면 외에 더 근본적인 과제가 있다. 발달장애인을 위한 서비스에서의 중증과 고령 발달장애인의 배제 문제이다.

스스로 일상활동을 수행하기 어렵거나 자해나 타해 행동을 포함하는 중증의 발달장애인의 서비스 배제 문제는 서비스 제도와 관련되어 있다. 예를 들어 장애인활동보조제도를 발달장애인이 이용하고 있는데, 가장 중증의 발달장애인은 서비스를 받기 어렵다. 왜냐하면 모든 서비스의 시간당 단가가 동일하기 때문에 지원강도가 훨씬 높아야 하는 중증의 발달장애인 활동지원을 하려고 하지 않는다. 장애인거주시설, 장애인복지관, 장애인단기보호시설, 장애인주간보호시설, 장애인직업재활시설 등에서도 유사한 상황이다. 이들 기관들은 발달장애인 서비스의 중심기관들이며, 발달장애인 이용자의 비율은 전체 이용자의 60-90% 수준으로 높다. 이들 기관의 재정지원 기준에서 중증의 발달장애를 별도로 고려하지 않고 있기 때문에 중증의 발달장애인들이 서비스에 진입하기는 어렵다. 중증의 발달장애인들이 서비스에 진입하기 위해서는 별도의 지원기준이 마련되어야 한다. 예를 들어 서비스 기관의 통상적인 직원과 이용자 비율이 10:3이라면 중증 발달장애인의 경우 1:1 또는 1:2가 되도록 지원해야 한다. 거주시설, 복지관, 주간보호시설 등의 기존 기관에 이런 제도가 추가되어야 하며, 발달장애인법에 의해서 새로 설치되는 행동발달증진센터는 이런 서비스의 모습을 실제로 보여줄 수 있어야 한다.

고령 발달장애인의 문제도 마찬가지로 매우 심각한 상황이다. 발달장애인들이 40대 전후에 이르면서 복합적인 어려움에 직면하면서, 복지관, 직업재활시설, 주간보호시설 등과 같이 낮 시간을 보낼 수 있는 서비스에서 배제되기 시작한다. 일반가정에 사는 성인 발달장애인의 서비스 실태에 대한 조사결과를 보면, 20대 이용률이 40%, 40대 이용률이 20%, 50대 이용률은 10%정도로 급격히 낮아진다. 이 역시 중증 발달장애인을 배제하고 있는 우리나라 서비스 제도의 문제와 관련이 있다. 이런 점에서 성인기 이후의 서비스 시스템에 근본적인 변화가 필요하다. 발달장애인의 40대 이후가 더 문제가 되는 것은 부모들이 지원하기가 점점 어려워진다는 점이다. 부모들이 끝까지 발달장애인 자녀와 살려고 하다가 70, 80세가 되고, 발달장애인 자녀가 40대를 넘기면 눈물을 머금고 시설을 선택하는 상황이다. 이런 점은 최근 거주시설 신규 입소자의 연령별 통계를 통해서도 확인된다.

4. 맺음말

현재 우리나라 장애인복지서비스는 파편적 체계이어서 서비스의 공평한 접근성이 보장되지 못하고 있다. 장애인복지관, 직업재활시설, 주간보호시설, 단기보호시설, 공동생활가정 등은 법적으로 명시된 서비스 진입기준이 없고, 서비스 제공여부에 대한 결정도 서비스를 제공하는 해당 시설에서 하고 있다. 반면에 장애인활동지원, 장애아동발달재활, 장애유형별 거주시설, 중증장애인 거주시설, 장애영유아 거주시설 등은 기초자치단체에 신청하고, 기초자치단체가 이용자격을 결정한다. 이런 문제 때문에 서비스를 받아야 할 중대하고 시급한 필요가 있다하더라도 필요한 서비스를 찾는 책임은 장애인에게 부여되어 있으며, 장애인이 거주하는 지역에 서비스가 없으면 접근 자체가 불가능한 상황이 될 수 있다. 개별적인 서비스들이 존재할 뿐이지, 이들 서비스들을 욕구에 따라 공평하게 배분하는 시스템은 수립되어 있지 않다. 등급제 폐지 이후의 맞춤형 전달체계와 발달장애인법상의 지역센터가 이런 문제를 해소할 수 있도록 정착하게 될지를 주목해야 한다.

참고 문헌

구인회·양난주·이원진. 2009. "사회복지 지방분권 개선방안 연구". 『사회복지연구』, 40(3): 99-124.

김동기. 2015. "지역사회중심의 전달체계 개편방안." 한국장애인개발원. 『2015년 지역사회중심 장애인정책 8차 포럼 자료집』, 3-20.

김영종. 2012. "한국 사회서비스 공급체계의 역사적 경로와 쟁점. 개선방향."『보건사회연구』, 32(2): 3-20.

김진우. 2015. "발달장애인지원법 시행의 의의와 전망." 한국장애인개발원. 『2015년 지역사회중심 장애인정책 9차 포럼 자료집』, 3-24.

보건복지부. 2018. 『나에게 힘이 되는 복지서비스』.

보건복지부·한국보건사회연구원. 2017. 『통계로 보는 사회보장 2017』.

보건복지부·한국보건사회연구원. 2018. 『통계로 보는 사회보장 2018』.

제10장 탈시설과 거주시설 정책[1]

| 김용득

　최근에 공지영의 소설 도가니가 영화로 제작되면서 한동안 장애인 시설이 사회의 주목을 받았다. 이전부터 우리나라 장애인시설은 격리 수용, 인권침해, 폐쇄적 시설운영 등의 문제로 사회의 지탄의 대상이 되어 왔다. 그렇다면 이런 지탄의 대상이 되는 장애인복지시설을 없애는 것은 어떤가? 아니면 다른 근본적인 방법은 없는가?

1. 변화의 필요성

　장애인거주시설[2]은 여러 가지 이유로 원 가정에서 생활하기 어려운

---

1) 본 장은 다음의 논문과 보고서의 주요 내용을 발췌하여 정리한 것이다.
　김용득·송남영·장기성. 2010. "장애평가 기준과 장애인거주시설서비스 욕구". 『한국장애인복지학』. 12: 95-121.
　김용득·변경희·임성만·강희설·이정호·장기성·전권일·조순주. 2007. 『장애인거주시설 서비스 기능과 구조의 혁신 방안』. 보건복지부·성공회대학교 사회복지연구소.
　김용득·김미옥·변경희·소진이·장기성·이복실·강희설·이금지·백경원. 2009. 『장애인 거주시설 서비스 최저기준 마련을 위한 연구』. 보건복지부·성공회대학교 사회복지연구소.
2) 대형시설에 한정된 의미가 아니라 거주(accommodation) 지원과 개별적 지원(personal care) 기능을 가진 서비스를 의미하며, 한국의 경우 장애유형별 거주시설, 중증장애인 거주시설, 장애영유아 거주시설, 장애인공동생활가정, 장애인단기보호시설 등이 모두 여기에 해당된다.

장애인에 대하여 대안적인 거주 장소와 보호 서비스를 제공하는 것을 목적으로 한다. 이러한 거주시설서비스는 19세기 산업 혁명기를 거치면서 생산에 동원되는 노동력을 최대한 확보하기 위한 방편으로 노동능력이 없는 장애인을 가정으로부터 분리시켜서 격리 보호하고, 이들을 보호하는 데 필요한 노동력을 산업 생산에 집중시키기 위해 일반사회와 분리된 대형시설 중심으로 이루어졌다. 그러나 20세기 중반을 거치면서 시설을 이용하는 장애인에 대한 인권침해, 대형시설의 비리문제, 비효율적인 시설운영 등의 문제가 제기되었다. 이런 문제 제기들에 대해 서구사회에서는 장애인의 서비스 선택권 강화와 아울러 시설 소규모화 작업이 지속적으로 진행되었다.

우리나라 장애인거주시설서비스는 1950년대 전쟁고아를 보호하기 위한 시설에서 출발하였고, 1970년대에는 전쟁고아를 위한 시설들이 대대적으로 장애인시설로 전환되었는데 이들 시설의 대부분이 대형 보호시설이었다. 시설서비스에 대한 정부지원이 본격적으로 시작된 것은 1980년대에 들어서이며, 1990년대에 소규모 시설인 공동생활가정이 설립되기 시작하였고, 동시에 일시적인 보호를 목적으로 하는 단기보호시설을 설치하게 되었다. 그러나 여전히 거주시설서비스는 대형시설을 중심으로 제공되고 있으며, 이들 시설에서 발생하는 인권침해나 비도덕적 운영에 대한 폐해들이 계속해서 보고되고 있다. 이에 대해 정부는 시설평가제도 도입, 사회복지법인에 대한 관리감독 강화 등의 방법을 통해 문제를 해결하고자 하였다. 그러나 이런 시도들은 거주시설서비스의 변화를 위한 부정적, 소극적 대책이라고 할 수 있다. 왜냐하면 이런 방식의 대처는 거주시설 이용자에 대한 부정적 낙인, 이용자와 시설서비스 제공자 사이의 불평등한 관계, 장애인시설에 대한 부정적 이미지 등의 근본적인 문제들을 해결하는 수단으로는 한계가 있기 때문이다.

　이런 시점에 최근 들어 탈시설 요구가 장애인 운동단체를 중심으로 강하게 제기되기 시작했다. 우리나라에서 전개되고 있는 탈시설 운동은 대규모 시설보호를 중심으로 하고 있는 장애인거주시설 제도 전반에 대한 근본적인 문제제기이면서, 동시에 지역사회에 적절한 지원체계를 마련하지 못하고 있는 점에 대한 대정부 요구운동의 성격을 동시에 포함하고 있다. 이런 시점에서 장애인거주서비스 제공주체라고 할 수 있는 장애유형별 거주시설, 중증장애인 거주시설, 장애영유아 거주시설, 공동생활가정, 단기보호 등의 장애인거주시설에서는 이런 문제제기와 요구에 대하여 어떻게 반응해야 하는지에 대한 논의가 필요하다. 본고에서는 이런 관점에서 출발하여 장애인거주시설 제공주체들이 탈시설이라는 사회적 요구를 어떻게 실천할 것인가에 관련된 원칙과 과제를 제시해 보고자 한다.

2. 탈시설의 의미

　탈시설(de-institution)이라는 용어는 미국에서 비인도적인 집단수용시설이었던 정신병원에서 정신장애인들이 지역사회로 이동하도록 하는 대대적인 조치를 지칭한다. 이런 기원 때문에 어떤 사람들은 탈원화라고 칭하기도 한다. 탈시설 정책은 근본적으로 대형시설의 정신장애인에 대한 과도한 억압과 인권침해에 대한 사회적 반성에서 출발한 것이다. 이런 분위기와 함께 당시에 대규모 수용상태에서 입소자들의 삶의 조건을 조금씩 개선하고자 하는 시도가 이루어졌는데, 이 과정에서 시설운영비용이 해마다 급격히 증가하여, 고비용에 대한 부담을 회피하고

자 했던 의도도 동시에 작용하였다.

　탈시설과 유사한 의미로 북유럽에서 1960년대 후반부터 사용되기 시작한 정상화(normalization)라는 용어가 있다. 정상화는 표준성, 정상성, 일상성 등을 강조하는 용어이다. 사람들의 삶에서 가족이 한집에서 살고 학령기에는 학교에 다니고, 성인이 되면 직장을 다니고, 휴일이면 여가를 즐기는 등의 일상적인 삶의 모습이 가장 중요한 삶의 요소라는 것이다. 정상화이념은 당시 북유럽에서 일반적으로 존재했던 지적장애인 대규모 시설에 대한 사회적 반성을 촉구하는 운동에서 출발하여 전 세계로 확산되었다. 정상화는 '정상(normal)'이라는 단어에 대한 거부감 때문에 여러 나라로 확산되면서 다양한 용어로 변화되었다. 영국에서는 정상화이념을 정책에서 채택하면서 '일상적인 삶(ordinary life)'이라는 슬로건을 사용하였다. 미국, 캐나다 등에서는 울펜스버거(Wolfensberger)라는 학자가 정상화라는 용어 대신에 사회적 역할의 가치화(social role valorization)라는 용어를 제안하여 실천에 광범위하게 사용되었다.

　또 한편으로 탈시설이라는 용어와 긴밀한 관련성을 가지고 있는 용어는 사회적 모델과 자립생활운동이다. 사회적 모델은 영국에서 1980년대에 제기되기 시작한 것으로 장애의 책임은 개인에게 있는 것이 아니라 장애를 발생시키는 사회에 있으며, 장애 문제의 해결에 있어서도 개인의 노력이 근본적인 해법이 아니라 사회가 변화되는 것이 근본적인 해결책이라고 주장한다. 자립생활운동은 미국에서 1980년대에 제기되기 시작한 것으로 영국에서 시작된 사회적 모델의 주장과 유사한 입장에 있지만, 장애인 개개인의 구체적인 삶에서의 자기결정을 강조한다. 사회적 모델과 자립생활이념은 우리나라에서는 '당사자주의'라는 용어로 귀결되고 있는 것으로 볼 수 있다.

최근에 우리나라에서 제기되고 있는 탈시설 운동은 정신장애인을 위한 탈원화운동, 지적장애인을 위한 정상화이념, 신체장애인 당사자를 중심으로 제기된 사회적 모델과 자립생활이념 등의 여러 가지 흐름들에 기반하고 있는 것으로 보인다. 단순한 탈원화를 주장하는 것에서 그치지 않고 장애인의 삶의 방식에 대한 근본적인 변화를 주장하고 있다는 점에서 그렇다. 이런 점에서 해석한다면 탈시설 운동은 현재의 우리나라 시설에서의 장애인의 삶에 근본적인 변화가 필요하다는 점을 요구하는 운동이다. 탈시설의 영어 표현은 'de-institution'이다. 이는 'institution'과 결별을 요구한다는 의미이다.

여기서 'institution'은 집단 수용, 고립, 억압, 개성의 박탈 등이 복합된 개념이다. 이는 공간적으로 집단 수용된 상태이면서, 동시에 관계적인 측면에서는 일방적으로 통제받는 상태를 의미하는 용어이다. 그렇다면 'institution'과의 결별은 구체적으로 어떤 방법을 통해서 가능한가? 첫 번째 방법은 시설에 사는 장애인 한 사람 한 사람이 시설에서 퇴소하여 시설이 아닌 장소로 옮기는 방법이다. 현재 우리나라의 탈시설 운동은 이 방법에 초점을 두고 있다. 두 번째 방법은 기존 제도에서 시설로 규정되어 있는 공간을 'de-institution'하는 방법이다.

'institution'의 의미가 집단 수용, 고립, 억압, 개성의 박탈 등을 포함하는 개념인데, 거주시설에서 개별적 삶의 공간, 지역사회와의 통합, 자기결정의 원칙, 개성의 존중 등이 확보된다면 이는 'de-institution'이 이루어진 상태이다.

최근 장애인복지법에서 장애인거주시설이라는 새로운 용어를 도입하고 신규 시설의 진입을 30인 이내로 제한하고 공동주거 단위를 5인 이하로 제한하는 등의 대안들은 후자의 실천 방법에 입각해 있다. 이런 점에서 영국, 미국, 일본 등에서는 거주시설을 지칭할 때 'institution'이라는 용어 대신에 'home', 'care-home', 'group-home', 'respite-home', 'nursing-home' 등의 용어를 사용하고 있다. 원래 자신들의 집은 아니지만 자신의 집처럼 삶의 공간과 사람들과의 관계를 구성하자는 의미이다. 이후에서는 이런 의미에 입각하여 거주시설서비스의 원칙은 어떻게 설정해야 하며, 우리나라 거주시설서비스 정책은 어떤 과제들을 해결해야 하는지를 제시하고자 한다.

3. 거주시설서비스의 원칙

장애인거주시설서비스를 논의함에 있어서 가장 기본적인 원칙은 모든 사람이 가능하면 시설이 아닌 자신의 가정에서 살 수 있도록 하는 일이다. 그래서 모든 사람이 그렇게 될 수 있도록 하는 것은 사회복지서비스 전체에 걸쳐 가장 중요한 공통과제이다. 이런 의미에서 원칙적으로 보면 거주시설은 필요가 없는 것이 가장 좋으며, 같은 맥락에서 아무리 좋은 시설도 집만큼 좋을 수는 없다.

그러나 문제는 본인의 집이 아닌 다른 장소에서 거주하는 것이 불가피한 경우가 발생하고 있다는 점에서 출발한다. 가족이 더는 보호자의 책임을 이행할 수 없고, 재택서비스가 지원되더라도 혼자서는 살아가기 어려운 처지에 있는 장애인의 경우에는 원래의 가정기능을 단기적 또는 장기적으로 대리할 수 있는 서비스가 필요하다. 그러나 이러한 경우에도 최대한 가정과 같은 환경에서 대리적 서비스가 제공될 수 있도록 하는 것이 필요하며, 이것이 거주시설서비스의 목표로 설정되어야 한다. 이런 맥락에서 거주시설서비스가 재구조화되어야 하며, 재구조화는 다음과 같은 원칙 아래 설계되고 시행되어야 한다.

1) 지역사회생활 중심, 자립생활 중심

거주서비스는 원가정에 지원서비스가 제공되더라도 일상적인 생활을 영위하기 어려운 경우에 한하여 제공되어야 한다. 따라서 거주서비스 제공 결정 이전에 원가정에서 적절한 지원서비스를 받을 수 있도록 하는 조치가 우선 고려되어야 한다. 이 원칙과 관련해서는 영국에서 시행하고 있는 원칙을 참고할 수 있다. 돌봄서비스의 욕구사정에 관한 영국 보건부의 정책지침(policy guidance on assessing needs)에서는 '서비스는 가능한 수준까지 일반적인 생활을 유지하거나 회복할 수 있도록 제공되어야 한다.'고 하고 있으며, 개인을 돕는 서비스의 우선순위는 다음과 같이 제시되어 있다.

> ① 자기 집에서 살 수 있도록 지원한다.
> ② 보다 적절한 주거 장소로 이사한다.
> ③ 다른 일반 가정집으로 이동한다.
> ④ 거주보호시설(residential care)로 이동한다.
> ⑤ 요양원(nursing home)으로 이동한다.
> ⑥ 장기병동에 입원한다.

2) 이용자의 자유와 자기결정

시설이 비판받는 핵심적인 이유는 시설적인 방식이 개인의 자유와 프라이버시를 침해할 수밖에 없다는 점이다. 이런 점에서 기존의 시설은 근본적인 변화가 필요하다. 이 변화에서 확립되어야 하는 원칙들은 다음과 같다.

첫째. 일상에서의 기본적인 자유권이 보장되어야 한다. 이 자유권은 자유로이 이동할 자유. 본인이 거주하는 공간에 대하여 열쇠를 가질 권리. 필요하면 내부에서 방문을 잠글 수 있는 프라이버시 등을 포함한다. 이 외에도 법이 보장하는 모든 자유가 보장되어야 한다. 둘째. 자유권의 보장원칙에도 불구하고 스스로 상해를 입힐 위험이 있거나 다른 사람에게 상해를 가할 위험이 확인된 경우에는 위험 상황에 노출되는 것을 막기 위해 기본적인 자유가 제한될 수 있어야 한다. 셋째. 자유의 제한은 포괄적으로 허용되어서는 안 되며. 기본적인 자유가 제한될 수 있는 상황과 조건에 대한 상호 합의가 이루어지고. 이 내용이 거주시설과 이용자(또는 보호자) 간의 서비스 이용 계약서에 기재된 경우에 한해서만 제한될 수 있어야 한다.

이런 맥락에서 거주시설서비스의 기본철학을 명확히 선언할 필요가 있다. 거주시설을 이용하는 장애인의 경우에도 국민에게 부여되는 일반적인 권리가 모두 존중되어야 한다. 다만. 예외적으로 구체적인 위험이 존재하는 경우에는 상호 합의를 통해 제한하기로 계약서에 열거한 내용에 한하여 권리를 제한할 수 있다는 원칙이 확립되어야 한다.

3) 집과 같은 주거공간

장애인서비스는 원가정 우선의 원칙이 적용되어야 한다. 그러나 불가피하게 거주시설을 이용하는 경우에도 거주시설을 통하여 제공되는 주거공간은 최대한 가정집과 같은 환경이어야 한다. 우리나라 제도상 시설은 근원적으로 집과 같은 공간이 아니다. 현행 장애인복지법 시행규칙에 따르면 1인당 거실면적은 가구 점유면적을 합산하여 3.3㎡이상이면 된다. 그리고 한방에는 성인의 경우 8명까지 공동으로 생활할 수 있다. 가정과는 판이하며. 정확히 '시설적인(institutional)' 방식이다. 공간에 대한 한국, 영국, 일본의 최저기준을 비교하면 다음과 같다.

□ 한 국

- 시설 전체면적
  - 30명 이상 시설: 1인당 21.12㎡ 이상
  - 30인 미만 시설: 1인당 9.37㎡ 이상
- 시설 거실면적
  - 6세 미만: 1인당 2㎡ 이상
  - 6세 이상: 1인당 3.3㎡ 이상
- 시설 1실 정원
  - 6세 미만: 10명 이하
  - 6세 이상: 8명 이하
- 공동생활가정 면적과 정원
  - 1인당 거실면적: 3.3㎡ 이상
  - 1개 방 거주인원 2인 이하

□ 영 국

- 침실과 거실을 합하여 1인당 14㎡ 이상
- 휠체어 사용자의 경우 17.1㎡ 이상
- 원칙적으로 1인 1실

□ 일 본

- 거실 1인당 바닥면적 : 수납설비를 제외하고 9.9㎡ 이상

집과 같은 주거공간의 원칙에 따라 시설 규모도 제한되어야 한다. 시설 규모에 대한 외국의 최근 기준을 보면 다음과 같다. 영국과 일본의 경우 신규시설의 정원은 20인 이하로 제한되어 있다. 단, 일본의 경우에는 예외적으로 해당 지역의 거주서비스 공급량이 계획에서 정하는 바에 미치지 못하는 특별한 사정이 인정되는 경우에 한해서만 30인 이하로 제한하고 있다. 또한 영국과 일본은 공통적으로 직원의 근무 집단의 단위, 식사 단위, 공동시설 이용 단위당 인원이 10명을 초과할 수 없도록 규정하고 있다.

4) 필요에 부응하는 서비스

필요에 적절한 서비스가 되기 위해서는 이용할 수 있는 서비스 종류가 다양해야 한다. 거주시설을 이용하는 장애인은 장애로 인하여 다른 사람의 도움을 필요로 한다. 그러나 필요로 하는 도움의 내용과 정도는 사람에 따라 다르다. 어떤 사람의 경우 일상생활의 대부분은 독립적으로 수행할 수 있으면서, 직장 찾기나 재산 관리하기 등과 같은 영역에서만 도움이 필요할 것이다. 어떤 경우에는 옷 입기, 식사하기 등의 일상생활의 구체적인 영역에서까지 도움이 필요한 경우도 있을 것이다. 일상생활 대부분을 혼자 해 나갈 수 있는 사람에게 잠자리 들기, 식사하기 등의 일상에 도움을 주기 위해 개입하는 것은 도움이 아니라 간섭이나 사생활 침해가 될 수 있다. 반대로 일상생활 대부분에서 도움이 필요한 사람에게 구체적인 도움을 제공하지 않는 것은 방임이 될 수 있다. 거주시설의 서비스는 개인의 필요에 부응하여야 하며, 제도적으로 부응하는 체계를 갖추기 위해서는 거주시설의 종류가 다양해져야 한다. 이런 점 때문에 거주서비스의 스펙트럼은 다음과 같이 다양해야 한다.

제공하는 서비스의 강도와 내용에 따라 다음과 같은 다양한 형태가 가능할 것이다.

- 거주장소만 제공(주택임대)
- 거주장소와 관리서비스(건물수선, 공과금 관리 등)만 제공(공동주택)
- 거주장소 + 관리 + 약한 수준의 개별지원(체험홈)
- 거주장소 + 관리 + 식사 + 약한 수준의 개별지원(가정하숙)
- 거주장소 + 관리 + 식사 + 개별지원(그룹홈, 케어홈)
- 거주장소 + 관리 + 식사 + 개별지원 + 간호지원(요양홈)

제공하는 서비스의 기간과 목적에 따라서도 다음과 같은 형태가 존재할 것이다.

- 비교적 장기 거주(1년 단위 거주 계약. 필요시 거주지 변경 가능)
- 1개월 이하 또는 1개월 단위 거주(단기보호)
- 생활훈련을 목적으로 하는 단기 거주(훈련형 그룹홈 또는 체험홈)

5) 보편적인 접근성

현재 우리나라 거주시설(장애유형별 거주시설. 중증장애인 거주시설. 장애영유아 거주시설) 이용자격은 등록 장애인으로서 국민기초생활보장제도의 수급권자 또는 무연고자로 제한되어 있다. 이러한 제한은 현재의 시설을 시설적(institutional)이게 만드는 원인이 되는 핵심 규정이라 할 수 있다. 이 규정은 다음과 같은 두 가지 문제를 야기한다. 첫째. 불필요한 시설 이용을 조장한다. 소득기준은 엄격하고, 장애기준은 의미가 없으며, 수급자는 경제적 어려움으로 인해 시설을 이용할 수밖에 없어 부적절한 시설 이용을 양산하게 되는 것이다. 둘째. 눈물겨운 시설 이용을 조장한다. 경제적으로 상당한 어려움이 있으나 수급자가 되지 못한 경우에는 장애인을 무연고자로 만들어 시설을 이용하게 하는 눈물겨운 상황을 만든다.

거주시설을 이용할 수 있는 자격기준에서 소득기준을 폐지하고. 장애기준은 다소 엄격하게 적용하여 불필요한 시설 이용을 제한해야 한다. 그리고 소득기준의 폐지에 따라 발생할 수 있는 수요 확대는 자기부담 제도를 통해 일부 보완할 수 있을 것이다. 또한 서비스 제공기관 선택은 원칙적으로 이용자의 선택에 기초해야 하며. 이용기간을 비꾸는 일도 어렵지 않게 가능할 수 있도록 해야 한다.

6) 아동과 성인의 차별적인 욕구 반영

현재 우리나라 거주시설서비스는 아동과 성인의 욕구 차이를 반영하고 있지 못하다. 아동은 부모 또는 성인의 보호 아래 안정감 있게 지낼 수 있도록 지원하는 것이 바람직하다. 반면 성인은 독립적인 가정에서 본인의 의사와 결정에 따라 생활할 수 있도록 지원하는 것이 중요하다. 거주시설서비스 구축에서도 이런 점이 반영되어야 한다. 자기 가정에서 살기 어려운 장애아동의 경우에는 입양과 위탁보호가 우선적인 대안이 되어야 한다. 반면, 성인은 주택임대, 공동주택, 거주시설서비스(그룹홈, 케어홈, 요양홈 등) 등 독립적인 성인으로서의 욕구를 충족할 수 있는 방법이 우선적인 대안으로 고려되어야 한다.

4. 우리나라의 현황과 문제

1) 거주(생활)시설3) 공간

장애인복지법에서 정하고 있는 장애인거주(생활)시설에 사는 사람들의 거주환경은 단연코 '사람 사는 환경'이 아니다. 성인기준으로 '1인당 거실면적 3.3제곱미터(1평)', '1실당 공동거주인원 성인 8명'으로 정하고 있다. 어른 8명이 8평에서 옷장, 이불장을 놓고 살라는 것이다. 그리고 이 공간에 생활지도원도 같이 거주하는 것으로 되어 있다. 이 공간

---

3) 장애인 거주시설에는 장애유형별 거주시설, 중증장애인 거주시설, 장애영유아 거주시설, 장애인 공동생활가정, 장애인단기보호시설 등이 포함된다. 이 가운데 장애유형별 거주시설, 중증장애인 거주시설, 장애영유아 거주시설은 이전의 생활시설을 말한다. 이들 시설은 장애인공동생활가정, 장애인단기보호시설과는 시설의 규모나 성격 면에서 차이가 있다. 이를 구분하기 위해서 과거의 생활시설만을 포함하는 의미로 거주(생활)시설이라고 표기하고, 전체 거주시설을 모두 포함하는 경우에는 거주시설로 적는다.

에서 개인의 기본적인 운신(자유)이 보장되는 것은 불가능한 일이다. 현행 장애인복지법 시행규칙 〈별표 5〉에 다음과 같이 적혀 있다.

- 장애인거주(생활)시설 운영기준 -

복도, 다락 등을 제외한 (거실의) 바닥면적은 6세 미만의 경우 시설 거주자 1인당 2.0제곱미터 이상, 6세 이상의 경우 시설거주자 1인당 3.3제곱미터 이상으로 하고, 1실의 정원은 6세 미만의 경우 10명 이하, 6세 이상의 경우 8명 이하로 한다.

우리나라에는 대한민국 국민에게 보장하는 최저주거기준이란 것이 있다. 내용은 다음과 같다.

- 한국의 최저주거기준 -

: 주택법에 따른 건설교통부 공고 제2004-173호 기준
- 1인 침실 : 5.76㎡
- 주침실(2인 생활, 옷장 등 구비) : 10.80㎡
- 2인 침실 : 8.10㎡
- 부엌(4인가구) : 3.0㎡
- 기타 면적(화장실, 수납공간, 현관) : 11.92㎡

이 기준으로 보면 사람 사는 공간의 침실은 1인실 또는 2인실이며, 침실면적도 일정 이상이어야 한다. 장애인복지법 시행규칙에서 정하고 있는 장애인거주(생활)시설의 주거기준과 한국의 최저주거기준을 비교해 보면 거주(생활)시설에 사는 장애인은 한국 사람이 아니라고 할 수밖에 없다.

다행스러운 것은 2010년부터 정부에서 '장애인거주시설 서비스 권장 기준'이라는 것을 발표하고, 이를 정부지침(장애인거주시설 사업안내)에 포함하였다. 내용은 다음과 같다.

– 장애인거주시설 서비스 권장기준 –

25.1 침실과 거실을 합한 면적은 일인당 7제곱미터 이상 확보되어야 하며, 휠체어 사용자의 경우 일인당 10제곱미터 이상이 확보되어야 한다.

26.1 침실 바닥 면적은 1인당 5제곱미터 이상이 되어야 한다. (침실에 부속된 화장실이 있는 경우 이를 침실면적에 산입하지 않음)

26.2 시설은 1인실과 2인실을 최대한 확보하여야 한다.

이로써 거주(생활)시설에 사는 장애를 가진 사람도 대한민국 국민으로 인정받았다. 그러나 아직도 '권장' 기준일 따름이다. 더구나 8평의 방에 8명이 함께 살도록 정하고 있는 장애인복지법 시행규칙은 아직도 유효하다.

2) 거주(생활)시설의 시설 규모

시설의 규모도 너무 크다. 한 공간에 많은 사람이 집단으로 생활하는 환경에서 개별성을 존중받기는 쉽지 않다. 대규모 집단생활은 개별성보다는 집단의 규칙과 집단적 일과로부터의 구속을 피하기 어렵기 때문이다. 우리나라 거주(생활)시설의 규모를 보면 다음 표와 같다.

<표 10-1> 장애인거주시설 유형별 현황

| 연도 | 총계 | | 장애유형별 생활시설 | | | | | | | | | | 중증장애인 거주시설 | | 장애영유아 거주시설 | | 단기거주 시설 | | 공동생활 가정 | |
| | | | 소계 | | 지체·뇌병변 장애인 | | 시각장애인 | | 청각·언어 장애인 | | 지적·자폐성 장애인 | | | | | | | | | |
	시설 수	인원	시설 수	인원	시설 수	인원	시설 수	인원	시설 수	인원	시설 수	인원	시설 수	인원	시설 수	인원	시설 수	인원	시설 수	인원
2008	347	22,250	202	12,814	33	2,292	14	784	11	546	144	9,192	136	8,981	9	455	84	-	450	-
2009	397	23,243	235	13,048	38	2,230	14	760	11	519	172	9,539	153	9,728	9	467	91	-	531	-
2010	452	24,395	260	19,270	40	3,673	14	873	10	386	196	14,338	182	4,813	10	312	103	-	589	-
2011	490	25,345	289	14,038	39	2,102	15	787	9	361	226	10,788	191	10,798	10	509	119	-	637	-
2012	1,348	30,640	342	14,926	40	2,057	16	786	8	335	278	11,748	201	11,006	10	510	128	1,438	667	2,760
2013	1,397	31,152	356	15,069	39	1,978	16	770	8	320	293	12,001	216	11,412	9	473	131	1,432	685	2,766
2014	1,457	31,406	375	15,246	44	2,208	15	632	7	270	309	12,136	223	11,344	9	466	137	1,495	713	2,855
2015	1,484	31,222	383	14,920	39	1,668	16	628	7	255	321	12,369	233	11,314	10	541	141	1,548	717	2,899
2016	1,505	30,980	381	14,817	40	1,766	17	711	7	228	317	12,112	233	11,192	9	452	146	1,616	736	2,903
2017	1,517	30,693	376	14,630	39	1,690	17	700	7	232	313	12,008	233	10,996	9	429	147	1,699	752	2,939

출처 : 보건복지부·한국보건사회연구원, 2018.

3) 거주(생활)시설 입소제도

장애인거주(생활)시설 입소대상은 '국민기초생활수급자'와 이른바 '무연고자'로 제한되어 있다. 의도한 바는 아니었겠지만, 이 규정은 결과적으로 가난한 장애인과 의지할 가족이 없는 장애인은 본인의 의지와는 다르게 거주(생활)시설에 가야 하는 운명을 만들었다. 그래서 장애인거주(생활)시설은 가난하고 의지할 데 없는 사람들을 무료로 '보호'하는 시설이 되었다. '가난하고 의지할 가족이 없는 사람이 입소하는 공간'으로 규정한 입소제도는 한번 입소하면 가난하고 돌봐줄 사람이 없기 때문에 체념하고 시설에서 평생 살아야 하는 좌절을 일상화시켰다. 2018년도 장애인거주시설 사업안내에 다음과 같이 적혀 있다.

그래서 수급자인 경우에는 시설에서 살 필요가 없는 사람도 경제적 형편 때문에 시설을 택하고, 다시 가정으로 돌아오지 못한다. 더욱 심각한 경우는 수급자가 아닌 경우이면서 자신의 가정에서 지내기 어려운 처지에 있는 사람들의 경우에는 무료입소를 위하여 부양의무자가 존재하지 않는 '무연고자'로 만든다. 다음 표는 이런 상황을 잘 보여준다.

<표 10-2> 거주시설 무연고 입소 비율

연도	신규 이용자	무연고 신규 이용자	무연고 이용 비율
2008	2,070	270	13%
2009	1,835	464	25%
2010	4,760	988	21%
2011	6,480	2,322	36%
2012	8,028	1,423	18%
2013	6,306	1,125	18%
2014	7,360	1,736	24%
2015	3,162	442	14%
2016	4,403	613	14%
2017	3,408	559	16%

출처 : 보건복지부, 2018.

5. 문제해결 방향

장애인거주시설을 현재의 거주(생활)시설 중심에서 공동생활가정이나 단기보호시설을 포함한 다양한 선택이 가능한 체제로 변경하고, 시설의 규모를 소규모 방식으로 획기적으로 재편성하며, 시설 선택 제도의 전제가 되는 서비스 표준화와 질 관리 시스템을 구축하는 등의 다방면에 걸친 집중적인 노력이 필요하다.

1) 거주시설의 개념과 범위

장애인거주시설 범위에는 현재의 장애유형별 거주시설, 중증장애인 거주시설, 장애영유아 거주시설, 장애인단기보호시설, 장애인공동생활가정 등이 '거주'라는 개념 속에 연속체로 포함되어야 한다. 여기에 더하여 일반가정에서 이루어지는 가정입양과 위탁가정보호, 장애인주택임대 등과 같은 서비스도 장기적으로는 장애인거주시설정책 범주 안에 포함되어야 할 것이다.

그리고 장애인거주시설은 다양한 목적으로 구분되어야 한다. 첫째, 단순히 거주 목적이다. 장애인 거주시설에서 생활하고 있는 장애인들 중 상당수는 단순히 거주지원만을 필요로 한다. 따라서 이들에게는 단순 거주목적의 시설(care home)지원이 필요하다. 그룹홈(group home)의 경우도 여기에 해당된다고 할 수 있다. 둘째, 거주와 요양 목적이다. 장애인들 중에는 거주서비스 욕구뿐만 아니라 요양서비스 욕구를 동시에 가지고 있는 장애인들이 있다. 이들을 위해서는 요양거주 목적의 시설(care home with nursing)지원이 필요하다. 셋째, 단기간의 휴식 및 피난 목적이다. 장애인을 부양하고 있는 가족 구성원들은 정시적·육체적으로 상당한 부담을 안고 있으며, 이들에게는 휴식이 필요하다. 그리고 어떤 장애인들은 원 가정에서 생활하면서 정신적·육체적 학대를 경험한다. 따라서 이들에게는 단기간의 휴식 및 피난을 목적으로 한 시설(respite care home)이 필요하다. 이러한 구분이 이루어질 때, 일부분에만 해당하는 지원이나 보호가 필요한 사람에게 여러 개 또는 전부를 지원하고 보호하는 비정상적 접근이 근절될 수 있으며, 그 결과 장애인들은 지역사회에서 다양한 사회적 관계와 인프라 활용을 통해 정상화되고 사회적으로 통합될 수 있을 것이다.

2) 공급 확대방식

거주시설의 수요 대비 공급량이 부족한 상황에서 거주시설 이용자격을 무연고자와 국민기초생활수급자로 제한함으로써 미신고시설의 난립을 초래하고 있다. 기존 대규모 거주(생활)시설의 문제점이 제기되고 소규모 거주시설로의 전환이 요구됨에도 불구하고 여전히 대형 거주(생활)시설 중심으로 거주시설서비스가 제공되고 있다. 2000년 이후 거주시설 공급확대 내용을 보면, 공동생활가정보다 대형 거주(생활)시설의 공급확대가 훨씬 우세하다.

이런 현실에서 시설의 자릿수를 어떻게 확대할 것인지에 대해서는 다음과 같은 원칙을 분명히 할 필요가 있다. 첫째, 대규모 시설을 점차적으로 줄이고 소규모 시설을 늘리는 방향으로 거주서비스를 확대하는 것이 필요하다. 이에 대해서는 정부가 이미 2009년부터 신규 시설은 30인 이하로 제한하는 조치를 시행하고 있다. 둘째, 장기적으로는 4인 이하의 공동생활가정과 같은 규모가 단순 거주목적 시설의 주류가 되도록 할 필요가 있다.

3) 예산지원방식

예산지원방식과 관련해서는 크게 세 가지 점들이 검토되어야 한다. 첫째, 예산 지급액 산출방식의 변경이 필요하다. 이를 위해서 거주시설의 규모 및 목적에 따른 서비스 표준화를 통해 서비스 표준비용을 산정하고, 표준비용에 기초한 예산지급방식을 도입해야 한다. 그리고 시설규모에 따른 적용단가는 표준단가를 토대로 차별적인 비율 적용이 필요하다. 대형시설은 일정 인원 이상의 자릿수부터는 1인 증가에 따른 단위 비용이 동일하게 누적 합산되는 방식이 아니라 단위 비용보다 다소 낮은 저율을 적용함으로써[4], 예산 산정기준이 대형시설에 유리하지 않도록 변경되는 것이 필요하다. 둘째, 예산지급흐름의 변경이 필요하다. 현재 예산 지급의 흐름은 지방정부가 서비스 제공자에게 재정을 지원하고, 이용자는 서비스 제공자로부터 서비스를 제공받는 각각의 2자 관계로 구성되어 있다. 이용자의 선택을 강화하기 위해서는 이를 3자 관계로 전환할 필요가 있다. 이 흐름에 의하면 지방정부는 거주시설서비스를 신청한 사람에 대하여 서비스 적격성을 판단하고, 적격성이 판단된 신청자에 대해서는 지방정부가 적절한 서비스를 연결할 책임을 지며, 이용자와의 협의를 통하여 서비스를 받을 시설을 결정한다. 이용자는 지방정부의 중재를 통하여 서비스를 제공받을 공급자(시설)를 선택하며, 선택한 시설에서 서비스를 제공받는다. 그리고 서비스 제공자는 지방정부로부터 의뢰된 이용자에게 서비스를 공급하고, 지방정부로부터 서비스 제공에 소요되는 비용을 받게 된다. 이 체계에 의하면 지방정부, 이용자, 공급자는 3자 관계의 계약을 맺고, 이 계약을 통해서 서

---

4) 일본의 경우 입소인원 40명 이하, 41명~00명, 01명~00명, 81명 이상으로 나누어 개인당 일일 서비스 비용 지원 단가를 차등 적용(81명 이상인 경우 40명 이하인 경우에 비해 60% 내외 수준의 단가 인정)하고 있다.

비스가 전달된다. 셋째, 시설 내 예산집행방식의 변경이 필요하다. 이용자 선택에 기초한 3자 관계의 계약체계로 변화할 경우, 시설 운영의 자율성을 보장하기 위해 총액운영비제 도입이 필요하다.

4) 이용자 부담방식

우리나라 거주(생활)시설 입소제도의 대표적인 문제점은 첫째, 시설 이용대상자를 무연고자와 국민기초생활수급자로 제한함으로써 그 밖의 거주시설서비스를 이용하고자 하는 사람들의 욕구를 원천적으로 봉쇄하고 있다는 것이다. 소득이나 자산수준과 상관없이 거주시설서비스를 필요로 하는 사람들은 누구나 거주시설서비스를 이용 가능하도록 하는 것이 필요하다. 둘째, 실비입소제도에 근거하여 무연고자나 수급자가 아닌 사람들이 실비(식료품비, 광열·수도비, 피복신발비)를 부담하고 시설을 이용할 수는 있으나, 실제 이용률이 매우 저조하여 실효성이 낮다. 셋째, 실비입소제도의 경우 서비스에 대한 합리적인 비용 산정방식이 부재하며, 이용자의 자산정도에 따른 차등부담제도도 마련되어 있지 않다. 실비입소제도에서 이용료 산정기준은 차상위계층 이상의 이용자들에게 일정한 이용료를[5] 부과하고 있기 때문에 상대적으로 소득이 적은 사람에게 더 큰 부담이 될 수 있다. 따라서 지불능력(자산정도) 사정을 통한 이용료 차등부과방식의 도입이 필요하다.

---

5) 실비입소제도에 의해 거주시설을 이용하는 이용자가 지불해야 하는 비용은 2018년 현재 월 372,000원으로 상한선이 정해져 있고, 이 범위 안에서 이용자나 그 보호자의 생활능력에 따라 차등 징수할 수 있다. 지적장애인 및 자폐성장애인에 대하여는 월 34,000원 이하, 영유아 및 중증장애인에 대하여는 월 51,000원 이하의 비용을 추가하여 수납할 수 있다(보건복지부, 2018). 그러나 차등 징수의 기준이 마련되어 있지 않고, 상한선 이하로 비용을 부과하는 경우에 이에 대한 부족분을 정부가 지원하는 제도가 없기 때문에 생활능력에 따른 차등 징수는 일반적인 실효성을 확보하기가 어려울 것이다.

5) 서비스 진입과정 개편

서비스 진입과정과 관련하여 두 가지 대안이 검토될 필요가 있다. 첫째, 시설 이용 결정 과정에서 지방정부 역할이 공식화될 필요가 있다. 현재의 장애인거주시설 입소과정은 크게 두 가지 유형으로 구분된다. 장애인거주(생활)시설 이용을 희망하는 장애인은 해당 시·군·구에 신청하고, 신청자가 국민기초생활수급권자이거나 무연고자인 경우 시·군·구에서 이용 가능한 시설로 의뢰하도록 되어 있다. 그런데 이용자격을 충족하는 경우에도 시·군·구가 적절한 서비스 제공기관을 확보해야 하는 책임을 지는 것은 아니다. 국민기초생활수급권자나 무연고자가 아닌 경우에는 실비입소제도를 통해 시설을 이용할 수 있는데, 이용 자격을 판단하는 공식적인 기준이 마련되어 있지 않다. 그리고 공동생활가정이나 단기보호시설의 경우에는 시·군·구에서 서비스 제공기관에 의뢰하는 것이 아니라 해당 시설에서 이용 여부를 결정한다. 이런 사실을 볼 때, 장애인거주시설서비스 전달과정에서 지방정부의 서비스 제공기관 의뢰 의무가 공식화되어 있지 않다. 거주시설 이용과정에서 지방정부의 역할이 공식화되기 위해서는 시설 이용 신청이 이루어지면, 이에 대해 상담과 조사를 실시하고, 그 결과를 일정 기간 내에 신청자에게 통보해야 한다. 그리고 시설 이용에 적합한 요건을 갖춘 경우에 지방정부는 신청 장애인의 욕구와 선택을 고려하여 적절한 시설과 연결하는 책임을 이행하도록 하는 절차가 법에 명시되어야 한다.

둘째, 거주시설에서 이루어지는 서비스 과정이 표준화되어야 한다. 현재 거주시설서비스와 관련된 법률이나 정부지침에는 시설 내 서비스 과정에 대한 표준체계가 제시되어 있지 않다. 시설 내 서비스 진행과정에는 이용 여부의 적합성을 이용자와 시설이 동시에 판단하는 시험거주과정, 거주를 확정하고 필요한 거주서비스 내용에 대한 계약체결

과정, 구체적인 개별서비스계획 수립과정, 서비스 실행과정, 서비스에 대한 만족 정도나 퇴소의 필요성 등에 대한 주기적인 서비스 평가검토 과정 등이 필수적으로 포함되어야 하며, 각 단계별로 이루어져야 하는 구체적인 내용과 관련 양식이 공식적인 지침 수준에서 확립되는 것이 필요하다. 현재는 권장기준인 최저 서비스 기준에 이 내용이 포함되어 있다.

6) 서비스 질 확보

서비스 질 관리에 대해서는 두 가지 대안이 검토될 필요가 있다. 첫째, 서비스 최저기준이 마련되어야 한다. 중앙정부 차원에서 전국적으로 통용 가능한 장애인거주시설서비스 최저기준(minimum standards)을 마련하여야 하며, 여기에는 필수적으로 제공되어야 하는 서비스 목록, 시설 내 생활방식, 개별적 지원기준과 체계, 서비스에 대한 이의신청과 처리, 시설 공간과 환경 조건, 직원의 요건, 시설관리 운영 등에 대한 구체적인 기준이 제시되어야 한다. 2010년부터 사업안내에 제시되어 있는 서비스 권장기준(최저기준)이 이에 해당한다. 둘째, 시설 등록과 등록을 취소하는 강력한 체계가 도입되어야 한다. 이를 위해서는 전문적인 감독기구를 설립하여, 시설 서비스 기준에 부합하는 경우 서비스 제공 자격을 부여하여 등록하도록 하고, 부적합한 경우 등록을 취소함으로써, 서비스 질을 보장하기 위한 문지기 역할을 수행하도록 해야 한다. 이러한 감독기구는 전국적으로 통용되는 서비스 최저기준에 근거해서 신규 공급자를 인증(서비스 등록)하고, 정기적이며 상시적인 서비스 평가를 통해 서비스 제공 자격을 재심사하는 기능을 수행하는 것이 필요하다. 이러한 감독기구[6]는 장애인거주시설서비스뿐만 아니라 사회복지서비스 전반을 포괄하도록 할 수 있을 것이며, 구체적인 기능을 수행할 수 있도록 각 지역에 지방사무소를 설치할 필요가 있다.

7) 이용자 권리 확보

이용자 권리 확보에 관해서는 두 가지 대안이 검토될 수 있다. 첫째, 공식적으로 이용계약 제도를 도입해야 한다. 이 제도는 이용자와 서비스 제공자 간의 공식적인 서비스 계약을 체결하고, 이에 기초하여 서비스가 제공되도록 하는 것이다. 계약 내용에는 시설에서 받게 될 서비스 내용, 서비스 이용에 따른 이용자 부담액, 시설 이용기간, 시설 내 생활 중 이용자가 선택할 수 있는 것과 선택할 수 없는 항목에 대한 결정(식사시간, 식사종류, 외출, 전화사용, 복장, 금전관리 등), 이용자 권리보장 방안, 퇴소의 기준, 계약 위반 시의 처분 사항 등이 포함될 수 있을 것이다.

둘째, 시설 이용자의 권리를 보장하는 공식적인 선언을 담은 문서가 발행되어야 한다. 각 지방정부는 거주시설에서 반드시 보장되어야 할 이용자의 권리를 구체화하여 문서를 발행하고, 이 문서가 시설 내에 상시 비치될 수 있도록 하는 것이 필요하다. 권리보장 문서의 내용에는 권리보장의 일반적 원칙과 지침, 스스로 권익을 주장할 수 없는 사람이 권익옹호자를 지정할 수 있는 권리, 시설 외부 사람들과 제약 없이 접촉할 수 있는 권리, 개인 소유물에 대한 권리 등이 포함될 수 있을 것이다.

---

6) 이런 기구의 사례는 대표적으로 영국의 CQC(Care Quality Commission)를 들 수 있을 것이다. 여기에 대한 자세한 내용은 http://www.cqc.org.uk를 참조할 수 있다.

6. 정상화의 길: 개정 장애인복지법의 이행

거주시설의 근본적인 변화를 위해서 2011년 3월 31일에 장애인복지법이 개정되었다. 이번 법률 개정에서는 그간 제기되어 왔던 거주시설의 개념, 시설 규모, 이용 자격, 시설 이용절차 등을 포함하여 중요한 문제로 제기되었던 사항들이 반영되었다. 그러나 장애인복지법의 개정에 따라 이루어진 시행령과 시행규칙의 개정 내용이 법 개정의 취지를 실현하는데 크게 미흡하다는 문제가 있다. 개정 장애인복지법을 제대로 실현하기 위하여 검토되어야 하는 과제들은 다음과 같다.

1) 장애인선택권 보장

개정법 제57조에서는 국가와 지방자치단체는 장애인이 장애인복지시설의 이용을 통하여 기능 회복과 사회적 향상을 도모할 수 있는 정책을 강구하고, 시설을 이용하는 장애인의 인권 보호를 위한 정책 마련 및 관련 프로그램 실시를 위한 기반을 조성하며, 장애인복지실시기관은 장애인이 장애인복지시설을 선택할 때 장애인의 선택권을 최대한 보장하도록 하여야 한다고 규정하였다. 이를 위해서는 어떤 절차를 통해서 선택권을 보장하는 조치를 강구할 것인지, 그리고 선택을 보장하는 데 필수적으로 필요한 시설에 대한 정보는 어떻게 구축하여 제공할 것인지 등에 대한 구체적인 방안 제시가 필요하다.

2) 거주시설로 재편성 및 개념 재정립

개정법 제58조에서는 장애인생활시설을 거주서비스를 제공하는 거주시설로 개념 및 기능을 재정립하도록 정하였다. 이를 실현하기 위해서는 기존의 거주(생활)시설, 공동생활가정, 단기보호시설 등 거주와 돌봄 서비스를 제공하는 서비스를 거주시설이라는 하나의 시스템으로 통합해야 하며, 현재 각기 다른 재정지원 기준과 입소제도로 운영되고 있는 각 서비스를 어떤 기준으로 재구성할 것인지가 결정되어야 한다. 그리고 기존의 공동생활가정과 단기보호시설을 모두 거주시설로 통합할 것인지, 아니면 일상생활훈련 목적으로 운영되는 공동생활가정이나 1주일 이내의 단기휴식 서비스를 제공하는 단기보호시설 등은 현재의 운영방식과 동일하게 운영되도록 할 것인지 등에 대해서도 검토하여야 한다.

3) 시설 소규모화

개정법 제59조에서는 장애인거주시설의 정원은 30명을 초과할 수 없도록 하되, 특수한 서비스를 위하여 일정 규모 이상이 필요한 시설 등은 대통령령으로 정하도록 함으로써, 시설의 소규모화를 천명하였다. 이를 이행하기 위해서는 기존의 대형시설에 대하여 이 규정을 어떻게 적용할 것인지에 대한 세부적인 방안이 마련되어야 한다.

4) 거주시설 서비스 신청 등의 절차 확립

개정법의 제60조에서는 거주시설을 이용하려는 경우 시·군·구에 신청하고, 시장·군수·구청장은 신청자의 시설 이용 적격성 여부를 심사하여 결정하고, 적격성을 인정받은 자는 이용조건, 본인부담금 등을 포함하여 시설 운영자와 계약을 체결하며, 장애인 본인이 계약을 체결하기 어려운 경우에 한하여 대통령령으로 정하는 자가 계약절차의 전부 또는 일부를 대행할 수 있다고 규정하였다. 그리고 계약을 대행할 수 있는 대행자에 대해서는 시행령에서 제시하고 있다. 그러나 이런 절차가 현실화되기 위해서는 시설 이용의 적격성을 판단할 수 있는 장애기준을 마련하여야 하며, 서비스 계약에 어떤 내용들이 포함되어야 하는지 등에 대한 구체적인 내용 제시가 필요하다.

5) 서비스 최저기준 적용

개정법 제60조에서는 장애인거주시설에서 제공하여야 하는 서비스의 최저기준을 마련하고, 장애인복지실시기관은 서비스의 최저기준이 충족될 수 있도록 필요한 조치를 하도록 하며, 시설 운영자는 최저기준 이상의 서비스 수준을 유지하도록 해야 한다고 규정하였다. 2018년 장애인거주시설 사업안내에서는 침실 바닥 면적을 5제곱미터 이상 확보, 침실이 4인실 이하가 되도록 노력, 서비스 이용계획의 수립, 이용자의 의사결정과 참여 등을 비롯한 광범위한 내용이 포함되어 있다. 그러나 최저기준을 의무적으로 이행하도록 하는 조치가 마련되어 있지 않아서 실효성을 확보할 수 있는 구체적인 방안이 마련되어야 한다.

- 장애인거주시설 서비스 최저기준의 구성 -

1. 서비스 안내 및 상담
- 기준 1: 서비스 이용자 안내
- 기준 2: 이용 상담
- 기준 3: 욕구와 서비스의 적합성 검토
- 기준 4: 예비방문
- 기준 5: 서비스 결정, 서비스 제공 조건 및 퇴소

2. 개인의 욕구와 선택
- 기준 6: 욕구사정
- 기준 7: 개별 서비스 이용계획

3. 이용자의 참여와 권리
- 기준 8: 의사결정
- 기준 9: 참여
- 기준 10: 위험관리
- 기준 11: 비밀보장
- 기준 12: 학대 등으로부터의 보호
- 기준 13: 이의제기

4. 능력개발
- 기준 14: 개인적인 발전
- 기준 15: 교육과 직업
- 기준 16: 지역사회연계와 네트워크

5. 일상생활
- 기준 17: 여가
- 기준 18: 관계
- 기준 19: 사생활
- 기준 20: 식사

6. 개별지원
- 기준 21: 개별지원
- 기준 22: 건강관리
- 기준 23: 약물관리
- 기준 24: 노화와 사망

7. 환경
- 기준 25: 시설과 설비
- 기준 26: 개인침실, 공간요구
- 기준 27: 개인침실 가구와 시설물
- 기준 28: 화장실과 욕실
- 기준 29: 공용 공간
- 기준 30: 보조기구와 설비
- 기준 31: 위생과 감염 예방

8. 직원관리
- 기준 32: 역할
- 기준 33: 자격과 자질
- 기준 34: 직원구성
- 기준 35: 훈련과 개발
- 기준 36: 지도감독과 지지

9. 시설운영
- 기준 37: 질 관리
- 기준 38: 정책과 절차
- 기준 39: 기록유지
- 기준 40: 안전의 실천

6) 본인부담금제도 마련

개정법의 제79조에서는 국가와 지방자치단체는 대통령령으로 정하는 바에 따라 장애인이 장애인복지시설을 이용하는 데 드는 비용의 전부 또는 일부를 부담할 수 있으며, 시설 이용자의 자산과 소득을 고려하여 본인부담금을 부과할 수 있도록 정하였다. 시행령에서 이에 관련된 내용은 보건복지부 장관이 고시하도록 정하고 있다. 현재 장애인복지사업안내에서는 무료 입소대상자를 국민기초생활수급자 또는 무연고자로 제한하고, 실비입소에 대해서는 소득조건에 관계없이 입소가 가능하도록 정하고 있다. 본인부담금을 납부하는 실비입소가 제대로 시행되기 위해서는 본인부담금의 징수를 정부에서 담당하도록 하는 등의 장치가 마련되어야 한다. 이런 장치를 통해서 소득계층에 제한 없이 시설 이용이 가능하도록 하고, 본인의 부담능력에 따른 본인부담금제도를 도입하는 구체적인 기준이 제시되어야 한다.

7. 결론

미국과 유럽국가들은 1980년대 중반 이전에 이미 탈시설, 정상화 등의 이념을 실현하는 차원에서 이런 문제들을 대대적으로 재편하였다. 일본은 2003년에 지원비 제도를 도입하면서 이용자 선택제도, 거주중심의 시설제도를 정착시킴으로써 전반적인 개혁을 마무리하였다. 우리나라는 미국과 유럽의 30년 전 제도, 일본의 10년 이상의 전 제도를 고수하고 있는 것이다. 반드시 조속한 조치가 강구되어야 하는 일이다.

장애인생활시설을 거주시설로 재편하는 일은 수용소 또는 보호소를 가정하였던 비인도적 접근 방식을 반영하고 있는 법규들을 변경시키는 일이다. 이 일이 실제 현실의 변화로 나타나기 위해서는 다음의 방안들이 강구되어야 한다. 먼저, 일상적인 삶의 환경으로 적절하지 않은 기존 시설들을 가정생활 환경과 최대한 유사하게 변화시켜야 한다. 이를 위해서는 기존 대규모 시설을 소규모 시설로 분산시키는 방안이 필요하다. 또는 기존 대규모 시설의 구조를 가정 생활단위와 유사하게 5인 내외의 생활 단위로 리모델링하는 방법이 모색되어야 한다.

기존 시설들을 변화시키는 일과 함께 가정과 같은 형태의 새로운 시설(공동생활가정, 체험홈 등)을 많이 진입시켜서 현재보다 2-3배 이상의 자릿수를 확보해야 한다. 이를 통해서 국민기초생활수급자 또는 무연고자로 제한하고 있는 이용 자격제도를 폐지하고, 소득수준과 관계없이 불가피한 경우 거주시설을 이용할 수 있도록 해야 한다. 이와 함께 본인의 부담능력에 따른 본인부담금제도를 병행할 수 있을 것이다.

장애인거주시설은 탈시설 논의와 별도의 차원에서 존재하는 것이 아니다. 적대적인 관계에 있는 것은 더더욱 아니다. 거주시설은 다른 모든 장애인지원서비스와 같이 장애를 가진 사람들이 장애에도 불구하고 자신의 집과 같은 분위기에서 스스로 일상을 결정하면서 사는 것을 돕는 목적으로 존재해야 한다. 이제 거주시설 제공 주체들에게 필요한 질문은 '탈시설을 어떻게 볼 것인가?'가 아니다. '탈시설을 어떻게 구체적으로 실천할 것인가?'이다.

김용득 · 송남영 · 장기성. 2010. "장애평가 기준과 장애인거주시설서비스 욕구". 『한국장애인복지학』, 12: 95-121.

김용득 · 변경희 · 임성만 · 강희설 · 이정호 · 장기성 · 전권일 · 조순주.   2007. 『장애인거주시설 서비스 기능과 구조의 혁신 방안』. 보건복지부·성공회대학교 사회복지연구소.

김용득 · 김미옥 · 변경희 · 소진이 · 장기성 · 이복실 · 강희설 · 이금지 · 백경원. 2009. 『장애인 거주시설 서비스 최저기준 마련을 위한 연구』. 보건복지부 · 성공회대학교 사회복지연구소.

보건복지부. 2018. 『보건복지 통계연보』.

보건복지부. 2018. 『장애인거주시설 사업안내』.

보건복지부 · 한국보건사회연구원. 2018. 『통계로 보는 사회보장 2018』.

제11장 장애와 차별

배 융 호

장애인의 인권 수준을 측정할 수 있는 대표적인 기준은 편견과 차별이다. 장애인이 가지고 있는 신체적, 정신적, 행동의 특성은 낯설음을 가져왔고, 이것은 곧 장애인과 비장애인을 구분 짓는 낙인(stigma)으로 이어졌다. 낙인은 편견과 결합하여 차별을 가져왔고, 차별은 장애인을 주류 사회로부터 배제하며, 장애인의 삶을 억압하는 주요 요인이 되었다. 따라서 한 사회에서 장애인의 인권 수준을 측정한다면, 그 사회의 장애인에 대한 편견과 차별의 정도를 측정함으로써 알 수 있을 것이다. 차별은 무엇인가? 장애와 차별은 어떤 관계가 있는가? 차별은 장애인에게 어떤 영향을 미치는가? 차별의 요인은 개인에게 있는가, 사회에서 오는가?

1. 개요

편견(prejudice)이란 "이전의 결정과 경험에 근거하여 내려지는 판단"이라는 의미를 지닌 라틴어 "praejudicium"에서 그 어원을 찾을 수 있다.

제3부 정책과 담론 | 297

장애인에 대한 편견은 우리 사회가 장애 또는 장애인에 대해 가지고 있는 이미지(image)에 의해 만들어지며, 이러한 이미지의 대부분은 매스미디어를 통해 조장된 것들로서 장애 및 장애인에 대해 과장된 추측이나 상상에 의한 것들이 많다. 우리 사회의 매스미디어는 장애에 대해 불편하고 비극적이며 불행한 것이라는 점을 부각하여, 장애인은 이러한 장애를 가진 비참한 존재이거나 비극적인 장애를 극복한 특별한 인물로 부각하고 있다. 주류 사회는 편견을 기반으로 장애인을 주류 사회로부터 배제하고 분리하며, 주류 사회에 참여시키기를 거부한다. 이것이 바로 차별로 나타나게 된다. 다시 말해서 장애인의 신체적, 정신적, 행동의 특성이 낙인을 가져오고, 이것은 다시 편견을 가져오며, 이러한 편견이 차별로 나타나는 것이다. 문제는 차별이 다시 편견을 불러일으키고 그 편견이 다시 새로운 사회적 차별을 가져오는 악순환의 계기가 된다는 점이다.

따라서 우리는 "장애인의 신체적, 정신적, 행동의 특성→낙인→편견→차별→낙인→편견→차별"이라는 하나의 사이클을 찾아볼 수 있으며, 이것이 현재 우리 사회에서 나타나고 있는 장애인에 대한 차별의 전형적인 사례라고 볼 수 있다. 하지만 모든 나라와 모든 사회에서 장애인의 신체적, 정신적, 행동의 특성이 낙인→편견→차별로 이어지는 것은 아니다. 특히 우리 사회에서 그러한 특징이 강하게 나타나는 것에는 사회적, 문화적, 정치적, 경제적, 심리적, 종교적 요인들이 작용하고 있다. 지금 이 순간에도 장애인에 대한 편견은 계속되고 있으며, 이로 인한 차별도 이어지고 있다. 그리고 이러한 차별이 장애인의 가장 기본적인 인간으로서의 삶, 인간으로서의 권리조차 박탈하고 있는 것이다.

2. 차별의 의미와 유형

1) 차별의 원인과 의미

개인과 집단들 간의 차이 가운데 특정한 차이들이 차별로 전환되는 것은 그 차이가 위계성을 가지게 될 때이다. 이러한 위계성은 서열로 나타나고 서열에서 낮은 위치를 차지하는 특성을 가진 집단은 열등한 존재로, 또는 부인되어야 할 존재로 간주 된다. 이렇게 서열을 통한 범주화가 이루어지며, 이러한 범주화 과정을 통해 특정한 개인 또는 집단은 분리되고 배제되고, 통제되어야 할 개인 또는 집단으로 정해지게 되고, 그 과정에서 다시 그 특정한 개인이나 집단에 대한 편견과 고정관념은 강화되고 재생산된다. 차별의 사슬은 이렇게 완성된다(조순경, 2002).

대부분의 경우 차이들 간의 서열을 정하는 기준은 이미 권력관계에 있어서 중심적인 위치에 있는 집단에 의해서 정해지며, 그 기준은 그들의 관점에서 만들어지게 된다. 비장애인 중심의 가부장제 사회에서 '능력'의 판단 기준이 비장애인, 남성적 속성을 띤 능력 요소들로 구성되는 것이 그러한 예이다. 이미 소외되고, 배제되고, 그 존재가 인정받지 못하는 집단은 열등한 존재로 보호와 통제의 대상이 된다. 그러한 통제 동기와 의도를 은폐하기 위해 필요한 것이 그들에 대한 편견과 고정관념이다. 지배집단은 이러한 편견을 통해 약자에게 열등감의 이미지를 주입하여 자신들의 헤게모니를 공고히 하고자 한다(조순경, 2002). 장애인 등과 같은 소수자의 차별은 범주화에 의한 고정관념과 편견을 통해 소수자에 대한 배제와 차별을 정당화하는 이데올로기로 작용할 수 있다(박경태, 2014).

"즉, 편견은 소수자와 다수자의 불평등한 관계를 당연한 것, 자연스러운 것으로 인식하게 하고, 소수 집단이 겪는 빈곤, 실업, 질병, 범죄

등의 문제를 사회구조에서 기인한 문제가 아니라 해당 소수자의 특성에 기인한 문제로 여기게 한다"(박경태, 2014. 25-26).

차별이란 한 개인이나 집단을 다르게 대우함으로써 심리적, 사회적 불이익을 주는 것을 의미한다. 특히 이러한 차별은 주류가 비주류에 대해서, 강자가 약자에 대해서, 다수가 소수에 대해서 이루어진다. 그런 점에서 본다면 차별은 보이지 않는 폭력이며, 가장 무서운 폭력 가운데 하나이다. 그리고 이러한 차별의 특징은 다수의 묵인 아래 이루어지며, 그것을 거스르기 어렵다는 점이다.

2) 차별의 유형

모든 언어와 개념이 사회적 구성물이듯, '차별'의 개념도 사회역사적 상황의 변화에 따라 그 의미가 새롭게 구성되어왔다. 차별에 대한 법적 제재가 가해지기 시작한 초기 단계에서 차별은 직접적이고 가시적이고 의도적으로 특정 개인이나 집단을 불리하게 대우(disparate treatment)하는 경우를 의미했다. 이것이 바로 직접 차별이다. 그러나 현재 UN을 비롯하여 미국, 호주, 캐나다, 영국, 네덜란드, 프랑스, 덴마크, 스웨덴 등 서구 각국에서 금지하는 차별은 이러한 직접 차별뿐만 아니라 간접 차별, 그리고 괴롭힘(harassment)까지 포함하는 넓은 의미를 가지고 있다. 2007년도에 제정된 한국의 「장애인 차별금지 및 권리구제 등에 관한 법률」은 차별을 다음과 같이 6가지로 규정하고 있다. [1]

① 장애인을 장애를 사유로 정당한 사유 없이 제한·배제·분리·거부 등에 의하여 불리하게 대하는 경우(직접 차별)

---

1) 「장애인 차별금지 및 권리구제 등에 관한 법률」 제4조 제1항. 각 항의 ( )안의 내용은 필자가 추가한 것이다.

② 장애인에 대하여 형식상으로는 제한·배제·분리·거부 등에 의하여 불리하게 대하지 아니하지만 정당한 사유 없이 장애를 고려하지 아니하는 기준을 적용함으로써 장애인에게 불리한 결과를 초래하는 경우(간접 차별)

③ 정당한 사유 없이 장애인에 대하여 정당한 편의 제공을 거부하는 경우(정당한 편의제공의 거부)

④ 정당한 사유 없이 장애인에 대한 제한·배제·분리·거부 등 불리한 대우를 표시·조장하는 광고를 직접 행하거나 그러한 광고를 허용·조장하는 경우. 이 경우 광고는 통상적으로 불리한 대우를 조장하는 광고효과가 있는 것으로 인정되는 행위를 포함한다. (광고에서의 차별)

⑤ 장애인을 돕기 위한 목적에서 장애인을 대리·동행하는 자(장애아동의 보호자 또는 후견인 그 밖에 장애인을 돕기 위한 자임이 통상적으로 인정되는 자를 포함한다. 이하 "장애인 관련자"라 한다)에 대하여 제1호부터 제4호까지의 행위를 하는 경우(장애인 관련자에 대한 차별). 이 경우 장애인 관련자의 장애인에 대한 행위 또한 이 법에서 금지하는 차별행위 여부의 판단 대상이 된다.

⑥ 보조견 또는 장애인 보조기구 등의 정당한 사용을 방해하거나 보조견 및 장애인 보조기구 등을 대상으로 제4호에 따라 금지된 행위를 하는 경우

이와 함께 괴롭힘[2]의 경우 차별 수준을 넘어서는 폭력에 해당되지만, 장애인차별금지법에 포함한 이유는 장애인에게 있어서 폭력, 집단 따돌림, 모욕, 비하, 유기, 학대, 금전적 착취, 성폭력 등은 장애로 인한 차별이라고 볼 수 있기 때문이다. 따라서 장애인차별금지법에 의하

---

2) 「장애인차별금지 및 권리구제등에 관한 법률」 제32조제1항~제6항

면, 장애를 이유로 하는 차별은 직접 차별, 간접 차별, 정당한 편의제공의 거부, 광고에 의한 차별, 장애인 관련자에 대한 차별, 보조견 또는 보조기구의 사용의 방해나 금지 그리고 괴롭힘이라고 할 수 있다.

직접 차별은 장애를 이유로 장애인을 비장애인 또는 주류 사회로부터 분리·배제·제한·거부하는 것을 의미한다. 분리는 가장 자주 나타나는 차별의 형태이다. 인종차별에서 백인과 흑인을 분리하듯이, 정당한 이유 없이 장애인과 비장애인을 분리하는 것이 여기에 해당한다. 장애인과 비장애인의 수업 공간을 정당한 이유 없이 분리하거나, 장애인의 일터와 비장애인의 일터를 정당한 이유 없이 분리하는 것 등이다. 이러한 분리는 때로는 장애인을 위한 적극적 조치의 형태로 나타나기도 하여 혼란을 주기도 한다. 예를 들어 시각장애인과 청각장애인이 자막이 없거나 화면해설이 되지 않아 영화를 관람할 수 없으므로 영화에 자막과 화면해설을 제공해 줄 것을 요구하자, 일부 극장주들이 장애인을 위한 전용 영화관의 건립을 제안하는 경우이다. 이 경우는 얼핏 장애인을 위한 적극적인 조치로 보이기도 하지만, 사실은 장애인과 비장애인을 분리하는 전형적인 직접 차별의 예이다. 차별이 아닌 적극적인 조치로는 장애인도 모든 일반 영화관에도 갈 수 있도록 편의시설 설치, 자막 및 화면해설 제공 등 정당한 편의를 제공하는 것이 옳으며, 장애인 전용 영화관의 건립은 장애인과 비장애인을 분리하는 차별행위에 해당이다. 배제는 보다 더 교묘하게 장애인을 차별하는 행위이다. 배제는 장애인을 보이지 않는 사람, 또는 보이지 않는 시민으로 대하는 것으로서 '우리' 안에 있지만, '우리'가 아닌 사람으로 대하는 것이다. 학교에서 수학여행이나 야외 활동 등을 갈 때 장애 학생의 의사와 관계없이 비장애 학생들만 다녀오는 것이 대표적인 사례이다. 분리와 마찬가지로 배제 역시 장애인을 위하는 선의의 형태를 하고 나타나는 경우가 많다. 장애 학생이 불편하고 힘들 것을 염려하여 참여시키지 않는다는 것이다. 그러나 배제이냐 아니냐의 여부는 장애인의 의사가 반영되었느냐 아니냐로 판단해 볼 수 있다. 이것은 단순히 장애인에게 의사를 물어보았느냐를 의미하는 것이 아니다. 충분한 정보를 장애인이 이해할 수 있는 방법으로 제공하고, 장애인이 스스로 선택할 수 있도록 하며, 장애인의 선택에 대해 필요한 지원을 해주었느냐의 여부로 판단할 수 있다. 직접 차별의 가장 많은 사례는 거부이다. 입학 거부·전학 거부와 같이 학교에서 일어나는 거부를 비롯해서, 취업 거부와 같이 고용에서의 거부, 출입 거부와 같이 시설의 이용에 있어서의 거부, 보험 가입 거부나 대출거부와 같은 금융상품의 이용에 있어서의 거부에 이르기까지 거부는 다양한 삶의 영역에서 끊임없이 나타나고 있다.

간접차별은 직접차별에 비해 보다 정교하게 만들어지는 차별이라고 할 수 있다. 간접차별은 형식상으로 볼 때는 직접차별처럼 장애인을 분리·배제·제한·거부하지 않는다. 그러나 내용상으로 볼 때, 장애인의 장애 유형 및 장애 정도를 고려하지 않고 비장애인 또는 다른 유형의 장애인과 동등한 기준을 적용하여 장애인이 비장애인에 비해 불이익을 받도록 하는 것이 바로 간접차별이다. 시각장애인의 경우 음성지원 컴퓨터를 통해 시험을 치르거나 점자 문제지를 통해 시험을 치르더라도 눈으로 글자를 읽는 것에 비해 많은 시간을 소비하게 된다. 따라서 시각장애인 응시자의 경우 시험에 있어서 시각장애인이 아닌 응시자에 비해 1.5배의 시간을 제공하는 것이 일반적이다. 그러나 시험주관기관에서 모든 응시자에게 동일한 기준을 적용해야 한다며, 시각장애인에게도 시각장애인이 아닌 응시자와 똑같은 시간만을 처용한다면, 시각장애인 응시자는 전체 시험문제를 모두 풀 수 없게 되어 결과적으로 불리한 점수를 받게 된다.

정당한 편의제공의 거부는 간접차별의 일종으로 볼 수 있다. 미국의 장애인차별금지법(Americans with Disabilites Act : ADA) 등 해외의 장애인차별금지법이나 제도에서는 정당한 편의제공(reasonable accommodation)의 거부를 간접차별 안에 포함시키고 있다. 그러나 우리나라의 경우 정당한 편의제공을 거부하는 사례가 많고 그 정도가 심각하여 장애인차별금지법에서 간접차별과 정당한 편의를 구분하였다. 정당한 편의는 합리적 편의(reasonable accommodation)[3]라고 일반적으로 표현하지만, 장애인차별금지법에서는 합리적 편의에 대한 장애인의 권리 및 장애인 인권에서의 중요성을 강조하기 위해 '합리적'이라는 표현 대신 '정당한'이라는 표현을 선택하였다. 정당한 편의는 장애인이 비장애인과 동등하게 참여하고 활동하기 위한 물리적 서비스·인적 서비스·조치·수정·조정 등을 의미한다. 은행이라고 하는 시설을 이용할 경우, 휠체어를 사용하는 장애인에게 있어서 정당한 편의는 은행건물 주출입구의 경사로·낮은 접수대·손이 닿는 자동현금입출금기(ATM)가 될 것이고, 시각장애인에게 정당한 편의는 안내서비스·금융상품에 대한 점자안내서·음성지원이 되는 자동현금입출금기 등이 될 것이며, 청각장애인에게 정당한 편의는 자신의 순서를 알 수 있는 전자문자안내판·화상전화기·수화통역 등이 될 것이다. 이처럼 정당한 편의는 편의시설을 포함하여 인적 서비스와 다른 조치들까지도 포괄하는 넓은 의미를 지니고 있다. 따라서 정당한 편의는 학교·직장·병원 등 시설에 따라 내용이 다르다.

우리 사회에는 이와 같은 직접 차별, 간접차별, 정당한 편의제공의

---

3) 일본에서는 '합리적 배려'로서 번역하고 있다.

거부 등은 물론이고, 장애인 차별을 조장하는 광고도 종종 나타나고 있으며, 장애인과 활동보조인을 강제로 분리하거나 장애인 관련자에 대한 비하나 모독과 같은 장애인 관련자에 대한 차별도 여전하고, 시각장애인 안내견의 음식점 출입을 거부하거나 휠체어의 출입을 거부하는 사례도 끊이지 않고 있다. 이처럼 다양한 차별의 유형이 공존하는 것은 우리 사회의 장애에 대한 인식이 매우 낮으며, 여전히 장애에 대한 편견과 차별이 매우 심각하다는 것을 반영하는 것이다.

반면에 과거 차별의 결과로 형성된 현재의 정치, 사회, 문화, 경제적 구조를 개선하기 위해, 과거의 차별이 현재에 영향을 미치지 않을 때까지 취하는 한시적인 적극적 차별 수정조치는 차별로 보지 않으며(조순경, 2002). 장애인차별금지법에서도 차별행위를 시정하기 위한 적극적 조치(afformative action)는 차별로 보지 않는다. [4]

또한 정당한 사유가 있어 장애인에 대하여 제한·배제·분리·거부를 하거나 정당한 편의를 제공하지 않는 것은 차별로 보지 않는다. 장애인차별금지법에 의하면 과도한 부담이나 현저히 곤란한 사정이 있는 경우, 특정 직무나 사업 수행상의 성질 상 불가피한 경우 등은 정당한 사유가 있는 것으로 본다. 여기서 과도한 부담이란 차별을 행한 사업주나 시설주 등이 장애인을 차별하지 않기 위해 편의시설 설치하거나 정당한 편의 등을 제공할 경우 사업의 경영이나 시설의 유지에 심각한 타격을 미칠 만큼의 경제적 손실을 가져오는 경우를 의미한다. 특정 직무나 사업 수행상의 성질 상 불가피한 경우란 직업이나 사업의 성격 상 장애인이 수행할 수 없는 직업이나 사업의 경우를 의미한다. 즉, 화재를 진압해야 하는 소방공무원의 경우 휠체어를 사용하는 장애인이

---

4) 「장애인차별금지 및 권리구제등에 관한 법률」 제4조제4항

수행할 수 없는 직업이므로 이 경우 휠체어를 사용하는 장애인을 화재 진압 현장으로 출동해야 하는 소방공무원의 채용에서 탈락시키더라도 차별이 되지 않는다. 그러나 소방서에서의 행정 업무와 같이 휠체어를 사용하는 장애인이라고 하더라도 수행할 수 있는 업무에서 장애인을 고용하기를 거부할 경우는 차별행위에 해당한다.

3. 차별의 실태

2017년도의 장애인백서(한국장애인개발원, 2017)에 의하면, 중요한 사회생활영역에서 장애인이 차별을 경험한 경우에 대하여 4차례에 걸친 조사결과가 〈표 1〉과 같이 나타나고 있다. 연도별로 살펴보면, 2005년도에는 입학과 진학과정 영역에서는 초등학교 입학과 진학과정에서의 차별 경험이 33.8%, 학교생활 중에서는 또래학생으로부터의 차별 경험이 46.2%, 보험계약 시 39.8%, 취업이 39.1%로 높은 비율을 보여주었다. 10년이 지난 2014년을 보면 입학과 전학에서는 여전히 초등학교에서의 차별 경험이 38.8%로 가장 높았으며, 학교생활에서는 여전히 또래학생으로부터의 차별 경험이 47.1%로 높았고, 보험계약 시 45.4%, 취업 35.8%로 여전히 높은 비율을 보여 주고 있다. 특이한 것은 오히려 차별 경험 비율이 높아지고 있다는 점이다. 초등학교에서의 차별 경험을 보면, 2005년도 33.8%에서 2008년도에 26.1%로 낮아졌다가 2014년에는 38.8%로 오히려 더 높아지고 있다. 뿐만 아니라 유치원, 중학교, 고등학교, 대학교 등 모든 학교에서의 차별이 2005년도에 비해 2014년에 높게 나타나고 있다. 이것은 학교생활에서의 차별경험 역시 마찬가지여서 2005년도에 비해 2014년의 차별 경험 비율이 높은 것을 알 수 있다. 보험계약에서의 차별 역시 39.8%에서 45.4%로 높아졌으며, 의료기관 이용 시의 차별도 4.2%에서 4.6%로, 지역사회생활에서의 차별도 5.4%에서 7.3%로 높아졌다.

반면에 결혼과 취업에서의 차별경험은 2005년도에 비해 2014년에 다소 낮아진 것으로 나타났다. 결혼에서의 차별은 29.6%에서 16.4%로, 취업에서의 차별은 39.1%에서 35.8%로 낮아졌다. 운전면허 취득에서의 차별 역시 14.3%에서 10.2%로 낮아진 것으로 나타났다.

따라서 2005년도에 비해 2014년에도 학교의 입학과 진학에서의 차별이 개선되지 않고 있으며, 또래 학생으로부터의 차별도 여전히 심각하다는 것을 알 수 있다. 그리고 보험계약에서의 차별, 취업에서의 차별도 우리 사회가 해결해야 할 과제라고 할 수 있다.

<표 11-1> 사회생활에서의 장애인 차별의 경험 여부

(단위 : %)

차별영역	조사년도	2005	2008	2011	2014
입학 · 진학	유치원	23.0	26.9	30.5	27.1
	초등학교	33.8	26.1	34.2	38.8
	중학교	27.0	19.4	29.8	31.6
	고등학교	21.5	16.8	29.3	25.1
	대학교	11.2	6.9	16.3	12.5
학교생활	교사	17.5	18.9	21.4	18.7
	또래학생	46.2	48.9	49.2	47.1
	학부모	12.3	8.4	15.1	13.7
결혼		29.6	16.1	26.5	16.4
취업		39.1	35.0	34.0	35.8
직장생활	소득(임금)	23.7	20.8	20.7	23.9
	동료관계	18.9	13.1	16.9	20.0
	승진	16.5	9.1	14.2	13.3

조사년도 차별영역	2005	2008	2011	2014
운전면허 취득시	14.3	11.8	14.3	10.2
보험계약 시	39.8	55.6	53.7	45.4
의료기관 이용 시	4.2	3.3	3.7	4.6
정보통신이용 시	1.1	0.4	2.0	1.9
지역사회생활	5.4	20.6	7.8	7.3

출처: 한국장애인개발원, 2017 장애인백서

성별에 따른 장애 차별 인식 비율, 연령 및 장애 정도에 따른 장애 차별 인식 비율은 〈표 2〉와 같다. 차별받은 적이 전혀 없다는 응답은 2011년에 전체 0.8%, 2014년에 1.0%로서 비슷했으며, 별로 없다는 2011년 18.5%에서 2014년 26.4%로 높아졌고, 약간 많다는 2011년 48.3%, 2014년 46.2%로서 약간 낮아졌다. 반면에 매우 많다는 응답은 2011년 32.4%에서 2014년 26.4%로 크게 낮아진 것으로 나타나 차별 경험으로만 본다면 차별이 조금씩 개선되고 있다고 볼 수 있다.

성별로는 전혀 없다와 별로 없다는 응답은 남자 보다 여자의 비율이 높았는데, 이것은 2011년과 2014년에 모두 공통적으로 나타났다. 약간 많다는 응답은 2011년에는 여자의 비율이 높았는데, 2014년에는 남자의 비율이 높아졌으며, 매우 많다는 응답은 2011년과 2014년 모두 남자의 응답 비율이 높았다. 연령별로는 17세 이하의 경우 매우 많다는 비율이 2011년과 2014년에 가장 높았으며, 18-44세 이하의 경우 약간 많다는 비율이 2011년과 2014년 모두 가장 높았다. 이것은 45-64세 이하와 65세 이상에서도 동일하게 나타나 2011년과 2014년 모두 약간 많다는 비율이 가장 높았다. 연령별 장애 차별 경험을 종합해 보면, 17세 이하에서는 매우 많다는 비율이 가장 높고, 18세 이상에서는 매우 많다는 비율이 가장 높았다. 장애정도별로는 2011년과

2014년 모두. 약간 많다는 응답이 중증장애와 경증장애 모두 공통으로 높았다.

장애 차별 정도에 대한 비율을 종합해 보면. 2011년에는 약간 많다와 매우 많다는 비율이 80.7%로서. 없다는 비율 19.3%보다 훨씬 높았으며. 2014년에도 약간 많다와 매우 많다는 비율이 72.6%로서. 없다는 비율 27.4%보다 훨씬 높았다. 그러나 2011년에 비해 2014년에는 많다는 비율이 8.1% 감소한 것으로 나타나 〈표2〉에서도 차별이 조금씩 개선되고 있음을 알 수 있다.

<표 11-2> 성별, 연령별, 장애정도에 따른 차별 경험 인식

(단위 : %)

구분		전체	성별		연령별				장애정도		계
			남자	여자	17세 이하	18-44세 이하	45-64세 이하	65세 이상	중증 (1-3급)	경증 (4-6급)	
2011	전혀 없다	0.8	0.8	0.9	1.2	0.9	0.4	1.3	0.8	0.8	0.8
	별로 없다	18.5	17.0	20.5	9.4	11.6	16.2	24.7	14.0	19.6	18.3
	약간 많다	48.3	48.1	48.6	42.6	48.5	48.0	49..0	45.4	49.0	48.2
	매우 많다	32.4	34.1	30.0	46.9	39.0	35.4	25.0	39.8	30.6	32.7
2014	전혀 없다	1.0	0.8	1.3	0.4	0.3	0.4	1.9	1.1	0.9	1.0
	별로 없다	26.4	23.7	30.0	8.9	13.5	24.3	34.1	18.4	31.7	26.5
	약간 많다	46.2	47.0	45.2	44.9	47.1	45.1	47.0	46.2	45.6	45.8
	매우 많다	26.4	28.5	23.4	45.7	39.1	30.2	17.0	34.4	21.8	26.7

출처: 한국장애인개발원, 2017, 장애인백서

2011년도 장애인실태조사(보건복지부·한국보건사회연구원, 2012) 결과를 보면, 무학을 포함한 중학교 이하의 학력이 전체 장애인의 63.0%로서 절반이 넘으며, 대학이상의 학력을 소유한 장애인은 12.0%에 불과하고, 장애인의 실업율은 7.8%에 달하며, 40.0%의 장애인이 평균 급여 99만원 미만을 받고 있다. 사회 및 여가활동에 있어서의 차별 역시 심각하다. 아직도 장애인의 14.3%가 혼자서 외출이 불가능하며, 월 3회 이하의 외출을 하는 장애인이 전체의 13.4%에 달하고 있다. 40.7%의 장애인이 외출 시에 불편함을 느끼고 있으며, 불편하다고 응답한 장애인의 54.9%는 편의시설 등 생활환경의 불편이 그 이유라고 느끼고 있다. 여가 활동으로는 TV시청(96.0%), 가사(57.8%), 사교(57.5%) 등을 하고 있어 문화향유에서 소외되고 있었으며, 이에 따라 전체 장애인의 60.5%가 문화 및 여가활동에 만족하지 못하고 있다. 장애인은 여전히 교육받지 못하고, 실업 상태에 있으며, 빈곤에 처해있고, 외출과 같은 가장 기본적인 이동권 마저 보장받지 못하고 있는 것이다.

우리 사회의 장애인에 대한 편견과 차별은 장애인의 교육, 경제, 여가 및 문화 활동을 심각하게 가로막고 있으며 그 결과 장애인은 비장애인의 삶의 질 수준에 훨씬 못 미치는 차별적 삶을 살고 있다.

그러나 이러한 차별적 삶은 장애인차별금지법의 시행 이후에도 여전히 심각하게 나타나고 있다. 장애인차별금지법이 시행된 지 11년이 되었지만 장애로 인한 차별은 여전히 진행형이다. 장애 차별이 얼마나 심각한지 알 수 있는 또 하나의 척도는 국가인권위원회에 접수된 장애 차별 진정 사건 현황이다.

국가인권위원회에 따르면, 장애인차별금지법이 제정된 2008년 4월부터 2017년 12월까지 장애차별 진정 건수는 모두 11,452건으로서 2017년의 경우 월 평균 92.7건에 달하고 있다.

<표 11-3> 연도별 장애차별 진정사건 접수 현황(2008.4~2017.12)

(단위 : 건)

연도 구분		합계	장애인차별금지법 시행이후									
			2008 (4.11~12월)	2009	2010	2011	2012	2013	2014	2015	2016	2017
장애 진정 건수	연도별	11,452	585	725	1,695	886	1,340	1,312	1,139	1,147	1,511	1,112
	월평균	81.0	67.2	60.4	141.3	73.8	111.6	109.3	95	95.6	125.9	92.7

출처 : 국가인권위원회, 2018

장애유형별로 차별 진정 건수를 살펴보면 지체장애의 비율이 가장 높으며, 그 뒤를 이어 시각장애인이 두 번째로 많은 진정을 하고 있다 (〈표 4〉 참조). 이것은 시각장애인이 진정에 보다 적극적이라고 볼 수도 있지만, 시각장애에 대한 차별이 그만큼 심각하다고 보아야 할 것이다.

<표 11-4> 장애유형별 장애차별 진정사건 접수 현황(2008.4~2017.12)

(단위 : 건, %)

구분		계	지체	시각	뇌병변	청각	발달	언어	정신	기타
진정 건수	건수	11,452	3,714	2,666	838	1,235	1,394	85	476	1,044
	비율	100	32.4	23.3	7.3	10.8	12.2	0.7	4.2	9.1

출처 : 국가인권위원회, 2018

차별 진정 사건을 차별의 영역에서 보면, 재화·용역의 제공 및 이용이 전체의 59.0%로서 가장 많으며, 괴롭힘(11.1%), 교육(9.7%)이 그 뒤를 잇고 있다(〈표 5〉 참조). 재화·용역의 제공 및 이용의 경우 다시 재화·용역 일반, 보험·금융, 시설물 접근, 이동 및 교통수단, 정보통신·

의사소통, 문화예술·체육 영역으로 구분이 된다. 가장 비율이 높은 것은 재화·용역 일반(15.5%)이며, 정보통신·의사소통(15.1%), 시설물 접근(12.2%), 이동 및 교통수단(7.1%)가 그 뒤를 잇고 있다. 아직도 괴롭힘의 비율이 높다는 것은 차별을 넘어서서 장애인에 대한 심각한 인권침해가 사라지지 않고 있음을 보여 준다. 이 괴롭힘에는 따돌림, 유기·방치, 성폭행, 폭행·학대, 금전적 착취, 장애인 모욕·비하 등이 포함되어 있다.

<표 11-5> 차별영역별 진정사건 접수 현황(2018)

(단위 : 건, 명, %)

구분	합계	고용	교육	재화용역의 제공 및 이용							사법 행정 참정권	괴롭힘 등	기타
				합계	재화용역일반	보험금융	시설물접근	이동 및 교통수단	정보통신의사소통	문화예술체육			
비율	100	6,2	9.7	59.0	15.5	6.3	12.2	7.1	15.1	2.8	5.0	11.1	9.0

출처 : 국가인권위원회, 2018

4. 장애 차별의 원인과 특성

장애인이 당하는 차별의 원인을 어디에서 찾을 것인가에 따라 장애에 대한 관점이 달라진다. 장애인이 당하는 차별의 원인을 장애인 개인 또는 신체적·정신적 손상에서 찾게 될 경우 차별의 원인은 장애인이 가지고 있는 신체적·정신적 장애가 된다. 따라서 차별의 책임이 장애인에게 있기에 차별의 제거 역시 장애인 개인의 몫이 된다. 장애인은 자신의 장애를 극복하고 이겨내야 하며, 비장애인과 불리한 환경에서 경쟁을 통해 이겨야 한다. 이러한 과정을 통해 장애인은 주류 사회에서 성공을 하게 되며, 이러한 성공을 통해 주류 사회에 들어갈 수 있게 된다. 사회는 이러한 장애인의 노력을 격려하며, 이러한 성공을 이루지 못한 장애인은 장애를 극복하지 못하거나 노력을 하지 않은 것이므로 자신이 당하는 차별에 대한 책임을 본인이 져야 한다.

반면에 차별의 원인을 사회의 제도와 사회의 인식에서 찾게 될 경우, 장애인에게 있어서 장애는 그 자신이 가지고 있는 신체적·정신적 손상이 아니라 사회의 차별과 억압 자체가 바로 장애이다. 장애는 더 이상 극복의 대상이 아니며, 장애인도 더 이상 인간 승리를 해야 하는 특별한 존재가 아니다. 오히려 장애인을 주류 사회로부터 배제하는 사회의 차별과 억압을 제거하는 것이 사회의 의무와 책임이 된다. 따라서 장애인이 주류 사회에 동등하게 참여하고 비장애인과 동등하게 활동하기 위해서 차별은 철폐되어야 한다. 이것이 바로 장애의 정의에 대한 사회적 모델이며, 이러한 사회적 모델에서 차별은 소극적으로 금지되는 것이 아니라 적극적으로 철폐되어야 할 사회적 억압이다.

이처럼 차별의 문제는 단지 장애인의 사회 참여의 문제가 아니라 장애가 무엇인가에 대한 장애 정의의 문제이며, 장애인은 누구인가에 대한 장애인의 정체성에 관한 문제이고, 사회가 장애인을 비롯한 소수자의 인권을 위해 무엇을 할 것인가에 대한 사회적 의무와 책임의 문제이다. 따라서 장애인에 대한 차별을 금지하거나 차별을 철폐하기 위해 그 사회가 무엇을 하는가는 그 사회가 장애를 어떻게 바라보고, 장애인을 어떻게 대하며, 소수자의 인권을 위해 무엇을 하는가를 보여주는 지표라고 할 수 있다.

장애인에 대한 차별은 다른 차별과 몇 가지 다른 특징을 가지고 있다. 첫째, 장애인에 대한 차별은 전 생애에 걸쳐 나타난다. 연령에 의한 차별은 청소년기나 노년기 등 일정한 연령 기간 동안만 차별이 발생하지만, 장애인에 대한 차별은 연령에 관계없이 장애아동으로부터 장애 노인에 이르기까지 나타나고 있다. 장애인은 태어나면서부터 죽음에 이르는 순간까지 차별을 당한다. 따라서 장애인에 대한 차별의 금지는 모든 연령층의 장애인을 고려하여야 한다.

둘째, 장애인에 대한 차별은 삶의 전 영역에서 일어난다. 장애인에 대한 차별은 가족 내에서도 일어나며, 같은 지역 내에서도 일어난다. 우리 사회의 차별의 가장 큰 요인인 지연·학연·혈연이 장애인에 대한 차별에 있어서는 아무런 의미를 주지 못한다. 인종차별이나 민족차별의 경우 같은 인종과 같은 민족 내에서는 차별이 발생하지 않지만, 장애인에 대한 차별은 가족 내에서도, 같은 인종과 민족 안에서도 일어나고 있다. 뿐만 아니라 장애인에 대한 차별은 교육에서부터 정보 통신 이용에 이르기까지 사회활동의 모든 영역에서 발생한다.

셋째, 장애인에 대한 차별은 중복적으로 나타난다. 여성장애인의 경우 장애인에 대한 차별과 여성에 대한 차별을 동시에 받는다. 성적지향이 다른 장애인의 경우 장애인에 대한 차별과 성적 소수자에 대한 차별을 동시에 받는다. 따라서 장애인에 대한 차별은 어떤 경우라도 중복적 차별로 나타나게 된다. 이처럼 장애인에 대한 중복적 차별은 장애인에 대한 차별이 단지 장애인에 대한 차별로 끝나지 않고 우리 사회의 모든 차별과 연계되어 있음을 보여준다.

넷째, 장애인에 대한 차별은 분리와 정당한 편의제공의 거부에 의해 일어난다. 장애인에 대한 차별은 획일적인 통합을 통해서만 해결될 수 없다. 통합과 동시에 장애 유형 및 정도에 따른 적절한 정당한 편의가 제공되어야 한다. 결혼이민자 가정의 자녀 교육에서의 차별은 통합교육을 통해 해결할 수 있지만, 장애인의 교육은 통합 교육과 함께 필요한 경우 개별화 교육에 의한 특수교육이 이루어져야 차별이 해소될 수 있다. 따라서 장애인과 비장애인을 분리하는 것도 차별이지만, 장애인의 장애유형 및 장애정도에 따른 적절한 지원을 하지 않는 것도 차별이다. 보편적인 통합과 개별적인 지원이 동시에 필요한 것이 장애인에 대한 차별 해소이다.

바로 이러한 장애인에 대한 차별의 독특성은 장애인에 대한 차별을 금지 및 철폐하고 침해된 권리를 구제하기 위해 보다 전문적인 지식과 경험 그리고 제도를 필요로 하게 된다.

5. 관련 법규

장애인에 대한 차별을 금지하거나 반대하는 법규로는 보건복지부를 주관부서로 하여 2007년에 제정한 「장애인차별금지 및 권리구제등에 관한 법률」(장애인차별금지법)이 있으며, 국내법은 아니지만 2006년도 UN 총회에서 결의되고 2009년도에 한국도 비준한 「장애인의 권리에 관한 협약」(Convention on Rights of Persons with Disabilities : 장애인권리협약)도 국내법과 같은 효력을 가지고 있다.

1) 장애인차별금지법의 제정 과정과 주요 내용

장애인차별금지법 제정 운동의 가장 큰 배경은 우리 사회의 심각한 장애인 차별의 현실이다. 상대적으로 소수이자, 육체적, 사회적, 경제적 약자인 장애인은 비장애인·남성 중심으로 형성된 우리 사회 구조 속에서 소외되고 차별받을 수밖에 없는 위치에 놓여 있다. 이런 현실에서 장애인구는 2000년 145만 명(전 국민의 3.09%)에서 2005년 215만 명(전 국민의 4.59%)으로 5년 사이에 48%가 늘어나는 등 급속한 증가세를 보이고 있었으며5). 장애여성 및 노령 장애인의 비중 증가와 중증 장애인 수의 증가 등 장애 인구 구조도 변화하고 있었다. 이와 함께 장애인들의 사회참여 욕구도 급속히 증가하여 교육권, 이동권, 정보접근권 등 각종 권리의 보장 요구와 자립생활운동의 확산 등 새로운 변화가 급속하게 진행되고 있었다.

그러나 이러한 급속한 변화에도 불구하고, 2003년 통계에 의하면 장애인의 73.7%가 차별 받은 경험이 있고, 66.1%가 차별의 가장 큰 이유를 '비장애인의 장애인에 대한 편견'이라고 생각하는 등 우리 사회에서는 장애를 사유로 한 차별이 관행적으로 지속되고 있었으며, 복지시설 등에서의 장애인 폭행, 감금 등의 사례도 빈번히 제기되는 등 심각한 인권 침해가 지속되고 있었다(박종운, 2007). 국내의 기존 장애 관련 법률들6)에서도 장애인에 대한 차별을 명시적으로는 금지하고 있으나 구체적인 차별의 정의, 차별행위에 대한 구체적 내용, 차별행위에 대한 실질적이고 강력한 제재조치, 차별받은 자에 대한 효과적인 구제조치가 전혀 없었으며, 이런 이유로 위 법률들의 차별금지조항은 실효성을 가지지 못하고 있었다.

이러한 국내의 상황과 맞물려 해외의 움직임 역시 장애인차별금지법의 제정을 촉구하는 계기가 되었다. 미국의 경우 1990년에 미국의 장애인차별금지법이라고 할 수 있는 「장애를 가진 미국인법(ADA)」을 제정하였으며, 이후 영연방 국가를 중심으로 호주(1992년), 영국(1995년), 스웨덴(1999년), 독일(2002년) 등 선진국뿐만 아니라 가까운 홍콩(1995년) 등에서 장애인차별금지법이 제정되었다. 일본의 경우 우리나라와 비슷한 시기에 장애인차별금지법을 제정하려는 움직임이 일어났

---

5) 이 수치는 2000년도와 2005년도에 실시되었던 장애인실태조사 결과에서 발표된 것이다.
6) 「장애인복지법」(2007, 전면개정), 「장애인등의 특수교육법」(2007, 제정), 「장애인 고용촉진 및 직업재활법」(1999, 개정), 「장애인·노인·임산부등의 편의증진보장에 관한 법률」(1997), 「교통약자의 이동편의증진법」(2005)

으며, 지속적인 연구작업과 법제화 작업을 현재도 진행하고 있다. 이러한 외국의 움직임들이 1990년대 중반부터 우리나라에 전해지면서 우리나라의 장애인차별금지법 제정 운동에 영향을 미쳤으며, 장애인차별금지법 제정에 대한 열망에 불을 지폈다.

장애인차별금지법 제정 운동은 열린 네트워크라는 조직이 2001년도에 부산에서 장애인차별금지법을 제정하기 위한 전국 국토 순례대행진을 하면서 시작되었다. 이듬해인 2002년에 장애우권익문제연구소에서는 4월 20일 장애인의 날을 맞아 국회에 장애인차별금지법 입법 청원을 내며, 본격적인 장애인차별금지법에 대한 장애계의 요구를 전달하게 된다. 이후 열린네트워크는 「장애인차별금지법(안)」을, 장애우권익문제연구소는 「장애차별금지법(안)」을 세상에 내놓으면서 본격적인 법안 만들기 운동이 시작되었으며, 이러한 장애계의 열망이 전해져 장애인차별금지법 제정이 노무현 대통령 후보 등 대선후보들의 대선 공약으로 채택되기에 이른다. 이후 장애계가 하나 되어 장애인차별금지법 제정 운동에 나서야 한다는 목소리가 높아지면서 연대체를 구성하자는 움직임이 시작되었고 그 결과 2003년 4월 15일 마침내 한국장애인단체총연맹(한국장총)과 한국장애인단체총연합회(장총련), 한국장총과 장총련에 포함되지 않은 크고 작은 단체들(제3그룹)과 여성장애인단체들 등 50여개의 전국의 장애인 단체가 총 결집하여 '장애인차별금지법제정추진연대'(장추련)를 결성하기에 이른다.

장추련은 상임공동대표와 상임집행위원회의 등 운영을 위한 소위원회 외에도 장애인차별금지법안을 만들기 위해 장애인 당사자와 장애인 단체 활동가 및 법률가로 구성된 법제정위원회를 구성하고 법제정위원회를 통해 2004년 5월에 장애인차별금지법안(법제정위원회안)을 발표하였으며, 이후 법제정위원회안은 지방순회토론회와 공청회 등을 거쳐 장애인차별금지법안(장추련안)으로 완성 되었다. 이후 국회의 법제사법

위원회의 의원들을 대상으로 장추련의 안을 그대로 받아 입법화해줄 의원들을 찾는 노력이 진행되었으며. 이러한 노력 끝에 수정된 장추련 안은 2005년 9월 16일 민주노동당(대표발의 : 노회찬)을 통하여 국회 에 발의되기에 이른다.

당시에 정부의 사회적 약자들에 대한 차별시정기구 일원화 정책의 선호. 국가인권위원회의의 차별금지법안(장애 뿐 아니라 모든 영역의 차별을 금지하는 법안) 제출 예정 등의 분위기에서 정부안이 제출되지 않았고. 이런 상황 때문에 장추련안은 국회 상임위원회에 상정조차 되 지 않은 채 시간만 흘러갔다. 이에 장추련의 1년여에 걸친 국가인권위 원회 점거 농성. 거리 투쟁. 시민사회단체의 지지확보 등의 노력 끝에 마침내 2006년 8월부터 대통령 자문기구인 빈부격차차별시정위원회 (빈차위) 주관으로 장추련과 정부 각 부처가 모여 민관협력공동기획단 을 구성하고. 민주노동당 노회찬 의원이 발의한 장추련안을 놓고 협의 하게 되었다. 그리고 이러한 민관협력공동기획단의 회의를 통해 빈차 위는 빈차위의 장애인차별금지법안(빈차위안)을 만들게 된다. 그리하여 장추련이 결성된 지 4년 만인 2007년 3월 6일에 마침내 장애인차별 금지법이 국회 본회의를 통과하여 그 모습을 드러낼 수 있게 되었다.

장애인차별금지법은 총칙 등 모두 6개 장. 50조로 구성되어 있으며. 제1장 총칙에서는 차별의 유형. 장애에 대한 정의. 국가 및 지방자치단 체의 의무를 담고 있으며. 제2장 차별금지에서는 교육. 고용. 재화와 용역. 사법·행정절차 및 서비스. 모·부성권. 가정·복지 등에서의 차별을 금지하는 구체적인 내용을 담고 있고. 제3장 장애여성·장애아동 등에서 는 장애여성. 장애아동 및 정신적 장애인에 대한 차별금지를 특별히 강조하고 있다. 제4장 장애인차별시정기구 및 권리구제에서는 국가인 권위원회에 내에 장애차별시정소위원회를 둘 것과 차별시정 권고 및 명령에 대한 절차와 방법을 담고 있으며. 제5장 손해배상 및 입증책임 등에서는 손해배상의 원칙과 입증책임의 배분 등을 담고 있고, 마지막으로 제6장 벌칙에서는 차별을 가한 자에 대한 과태료 및 벌금에 관한 규정을 담고 있다.

이후 장애인차별금지법은 2010년도에 제21조에 출판물 사업자와 영상물 사업자에 대한 정당한 편의제공의 의무를 부과하여 시각장애인과 청각장애인의 출판물과 영상물의 접근에 있어서의 차별을 금지하고, 제26조(사법·행정절차 및 서비스에 있어서의 정당한 편의제공)을 강화하는 등의 내용으로 개정되었으며, 2013년에 제21조(정보통신·의사소통 등에서의 정당한 편의제공) 제3항 중 "점자자료"를 "점자자료, 점자·음성변환용 코드가 삽입된 자료"로 개정하였고, 2017년에 제24조의2(관광활동의 차별금지)를 추가하여 관광사업자도 장애인의 관광활동에 차별을 하지 않도록 하고 있다.

2) 장애인 권리협약의 제정 과정과 주요 내용

국내에 장애인차별금지법이 있다면, 국외에는 장애인권리협약이 장애인에 대한 차별을 금지하고 철폐할 것을 권고하고 있다. 장애인권리협약은 UN에서 결의한 9번째 인권협약이지만,「이주노동자에 대한 권리 협약」이 비준 국가가 부족하여 협약으로서의 효력을 발휘하지 못해, 실제로 협약으로서의 효력을 발휘한 8번째 인권협약이 된다. 2019년 3월 현재 177개 국가가 비준을 하고 있으며, 우리나라도 2009년도에 비준을 하였다. 협약의 경우 비준을 하게 되면, 비준을 한 국가의 국내법과 같은 효력을 지니므로 장애인권리협약 역시 우리나라에서 국내법과 같은 효력을 가지게 된다.

장애인권리협약을 제정한 이유는 국제 사회이 다양한 노력에도 불구하고 장애인의 권리가 그다지 개선되지 못하였다는 국제사회의 공감과 그 이전에 7개의 국제 협약이 있었지만, 장애인의 권리를 증진하기 위한 협약은 없었다는 반성에서 시작되었다.

1981년에 UN은 "세계 장애인의 해"을 선언하고 장애인의 존엄성·생명·생존권 존중을 의미하는 장애인의 "완전한 사회참여와 평등"을 주제로 하였다. 이후 UN은 1982년부터 1991년까지를 "세계 장애인 10년"으로 선포하고 각 당사국 정부가 장애인의 권리 증진과 복지향상에 앞장서고 장기적인 10년 계획을 수립하고 시행하도록 하였다. 특히 아시아 지역에서는 세계 장애인 10년이 지난 후, 아시아·태평양지역에서는 다시 10년의 관심이 필요하다는 인식 아래 유엔 아시아·태평양 경제사회이사회(UN ESCAP) 주도로 1992년부터 2001년까지는 "아시아·태평양지역 장애인 10년"을 선포하고 아시아 각국의 정부가 장애인의 권리 증진과 보호를 위해 노력할 것을 약속하였다. 그러나 이러한 선언과 선포에도 불구하고 우리나라를 비롯한 세계 각국의 장애인의 인권증진은 커더란 발전을 보이지 않았다.

1987년 UN총회에서 이탈리아 정부는 36개 조항으로 이루어진 장애인 인권에 관한 국제협약을 제안하여 국제 사회에 장애인 권리협약 제정 논의를 불러 일으켰으나 시기상조라는 반대와 당사국 정부의 재정적인 부담에 대한 우려, 유사한 기존의 국제 인권조약이 존재한다는 이유로 더 이상 논의되지 못했다.

그러던 중 2001년도에 제56차 총회에서 멕시코의 빈센트 폭스(Vincent Fox) 대통령의 제안으로 장애인권리협약 제정이 본격적으로 논의되었으며, 총회는 장애인권리협약의 제정을 위한 특별위원회(Ad Hoc Committee)를 구성하도록 하였다.

2002년 8월에 제1차 회의를 개최한 특별위원회는 2006년 8월까지 8차례에 걸쳐 특별위원회를 개최하여 법안 내용을 구체적으로 마련하고 각 당사국 정부 및 장애관련단체의 의견을 수렴하게 된다. 뉴질랜드 UN 대사였던 멕켄지 의장은 특별위원회를 운영하면서 정부대표 (GO)뿐 아니라 장애관련단체를 비롯한 비정부기구대표(NGO)가 참관하고 의견을 발표할 수 있는 기회를 제공하였다. 장애인권리협약을 제정하면서 당사자인 장애인의 의견을 수렴하지 않고 만드는 협약은 의미가 없다는 인식에서였다.

UN은 그동안 장애관련문제에 대하여 공식 파트너로서 국제재활전문가회의(RI : Rehabilitation International)와 논의해 왔으며, 당사자주의를 인정하면서 특별위원회에서는 RI와 함께 장애인당사자 그룹인 세계장애인연맹(DPI : Disabled People's International)을 공동파트너로 삼았다. 이에 따라 특별위원회에는 각국 당사국 정부 대표(GO)와 RI 그리고 DPI가 공식 참여하였으며, 그밖에 세계 각국의 주요 장애인 단체들이 참관하였다. 특히 각국의 장애인단체들은 특별위원회에 참여하면서 국제장애인단체대표자회의(IDC : International Disabilities Caucus)를 구성하여 특별위원회의가 열리는 기간 동안 매일 회의를 개최하고, 전날의 논의에 대한 의견서를 내고 그날의 안건에 대한 의견을 모아 단일된 목소리로 장애인 당사자 그룹의 의견을 전했다. RI와 DPI도 IDC의 일원으로 활동했다.

한국의 경우 2002년도부터 한국장애인연맹(한국DPI)를 중심으로 한국 내에서 장애인 단체들로 구성된 "국제장애인권리조약한국추진연대" (한국추진연대)를 결성하고 자체 부담으로 특별위원회에 매회 참석하였고, 한국장애인재활협회의 한국재활전문가회의(RI Korea)도 특별위원회에 참석하여 많은 활동을 하였다. 한국추진연대는 특별위원회에 참석하면서 몇 가지 강력한 의견을 제시하였는데, 첫째, 여성장애인에 대한 별도 조항 채택, 둘째, 이동권에 대한 강조, 셋째, 자립생활에 대한 주목 등이었다. 특히 여성장애인에 대한 별도 조항 채택은 장애인 모두에게 적용될 수 있는 내용을 담아야지 특정 장애인의 부류나 계층(이

주민 장애인, 원주민 장애인, 여성장애인, 성적소수장애인 등)에게만 적용될 수 있는 내용이어서는 안 된다는 EU(European Union)를 중심으로 한 주류화 주장(mainstream)의 반대에 봉착하였으나 이후 한국추진연대의 의견을 받아들인 한국정부와의 공동의 노력을 통해 마침내 제6조에 장애여성에 대한 별도의 조항이 만들어지는 결과를 가져왔다. 반면에 이동권에 대한 강조는 아프리카 등 제3세계국가의 지지를 받으며 무난하게 제20조에 채택이 되었다. 그리고 자립생활에 대한 조항 역시 자립생활(Independent Living)이라는 고유명사7)가 아닌 일반명사(living independently)로 사용이 되었지만 주요 조항으로 채택이 되었다.

2006년도에 8차까지 회의를 마친 특별위원회는 그간의 성과로 장애인권리협약(안)을 UN 총회에 제출하였으며, 2006년12월 13일 총회에서 192개국의 만장일치로 채택하게 되었으며, 이듬해인 2007년 3월 30일 뉴욕의 UN빌딩에서 서명식을 갖게 되었다. 이때 우리나라의 유시민 보건복지부장관도 참석하여 서명을 하였으며, 서명개방이 되어 당사국이 비준할 수 있도록 되었다. 그 후 2008년도 5월까지 20개국이 비준을 하여 국제협약으로서의 효력을 발휘하게 되었다.

장애인권리협약은 「시민·정치적 권리에 관한 국제조약」, 「경제·사회 및 문화적 권리에 관한 국제조약」, 「인간의 보전과 장애: 고문 및 그 밖의 잔혹한, 비인간적인 또는 굴욕적인 대우나 처벌의 방지에 관한 조약」, 「성과 장애 : 여성에 대한 모든 형태의 차별철폐에 관한 협약」, 「아동과 장애 : 아동의 권리에 관한 협약」, 「장애와 인종차별 : 모든 형태의 인종차별 철폐에 관한 국제조약」등의 기반 위에서 보편적인 인권의 보장과 차별 철폐를 위해 제정되었다.

---

7) 고유명사로서의 자립생활은 미국을 중심으로 한 자립생활 운동을 지칭하므로 협약에 사용하는 것은 적절하지 않다는 EU의 반대에 따라 지역에서 자립적으로 생활하기(Living independently)로 바꾸어 사용되었다.

장애인권리협약은 전문 및 50개 조항으로 되어 있으며, 18개조의 선택의정서로 구성되어 있다. 특히 제3조 일반원칙, 제4조 일반의무, 제5조 평등 및 비차별에서 장애인에 대한 차별을 금지할 것을 규정하고 있으며, 이를 위해 협약을 비준한 국가의 정부가 최선의 노력을 다해야 할 것을 의무화하고 있다. 제1조부터 제32조까지는 각 당사국 정부가 준수해야 할 의무사항을 규정하고 있으며, 제33조부터 제50조까지는 장애인권리위원회의 구성, 국가보고서의 제출 의무 등에 대해 규정하고 있다. 이에 따라 우리나라 역시 장애인의 권리에 관한 국가보고서를 2011년에 제출하였으며, 최초 제출 이후 매 2년마다 국가보고서를 장애인권리위원회에 제출하여야 한다. 선택의정서는 모두 18개 조문으로 되어 있는데, 장애인권리위원회에 개인 또는 집단의 통보 및 그 처리에 관한 내용을 담고 있다.

한국 정부는 장애인권리협약을 제정함에 있어서 특별위원회의 워킹그룹(2003년)에 참여하여 주도적인 역할을 했고, 제6조 여성장애인 조항을 별도 조항으로 만드는 등 가장 열의적인 활동을 한 당사국 정부 가운데 하나였다. 그러나 2007년 3월 30일에 서명이 있은 뒤에도 1년이 넘게 비준을 하지 않아 빈축을 샀으며, 그나마 2009년도에 뒤늦게 비준을 하면서도 생명보험에 있어서의 차별금지에 관한 조항(제25조 e항) 유보와 선택의정서를 비준하지 않아 비난을 받고 있다. 선택의정서를 비준하지 않았다는 것은 장애인권리협약의 미이행에 대하여 한국의 개인 또는 집단이 UN의 장애인권리위원회에 진정을 할 수 없다는 것과 그 진정에 따라 장애인권리위원회에서 한국정부에 이행을 요구하기 위해 방문 등의 조사를 할 수 없다는 것을 의미한다. 따라서 유보조항에 대한 유보철회와 선택의정서의 조속한 비준이 향후 과제로 남아 있다.

한국정부는 장애인권리협약의 비준에 따라 2011년에 국가보고서를

UN 장애인권리위원회에 제출하였으며, 이에 대응하여 국내 장애인 관련 단체들로 조직된 "UN 장애인권리협약 NGO 보고서 연대"가 2014년에 4월에 출범하여 정부의 국가보고서에 대한 현장의 목소리를 담은 "NGO 보고서(Shadow Report)"를 역시 UN 장애인권리위원회에 제출하였다. UN 장애인권리위원회에서는 2015년 9월에 한국의 NGO 보고서를 참조하여 한국정부의 국가보고서를 심의하였으며, 심의한 내용에 대하여 "한국정부의 국가보고서에 대한 최종 견해"(Concluding observations on the initial report of the Republic of Korea)를 내놓았다.

UN 장애인권리위원회는 최종견해에서 일반원칙과 의무(1~4조)에 대해 5개항, 구체적 권리(5~30조)에 대해 48개항, 구체적인 의무(31~33조)에 대해 7개항 등 60개항에 걸친 권고를 하고 있다. 여기에는 장애인복지법의 장애의 정의가 의료적 모델을 따르고 있는 것에 대한 우려, 장애등급제에 의한 판정으로 인해 활동보조서비스 등의 이용 제한에 대한 우려, 선택의정서의 비준 권장, 장애인차별금지법의 이행이 실효적이지 않은 것에 대한 우려와 국가인권위원회의 독립성 강화 권고, 농촌 및 도시지역에서 장애인들이 접근 가능한 버스 및 택시의 수가 적은 것에 대한 우려 등이 포함되어 있다.

특히 한국은 장애인권리위원회에 김형식 위원에 이어 2018년에 김미연 위원이 선출됨으로써 장애인권리위원회 내에서도 활발한 활동을 하고 있다.

6. 향후 과제

우리 사회에서 장애인에 대한 차별을 금지하고 철폐하기 위한 향후 과제는 다음과 같다.

첫째, 장애인에 대한 차별 뿐 아니라 모든 영역에 있어서의 차별이 금지되고 철폐되어야 한다. 국가인권위원회법에 의하면 우리나라의 차별의 요인은 장애를 포함해 19가지에 달한다. 우리 사회의 가장 대표적인 차별요인인 외모에 의한 차별, 학력에 의한 차별 등을 비롯하여 모든 차별요인에 대한 차별이 금지되고 이러한 차별이 철폐되어야 한다. 장애인에 대한 차별만 금지된다면, 여성장애인은 여전히 성차별을 당해야 하며, 이주노동자인 장애인은 인종차별을 당해야 한다. 특히 아직도 교육과 고용에 있어서 차별을 받고 있는 장애인이 많은 우리의 현실에서 학력차별과 지위에 의한 차별은 장애인에게 가장 심각한 차별요인으로 작용하게 될 것이다. 따라서 시민사회단체가 요구하고 있는 「차별금지법」의 제정이 시급하다.

둘째, 장애인의 인권 보장과 권리구제가 실질적으로 이루어져야 한다. 현재 장애인 차별에 대한 시정기구인 국가인권위원회에는 한 해에 1천여 건이 넘는 장애차별 진정이 접수되고 있다. 이에 따라 장애인에 대한 차별 진정 사건 처리 기간은 날이 갈수록 길어지고 있다. 사법절차에 의한 권리구제를 받기에는 아직 법원의 문턱은 너무 높다. 최근 공익활동을 하는 변호사그룹이 늘어나고 있지만, 여전히 법은 장애인에게 너무 멀리 있다. 장애인차별금지법이 2008년도부터 시행되었지만, 2017년도까지 법무부가 시정명령을 내린 사례는 단 두 건에 불과하다[8]. 장애인차별에 대한 상담전화를 여러 단체에서 운영하고 있지만, 법적인 구제를 하기에는 역부족이다.

셋째, 장애인에 대한 차별 및 인권 침해를 예방하기 위한 교육이 시행되어야 한다. 장애인차별금지법이 시행되고 있지만, 이 법률에 대해 아는 국민은 그리 많지 않다. 또한 장애인에 대한 차별의 내용에 대해

---

8) "장애차별시정명령 가뭄에 콩 나듯 적은 이유", 에이블뉴스, 2017.4.12

서도 아는 시설주와 고용주도 많지 않다. 따라서 각급 학교, 고용주, 시설주, 학교책임자 등에 대한 인권 교육과 장애차별금지 교육이 시행되어야 한다.

넷째, 장애인을 차별하는 법률과 제도가 정비되어야 한다. 장애인차별금지법과 상충하여 장애인을 차별하는 내용을 담고 있는 법률, 조례, 규칙 등은 여전히 남아 있다. 정부 각 부처별로 해당부처의 법률 가운데 장애인차별금지법과 상충하는 법률 등에 대한 개정을 하여야 하며, 지방자치단체 역시 조례 등을 정비하여야 한다. 장애인권리협약의 유보조항을 조속히 철회하고 선택의정서도 비준하여야 한다. 2019년 3월 현재 선택의정서를 비준한 국가는 92개 국가이지만 한국은 아직 비준을 하지 않고 있다.

장애인의 인권은 가장 기본적인 인간으로서의 권리를 회복하는 일이다. 따라서 장애인의 인권 보장은 권리를 누리는 일에서부터 시작되어야 한다. 그것은 차별로부터의 자유이며, 평등으로의 지향이다. 장애인에 대한 차별의 철폐는 장애에 대한 차별을 철폐할 뿐만 아니라 다른 영역에 있어서의 차별 철폐를 전제로 할 때만 가능하다. 장애인에 대한 차별은 중복 차별의 성격을 가지고 있기에 다른 모든 영역에서의 차별이 모두 철폐될 때 장애인에 대한 차별의 완전한 철폐가 가능하기 때문이다.

장애인에 대한 차별은 인간의 내면 가장 깊숙한 곳에 있는 인간이 인간에게 가질 수 있는 가장 깊은 혐오감의 표현이다. 그러므로 장애인에 대한 차별의 철폐는 인간이 인간에게 가질 수 있는 이러한 혐오감의 철폐이며, 그것은 곧 인간 존중과 인간평등사상의 시작이 된다. 따라서 장애인에 대한 차별의 금지와 철폐는 우리 사회의 인간존중사상과 인간평등사상의 출발점이며, 더 나아가 모든 영역에 있어서의 차별철폐에 대한 선언이고 성숙한 사회로의 전환점이다.

참고 문헌

국가인권위원회. 2018. 『장애인차별금지법 시행 10주년 기념. 장애인 인권 현안 토론회(부산)』: 19-82

김성희. 2012. "장애인의 차별·폭력 실태와 정책적 함의". 『보건복지포럼』. 188: 6-12.

박경태. 2014. 『소수자와 한국사회 : 이주노동자·화교·혼혈인』. 후마니타스. 22-26.

박종운. 2007. "장애인차별금지법의 주요 내용과 의의". 국가인권위원회. 『장애인차별금지법 제정의의와 장애인정책의 방향』. 5-43.

보건복지부·한국보건사회연구원. 2012. 『2011 장애인 실태조사』.

유엔장애인권리협약NGO보고서연대. 『UN 장애인권리위원회 한국 심의 최종 견해 설명회 자료집』. 2014

조순경. 2002. "차이의 신화와 차별의 현실". 한국인권재단. 『한국 인권의 현황과 과제 2』. 185-217.

한국장애인개발원. 2017. 장애인백서.

Committee on the Rights of Persons with Disabilities, *Concluding observations on the initial report of the Republic of Korea*, Adopted by the Committee at its twelfth session (15 September~3 October 2014).

https://www.un.org/development/desa/disabilities/convention-on-the-rights-of-pers ons-with-disabilities.html

http://www.ablenews.co.kr/News/NewsContent.aspx?CategoryCode=0007&News Code=00072017041174514254829

제12장

장애담론과 장애인복지의 역사

┃ 김 용 득 · 이 동 석

한국의 장애인복지는 변화하고 있는가? 장애계 내의 담론은 어떻게 변했으며, 정책은 어떻게 변했는가? 변화는 긍정적인 방향으로 변화했다고 할 수 있는가? 앞으로 한국 장애인복지의 발전을 위해서는 어떤 점들이 중요한가? 그리고 변화를 가로막는 중요한 장애 요소들은 어떤 것들이 있는가?

1. 서론

현재까지 한국 사회의 장애인복지정책 현실을 정확하게 이해하고 대안을 제시하기 위해서는 장애인에 대한 인식 또는 사회적 합의, 사회복지정책의 변화, 장애이론들에 대한 논의 방식 등을 함께 살펴볼 필요가 있다. 서구사회가 경험했던 사회적 합의, 복지정책의 출현, 장애이론의 기여 등은 상당한 일관성을 갖는 것으로 보이는데, 한국 사회의 경우는 이러한 세 가지 요소들이 상당한 편차를 보이고 있다.

장애인에 대한 사회적 인식이나 사회적합의 수준에서 한국 사회는 이렇다 할 변화를 경험하는 기회를 갖지 못했다. 이러한 결과로 장애인에 대한 사회적 인식이나 합의 수준은 전근대적인 수준에 머물러 있다. 장애인복지정책 부문에서는 사회적합의에 기초한 정책이라기보다는 장애인단체의 선도에 의해 입법이 되다 보니 개별 입법의 조문들은 서구 선진국들의 수준에 가깝게 기술되어 있는 반면, 실제로 집행되는 내용에서는 현실적인 예산상의 한계로 인하여 양적으로 충분하지 못하고, 질적으로 낙후된 모습을 보이고 있다. 반면에 장애이론은 1990년대 이후 매우 빠른 속도로 다양한 논의들이 소개되고, 실제로 정부 부처나 장애인단체, 민간 장애인복지기관의 중요한 정책 방향으로 채택되기도 하였다. 결국 거시 차원의 대안적 틀이나 담론에 의해 정책결정이 주도되기보다는 사안별로 시급한 이슈가 파편적으로 제기된다는 반증일 수도 있다.

따라서 한국사회의 장애문제를 이해하고 접근함에 있어 이제는 큰 맥락의 대안적 틀이나 담론이 모색될 필요가 있으며, 이러한 대안적 틀에 의해서 장애계의 주요 쟁점들이 일관성 있게 논의되고, 구체적인 장애인복지정책의 대안도 일관성 있고 통합적으로 제시될 필요가 있다. 이러한 목적을 달성하기 위하여 장애계 내의 장애담론을 살펴보고, 1960년대 이후 한국의 장애인복지 변천을 알아볼 것이며, 이러한 변천 과정에 대한 비판적 검토를 토대로 대안담론을 모색해 볼 것이다.

2. 장애담론의 검토

장애를 인식하고 묘사하는 관점은 인류 역사와 함께 변화해 왔다. 장애에 대한 의학적 접근이 이루어지기 전에 장애는 논리적으로 설명할 수 없는 신의 저주의 결과라는 인식이 지배적이었다. 그러나 의학의 발전과 함께 장애는 의학적으로 설명이 가능하며, 의료적 처치를 통해서 개선이 가능한 질병의 한 종류로 파악되었다. 또한 산업혁명 이전에는 장애인이 무가치한 노동력으로 인식되기보다는 공동체 사회의 보호가 필요한 사람 정도로 인식되었다. 그러나 산업혁명 이후 노동능력을 중심으로 하는 지배담론이 형성되면서, 장애인은 생산에 기여할 수 없는 무가치한 존재이기 때문에 사회에서 제거되는 것이 바람직하다고 인식되었다.

장애에 대한 이런 지배담론에 대항하는 저항담론의 출발은 두 차례에 걸친 세계대전 및 급속한 산업화와 관련이 있다. 두 차례에 걸친 전쟁을 통해 많은 전쟁 장애인들이 속출하였으며, 국가 공로자인 이들에 대해 일정 수준의 예우가 필요하다는 논의가 활발히 제기되었다. 그리고 급속한 산업화는 부정적 산물로 각종 산업재해와 질병을 야기하게 되었다. 이 과정에서 장애를 입은 사람들은 '산업역군'으로 묘사되었으며, 이들에 대해서 국가가 일정한 책임을 져야 한다는 주장이 정당성을 얻게 되었다. 장애는 물리적, 심리적, 사회적 장벽의 해소를 통해서 해결되어야 한다는 저항담론의 본격적인 형성은 전쟁과 산업화 과정을 통해서 제기된 '사회적 책임론'에 기초한 장애인운동에 의해 주도되었다.

서구사회에서 산업혁명 이후에 전개된 장애담론들 가운데 가장 대표적인 것으로 볼 수 있는 것들은 분리와 통합, 개별적 책임과 사회적 책임, 전문가 주도와 장애당사자 주도 등으로 요약할 수 있다.

분리와 통합의 담론은 장애인을 사회적으로 기여할 수 없는 무가치한 존재로 인식하여 일반사회에서 격리 보호하는 것이 타당하다고 보는 관점과 장애인도 사회의 동일한 구성원으로서 일반 사람들과 동일한 삶의 장소와 동일한 생활양식을 유지하여야 한다고 보는 관점의 대립이다. 정상화담론은 1960년대 후반 스칸디나비아에서 지적장애인에 대한 서비스 실천원칙으로 제기되었으며, 대규모의 시설 보호로 인한 비인간적인 처우에 반대하는 운동에서 비롯되었다. 북유럽을 중심으로 제기된 정상화이론은 북미에서 1970년대와 1980년대를 거치면서 울펜스버거(Wolfensberger) 등에 의하여 사회적 역할의 가치화(social role valorization)로 정교화되었고, 점차 세계적인 영향을 미치는 담론으로 자리 잡게 되었다.

둘째로, 개별적 책임과 사회적 책임의 담론은 장애의 발생과 장애인의 경험은 개별적인 것이며 장애에 대한 책임도 장애인 개개인에게 있다고 보는 관점과 장애의 발생과 장애인의 경험은 사회적인 것이고, 따라서 사회가 장애인이 적절한 삶을 유지할 수 있도록 책임져야 한다고 보는 관점의 대립이다. 장애에 대한 사회적 책임담론은 1976년 영국에서 분리에 반대했던 지체장애인연합(UPIAS: Union of the Physically impaired Against Segregation)의 장애정의에 그 기원을 둔다. 이 정의에서 장애인은 사회에서 억압받고 있는 인구집단으로 간주된다(Oliver, 1996). 이러한 사회적 책임담론은 영국의 핀켈스타인(Finkelstein)과 올리버(Oliver) 등에 의하여 체계화되면서 보편적인 담론 중의 하나로 자리 잡게 되었다.

셋째로, 전문가 주도와 장애 당사자 주도의 담론은 장애인에게 제공되는 서비스는 전문가에 의해 계획된 프로그램에 의하여 주도되어야 한다는 관점과 장애인에게 제공되는 서비스는 환경의 장애물을 제거하는 데 초점을 두어야 하며 이를 위해서 장애인 당사자가 서비스의 주도권을 갖고 소비자 역할을 수행해야 한다고 보는 관점의 대립이다. 당사자 주도의 담론은 자립생활운동이라는 용어로 표현되었다. 이 운동은 1970년대 미국의 장애인 자조그룹에 의해서 주도되었으며 로버츠(Roberts)의 선구적인 역할과 데종(DeJong)의 체계화 노력을 통해 영향력 있는 보편적인 담론들의 하나로 자리 잡게 되었다.

1) 분리 대 정상화담론

19세기 말부터 20세기 초반 동안에 장애인은 사회적 질환의 주요 원천으로 간주되었으며, 이런 관점은 당시를 지배했던 사회진화론과 관련이 있다. 장애인을 원조하는 사람들은 우생학을 교육받았고, 장애인들을 영원히 격리시키는 것이 인정되었다. 당시의 상식은 장애인을 부도덕하고 사회로부터 격리되어야 하는 사람들로 묘사하였다. 강요된 불임은 일반적인 것이고 시설수용이 강제되었으며 정신지체 여성들은 성병의 주요 전달자로 인식되었다.

산업화 이후 생산력이 떨어지는 장애인은 다른 사람들의 생산에 방해가 되기 때문에 시설 또는 의료 기관에 분리되어 보호, 치료를 받아야 하는 존재가 되었다. 보호시설의 형태는 대규모의 혼합 수용방식이었으며, 장애인을 통제하고 기득권층의 안정을 위하여 수용·격리하였다. 또한 치료 서비스가 제공되는 경우에도 장애인은 병자 역할(sick role)을 하게 되는데, 질병의 특성과 장애 정도에 따라 정상적인 사회활동과 책임을 박탈당하였다. 장애는 비정상적이고 바람직하지 못한 상태이며, 영구적으로 다른 사람에게 의존해야 하는 존재로 규정되었다. 이런 의존적 상황의 지속은 장애인 스스로 자신의 문제에 자주적으로 대처하는 능력을 약화시켰고, 사회적 책임 주체에서 제외되도록 함으로써 장애인은 사회와 분리되었다. 더구나 역할의 손상이 지속됨에 따라 장애인은 나태한 존재로 평가되었고, 그 결과 장애인들은 가치 하락을 통해 일종의 하급 시민으로 인식되었으며, 어떤 역할도 할 수 없는 아이와 같은 지위를 부여받았다.

1960년대 이후 북유럽을 중심으로 정상화개념이 제기되었다. 정상화이론은 시설보호에 반대하며, 정상적인 생활리듬을 갖는 생활을 해야 한다고 강조한다. 이러한 이론적인 지향은 이후에 북미에서도 유행하여 울펜스버거 등에 의해 1970년대와 1980년대 초반을 거치면서 장애인 재활, 교육 그리고 복지 등에서 중요한 실천방향으로 자리 잡게 되었다. 한편, 1970년대를 거치면서 시설에서 인권문제가 발생하고 시설 수의 증가와 함께 보호 비용이 증가함에 따라 미국을 중심으로 탈시설화 논의가 제기되었다. 그러나 지역사회에서의 물리적 환경의 변화와 지역주민의 의식 변화가 없는 탈시설화 정책은 지역사회에 장애인이 방치되는 부작용을 유발했으며, 장애인의 삶의 질은 더욱 떨어지게 되었다.

정상화는 지역사회로의 이전이라는 현상적인 면에서는 탈시설화와 동일하지만 근본적인 지향은 다르다고 할 수 있다. 탈시설화는 시설수용의 비인도주의적인 측면에서 출발하였지만, 시설유지에 따른 비합리적인 재정 투입에 반대하여 복지예산 삭감의 논거를 제공하였다. 반면, 정상화는 재정투입의 대폭적인 증대를 통한 서비스 질의 향상을 주장하며 시설수용의 경우보다 훨씬 많은 예산이 투입되어야 함을 강조한다는 면에서 탈시설화와 다소 다른 입장이라고 할 수 있다. 정상화이념은 장애인 권리와 함께 장애인의 사회통합이념을 발전시켰다. 장애인의 완전한 통합은 사회로부터 장애인을 구분할 수 없는 상태이며, 장애인복지의 기초가치로 발전하였다.

2) 개별적 모델 대 사회적 모델

장애를 설명하는 또 하나의 대립적 담론은 개별적 모델과 사회적 모델이다. 개별적 모델은 장애를 개인이 가진 의학적·기능적 문제라고 보는 시각이며, 치료모델 또는 개인 중심의 모델이라고 할 수 있다. 반면에 사회적 모델은 장애인이 살고 있는 사회 환경의 문제를 중요하게 인식하는 시각이며, 사회행동 모델 또는 환경중심의 모델이라고 할 수 있다.

장애라는 현상을 질병, 종양 및 건강 조건 등에 의해서 직접적으로

야기된 '개인'의 문제로 간주하는 개별적 모델은 개인의 '장애 문제'에 그 핵심을 두며, 장애로 인한 기능 제약 또는 심리적인 상실로 문제가 발생한다고 본다. 이러한 관점은 장애의 개인적 비극이론을 구성하는 것으로서 장애는 불행한 개인에게 발생하는 끔찍한 사건이라는 것이다 (Oliver, 1996). 이 관점은 '의료 전문가에 의한 개별적 치료'를 해결책으로 제시하며 장애 관리의 초점을 개인의 더욱 나은 적응과 행위의 변화에 둔다.

장애라는 현상을 '사회적인' 문제로 간주하는 사회적 모델은 개별적 모델에서 전제하고 있는 두 가지를 부정하는 것에서 시작된다. 즉 장애는 개인에게 귀속된 것이 아니라 사회 환경에 의해 창조된 조건들의 집합체로 보는 것이다. 장애는 사회 내에 존재하는 것으로서, 장애인 개인에 내재하는 개별적인 제한이 아니라 장애인의 욕구를 사회에서 수용하고 이에 적합한 서비스를 제공하는 데 실패한 결과라는 것이다. 이러한 사회의 실패 결과는 단순하게 개인에게 영향을 미치는 것이 아니라 이러한 실패로 인해 부정적인 경험을 하게 되는 집단으로서의 장애인들에게 제도적 차별이라는 형식으로 전달된다고 본다. 이 모델에서는 장애 문제를 관리, 해결하기 위해서는 '사회행동'을 필요로 한다. 그리고 장애인이 전 영역의 사회생활에 완전히 참여할 수 있도록 환경의 개조가 필수 요건이며 이를 실천하는 것은 사회의 집합적인 책임이라는 것이다. 이 모델에서는 이데올로기적인 측면에서의 사회 변화를 강조하며, 정치적으로는 인권의 개념을 중요하게 다룬다. 따라서 장애 문제 해결을 위한 모든 의도와 목적은 정치적이어야 하며, 주요 과제는 장애인들이 직면하고 있는 편견과 차별의 해결에 있다고 본다.

3) 재활모델 대 자립생활모델

1990년대 이전까지 장애정책을 지배해 온 장애이론은 재활모델이었다. 재활모델에 의하면 장애인은 일상적 활동을 부적절하게 수행하여 자신의 능력을 적절히 발휘할 수 없거나 직업을 갖기 위한 준비가 안되어 있어서 유급취업에 부적절한 것으로 정의되어 왔다. 이 경우 모두 문제는 개인에게 있는 것이 된다. 변화가 필요한 쪽은 장애인 개인이다. 장애인들은 자신들의 문제를 극복하기 위하여 의사, 물리치료사, 작업치료사, 직업재활 상담가 등의 지도에 따라야 한다. 여기서 장애인 개인은 '환자'나 '클라이언트'의 역할을 하도록 기대되어질 뿐이다. 신체적 기능의 회복이나 직업을 얻는 것이 재활의 목적이므로, 재활의 성공은 환자나 클라이언트가 이미 규정된 치료체계에 얼마나 잘 순응하느냐에 달려있는 것이다.

그런데 이러한 재활 패러다임으로는 설명할 수 없는 증거들이 나타났다. 장애 정도가 너무 심해서 재활서비스를 통해서는 특별한 성과를 기대하기 어려울 것으로 생각되었던 중증장애인들이 적절한 지원서비스를 통해 지역에서 자립생활이 가능하다는 것을 보여 주었다. 이러한 사실이 특수한 것이 아니라는 생각이 퍼져나가면서 대부분의 장애인, 그중에서도 중증장애인들은 재활모델을 부정하고 새로운 담론으로 자립생활모델을 지지하게 되었다(DeJong, 1981). 자립생활모델에 의하면 문제는 개인에게 있는 것이 아니며 오히려 재활모델에 의해 주어진 해결방안에 있다. 재활모델의 해결책은 의사와 환자 혹은 전문가와 클라이언트로 규정되어지는 관계의 의존성으로 묘사된다. 전문가들에 의해 주도되는 재활과정은 해결방안이기보다는 그 자체가 문제의 일부로 여겨진다. 문제가 장애인 개인에게 있는 것이 아니라 재활과정 혹은 물리적인 환경과 사회통제 기제를 포함하는 환경에 있다는 것이다. 이들

장애물에 대처하기 위해서. 장애인은 환자 혹은 클라이언트 역할을 벗고 소비자 역할을 수행해야 한다. 권익옹호. 동료상담. 자조. 자기관리. 소비자 주권회복. 사회적 장애의 제거가 실천방안이 된다.

자립생활모델은 장애인 문제를 장애인 당사자가 가장 잘 이해하고 있으므로 장애인이 삶을 영위하는 데 있어 스스로의 '선택권'과 '자기결정권'을 신장하고. 서비스 제공에 있어서는 장애인의 '주도적인 참여'가 보장되어야 한다는 이념에 기초한다. 또한 장애인의 문제는 장애인이 가지고 있는 신체적 문제보다는 그러한 요소를 문제로 만드는 사회 환경에서 비롯되므로 자립생활은 물리적·심리적 환경 개선에 관심을 두는 강력한 권익옹호의 지향성을 담고 있다(DeJong. 1981). 여기에서 자립(independence)이란 자신의 생활 전반을 조정하고 관리하는 것이며. 자신의 모든 과업을 수행하는 것을 의미하는 것은 아니다. 장애인들은 자기 주도적으로 필요한 지원을 다양한 지원체계를 통해 제공받음으로써 자립생활을 할 수 있게 된다는 것이다. 결국 '자립생활'은 장애인이 의존성에서 벗어나 스스로의 선택과 결정. 그리고 주도적인 역할을 바탕으로 지역사회에서 통합되어 살아가는 것을 목표로 한다.

3. 한국 장애인복지의 변천

1) 변천 과정[1]

(1) 수용보호 단계 : 1961년부터

1960년 이전까지는 일반 장애인에 대해 이렇다 할 법제나 국가의 개입이 없었다. 장애인 문제는 독립적으로 인식되지 못하고, 빈곤 문제의 일부로 다루어졌다. 그나마 빈곤 문제도 정부가 적극적으로 개입을 하지 못하고, 민간 사회사업이나 외원단체, 종교단체의 역할에 맡겨졌다. 다만 전쟁 이후인 1950년대와 군사정권이 들어선 1960년대에는 전쟁 참여 군인에 대한 예우차원에서 상이군경에 대한 지원이 확대되었다. 또한 1960년대 및 1970년대는 경제성장을 국정지표로 내세운 정권에 의해 산업재해보상제도가 발전하여 산업재해 장애인에 대한 지원이 시작되었다.

정부가 장애인 문제에 대하여 개입을 시작한 것은 1961년 '생활보호법' 제정부터라고 볼 수 있다. 이 법은 노령, 질병 기타 근로능력의 상실로 인해 생활 유지 능력이 없는 자에 대하여 생계보호, 의료보호, 해산보호 등을 실시하는 것을 목적으로 하였다. 이 법의 대상자에는 불구, 폐질, 상이 기타 정신 또는 신체장애로 인하여 근로능력이 없는 자가 포함되어 장애로 인한 빈곤자에 대한 국가의 보호가 시작되었다고 볼 수 있다. 이 법에 따른 시설보호 중에는 재활시설이 있었는데 당시에는 재활보다는 수용, 보호에 중점을 두었다.

또한 이 시기는 장애인에 대한 우생학적 접근이 이루어지기도 하였다. 유전학적 이유가 있다거나, 특수 전염병 질환자가 임신한 경우에 대해서

---

[1] 제도들이 이 시기별로 명확하게 구분될 수 있는 것은 아니며 이전 단계에 속하는 제도나 프로그램들이 다음 단계에서 사라지는 것도 아니다. 이전 시기의 제도들은 그 이후의 단계에서도 지속되며, 어떤 경우에는 확대되기도 한다.

는 임신중절을 허용하도록 하는 '모자보건법'이 제정되었다. 또한 1973년에는 지적장애인의 불임수술을 합법화하고자 하는 '정신지체인 불임수술 관계법'을 정부에서 제정하려다 논란이 있어 폐기되었다.

(2) 훈련 및 교육 단계 : 1977년부터

국제적으로 1970년대는 장애인의 권리에 대한 관심이 증폭된 시기이다. UN은 1971년에 '정신지체인의 권리선언'을. 1975년에 '장애인 권리선언'을 제정하였으며. 1976년에는 1981년을 '세계장애인의 해'로 지정하였다. 1981년 '세계장애인의 해'의 후속조치로 1982년부터 1991년까지가 '세계장애인 10년'으로 선포되었다. 국내적으로는 1980년대 초반 전두환 정권이 자신의 정통성 문제를 '복지국가 구현'이라는 구호로 무마시키려 하였으며. 이런 연장선에서 '1988년 서울 올림픽'을 유치하였으며 그에 따라 '서울장애자올림픽[2]'이 열리게 되었고. 정부는 장애인복지 문제에 대한 관심을 갖지 않을 수 없게 되었다. 이 시기는 '서울장애자올림픽'을 앞두고 국제적인 흐름을 의식하여 장애인복지시설을 현대화하고. 직업재활에 대한 인식이 시작된 시기이다.

특수교육진흥법이 제정되기 이전에도 특수학급 및 특수교육에 대한 법률은 존재했다. 1949년 제정된 교육법에는 교육기관의 종류에 특수학교와 특수학급에 관한 규정을 두었다. 그러나 1970년대 초반까지는 장애인 교육에 대한 일부 민간의 움직임이 있었을 뿐 정부의 적극적인 개입은 없었던 것으로 보인다.

일반교육에서의 장애인 차별도 심했다. 1950년대와 1960년대에 태어난 소아마비 장애인들은 고등교육 및 취업에 대한 욕구가 강하였다.

---

2) 이후에 '장애자'와 '장애인'이라는 용어가 혼용되고 있는데, 이는 1981년 '심신장애자복지법'에서 1989년 '장애인복지법'으로 명칭이 변경되었기 때문에 발생하는 문제이다. 현행법의 용어인 '장애인'이라는 용어를 주로 사용하지만, '심신장애자복지법'이 적용된 기간 동안 공식적으로 사용된 법률, 보고서, 위원회 등의 명칭으로 '장애자'가 사용된 경우 및 '서울장애자올림픽'처럼 고유명사는 이를 그대로 적는다.

그러나 체능검사, 면접 등에서의 불이익 때문에 우수한 성적에도 불구하고 입시에서 불합격하는 사례들이 늘어나게 되었다. 이런 문제들이 여론화되면서 정부는 1972년 장애인에 대한 체능검사 면제를 실시하게 되었다. 그러나 대학입시에서 장애를 이유로 탈락하는 사례들은 매년 반복되었다.

1977년 특수교육진흥법을 제정할 당시 특수아동 중 극히 일부만이 특수학교와 특수학급에 취학하고 나머지 대부분은 방치된 상태에서 이들에 대한 교육대책이 요망되었다. 또한 입시 차별에 따른 영향으로 이 법에서는 각급 학교의 장은 특수교육대상자가 당해 학교에 입학하고자 할 때에는 그가 특수교육대상자임을 이유로 입학거부 등의 불리한 처분을 하여서는 안 되는 것으로 규정하였다[3]. 이는 우리나라 장애인 정책에서 차별금지 법리를 도입한 최초의 것이라고 할 수 있다.

1978년 6월 보건사회부의 '심신장애자 종합보호대책'을 보면, 보호시설에 수용 중인 장애어린이에게 직업훈련을 실시하고, 보호시설에 물리치료실, 작업치료실, 언어치료실, 직업훈련시설을 설치하며, 영양급식을 위해 지급물자의 양과 종류를 개선하고, 목발과 보청기 등 보장구를 지급하며, 보건사회부 안에 장애자보호제도 수립을 위한 전담기구를 설치하는 방안을 모색하였다. 이는 '세계장애인의 해'를 앞두고 정부 차원에서 장애인 문제를 인식하기 시작했음을 의미한다(송영욱, 1996). 이 종합대책에 이어 1981년 '심신장애자복지법'이 제정되었다. 이 법의 시책을 보면 시설에 관한 사항이 주를 이루고 있다. 1980년 이전까지의 장애인 시설은 단순 수용·보호에 머물러 있었으나 법 제정에 따라 직업재활시설, 이용시설 등이 생기게 되었다.

장애인의 직업재활에 관한 정부의 개입으로는 1982년부터 한국장애

3) 그러나 '입학지원에 있어 감독청의 승인을 얻은 경우에는 예외로 할 수 있다.'고 규정하고, 차별을 한 경우에 대한 처벌 규정도 없었기 때문에 실효성을 확보하기는 어려웠다.

자재활협회를 통한 장애인 취업알선이 있었다. 또한 1986년에 노동부가 '직업훈련법'을 개정하여 장애인이 일반인을 위한 직업훈련시설에서 직업훈련을 받을 수 있도록 하였고, 같은 해 보건사회부는 중증장애인을 위한 보호작업장 운영계획을 수립하고 자립작업장을 시범운영했다. 이는 장애인에게 직업훈련을 통해 재활을 도모하고자 한 조치였다.

이처럼 장애인에 대한 교육, 치료, 직업재활은 1970년대 후반부터 시작되었다. 그러나 1970년대 및 1980년대는 정부가 '선성장·후복지'라는 정책기조에 입각해 사회정책을 추진하였기 때문에 극소수의 시설 장애인과 저소득장애인에 대한 재활정책에 그치는 수준이었다.

(3) 제한적인 경제적 지원 단계 : 1989년부터

복지급부로 경제적 지원이 시작된 것은 1989년 '장애인복지법' 개정 및 1990년 '장애인 고용촉진 등에 관한 법률'의 제정부터이다. 이전에도 상속세법과 소득세법에 의하여 장애인에게 세금을 감면해주는 제도는 있었으나 이는 장애인에게 직접 급부한 것이 아니기 때문에 본격적인 복지급부로 보기는 어렵다.

1987년 민주화 투쟁 이후 각계·각층에서 분출된 민주화 요구와 더불어 진행된 저소득층의 복지요구는 장애계에도 많은 영향을 미쳤다. 이전까지는 자신들의 목소리를 내지 못했던 장애인과 장애인단체들은 1988년 '서울장애자올림픽' 개최를 계기로 운동이라는 틀을 통해 장애인 문제를 해결하고자 하였다. 서울장애자올림픽대회를 앞두고 기존의 장애인운동 주체들과 젊은 장애인들이 주축이 되어 여러 장애인단체를 설립하고, 1988년 장애자올림픽 개최 반대 운동을 비롯한 장애인운동을 펼쳐나가기 시작하였다. 이 단체들은 장애인 문제가 사회·환경적 문제임을 인식하고, 제도변혁을 위한 노력을 시도하였다. 이 당시 장애계가 표출한 문제는 장애인의 생계문제, 고용문제 등이었다. 이러한 장애인들의 요구와 당시의 여소야대라는 국내 정치상황에 의해 1989년 '장애인복지법' 개정, 1990년 '장애인 고용촉진 등에 관한 법률'이 제정되게되었다.

개정 '장애인복지법'에서는 '심신장애자'라는 용어를 '장애인'으로 변경하였고, 장애인등록제를 실시하였다. 또한 국가 및 지방자치단체의책무로 장애발생의 예방, 재활의료, 중증장애인의 보호, 보호자에 대한배려, 장애인의 교육, 장애인의 직업지도, 장애인용 주택의 보급, 문화환경의 정비, 경제적 부담의 경감 등을 규정하였으나 선언적 규정에불과했다. 그러나 개정법에 따라 장애인에 대한 복지서비스는 확대되었다. 저소득 장애인에 대한 의료비·자녀교육비 지급, 보장구 교부, 자금의 대여, 생업지원, 자립훈련비 지급, 생계보조수당 지급 등 주로 저소득 장애인에 대한 경제적 지원이 시작되었다. 또한 일반 장애인에대한 경제적 지원도 확대되어 전화요금 감면(1989년), 장애인 승용자동차 LPG연료사용 허용(1990), 국·공립박물관, 고궁 및 능의 장애인 무료입장(1990), 철도와 지하철도 요금 50% 할인(1991), 국내선 항공료 50%할인(1991), 지하철 무임승차(1993년) 등 각종 이용요금 할인이 시작되었다. 그러나 저소득장애인에 대한 국가지원은 한정된 자원으로 인해생존권을 보장하기에는 미흡한 수준이었고, 일반 장애인에 대한 지원은 소득 지원이 아닌 필요 경비를 감면해 주는 것으로 중산층 이상의장애인이 저소득 장애인보다 더 많은 혜택을 받는 문제점을 드러냈다.

'장애인 고용촉진 등에 관한 법률'은 장애인 의무고용제도를 도입한것으로, 300인 이상의 근로자를 고용하는 사업주는 그 근로자 총수에서적용제외 직종을 감안하여 100분의 2 이상 장애인을 고용하도록 하는것이다. 일정률 이상의 장애인을 고용하는 사업주에게 고용지원금, 보조금을 지급하고, 일정률 미만의 장애인을 고용하는 사업주에게는 장애인 고용부담금을 징수하였다. 또한 이 법에 따라 장애인고용촉진기금 및 한국장애인고용촉진공단(현 한국장애인고용공단)이 만들어져 장애인고용에 관한 재원 및 행정체계를 갖추게 되었다. 동 법률은 장애인의 고용 활성화를 통한 자립생활을 목표로 하는 것으로 장애인의 경제적인 문제를 고용을 통해 해결하고자 한 것이었다.

장애인의 주거생활 보호를 위해 1993년에 영구임대주택 입주신청 시 가산점 적용을 확대하였으며, 1995년에는 '주택공급에 관한 규칙'을 개정하여 국민주택의 특별 공급대상에 장애인을 포함시키는 등 장애인의 주거권 확보를 위한 입법조치도 시행되기 시작하였다. 이 시기는 장애인 운동 세력에 의해 장애인 문제를 사회문제로 인식하기 시작하였으며 이에 따라 시설에서의 보호뿐만 아니라 재가 장애인에 대한 복지급부가 시작되었다.

(4) 제한적인 사회적 지원 단계 : 1998년부터

1992년 '세계장애인 10년'이 끝남에 따라 UN 아시아·태평양경제사회위원회(ESCAP)는 '아·태 장애인 10년(1993-2002)'을 선포하였다. 여기에서 '장애인의 완전 참여와 사회통합'이라는 구호가 제기되었고, 장애계의 최대 화두도 사회통합에 맞추어졌다. 이를 위해 장애인 문제는 인권 차원에서 다루어져야 하며, 국민이라면 갖게 되는 모든 권리를 장애인도 가져야 한다는 의식이 나타났다. 장애계에서는 복지서비스, 고용, 특수교육뿐만 아니라 참정권 확보, 편의시설 확충, 일반교육에서의 차별 철폐 등에 대한 문제의식을 표출하였다. 이 시기에 사회적 지원이 확대된 데는 장애인 운동 세력의 성숙과 장애인의 현실정치 참여가 관련이 있는 것으로 보인다. 장애인단체들은 시민단체와 국제단체와의 연대를 통해 외연을 확대하였으며, 운동의 내용도 생계보장의 차원을 넘어 다양한 권리의 보장을 요구하였다.

1998년 12월 9일 정부는 국무회의 의결을 거쳐 대통령이 서명한 '한국장애인인권헌장'을 제정·선포하였다. 그러나 이 헌장은 선언적 규정일 뿐 강제력을 가지지 못했기 때문에 현실적 영향은 미미했다. 1999년에는 '장애인복지법'이 개정되었다. 개정 '장애인복지법'에서는 장애인의 정의를 변경하여 장애 범주를 확대[4]하였다. 그리고 이 법에서는 장애인의 정보접근권 보장을 위한 수화통역, TV 자막, 점자 및 음성도서 등의 제공과 함께 장애 유형별 재활서비스 제공, 장애인 생산품의 구매, 재활보조기구의 개발·보급 등의 시책이 포함되었다. 또한 장애인 사용 자동차에 대한 지원, 장애인 보조견의 훈련 및 보급 지원, 장애아동 부양수당 및 보호수당 지급에 대한 규정이 마련되었다. 이 시기 동안 장애인에 대한 사회적 지원이 시작되었으며, 경제적 지원도 다소 강화되었다. 저소득 장애인에게만 교부되던 보장구를 일반 장애인들이 1997년부터 의료보험 및 의료보호를 통하여 구입할 수 있도록 하였으며, 급여대상 보장구의 범위도 확대되었다. 1996년부터는 이동전화 가입비 면제 및 사용료 30% 할인이 시행되었고, 1997년에는 시각청각장애인 가정에 대한 TV 수신료 면제, 전화요금 할인율 50%로 확대, 장애인 차량 고속도로 통행료 50% 할인, 1998년에는 장애인 자동차 특별소비세 면제 확대, 면허세 면제, 2001년에는 장애인용 LPG 차량에 대한 세금 인상분 지원 등이 시행되었다.

'장애인 고용촉진 등에 관한 법률'은 1990년 제정 이후 10년 동안 시행되었으나 장애인 고용 문제는 크게 개선되지 않았다. 고용되는 장애인도 경증장애인에 한정되고, 상대적으로 중증장애를 갖고 있으면서 전문적인 직업훈련 및 재활의 기회를 상실한 중증장애인의 취업은 극히 제한되고 있다는 비판이 제기되었다(조문순, 2001). 이에 따라 중

---

4) 2000년 1월 시행부터 지체, 뇌병변, 시각, 청각, 언어, 지적, 자폐, 정신, 신장, 심장장애로 확대되었으며, 2003년 7월 1일부터 안면변형, 장루, 간, 간질, 호흡기장애가 추가되었다.

중장애인의 일자리를 창출하고 보건복지부가 시행하던 직업재활을 강화하기 위해 동법을 '장애인 고용촉진 및 직업재활법'으로 전면 개정하여 2000년 7월부터 시행하였다.

장애인의 사회통합을 이루기 위해서는 장애인이 사회생활을 불편함 없이 할 수 있어야 하며 이를 위해 장애인 편의시설은 필수라고 할 수 있다. 이를 위해 1997년 4월 국회에서는 '장애인·노인·임산부 등의 편의증진 보장에 관한 법률'을 제정하였다. 신규 민간시설은 이 법의 적용을 받으나 이미 지어진 시설의 경우 적용을 받지 않고, 공공기관의 경우 2년에서 7년 이내에 편의시설을 설치하도록 되어 있어 편의시설 개선의 급속한 진전은 없었으나, 공공기관에 경사로 설치, 장애인 전용 주차장 설치 등은 어느 정도 효과를 거둔 것으로 보인다. 또한 장애인의 자기 차량을 통한 이동권을 보장하기 위해 1999년 도로교통법을 개정하여 양팔 장애인도 운전면허를 받을 수 있게 하였다.

투표권과 관련하여 장애인의 요구가 본격화된 것은 1995년 6. 27 지방선거부터이다. 장애인단체에서는 장애인들의 선거권 보장을 위해 투표소를 일층으로 할 것, 청각장애인 및 시각장애인의 정보 접근을 보장할 것, 시설에서의 대리투표를 방지할 것 등을 요구하였고, 이런 내용들이 '공직 선거 및 부정 선거 방지법'에 일부 반영되기도 하였다.

이 시기의 장애인시설은 대규모 시설 중심에서 지역사회 내의 작은 시설로의 변화가 일어났다. 1996년에는 주간보호시설, 1997년에는 공동생활가정에 대한 국고지원이 시작되었다. 1999년부터는 청각장애인과 시각장애인의 지역사회생활을 지원하기 위해 시각장애인 심부름센터 및 수화통역센터에 대한 국고보조가 시행되었다.

이 시기는 장애인에 대한 복지급부 중 경제적 지원은 다소 확대되고 1996년부터 '장애인 먼저 운동'이 실시되는 등 사회 인식의 개선 및 편의시설 설치 등 사회 환경의 변화를 위한 조치들이 시행된 시기이다.

한편 시설도 대형 중심에서 지역사회에 기반을 둔 소형시설이 강조되기 시작했다.

(5) 경제적 및 사회적 지원의 파편적 확대 단계 : 2007년부터

장애대중의 권리의식 증대와 편의시설 확충, 전동휠체어 보급 등으로 중증지체장애인들이 세상 밖으로 나오고, 장애의 사회적 모델과 자립생활모델이 장애계에 퍼짐에 따라 장애인차별금지 및 자립생활 실천을 위한 방안 마련이 주요 이슈가 되었다. 그리고 2002년 대통령 선거와 2004년 국회의원 선거를 거치면서 장애인단체를 중심으로 장애인차별금지법의 제정과 장애인연금제도 시행에 대한 요구가 집중적으로 제기되었으며, 이들 내용들은 주요 정당의 공약으로 채택되었고 법률의 형태로 나타나게 되었다.

2006년 12월 UN은 장애인이 모든 인권과 기본적인 자유를 완전하고 동등하게 향유하는 것을 촉진하는 것을 목적으로 50개 조항으로 이루어진 '장애인 권리협약'을 채택하였으며, 우리나라는 2007년 3월 서명하고 2008년 12월 국회에서 비준하였다. 그러나 "15세 미만자, 심신상실자 또는 심신박약자의 사망을 보험사고로 한 보험계약은 무효로 한다."라는 상법 제732조와 충돌한다는 이유로 권리협약 25조 (e)항의 비준을 유보했다. 또한 장애인이 인권침해를 당했는데 국내법으로는 구제가 안될 경우 UN 장애인권리위원회를 통해 구제를 받을 수 있도록 하고, UN 장애인권리위원회의 조사권을 보장하는 등 18개 조항으로 이루어진 선택의정서에 대해서는 아직도 비준을 하지 않고 있다. 이에 장애계는 유보조항 폐지, 선택의정서의 비준을 강력하게 요구하고 있는 실정이다.

2007년 4월 제정된 '장애인 차별금지 및 권리구제에 관한 법률'은 장애인단체들의 노력에 의한 것이었다. 2000년대 들어 부산에서 활동가, 학자, 법률가를 중심으로 한 열린네트워크에서 '장애인차별금지법안'을 마련하였고, 서울의 장애우권익문제연구소에서도 2002년 10월 '장애차별금지법안'을 마련하였다. 2003년 4월 이 두 법률안을 갖고 58개 단체가 모여 연합조직인 장애인차별금지법추진연대를 조직하고 통합 법률안을 만들고 법률제정운동을 펼쳤다. 그 결과 2007년 4월 법률이 제정되었고, 2008년 4월부터 시행되었다. 이 법은 모든 생활 영역에서 장애를 이유로 한 차별을 금지하고 장애를 이유로 차별받은 사람의 권익을 효과적으로 구제함으로써 장애인의 완전한 사회 참여와 평등권 실현을 통해 인간으로서의 존엄과 가치를 구현하려는 것을 목적으로 한다.

2000년도에 들어서면서 중증지체장애인을 중심으로 한 자립생활운동이 본격화되었다. 자립생활을 달성하기 위해서는 무엇보다도 사회적 환경의 조성과 지원이 중요하며, 이를 위해 장애인들은 활동보조서비스 시행을 강력히 요구했다. 이에 보건복지부는 2005년 4월 전국 10개의 장애인자립생활센터를 통해 시범사업으로 활동보조서비스를 시행하였고, 이에 대한 검토를 바탕으로 2007년 4월 '장애인복지법'을 개정하여 자립생활에 대한 장을 신설하고 활동보조서비스에 대한 지원 근거를 마련하여 장애등급 1급 및 이에 준하는 최중증장애인을 대상으로 장애인 활동보조사업을 실시하였다. 또한 2007년 4월 '노인장기요양법'이 통과되면서 국회에서는 64세 이하의 장애인에 대하여도 장기요양서비스 대책을 마련하도록 부대 결의하였다. 이에 따라 제도의 도입방향과 서비스 지원대책을 마련하기 위한 1, 2차 시범사업실시 결과와 장애계의 의견을 바탕으로 장애인에게는 장기요양 욕구보다는 사회활동에 대한 욕구가 강하다는 점을 고려하여 당시 시행되고 있던 활동보조사업에 방문목욕, 방문간호서비스를 추가하여 2011년 10월부터 장애인활동지원제도를 도입하였다. 이 제도의 시행과 관련된 근거 법률은

2011년 1월 제정 공포된 '장애인 활동지원에 관한 법률'이다.

자립생활 및 생계안정을 위해 기존의 장애인수당 수준을 뛰어넘는 무기여장애인연금 도입에 대한 주장이 2000년대 들어 본격화되었다. 기존의 사회적 배제로 인해 교육도 못 받고, 일도 못하고, 결과적으로 국민연금에도 가입이 안되어[5] 평생에 걸쳐 경제적 어려움을 겪어야 하는 중증장애인들이 사회에서 통합적으로 살기 위해서는 일정 수준의 생계지원이 필요하다는 인식하에 중증장애인을 중심으로 한 '장애인연금법제정공동대책위원회'가 결성되었고, 장애인연금법의 제정을 강력히 주장하였다. 정부는 장애수당의 범위를 확대하고 수준을 높이는 방향으로 개선해 가고자 법안의 제정을 계속 미루었으나, 계속되는 장애계의 요구에 따라 2010년 4월 입법되어 2010년 7월부터 시행되고 있다. 그러나 대상 및 급여수준에서 기존의 장애수당 수준을 크게 벗어나지 못하고 있는 실정으로 실효성에 의문이 제기되고 있다.

2007년 시행된 사회서비스 전자바우처 제도의 일환으로 장애아동 재활치료지원 사업, 시각장애인 안마서비스가 시행되고 있으며, 장애인 일자리지원 사업으로 학교 급식도우미, 홀몸 어르신 안부지킴이 콜서비스, 자치단체 관공서 등에 배치되는 행정도우미 등에 대한 지원이 이루어지고 있다.

특히 활동지원서비스, 장애아동 재활치료지원 사업, 시각장애인 안마서비스는 기존의 공급자 중심의 재정지원 방식에서 장애인의 선택을 강조하는 전자바우처를 사용하여 이용자에게 직접 지원해주는 방식을 사용하고 있다. 이는 장애인이 복지의 일방적인 대상자가 아니라 시장에서 선택할 수 있는 소비자라는 의식에서 나온 방식으로 기존의 전달체계에 비해 장애인의 자기결정권이 조금 더 신장될 수 있을 것으로

---

5) 법률 제정운동이 한창이던 2005년 장애인실태조사에 의하면, 국민연금 등 공적연금에 가입하지 않은 장애인은 73%였으나, 기초생활보장을 받는 수준은 10%에 그쳐 장애인구의 2/3가 소득보장과 관련된 어떤 공적제도에도 들어가지 못하는 상황이었다.

보인다. 이와 같은 장애인의 선택을 강조하는 바우처 방식은 장애인에게 필요한 사회서비스를 당사자의 욕구 중심으로 전달하고 있다는 면에서 필요성과 정당성에 대한 공감이 확산되고 있고, 장애인의 선호도도 높은 것으로 나타나고 있어 향후 지속적으로 확대될 것으로 예상된다.

그리고 거주시설의 변화를 위한 개혁적인 시설 운영자들과 전문가들의 지속적인 노력 및 탈시설 또는 반시설을 주장하는 장애운동의 영향으로 2011년 3월 장애인복지법 개정을 통해 장애인거주시설의 정원을 30명 이하로 제한하고, 거주환경과 서비스에 대한 최저기준 제도를 도입하였다.

결국 이 시기는 장애인연금처럼 형식을 바꾸는 사례가 있기는 했으나 이전부터 해 오던 경제적 지원이 지속되었다. 또한 기존의 편의시설 설치 등 사회 환경의 변화를 위한 조치들도 계속되었다. 아울러 중증 장애인 중심의 장애운동에 따라 탈시설, 자립생활의 이념이 새롭게 부상되면서 자립생활지원을 위한 활동지원제도 등이 실시되었고, 다른 분야의 시설들에 앞서 30인이하라는 소규모화를 법적으로 만들어냈다. 인권의식의 확장에 따라 장애인차별금지법이 만들어졌으며, 이후 조치로 시설, 공공기관 등에서 장애인 차별을 예방하기 위한 인권교육이 이루어지고 있다.

2) 변천의 성격

지금까지 살펴본 장애인복지정책의 변화를 담론의 변화로 살펴보면, 1960년대 이후부터 1970년대 후반까지는 대형시설 일변도의 장애인복지정책이 주를 이루었기 때문에 보호와 분리담론이 주도하였던 것으로 볼 수 있다. 1970년대 후반과 1980년대는 특수교육, 의료적 치료, 직업 재활 등이 강조되기 시작하였기 때문에 훈련 또는 재활담론이 주도한 것으로 볼 수 있다. 그리고 1990년대 이후는 장애인생계보조수당. 장애수당. 각종 감면 및 할인제도가 발달하기 시작하고. 장애인복지관 등 공급자 중심의 프로그램이 발전하였기 때문에 전문가 중심의 재활담론이 주도한 것으로 볼 수 있다. 1990년대 후반과 2000년대에 들어서면서 장애인의 편의시설. 장애인의 자립생활. 장애인차별 문제 등이 본격적으로 거론된 점으로 미루어 볼 때 이 시기는 사회적 모델 또는 자립생활담론이 주도한 것으로 보인다.

특히 1990년대 이후는 제한적인 경제적 지원 및 사회적 지원이 형성된 시기로 볼 수 있는데. 당시의 장애인복지정책 관련 주요 법률들은 사회적 합의에 기초해서 이루어진 것이라기보다는 일부 장애운동가들과 엘리트 정치인들의 주도하에 이루어진 일이라고 할 수 있다. 이런 점 때문에 현실에서는 법률 규정에 의한 급여가 법률에서 기술하고 있는 취지와는 판이하게 낮은 수준에 그치고 있다. 그리고 1990년대 이후 한국 사회에서는 서구 국가들에서 논의되어 온 장애인 문제와 관련된 주요 담론들이 단기간 동안 홍수처럼 수입된 시기이기도 하다. 정상화이론. 사회적 모델. 자립생활담론 등이 그 예라고 할 수 있다.

1990년대 이후부터 지금까지의 장애인 문제와 관련된 현실을 보면 여전히 전근대적인 장애인에 대한 인식의 문제. 주요 입법들이 완비되었지만 양적으로 미흡하고 질적으로 낙후된 장애인복지정책의 문제. 장애인에 대한 사회적합의 수준과 장애인복지정책에 걸맞지 않게 과도하게 서구 이론이 팽배해 있는 장애이론의 문제로 요약할 수 있다. 이러한 특징이 한국의 장애인복지를 규정하고 있는 총체적 현실이라고 볼 수 있으며. 우리사회의 장애인복지에 대한 대안을 제시하기 위해서는 이러한 현실을 명확히 인정하고. 장애인복지를 규정하는 중요한 세 가지 요소들이 상호 연관된 발전 구도를 가질 수 있는 방안을 모색할 필요가 있다.

4. 대안담론의 모색

장애계 내 담론의 급속한 변화에도 불구하고, 우리나라 일반 대중의 장애담론은 여전히 전근대적 수준에 머물러 있으며, 이러한 특징이 우리나라 장애인복지정책의 외피는 서구적인 진보담론을 표현하고 있지만, 구체적인 내용이나 수준에 있어서는 현저히 열악하다는 사실을 설명해 주고 있는 것으로 보인다. 따라서 앞으로 우리나라 장애인복지정책을 주도해야 할 대안담론은 서구적 진일보성을 반영하고 있는 정상화, 사회적 모델, 자립생활 등의 장애인복지정책의 외피를 이루고 있는 서구담론과 여전히 수용·보호 중심의 접근에 머물러 있는 장애인에 대한 일반 대중의 담론 간의 괴리를 좁힐 수 있어야 할 것이다. 따라서 대안담론은 그 내용에 있어 정상화, 사회적 모델, 자립생활 등의 장애인복지 서구적 논의를 포괄하면서 우리나라의 일반 대중들이 친근하게 접근할 수 있는 것이어야 할 것이다.

우리나라 장애담론 변화의 특징을 볼 때, 여러 가지 조건을 만족할 수 있는 가장 유력한 것으로 '인권'담론을 생각해 볼 수 있다. 인권6)이라는 용어도 서구의 역사적 경험에 기원을 두고 있는 것이 사실이지만 최근에 우리나라에서도 대중매체를 통하여 일반 대중들에게 친숙한 용어가 되었으며, 이 개념은 시대와 역사에 따라 변화·발전하여 자유권혹은 시민적·정치적 권리(1세대 인권), 사회권 혹은 경제·사회·문화적 권리(2세대 인권), 집단권 혹은 연대의 권리(3세대 인권)로 확장되어 왔다는 점에서(Ife, 2001) 소극적 의미에서의 장애인 차별금지, 적극적 의미에서의 사회권의 확보, 운동적 의미에서의 당사자주의와 장애인 자조운동 등을 포괄하는 용어가 될 수 있을 것이다.

---

6) 시민권은 시민자격에 대한 제한이 발생할 수 있으며, 권리에 대한 수사학적 논거에 더 많이 의존한다는 한계가 있지만, 인권은 문화적, 정치적 맥락과 관계없이 인간이면 누구에게나 주어지는 보편적인 것으로 받아들여질 수 있다(Bickenbach, 2001).

인권은 현대의 사회적, 정치적 담론 중에서 가장 영향력이 있는 개념들 가운데 하나이며, 다양한 문화나 이데올로기적 배경을 가진 사람들도 기꺼이 지지하는 개념이다. 또한 인권 개념은 서구담론의 범위를 넘어서는 보편성을 가진 것으로 볼 수 있다. 인권은 이처럼 보편적인 특징을 가지고 있지만, 다른 한편으로는 객관적으로 존재하는 어떤 것이 아닌, 구축·형성되는 것이며, 인권 개념이 포함하고 있는 보편적 가치를 명확히 하는 논의 과정이 중요하다(Ife, 2002).

세계적인 차원에서 볼 때, 장애인에 대한 기본적 인권을 인식하기 위한 노력은 1960년대 초반부터 시작된 정치적 운동과 설득의 성과라고 할 수 있다. 그러나 장애인에 대한 사회정책은 기본적으로 전쟁 장애인의 요구에 대한 정치적 대응의 산물이기 때문에 장애 프로그램과 정책은 전체 사회정책 속에 통합·조정되어 있지 못하고, 장애인의 특수한 조건에 대한 단편적이고 수동적인 내용들이 주를 이루고 있고, 장애정책은 장애 당사자들의 요구나 신념보다는 서비스 공급자나 관료의 요구나 신념에 더 큰 영향을 받아온 것으로 보인다(Bickenbach, 2001).

장애인의 권리운동은 이러한 사실에 대한 반대와 저항에 기원을 두고 있으며, 따라서 현재의 수동적이고 단편적인 프로그램이나 급여의 확대보다는 장애 관련법이나 정책의 근본적인 재구조화를 주장하는 경향을 보이고 있다. 우리나라의 이동권 투쟁에서는 특수한 장애인 전용 셔틀버스가 아닌 일반버스나 지하철을 장애인이 다른 사람과 같이 이용할 수 있도록 하는 조치를 요구하고 있고, 또 현재 진행되고 있는 자립생활운동이 장애인 전문가의 판단에 따른 서비스 제공이 아닌 당사자의 자기결정에 의한 서비스를 요구하고 있다는 점에서 보면 장애운동의 재구조화 요구는 우리나라에서도 이미 가시화되기 시작했다고 볼 수 있으며, 앞으로 이러한 경향은 더욱 강화될 것으로 예상된다.

현재의 우리나라 장애인복지의 특징은 '제한적인 경제적 지원'과

'제한적인 사회적 지원'으로 묘사될 수 있다. 여기서 제한적이라는 의미는 장애인에 대한 수동적이고 단편적인 경제적 및 사회적 지원책들은 계속해서 확대되어 왔지만, 이러한 지원책들이 보편적인 사회정책의 차원에서 이루어지기보다는 특수한 장애 관련법의 특수 서비스 형태를 띠고 있으며, 따라서 양과 질에서 충분하지 못할 뿐만 아니라 서비스의 접근성도 낮다는 사실과 관련이 있다. 현재의 제한적인 경제적, 사회적 지원은 충분한 또는 보편적인 지원으로 질적으로 변화해야 하며, 이런 방향으로의 변화를 위해서는 장애인에 대한 보편적 사회정책을 견인하는 담론에 의해 주도되어야 하며, 이를 위해서는 장애인에게 특별한 사회정책이 필요하다는 특수담론이 아닌 보편적으로 모든 인간에게 필요한 사회정책의 내용을 제시하는 것이어야 한다(Williams, 2001). 여기에 가장 적합한 대안으로 인권담론을 설정할 수 있을 것이다.

참고 문헌

보건사회부. 1978. 『심신장애자 종합보호대책』.

송영욱. 1996. "장애인복지제도의 변천." 한국재활재단 편. 『한국장애인복지 변천사』. 양서원.

조문순. 2001. 『장애인직업정책 결정과정의 참여자 갈등에 관한 연구』. 성공 회대학교 석사학위논문.

Bickenbach, J. E. 2001. "Disability human rights, law, and policy." in *Handbook of disability studies.* edited by Albrecht, G. L., Seellman, K. D. & Bury, M. 2001. London: Sage. 565-584.

DeJong, G. 1981. *Environmental accessibility and independent living: Directions for disability policy and research.* University Center for International Rehabilitation. Michigan State University.

Ife, J. 2001. 『인권과 사회복지실천』. 김형식·여지영 역. 인간과 복지.

Oliver, M. 1996. *Understanding disability.* St. Martin's Press.

Williams, J. 2001. "1998 human rights act: social work's new benchmark." *British Journal of Social Work,* 31: 831-844.

Wolfensberger, W. 1972. *The principle of normalization in human services.* National institute of mental retardation. Toronto: Leonard Crainford.

제13장 장애학과 장애인복지법

이 동 석

기존의 수많은 교재에서 장애의 개념을 말할 때 일반적으로 장애의 개별적 모델과 사회적 모델을 살펴보고 있다. 그러나 정책이나 연구에서 사회적 모델을 어떻게 실제에 적용할 것인가에 대한 언급은 없어 보인다. 또한 사회적 모델을 기반으로 하는 장애학에 대한 언급도 많아지고 있으나 정확한 개념이 없어 보인다. 장애학이란 무엇인가? 장애인복지와의 차이점은 무엇인가? 장애의 개별적 모델과 사회적 모델을 실제에서 어떻게 적용할 것인가? 이를 위해 장애학 및 분석 도구로서의 다중 패러다임을 살펴보고, 이를 장애인복지법에 적용하여 법의 개정 방향을 고찰해본다.

1. 장애학

1) 장애학의 탄생배경

우리나라와 마찬가지로 영국과 미국에서도 1970년대까지 장애는 한 개인의 신체적 또는 정신적 문제로 여겨져 왔다. 문제의 원인을 어디서 찾을 것인지. 해결 방법을 어떻게 할 것인지에 대한 차이는 있어왔지만 궁극적으로 장애라는 것은 한 개인의 비극적 사건에 불과한 것이었다. 또한 장애의 책임은 손상을 입은 개인에게 있었으며. 장애인은 기능 회복을 위해 의사나 재활전문가에게 의존하여 최대한의 노력을 하여야 하며. 노력의 결과가 불충분할 경우 사회 일탈 또는 사회 부적응으로 보아 사회로부터 격리되는 것이 당연시되었다.

이런 불합리에 문제를 제기하는 장애운동이 영국. 미국을 중심으로 1960년대 말과 1970년대에 걸쳐 일어났다. 영국에서는 UPIAS(Union of the Physically Impaired Against Segregation)와 같은 장애인들이 이끄는 조직의 영향이 컸는데. 이들은 손상이나 질병을 가진 사람들이 사회에서 부딪치는 물리적. 환경적. 태도적 장애물에 의해서 장애상태에 이르게 된다고 주장하면서. 문제의 핵심은 개인의 의학적 손상이나 질병에 있는 것이 아니라 사회에 있음을 주장하였다(UPIAS, 1976). 또한 비슷한 시기 미국을 중심으로 한 자립생활운동과 스웨덴 및 북유럽을 중심으로 한 지적장애 및 자폐성 장애인들의 자기권리옹호운동이 태동하여 전 세계로 확산되어 나갔다.

이런 움직임과 더불어 학계에서도 장애에 대한 새로운 사고의 흐름을 학문으로 끌어올리려는 노력이 시작되었다. 영국 UPIAS의 창립 멤버이면서 인종차별 및 장애운동가였던 핀켈스타인(Finkelstein)은 1975년 영국 Open University[1]에서 "지역사회에서의 장애인(The Handicapped in the Community)"이라는 과정을 개설함으로써 최초의 장애학 과정을 설립하였다. 이후 이 과정은 사회에 더 방점을 두는 "장애를 만드는 사회(The Disabling Society)"라는 이름으로 바뀌어 1994년까지 지속되었다. 이 기간 동안 생산된 풍부한 문헌과 교재들은 이후 여타의 정규 대학들에

---

1) 개방대학교로 번역할 수 있으며, 우리나라의 방송통신대학교와 유사한 대학이다.

서 장애학 과정의 개설이 이루어질 수 있도록 하는 기반을 제공했다고 할 수 있다.

장애학의 태동과 함께 장애학이 비약적인 발전을 할 수 있었던 것은 1983년 올리버(Mike Oliver)가 명명한 장애의 사회적 모델(social model of disability)에 기인한다. 올리버는 장애를 개인의 문제로만 바라보던 기성 학계의 시각을 뒤집을 수 있는 새로운 시각이 필요했다. 따라서 장애 문제의 핵심을 장애를 만드는 사회(disabling society)에 두는 새로운 시각을 제시하면서 이를 장애의 사회적 모델[2]이라고 명명한 것이다. 결국 올리버에 의해 장애라는 사회현상을 기존의 눈과는 전혀 다른 새로운 방법으로 바라보고 해석할 수 있게 되었다. 이후 이 모델에 기반하여 장애학이 비약적인 발전을 할 수 있었다.

현재 영국에서 가장 권위를 갖는 장애학 개설 대학은 리즈대학교(University of Leeds)이다. 이 대학은 1994년부터 장애학 센터(Center for Disability Studies)를 공식적으로 운영하면서 영국 장애학의 근거지 역할을 수행하고 있다. 초기부터 최근까지 장애학 센터를 이끈 학자는 반즈(Colin Barnes)였다. 특히 장애학 센터는 국제적 저널인 "Disability & Society"를 격월간으로 발행하면서 국제적으로 장애학 이론이 발전할 수 있도록 하고 있다.

영국이 장애 당사자들에 의해 주도적으로 운동과 학문을 발전시켰다면, 미국은 기성 학계와 장애운동가들의 연합에 의해 장애학을 발전시켜나가고 있다고 볼 수 있다. 미국 장애학 발전 과정에서 브랜다이스대학교(Brandeis University) 의료사회학 교수였던 졸라(Irving Kenneth Zola)의 노력을 빼놓을 수 없다. 미국사회학회 의료사회학분과 의장이었던 졸

---

2) 명명에서 이론(theory)을 사용하지 않고 모델(model)을 사용한 이유는 모델(model)이라는 것이 기존의 사회현상을 새로운 시각으로 바라보는 탐험적 도구(heuristic device)로서의 기능을 하기 때문이다.

라는 1981년 연구 저널인 "계간 장애학(Disability Studies Quarterly)"을 창간하고, 1982년에는 "만성질환, 손상, 장애연구분과(Section for the Study of Chronic Illness, Impairment and Disability)"도 구성하였다. 이 연구분과는 1986년에 장애학회(Society for Disability Studies)로 바뀌어 현재까지 이르고 있다. 장애학회는 매년 연구발표회의를 개최하고 있으며, "계간 장애학"도 계속 발행하고 있다.

이외에 캐나다, 호주, 뉴질랜드, 독일, 이탈리아 등 많은 국가에서 장애학 과정이 개설되고 있으며, 장애학회도 구성되어 있다. 일본은 2003년 장해[3]학회(障害學會)를 구성하였고, 2005년부터 매년 "장해학 연구"라는 학술지를 발간하고 있다.

2) 장애학의 개요

장애를 개인적이고 의학적인 관점에서 벗어나 사회적인 관점에서 바라보게 되면, 장애인에 대한 재활 또는 사회복지서비스뿐만 아니라 장애인의 삶을 억압하는 실체에 대한 규명 및 이를 제거하기 위한 대안 마련이 중요하게 된다. 이에 대한 연구 흐름이 영미권에서 생겨나기 시작한 것이 장애학으로 사회학, 언어학, 경제학, 인류학, 정치학, 역사학, 심리학, 미디어연구 등과 같은 다양한 사회과학 방법을 동원하여 장애를 만드는 사회를 연구하며, 장애인에 대한 구조적, 심리적, 문화적 억압 및 차별을 제거하여 장애인과 비장애인이 함께 통합되는 사회건설을 목적으로 한다. 장애학이 1980년대 이후에 탄생한 신생 학문이고 다학제적이고 다양한 성격을 갖다 보니 아직도 학문의 범위, 연구 방법 등에 대한 많은 논란이 있으나 다음과 같은 특징을 가진다.

---

3) 일본에서는 장애(障碍)라는 용어 대신에 장해(障害)를 사용한다.

첫째, 개별적 모델을 배격하고 장애의 사회적 모델을 기반으로 한다. 장애에 대한 연구라고 모두 장애학이라고 볼 수는 없다. 의료적이고 심리적인 관점, 즉, 장애를 개인의 문제로 여기는 개별적 모델에 기반하는 연구를 배격하는 것은 아니지만 이런 학문은 장애학의 범위에 들어올 수는 없다.

둘째, 장애인 및 가족이 겪는 박탈의 원인이 되는 다양한 경제적, 정치적, 문화적, 환경적 구조에 대한 규명과 이런 억압을 제거하기 위한 다양한 방법을 찾는 것을 학문의 내용으로 한다. 장애학은 장애인의 삶과 사회구조적 상태를 함께 파악하여 장애를 만드는 사회의 구조와 태도의 문제를 실증적으로 파악한다. 또한 이런 구조적, 문화적, 환경적 차별과 억압을 제거하기 위해 어떤 정책이나 장애인운동이 필요한지를 구체적으로 규명하는 학문이라고 할 수 있다.

셋째, 장애인의 개별적, 집합적 역량강화(individual and collective empowerment)를 통해 장애인들이 직면하고 있는 장벽, 차별, 억압에 도전하고 소멸시키는 것을 연구의 목표로 한다. 장애문제를 소위 전문가 그룹에 맡길 경우 장애인은 언제까지나 '환자', '클라이언트'의 지위를 벗어날 수 없다. 장애 문제는 장애 대중의 '집합적 역량강화'를 통해서만 해결되어 질 수 있다. 역량강화에 대해서 권력을 가진 사람들이 권력을 가지지 못한 사람들에게 권력의 일부를 나누어주는 과정이라고 흔히 생각한다. 현재의 장애인서비스 관련 정책은 전문가가 적절한 실천의 개발을 통해 장애인들의 역량을 강화시켜줄 수 있다는 가정에 토대를 두고 있다. 또한 장애인을 사용자나 소비자로 재명명함으로써 역량강화를 시킬 수 있다고 주장하고 있다. 그러나 역량강화는 이처럼 가진 사람으로부터 가지지 못한 사람에게 전달되어 질 수 있는 물건이 아니다. '역량강화'란 힘을 가지지 못한 사람들이 다른 사람들의 억압에 대항하는 투쟁에 참여하는 집합적 과정이다. 이러한 투쟁의 중심에는 억압받고 있는 약자들의 인식이 있다. 따라서 집합적 역량강화는 집단이 억압에 반대하는 투쟁을 시작하는 과정이라고 할 수 있다. 이와 같은 '집합적 역량강화'를 통해서 즉, 장애 대중의 적극적이고 민주적인 참여를 통해서만이 장애문제를 해결할 수 있다(Oliver, 1996). 또한 장애 대중이 연구결과물을 공유하고 이를 실천의 토대로 삼을 때 장애학 연구가 장애인의 집단적 역량강화에 기여할 수 있을 것이다. 따라서 장애학 연구의 설계, 진행, 결과에 대한 평가, 연구결과의 사용방안 등에 장애 당사자의 참여가 필수적이다.

2. 다중 패러다임

개별적 모델과 사회적 모델에 따른 장애에 대한 설명에서 어떤 사회 현상을 볼 것인지에 대한 명확한 준거가 없다. 객관적인 현상을 바라볼 것인가, 주관적인 측면을 바라볼 것인가에 대한 과학적인 접근 방법[4]이 있어야 할 것이다. 개별적 모델을 살펴보면, 일부에서는 손상 (impairment)의 부수물 중 육체적인 것을 강조하고, 다른 관점에서는 정체성 또는 사회적 역할에 대한 협상에 주로 관심이 있다. 개별적 모델은 과학적 접근 방법에 따라 객관적 또는 주관적일 수 있으며, 다른 표현으로 하면 유물론적일 수도 있고 관념론적일 수도 있다. 이와 비슷하게 사회적 모델도 어떤 사람들은 구조적이고 물질적인 상황에 더 관심을 기울이고, 어떤 사람들은 문화와 표상에 더 집중한다. 결국 사회적 모델도 강조점에 따라 유물론적 또는 관념론적일 수 있다. 따라서 개

---

4) 사회 현상을 설명하는 방법으로는 유물론과 관념론을 사용할 수 있다. 유물론은 실제 존재하는 육체나 실제 존재한다고 생각하는 정치 경제적 구조와 같은 물질적 요소로 설명하는 것이고, 관념론은 정신세계, 개인 간의 상호작용, 집단적 표상, 사회적 상호작용과 같은 정신적 요소, 문화적 요소로 사회 현상을 설명하는 것이다.

별적 모델과 사회적 모델의 바탕 위에 객관적인 유물론과 주관적인 관념론의 두 측면을 구분해서 보는 것이 필요하다.

개별적 모델, 사회적 모델이 사회 현상을 어떻게 설명하고 있는가를 유물론과 관념론에 따라 구분해보면 네 가지 패러다임을 구성할 수 있다. 개별적 모델 중 유물론은 생물학적 결정론에 바탕을 두고, 관념론은 상징적 상호주의에 바탕을 두고 있는 것이다. 이와 마찬가지로 사회적 모델도 유물론은 사회적 생성주의에 기반을 두고, 관념론은 사회적 구성주의에 바탕을 두고 있는 것이다(Priestly, 1998). 이를 도식화하면 다음 〈표 1〉과 같이 장애의 다중 패러다임을 4가지 유형으로 만들어 낼 수 있을 것이다. 4가지 패러다임은 기본적으로 사회 현상의 분석에서 서로 다른 시각을 나타내고 있으며, 그들은 각각 다른 입장에서 사회 현상에 접근하고 다른 개념과 분석 도구를 사용한다.

<표 13-1> 장애의 다중 패러다임

	유물론자	관념론자	
	개별적 유물론 입장	개별적 관념론 입장	명칭
	의료적 모델, 신체적 재활 모델	사회적 결핍 모델, 복지 모델, 심리 환경적 접근 모델	관련 장애 이론
개별적 모델	신체적 손상으로 완벽한 신체의 정상성이 결핍된 상태	손상으로 정체성이 훼손된 상태, 일상생활 영위에 필요한 상호 관계에 문제가 있는 상태	장애 정의
	신체기능 회복을 위한 재활, 낙태, 불임시술, 수용시설 보호 등	장애인의 정체성을 '정상성'에 가깝도록 원조, 보충적 복지 제도 발전 등	관련 제도 및 정책
	장애 예방, 모금 등	장애인의 사회적 역할에 대한 재해석 및 국가 및 사회의 적극적 지원을 요구, 비장애인의 태도 변화 등	관련 운동
	사회적 생성주의 입장	사회적 구성주의 입장	명칭
	Oliver의 사회적 모델	울펜스버거의 정상화이론과 사회적 역할 가치화	관련 장애 이론
사회적 모델	사회의 억압과 차별	사회의 문화적 표상에 의해 그 사회에 받아들일 수 없는 존재로 인식됨에 따라 발생하는 문제	장애 정의
	물리적 장벽 제거(이동권, 접근권 확보 등), 제도적인 차별의 금지 등	인권 교육, 인식 개선, 언론 등과 관련된 제도	관련 제도 및 정책
	장벽제거 운동, 시민권확보 운동, 차별금지 운동, 자본주의 극복을 위한 사회운동과의 연대 등	문화 개선, 인권 교육, 인식 개선 등을 위한 운동	관련 운동

1) 개별적 유물론 입장

개별적 유물론 입장은 완전한 신체를 이상향으로 보고, 신체의 손상을 문제의 근원으로 보는 것이다. 따라서 장애의 원인과 책임은 개인에게 있으며, 신체의 손상을 장애와 동일한 것으로 본다. 손상은 영구적 질병이기 때문에 전문가, 특히 의사들은 치료의 불가능성을 인지하게 되고 '정상성(normality)'에 가장 가까워질 수 있는 개입방법을 추구하게 되며, 이런 개입방법을 치료가 아닌 재활이라고 명명하게 되었다. 따라서 이 입장은 장애 이론 중 '의료적 모델'에 해당되며, 핀켈스타인(1996)은 의료적 모델과 관련된 개입모델을 재활모델(rehabilitation model)이라고 하였다.

이 입장에서는 손상의 정도나 양태가 질병과 장애를 결정하는 데 중요한 요인이다. 손상의 정도는 개인의 사회적 능력을 측정하는 데 상당히 중요한 인자가 된다. 개인이 정상적인 생활을 하는 것을 어렵게 만드는 것이 손상이라고 믿는다. 따라서 손상을 입은 사람들은 당연히 '장애가 있는 사람'으로 인정된다.

손상이 있을 경우 전문가의 개입이 필요하기 때문에 장애인이 된다는 것은 다른 사람의 도움이 없이는 정상적인 사회생활이 불가능하다는 공통된 상식을 더욱 강화시키게 되었다. 또한 사회적 독립이라는 것이 장애인을 위한 특별한 문제가 되었고, 비장애인이 사용하는 도구나 시설과는 다른 특별한 개입이 필요하게 되었다. 장애인에 의해 사용되는 도구나 시설들은 사회의 주류 세력들이 사용하는 것과 다른 특별한 것이었는데, 그 이유는 이와 같은 도구나 시설을 통해 주류 사회에 통합될 수 있는 대안을 제시한다고 생각했기 때문이다. 특수교육도 일반고용을 위한 준비과정이 아니라 보호고용 또는 준 시설의 기능을 하는 수준에 머무르게 된다. 문제는 개입이라는 것이 의료 전문가 등 다른 사람에 의존적인 장애인을 목표로 하는 것이다. 도움을 주는 입장에서는 어느 정도의 전문성이 필요하고, 도움을 받는 입장에서는 일정 수준의 의존을 내포한다. 따라서 장애인이 된다는 것은 사회적 죽음(social death)을 선고받는 것과 같은 것이다.

이 입장에서는 장애를 가진 아이 또는 노인이 증가하는 것은 중대한 건강의 위기라고 여겨질 것이다. 따라서 이 입장에서 취할 수 있는 사회 정책은 손상을 입은 사람을 최소화하고, 손상을 입었을 경우 '정상성'에 가깝도록 재활시켜야 할 것이다. 심지어 장애인은 부도덕하고 사회의 나머지 사람들로부터 격리될 필요성이 있는 사람들이기 때문에 영원히 격리시키는 것이 장려되기도 한다. 또한 자선단체나 사회단체들이 이 입장을 취할 경우, 장애인을 행복하게 묘사해서는 후원금 모금이 안 되기 때문에 장애인을 희망 없고 불우한 이미지로 재생산하게 된다. 따라서 장애의 예방은 전 세계적인 표어가 될 것이고, 안락사, 낙태, 불임도 허용될 수 있다.

2) 개별적 관념론 입장

개별적 관념론 입장은 개별적 유물론과 마찬가지로 개별적 모델이기는 하지만, 생물학과 손상된 신체에 초점을 두기보다는 인식의 상호작용 및 감정의 경험에 초점을 둔다. 심리적 상태, 상호 관계 등이 정상성을 유지하는 것을 중요하게 보며, 이에서 벗어나는 경우 장애로 보는 것이다. 즉, 손상을 중요하게 생각하되, 손상 이후의 심리적인 문제, 상호 관계의 문제에 이상이 있는 것을 장애라고 보는 것이다. 이 입장에 의하면 장애는 개인적 경험의 산물이며, 개인 간 사회적 역할 협상의 산물이다.

이 입장은 사회적 결핍 모델(social deficit model)로 설명이 가능한데

(Finkelstein, 1996). 일상생활을 영위하기에 무엇인가 사회적으로 결핍된 것을 장애라고 보는 것이다. 장애인이란 '그들이 가지고 있는 결핍 때문에 일상적인 생활 활동을 수행할 수 없는 사람'이라고 정의할 수 있다. 사회적 결핍 모델과 관련된 개입 모델은 복지 모델(welfare model)이다. 영구적 결핍이 있다고 여겨지는 개인은 독립적으로 교육, 고용, 여가 등을 영위할 수 없다고 여겨진다. 따라서 장애인은 사회적으로 일탈하고, 불우하고, 주변적인 존재로 여겨지게 된다. 또한 이와 같은 문제에 대응하기 위해 보충적 복지(compensatory welfare)의 집행이 필요해지는 것이다.

서비스가 제공되는 경우 장애인은 병자 역할을 하게 되는데, 질병의 특성과 장애 정도에 따라 정상적인 사회활동과 책임을 박탈당한다. 또한 장애를 비정상적이고 바람직하지 못한 상태로 규정하게 된다. 장애 상태는 영구적인 것이기 때문에 병자 역할은 영구적인 것이 되고, 이에 따른 의존성을 당연시하게 된다. 이러한 의존적인 상황의 지속은 장애인 스스로 자신의 문제에 자주적으로 대처하는 능력을 약화시키고, 사회적으로 모든 면에서 책임성을 경감당함으로써 장애인은 사회와 분리되게 된다. 더구나 역할의 손상이 지속됨에 따라 장애는 나태함으로 취급되고, 그 대가는 인간의 가치하락을 가져와 일종 하급시민의 자격으로 인식되고, 어떤 역할도 할 수 없는 아이와 같은 지위를 부여받게 된다. 그 결과 자신의 장애 상태뿐만 아니라 장애인 자신의 인격 자체도 비정상적이고 바람직하지 못한 것으로 받아들이게 된다(오혜경, 1999).

이 입장을 견지하는 장애인단체 또는 운동단체의 입장은 장애인의 적응을 돕기 위한 국가 및 사회의 적극적 지원을 요구하고, 장애인에 대한 비장애인의 '태도(attitude)'를 변화시키기 위한 각종 프로그램을 기획하게 될 것이다.

3) 사회적 생성주의 입장

사회적 생성주의 입장에서 장애는 정치경제의 발달에 따라 야기되는 권력의 유물론적 관계로 해석되며, 특별한 역사적 맥락에서의 가부장제(patriarchy)로 간주되기도 한다. 산업화 및 자본주의의 발달에 따라 장애가 발생하는 것으로, 자본주의하에서는 각 개인이 가지고 있는 노동력이나 지식 등을 상품화함으로써 각자의 부와 지위를 높일 수 있는데, 장애인은 생산성이 떨어진다는 이유로 근로현장에서 심한 차별을 받을뿐더러 모든 영역에서 사회적 제약과 차별을 받게 된다. 이와 같은 억압과 차별이 장애를 생산하는 것이며, 따라서 개인에 대한 개입이 중요한 것이 아니라 억압과 차별을 만드는 사회 구조의 변혁이 우선되어야 하며, 이를 위해 물리적, 구조적, 제도적으로 장애를 만드는 장벽(disabling barriers)을 제거하는 것이 필요하다는 입장이다.

이 입장에서는 자본주의 사회의 모순을 혁파하는 것이 우선되어야하나, 이의 보완 수단으로 이동권, 접근권의 확보를 통한 물리적 장벽제거와 구조적, 제도적 차별 철폐 등이 있다. 특히 장애차별의 문제는 장애 유무에 따라 역할이 고정되고, 인간이 사회생활을 시작하는 교육, 고용에서의 기회균등이 이루어지지 않음에 따라 모든 사회 분야에서 실질적인 불평등을 초래하는 사회 구조로부터 발생한다고 본다. 따라서 장애에 따른 차별구조는 장애인과 비장애인의 사회적 차이를 재생산하고, 장애인에 대한 차별적 고정관념을 지속화시키며, 장애인의 자율성을 해치는 등의 문제를 만들어 낸다. 결국 이 입장에서의 장애 문제해결은 사회에 내재해 있는 '사회적 억압'을 제거하는 것 즉, 장애인에 대한 차별 기제를 제거하는 것이라 할 수 있다.

이 입장을 견지하는 장애인단체 또는 운동조직은 자본주의의 정치경제구조를 개선 또는 극복하기 위해 노력하고, 장애를 만드는 구조적 장벽을 제거하려고 한다. 또한 장애인 자신들이 자신들의 권리 회복과 차별 철폐를 위해 단체를 조직하거나 다른 사회운동이나 정치적인 운동과 연합하는 중심적인 주체라는 인식을 갖게 된다.

4) 사회적 구성주의 입장

사회적 구성주의 입장은 장애를 특별한 문화적 맥락에서 발달하는 산물로 여긴다. 사회 구성(social construction)으로서 장애의 특색은 암시적이건 명시적이건 문화적 상대주의의 개념을 전제로 한다. 다시 말해, 장애의 구성은 특별한 문화적 상황의 산물이라는 것이다. 다양한 사람들이 모든 사회에 존재하지만, 사회에 통합되거나 배제되는 정도는 다양성(difference)에 대한 그 사회의 문화적 개념에 따라 다양하게 나타날 수 있다는 것이다. 즉, 신체적 손상은 모든 세계에서 나타나는 현상이나 사회적 역할의 구현을 막는 차별 또는 억압의 정도는 그 사회의 문화에 따라 다를 수 있다는 것이다.

울펜스버거(Wolfensberger)의 정상화이론과 이를 발전시킨 1983년의 사회적 역할의 가치화(Social Role Valorization)가 이 입장을 대변하는 대표적인 모델로 볼 수 있다. 이 이론은 사회의 구성원으로 하여금 사회적으로 가치를 평가받는 역할을 수행할 수 있도록 지원하고 평가받는 역할을 창출하는 것에 목표를 두고 있다(wolfensberger, 1983). 이 이외의 여러 가지 요소들은 모두 사회적인 가치를 평가받을 수 있는 역할을 지원할 수 있는 방법으로 위치하게 된다. 이러한 목표를 설정하고 있는 이유는 다른 어떤 것 보다 우선하여 개인의 사회적 역할이 가치 있는 것으로 받아들여진다면, 다른 관련 요소들은 자동적으로 바람직한 방향으로 작동하게 되기 때문이다. 또한 일탈은 문화적으로 규정된 개념이며, 상대적인 개념이기 때문에 가치 절하를 받은 사람들이 사회에서 가치 있는 사회의 구성원으로서의 지위를 확보하기 위해서는 크게 두 가지의 전략이 가능하다. 하나의 전략은 장애인의 능력개발 등을 통하여 가치 절하의 원인이 되는 차이를 줄이거나 예방하는 방법이다. 두 번째는 가치 절하 당하는 사람들이 가지고 있는 특성이 가치 절하의 대상이 되지 않도록 사회적 인식이나 가치를 변화시키는 전략이다.

이 입장을 견지하는 장애인단체 또는 운동단체의 입장에서는 문화 개선이 중요하다. '장애를 만들고 장애를 고착화하는 문화'를 없애기 위해 노력할 것이고, 사회 구성원들의 인권 교육이나 인식 개선에 관심을 가질 것이다.

3. 다중 패러다임을 적용한 현행 장애인복지법 분석

1) 장애인복지법의 변천과 구성

2019년 7월 1일 현재 시행 중인 장애인복지법[5]은 120개[6]의 조항과

---

5) 장애인복지법은 1981년 6월 5일 법률 제3452호로 공포(당시는 심신장애자복지법이었음)된 후 42번의 개정 과정을 거쳐 현재 시행되고 있는 법에 이르고 있다. 그러나 전문이 개정된 것은 3번으로 1989년 12월 개정(1989.12시행. 이때부터 장애인복지법이라 명칭됨), 1999년 2월 개정(1999.4시행), 2007년 4월 개정(2007.10시행)이 있다. 나머지 부분 개정 39번 중 21번은 정부조직법 등 타법의 개정에 의한 부분 개정이고, 18번은 인식개선 교육대상기관 확대 등(2015.12 개정, 2016. 1 시행), 수요자 중심의 전달체계 개편 등(2015.6 개정, 2015.12 시행), 장애인생산품 인증표시 위반에 대한 벌칙규정 신설 등(2013.7 개정, 2013.10 시행), 장애인학대 관련조항 신설 등(2012.10 개정, 2013.4 시행), 언어재활사 국가자격제도 도입 및 한국언어재활사협회 설립 등(2011.8개정, 2012.8시행), 시각장애인을 위한 국가행사 등에 점자자료 외에 '점자·음성변환용 코드가 삽입된 자료'를 제공하도록 함(2012.1개정, 2012.7시행), 생활시설을 거주시설로 하고, 인원을 30인 이하로 하고, 서비스 최저기준을 정함(2011.3개정, 2012.3시행), 장애등급심사를 국민연금공단으로 명시(2010.5개정, 2010.10시행), 의지보조기 기사에 대한 자격제한 완화(2007.10개정, 2008.4시행), 생계급여수급자 모두에게 장애수당 지급(2003.9개정, 2005.1시행), 중앙 및 지방 장애인복지조정위원회 설립(2004.3개정, 2004.9시행), 장애등급제 개편 사항 반영(2017.12개정, 2019.7.1.시행) 등과 같이 새로운 사업이나 기존 사업을 수정하기 위하여 일부 조항을 개정한 것이다.

6) 장애인복지법은 90조까지 구성되어 있으나, 10조의 2, 60조의 4 등과 같은 조항이 삽입되고, 또한 36조, 45조, 66조, 67조, 68조와 같은 조항들이 삭제되면서 실제 조항은 120개로 구성되어 있다.

시행일 등의 부칙으로 구성되어 있으며, 이는 다시 9개의 장으로 구성되어 있다. 1장은 〈총칙〉으로 이 법의 목적, 장애의 정의, 장애인의 권리, 중증장애인의 보호, 여성장애인의 보호, 차별금지 등의 조항이 있으며, 2장은 〈기본정책의 강구〉로 장애인의 생애 주기별 권리와 필요한 기본 시책을 명시한 것이며, 3장은 〈복지조치〉로 장애인에 대한 직접서비스를 제시한 것이다. 4장은 〈자립생활의 지원〉으로 2007년 법개정 시 새롭게 만들어진 부분으로 자립생활을 지원하기 위하여, 중증장애인 자립생활지원센터, 활동지원급여, 동료상담 조항이 있다. 5장은 〈복지시설 및 단체〉로 시설의 종류, 시설 운영 등에 관한 조항이 있으며, 6장은 〈장애인 보조기구〉로 장애인 보조기구의 정의 및 교부사업 등이 있으며, 7장은 〈장애인복지 전문인력〉으로 의지·보조기 기사 자격증에 대한 사항이 규정되어 있으며, 2012년 8월 5일부터 언어재활사가 추가되었다. 8장은 〈보칙〉, 9장은 〈벌칙〉이며, 시행일을 밝히는 〈부칙〉이 첨부되어 있다. 이를 내용에 따라 재구성해 보면, 법의 목표, 지향점을 밝히고 바람직한 상황이 어떻게 되어야 하는지를 밝히는 선언적인 부분, 실제 행정부가 시행해야 할 조치들을 다루는 실천적 부분, 시행을 위한 절차를 명시한 절차적 부분으로 나눌 수 있다. 선언적 부분은 1장과 2장이 해당되고, 실천적 부분은 3장, 4장, 5장과 6장이 해당되며, 절차적 부분은 7장, 8장, 9장과 부칙이 해당된다.

법의 내용을 구체적으로 보면, 장애인의 정의는 1999년 법의 틀을 유지하여 정의를 이원화하고 있다. 하나는 장애인을 일반적으로 정의한 것으로 '장애인'을 "신체적·정신적 장애로 인하여 장기간에 걸쳐 일상생활 또는 사회생활에 상당한 제약을 받는 자"로 규정하고 있다. 또 하나는 '이 법의 적용을 받는 장애인'으로 장애인복지법의 수혜 자격을 제한하기 위하여 만든 정의이다. '이 법의 적용을 받는 장애인'은 "주요 외부 신체기능의 장애, 내부기관의 장애와 정신지체, 정신질환에 의한 장애로 인하여 장기간에 걸쳐 일상생활 또는 사회생활에 상당한 불편을 겪는 자"로 하였으며, 동법 시행령에서는 장애 범주를 15개로 하였다. 이와 같이 장애인의 개념을 이원화한 이유는 기존의 법률에서도 의료적 개념과 사회적 개념의 장애를 포괄하면서도 실제에 있어서는 의료적 개념만 사용하는 관례를 바로잡기 위한 것으로, 원래 장애의 정의는 의료적 개념과 사회적 개념이 통합되어야 함을 나타내기 위함이었다. 그러나 이 법 또한 시행의 편의를 위해 의료적 개념의 장애만 채택하도록 또 하나의 장애인 정의를 하였는데, 그것이 바로 '이 법의 적용을 받는 장애인'이다.

이 법은 장애인의 인간 존엄과 완전한 사회참여와 평등을 기반으로 하는 사회통합을 기본 이념으로 하며, 장애인의 권리, 차별금지, 국민의 책임 등의 규정이 있으며, 정책에 대한 장애 당사자의 참여를 높이기 위해 장애인과 보호자 등에 대한 의견수렴과 참여 등의 조항이 신설되었다. 이런 조항은 선언적 규정으로 강제성은 없으나, 장애인의 권리를 보장하고 차별을 금지하며 정책결정 시 장애인의 의견을 우선하는 참여 민주주의를 명문화했다는데 의의가 있다고 볼 수 있다.

또한 지역사회생활을 강조하고 있으며, 이를 위한 복지급부를 확대하고 있다. 장애인의 정보 접근권 보장을 위해 수화통역, 점자 및 음성도서, 화면 해설 또는 자막 해설 등의 조치를 시행하고, 장애인 보조견, 장애유형에 따른 재활서비스 제공, 장애인 생산품의 구매, 장애인 보조기구의 개발·보급 등의 시책을 강구하고 있다. 또한 장애인사용자동차에 대한 지원, 장애인보조견의 훈련 및 보급지원, 장애아동 부양수당, 시각장애인 심부름센터 및 수화통역센터 같은 재가장애인에 대한 복지서비스를 실시하고 있다. 또한 2007년 법 개정에서는 중증장애인과 여성장애인을 포함한 장애인의 자립생활을 실현하기 위한 각종 제도를 도입하였다. 이를 위해 여성장애인을 위한 산후조리도우미 지원, 중증장애인 자립생활지원센터 설립 및 활동보조서비스 지원 등의 새로운 제도가 도입되었다. 또한 인식개선을 위해 국가와 지방자치단체로 하여금 국민을 대상으로 장애인에 대한 인식개선을 위한 교육 및 공익광고 등 홍보사업을 실시하도록 하고, 「초·중등교육법」에 따라 학교에서 사용하는 교과용 도서에 장애인에 대한 인식개선을 위한 내용이 포함되도록 하였다.

2) 다중 패러다임에 따른 분석

선언적 부분에서는 개별적 유물론 입장, 개별적 관념론 입장, 사회적 생성주의 입장, 사회적 구성주의 입장이 혼재되어 나타나고 있다. 보충적 복지를 강조하는 개별적 관념론 입장이 가장 많이 나타나고 있으며, 장애인 개인의 신체적 손상 및 의료재활을 강조하는 개별적 유물론 입장, 차별 및 억압을 야기하는 사회 구조의 개선을 강조하는 사회적 생성주의 입장, 사회적 인식개선을 위한 교육 및 홍보를 강조하는 사회적 구성주의 입장이 나타나고 있다.

개별적 유물론 입장으로는 장애인의 정의, 국가 및 지방자치단체의 책임, 국민의 책임, 장애발생 예방 및 의료, 재활 치료 조항이 있다. 이 법에서 장애인에 대한 정의를 이원화하고 있는데, 하나는 장애인의 일반적인 정의이고 다른 하나는 '이 법의 적용을 받는 장애인'에 대한 정의이다. 일반적인 정의는 의료적 개념과 사회적 개념을 포괄하는 것이고, 이 법의 적용을 받는 장애인의 정의는 법의 정의 및 동법 시행령에 의해 의료적 개념만 취하고 있다. 즉, 이 법에서는 장애에 대한 사회적 개념을 강조하고 싶은 의도가 보이기는 하나, 실제 실행에 있어서는 의료적 장애개념만 남게 되었다. 그리고 국가 및 지방자치단체의 책임을 장애예방, 조기발견, 필요한 보호에 한정하고 있으며 국민의 책임도 장애발생의 예방. 조기발견에의 노력에 치중하고 있다. 또한 장애 발생 예방 및 의료. 재활치료 조항은 질병의 예방. 조기발견. 조기치료. 재활의료. 재활 보조기구 등의 시책을 밝히고 있다. 이와 같은 조항들은 신체의 영구적 손상을 장애로 보고 이에 대한 대처로 의료 재활을 강조하고 있기 때문에 개별적 유물론 입장으로 볼 수 있다.

사회적 결핍에 따른 보충적 복지를 강조하는 개별적 관념론 입장으로는 목적. 중증장애인의 보호. 보호자에 대한 배려. 사회적응훈련. 교육. 직업재활. 주택의 보급. 개선 시책 및 경제적 부담 시책 등이 포함된다. 이 법은 '장애인의 복지증진 및 사회활동 참여증진에 기여하기 위한 장애인복지 대책의 종합적 추진'을 목적으로 한다. 또한 장애인복지 대책으로 의료. 교육. 직업 등을 열거하고 있다. 중증장애인 보호와 보호자에 대한 배려 조항을 보면. 중증장애인은 결핍의 정도가 더 심하고 더 많은 보호 및 복지 시책을 필요로 한다는 입장임을 알 수 있다. 심리 재활을 주로 하는 사회적응훈련. 교육 및 직업재활. 주택의 보급. 개선 시책 및 경제적 부담 시책 등도 장애인 개인에 대한 보충적 복지급여를 강조하고 있는 것이다. 장애인복지 종합대책을 수립하고 관계부처 간의 의견을 조정하기 위한 장애인정책조정위원회는 장애인에 대한 차별이나 소외를 다루기보다는 보충적 복지대책을 다루게 되어 있다. 이와 같은 조항들은 '결핍이 있다고 여겨지는 개인은 독립적으로 교육. 고용. 여가 등을 영위할 수 없고. 이와 같은 문제에 대응하기 위해 보충적 복지의 집행이 필요하다는 사회적 결핍모델'과 일맥상통하고 있기 때문에 개별적 관념론 입장으로 볼 수 있다.

차별과 억압을 만드는 사회 구조의 모순을 강조하는 사회적 생성주의 입장으로는 기본이념. 장애인의 존엄과 가치. 차별금지. 정보 접근권. 선거권 문화 향유권 편의시설의 설치 및 운영. 안전대책 등과 관련된 조항들이 포함된다. 이 법의 기본이념으로 '장애인의 완전한 사회참여와 평등을 통한 사회통합'을 내세우고 있다. 구체적인 수단에 대한 명시가 없기는 하나, 실천적 의미의 평등을 강조하고 있다. 즉, 구조적인 모순에서 파생하는 불평등을 개선하고자 하는 이념이 나타나 있다고 볼 수 있다. 장애인도 존엄성과 가치를 갖고 모든 분야에 참여할 권리를 주장하고 있는데, 이는 사회적 차별, 배제에서 벗어날 것을 주장하는 것으로 보인다. 장애인에 대한 차별금지 조항은 사회적 차별, 배제를 억압으로 보고 금지한 것으로 직접적인 차별뿐만 아니라 간접적인 차별까지도 모두 포괄하는 것으로 해석이 가능하다. 정보 접근권, 선거권, 문화 향유권은 장애인에게 등한시되기 쉬운 권리를 다시 한번 강조한 것으로 보인다. 편의시설의 설치와 운영의 강구는 이동권의 차별을 받지 않을 권리를 나타내고, 국가의 집합적 대처를 명시했다. 장애인의 특성을 배려한 안전대책을 강구토록 한 것은 물리적 환경의 개선을 통해 장애인의 안전대책을 강구하려는 것으로 보인다. 이와 같은 조항들은 장애인의 기본적 권리를 주장하고, 권리가 손상되는 이유를 사회적인 차별과 배제로 하고, 실질적 평등을 주장한다는 측면에서 사회적 억압과 차별을 없애기 위해 물리적 장벽 제거와 구조적, 제도적 차별 철폐를 주장하는 사회적 생성주의 입장으로 볼 수 있다.

사회적 구성주의 입장으로는 2007년 법 개정시 새롭게 만들어진 조항으로 사회적 인식개선 조항을 들 수 있다. 국가와 지방자치단체로 하여금 학생, 공무원, 근로자, 그 밖의 일반 국민 등을 대상으로 장애인에 대한 인식개선을 위한 교육 및 공익광고 등 홍보사업을 실시하도록 하고, 학교에서 사용하는 교과용 도서에 장애인에 대한 인식개선을 위한 내용이 포함되도록 하였다. 장애인을 재활시켜 국민의 인식을 개선하겠다는 내용이 아니고 국민에 대한 교육 및 홍보에 의해 국민의 인식을 개선시키겠다는 내용이기 때문에 사회적 구성주의 입장이라고 볼 수 있다.

행정부의 시책을 나타내고 있는 실천적 부분에서는 대부분 개별적 관념론 입장과 개별적 유물론의 입장이 강하지만, 2007년 법 개정시 새로이 신설된 〈자립생활 지원〉은 사회적 생성주의 입장이라고 볼 수 있다.

신체적 손상 및 이의 회복을 통해 정상성에 가깝도록 하여야 하며, 회복이 안될 경우 격리시키는 것을 주요 정책으로 하는 개별적 유물론 입장은 복지시설과 장애인 보조기구를 다루고 있는 제5장과 제6장에 나타나 있다. 장애인 시설의 주요 기능으로 보호, 의료, 기능의 회복을 강조하고 있고, 장애인 보조기구는 장애의 예방과 보완 및 기능의 향상을 위하여 사용하는 의지·보조기 등 장애인의 신체적 기능을 보완하기 위한 기구로, 불완전한 신체의 정상성을 회복하기 위한 수단을 말하는 것이기 때문이다.

사회적 결핍에 따른 보충적 복지를 강조하는 개별적 관념론 입장은 제3장 복지조치에 나타나 있다. 장애인 등록, 재활상담 및 입소 등의 조치, 의료비 지급, 자녀교육비 지급, 장애인사용자동차에 대한 지원, 장애인 보조견의 훈련 및 지원, 자금의 대여, 생업지원, 자립훈련비의 지급, 고용의 촉진, 장애수당 등이 포함된다. 이런 조치들은 장애인은 사회적으로 일탈하고, 불우하고, 주변적 존재이고, 특별한 존재라고 여겨지게 되고, 이와 같은 문제에 대응하기 위해 보충적 복지의 집행이 필요하다고 보는 개별적 관념론의 입장을 취하고 있다.

차별과 억압을 만드는 사회 구조의 모순을 강조하는 사회적 생성주의 입장은 제4장 자립생활지원에 나타나 있다. 법 조항만으로는 사회적 생성주의 입장으로 판단할 수는 없으나 자립생활패러다임을 살펴보면 사회적 생성주의 입장으로 볼 수 있다. 자립생활패러다임에 의하면, 문제가 장애인 개인에게 있는 것이 아니라 재활 과정 혹은 물리적인 환경과 사회통제 기제를 포함하는 환경에 있다고 본다. 이런 환경적 장애물에 대처하기 위해서 장애인은 스스로의 '선택권'과 '자기결정권'을 바탕으로 필요한 원조와 지원을 다양한 지원체계를 통해 제공받음으로써 자립생활을 이루고 지역사회에 통합할 수 있다. 이를 위한 실천으로는 권익옹호, 동료상담, 자조, 자기관리, 소비자 주권 회복, 사회적 장애의 제거 등이 있다.

종합해보면, 현 장애인복지법은 개별적 유물론 입장, 개별적 관념론 입장, 사회적 생성주의 입장, 사회적 구성주의 입장이 혼재되어 있다. 이와 같이 혼재된 이유는 예전부터 행해져 오던 의료 재활 및 시설보호 정책은 아무 비판 없이 그대로 있고, 행정부는 장애인들의 욕구에 따라 보충적 복지를 확대하고자 하고, 장애운동단체들이 장애 문제를 인권의 문제, 구조의 문제로 인식을 하고 이의 개선을 요구한 것이 모두 이 법에 녹아 있기 때문으로 보인다.

또한 장애를 사회적 생성주의 입장에서 사회 구조적인 문제로 보면서도 실제 서비스 시책에 있어서는 개별적 유물론 및 개별적 관념론 입장에 한정되어 있음을 알 수 있다. 그리고 기본 이념은 사회적 생성주의 입장을 취하면서도 국가와 지방자치단체의 책임은 개별적 유물론 입장에 한정되는 등 구조의 논리적 취약점이 있음을 알 수 있다.

장애인복지법 내용의 성격을 정리하면 다음 〈표 2〉와 같다.

<표 13-2> 현 장애인복지법 내용의 성격

구분		개별적 유물론 입장	개별적 관념론 입장	사회적 생성주의 입장	사회적 구성주의 입장
선언적 부분		국가 및 지방자 치단체의 책임, 국민의 의무, 장 애발생 예방 및 의료, 재활 치 료 등	중증장애인의 보호, 장애인의 날, 사회 적응훈련 교육 및 직업재활, 주택의 보급, 경제적 부담 시책 등	기본 이념 장애 인의 권리, 차별 금지, 정보접근 권, 편의시설, 투 표권 등	인식개선을 위한 홍보, 교육
실천적 부분		복지시설의 설치 및 운영, 장애인 보조기구 관련	장애인 등록, 재활 상담 및 입소, 자녀 교육비의 지급, 장 애인사용자동차에 대한 지원, 장애인 보조견, 생업지원, 자립훈련비의 지급, 고용의 촉진, 장애 수당 등의 각종 복 지 조치	자립생활지원	-

4. 맺음말

우리나라에서도 장애학을 소개하는 연구 및 저서들이 있으나 아직은 다양한 장애학의 내용을 담고 있기보다는 일부 국한된 문헌만을 번역 소개하는 데 그치고 있다. 따라서 이제는 국내에서도 본격적으로 장애학에 대한 논의가 필요하고 심도 있는 연구를 하여야 한다. 손상이 사회적 장애(disability) 또는 사회적 억압(social oppression)으로 되는 과정에 어떤 인자(factor)들이 작동하고 있는지, 또는 어떤 과정을 통해 이루어지는지에 대한 규명이 필요하고, 이를 제거하기 위한 대안 마련에 대한 연구가 필요하다. 현재 영미권에서 논쟁 중인 장애학 연구의 목표, 내용, 연구 방법론 등에 대해서 논의를 발전시키고 우리나라의 특성에 맞게 현실을 반영한 장애학 연구가 이루어져야 할 것이다.

장애의 다중 패러다임으로 장애인복지법만 살펴보았으나, 다른 장애인 관련 정책 및 기존 연구 문헌들을 살펴보아 어떤 입장을 취하고 있는지, 또는 몇 가지 입장이 공존하고 있는지를 살펴볼 필요가 있다. 그래야만 어떤 정책이나 제도가 장애인의 선택권과 통제권을 제한하기 때문에 없어져야 할지, 또는 어떤 정책이나 제도가 장애인의 사회참여를 보장할 수 있는 통합사회 건설에 바람직한지를 평가할 수 있기 때문이다. 예를 들어 개별적 유물론 입장에 위치하면서 장애인이 평생 동안 사회에서 완전히 분리되고 선택권과 통제권이 완전히 상실되는 요소를 가진 시설정책의 내용들은 폐지되어야 할 것이다. 또한 장애인이 지역사회에서 인격체로서 살 수 있기 위해서는 자립생활지원 서비스가 더욱 강화되어야 하는데, 이와 관련된 서비스도 사회적 모델에 입각한 것이어야 한다. 욕실에 핸드레일 등 기반 설비를 개조하면 일상생활이 가능한 장애인에게 일괄적으로 방문목욕서비스를 제공하여 오히려 장애인의 외부 활동 시간을 빼앗는 어리석음을 범해서는 안 될 것이다.

또한 현행 장애인복지법 중 개별적 모델에 근거한 조항들 중 일부는 사회적 모델에 근거한 조항으로 바뀌거나 삭제되어야 할 것이다. 많은 부분이 개정되어야 하나 몇 가지 예를 들면, 장애의 개념은 환경적 영향을 중시하는 세계적 추세에 맞게 개정[7]되어야 하며, 이럴 경우 시행

---

7) 최소한 ICF에서 정의하고 있는 장애의 정의를 차용할 필요가 있다. 왜냐하면 ICF정의는 국제적 합의로 누구도 이의를 제기하기에 어려움이 있기 때문에 합의를 도출하기에는 가장 쉬운 안(案)

령에 있는 장애등급제는 의미를 잃게 될 것이다. 또한 제14조 '장애인의 날'은 「장애인에 대한 국민의 이해를 깊게 하고 장애인의 재활의욕을 높이기 위하여 4월 20일을 장애인의 날로 하며, 장애인의 날부터 1주간을 장애인 주간으로 한다.」고 되어 있는데, 「장애인의 사회참여를 가로막는 각종 제도, 구조, 태도에 대한 국가 및 국민의 이해를 깊게 하고 장애인에 대한 차별을 없애기 위한 사회적 의식을 고양하기 위해 12월 3일[8]을 장애인의 날로 하며, 장애인의 날부터 1주간을 장애인 주간으로 한다.」처럼 개정할 수 있을 것이다.

일 것이다. 이에 따르면 장애는 개인의 건강 상태와 환경적 요인(사회의 구조적, 물리적, 태도적 요인) 간의 복잡한 상호작용의 결과로 설명될 수 있다. 그렇기 때문에 특정한 건강 상태(손상, impairment)에 있는 동일 인물이라 하더라도 환경이 다르면 그 영향도 달라질 수 있다. 방해 요소가 있거나 촉진 요소가 결여된 환경은 개인의 수행(performance)에 제약을 가한다. 반면 촉진 요인을 가진 환경은 개인의 수행을 강화시킨다. 사회는 방해 요인(예를 들면, 접근이 어려운 건물)을 만들어 내거나 촉진 요인(예를 들면, 보조기구)을 제공하지 않음으로써 개인의 수행을 어렵게 할 수도 있다. 즉, 장애는 손상, 활동 제한, 참여 제약에 관한 사항을 모두 기술할 수 있어야 하고, 또한 건강 상태에 의해서만 결정되는 것이 아니라 환경 요인에 따라 얼마든지 달라질 수 있는 것이다. 더불어 손상에 따른 등급은 의미를 잃게 된다.

8) 현행 장애인의 날을 4월 20일로 한 이유에 대한 정확한 문헌은 존재하지 않으나, 장애인에게 시혜적인 행사를 하기 위해 농번기가 오기 전날 좋은 때를 택하였다는 설이 일반적으로 받아들여지고 있다. 12월 3일은 UN이 장애인에 대한 차별을 없애고 인권보장을 실현하기 위하여 제정한 장애인의 날로 세계 장애인들과의 연대를 위해서 이날을 법정 일로 하는 것이 바람식할 것으로 보인다. 이와 같은 예로는 근로자의 날을 한국노총창립일인 3월 10일로 하다가 1994년부터 세계 노동자의 날인 메이데이(5월 1일)로 바꾼 적이 있다.

참고 문헌

김용득·유동철·김진우 편. 2007. 『한국장애인 복지의 이해』. 인간과 복지.

오혜경. 1999. "장애이론에 관한 연구". 『사회복지 리뷰』. 4: 7-34.

Finkelstein, V. 1996. "Modelling Disability". *'Breaking The Moulds' Conference.* Dunfermline, Scotland.

Oliver, M. 1996. *Understanding Disability - from theory to practice.* NY: St. Martin's press.

Priestley, M. 1998. "Construction and Creation; idealism, materialism and disability thoery". *Disability and Society.* 13(1): 75-94.

Wolfensberger, W. 1983. *Passing: Normalization criteria and rating mannual(2ed).* NY: Community Newset.

제14장 OECD 국가들의 장애인정책 동향

┃ 윤 상 용

OECD 국가들은 1970년대 오일쇼크로 촉발된 전 세계 경제위기 이후 지속되고 있는 저성장과 늘어가는 재정적 부담 속에서 어떻게 장애라는 사회적 위험에 대응해 왔으며 그 성과는 어떠했는가? OECD 국가들은 장애를 경험하고 있는 개인과 그 가족의 생존과 삶의 질을 제고하면서 동시에 중장기적 관점에서 재정적 부담을 줄이기 위해 어떠한 정책적 변화를 시도하고 있는가? 우리나라의 경우 다른 OECD 국가들과 비교할 때 장애인정책의 수준이 어느 정도이며, 장애인정책을 발전시키기 위한 과제는 무엇인가?

1. 개요

본 장은 장애라고 하는 오래된 사회적 위험에 현대 국가들이 어떻게 대응해 오고 있는지를 대략적으로 파악하는 것을 목적으로 하고 있다. 전 세계의 200여 개 국가들을 대상으로 하여 장애인정책의 국제적 동향을 파악하는 것은 현실적으로 불가능에 가깝기 때문에 여기에서는 선진국 클럽이라고 칭해지는 경제협력개발기구(Organization for Economic Cooperation and Development: 이하 OECD)[1]를 중심으로 장애인정책 동향을 살펴본다.

2000년 이후 주요 OECD 국가들의 장애인정책은 급격한 변화를 겪고 있다. 이는 1980년대 이후 북미와 유럽을 중심으로 수급 요건의 강화, 급여 수준의 삭감, 급여에 따른 의무이행의 부여 등의 내용이 주류를 이룬 '복지개혁(Welfare Reform)'의 연장선에 있는 것으로 볼 수 있다. 장애인정책의 경우 건강수준의 향상과 평균 수명의 증가에도 불구하고 근로 연령층 장애인의 연금 의존 심화 및 장애급여 수급자 비율이 지속적으로 증가하는 경향으로 인해 복지개혁의 주된 대상으로 인식되었다. 이는 장애급여 대상자가 지속적으로 확대되어 재정 부담이 커졌으며, 또한 장애급여 대상자 선정 과정이 합리적이지 않아 장애급여가 꼭 필요한 사람에게 제공되지 못하는 등 제도적 결함에서 비롯된 측면도 있었다. 이로 인해 장애급여의 총 지출액은 실업급여 총지출액의 약 2배에 달하였으며, 전반적인 저실업 기조 속에서도 이들 장애급여 수급자들의 실업률은 여전히 매우 높은 수준을 나타냈다.

이러한 결과는 기존의 장애급여 중심의 정책이 지속 가능한 발전을 저해하고, 사회적 효과성이나 정당성에 있어서 문제가 있기 때문에 장애인복지에 있어서의 패러다임을 취업 중심의 평등기회 정책으로 변화해야 할 필요성을 강력히 시사하는 계기가 되었다. 즉, 기존의 정상화

---

1) OECD는 상호 정책조정 및 정책협력을 통해 회원 각국의 경제사회 발전을 공동으로 모색하고 나아가 세계 경제문제에 공동으로 대처하기 위한 정부 간 정책연구·협력기구이다. OECD는 제2차 대전 후 유럽의 경제부흥협력을 추진해 온 '유럽경제협력기구(OEEC)'를 개발도상국 원조문제 등 새로 발생한 경제정세 변화에 적응시키기 위해 개편한 기구로, 1961년 9월 30일 파리에서 발족하였다. 우리나라는 1996년 12월에 29번째 회원국으로 가입하였으며, 2012년 현재 OECD 가입국은 우리나라를 비롯하여 오스트리아, 벨기에, 덴마크, 프랑스, 독일, 그리스, 아이슬란드, 아일랜드, 이탈리아, 룩셈부르크, 네덜란드, 노르웨이, 포르투갈, 스페인, 스웨덴, 스위스, 터키, 영국, 미국, 캐나다, 일본, 핀란드, 호주, 뉴질랜드, 멕시코, 체코, 헝가리, 폴란드, 슬로바키아, 이스라엘, 에스토니아, 칠레, 슬로베니아 등 총 34개국이다(네이버 지식사전).

모델과 주류화 모델 아래에서 장애급여를 받기 위한 조건으로서 노동시장 참여를 요구하지 않았기 때문에 장애급여 수급자 수가 지속적으로 증가하는 결과를 가져왔다는 점을 고려할 때 향후의 장애인정책의 새로운 패러다임은 취업중심으로 변해야 하며, 장애급여를 수급하고 있는 경우에도 구직활동, 직업복귀, 그리고 재훈련 프로그램 참여 등을 강조하는 방향으로 변해야 한다는 것을 의미한다.

이렇듯 건강수준의 향상에도 불구하고 장애급여 수급자가 증가하는 역설적 상황에서 주요 선진국은 장애급여 수급 요건을 더욱 엄격히 하고, 장애급여를 수급하고 있는 경우에도 구직활동, 직업복귀, 그리고 재훈련 프로그램 등을 강조하며 임금보조 등의 노동시장 정책을 강화하는 방향으로 장애인정책의 틀을 바꾸려는 노력을 기울이고 있다.

2. 주요 OECD 회원국의 최근 장애인정책 동향

1) 장애급여 수급 요건 강화 및 소득보장과 고용서비스의 적극적 연계

장애급여 수급자의 지속적인 증가로 인한 재정적 압박과 장애인을 대상으로 한 적극적 노동시장 정책의 실패 혹은 한계에 대응하여 주요 OECD 국가들은 다음과 같은 세 가지 전략을 수립하여 대처해 오고 있다.

첫째는 장애급여에 대한 진입 장벽을 엄격히 하는 것이다. 이는 장애급여 수급 요건으로써 근로능력평가 요소를 강화하여 부분적으로 근로능력이 있는 장애인이 장애연금과 같은 장기 장애급여를 수급하지 못하도록 하기 위한 것이다. 몇몇 OECD 국가들의 경우 장애급여 수급 심사 절차를 기존의 근로 무능력 중심에서 잔존 근로능력(remaining capacity of work) 중심으로 전환하는 개혁을 시도하였다. 이는 장애급여 수급자들이 탈수급할 가능성이 거의 없는 현실에서 장애급여 수급자의 수를 줄일 수 있는 가장 효과적인 수단이 장애급여에 대한 신규 진입을 억제하는 것임을 인식하고 있기 때문이다.

둘째는 부분적 근로능력이 있는 장애급여 수급자를 대상으로 급여를 지급받는 조건으로 고용서비스에 참여하도록 하는 소위 노동시장 정책을 강화하는 것이다. 이는 구직활동 등 고용서비스에 참여하는 것을 조건으로 실업급여를 지급하고 있는 방식과 유사한 것이다.

셋째는 임금보조나 근로소득공제 등 인센티브를 통해 장애인 근로자의 소득을 지원하는 것이다. 사실 장애급여에 대한 진입 제한과 장애급여 수급 조건으로서 고용서비스 참여 의무화만으로는 장애인 고용률을 증가시키는 데 한계가 있다. 근로활동을 통해 일정 수준 이상의 소득이 발생하지 않는다면 근로능력이 있는 장애인들은 일하기를 주저하거나 구직활동을 하려 하지 않을 것이다.

이러한 전략 하에서 주요 OECD 국가들은 장애급여의 수급 요건으로서 장애평가 방식을 근로능력 중심의 평가로 전환하여 고용서비스와의 연계 가능성을 제고하고, 장애급여와 고용서비스의 적극적 연계를 통해 부분적 근로능력이 있는 장애인의 탈수급 및 자립을 지원하기 위해 장애급여와 고용서비스의 전달체계를 통합하는 정책적 노력을 기울이고 있다.

2) 장애인 사회서비스의 현금 급여화

의료적 모델에서 사회적 모델로 장애 패러다임이 전환되고, 자립생활운동이 전 세계적으로 확산되면서 사회서비스 분야에서 새롭게 도입되고 있는 것이 현금 급여이다. 1996년에 도입된 영국의 직접 지불

(direct payment) 제도를 비롯하여 네덜란드. 노르웨이. 스웨덴. 프랑스 및 미국 등 약 20여 개 국가에서 서비스 이용자에게 서비스 구매 또는 활동보조인 고용을 위한 명목의 현금 급여를 지급하고 있다. 이러한 전면적인 이용자 중심 재정지원 방식의 도입으로 인해 장애인복지 서비스 공급자들은 시설 존립의 근거가 되는 서비스 이용자의 확보를 위한 경쟁과 정부에서 요구하는 서비스 질 향상에 부응하기 위해 관리 측면의 노력 등 이전과 다른 급격한 변화를 경험하고 있는 것으로 파악되고 있다.

이용자의 욕구에 기반한 재정지원 방식의 도입은 다음과 같은 다양한 측면에서 유익을 제공해 주는 것으로 보고되고 있다(NDA. 2011).

첫째. 형평성의 관점에서 가장 많은 욕구를 가진 개인이 가장 많은 서비스를 받게 된다.

둘째. 역량강화의 관점에서 개인이 자신이 원하는 서비스 제공자를 선택함으로써 자신의 서비스. 나아가 자신의 삶을 통제할 수 있게 된다.

셋째. 투명성의 관점에서 서비스 욕구 및 비용에 대한 표준화된 사정은 재정 공급자로의 정부와 재정 소비자로의 서비스 제공기관 및 서비스 이용자 간에 더욱 분명한 의사소통이 가능하게 한다.

넷째. 효율성의 관점에서 개인예산제도의 도입은 10%이상의 비용절감 효과를 가져온다. 이는 영국 등 주요 선진국의 정책 평가에서 파악된 실증적인 근거에 기반한 전망이다.

다섯째. 서비스의 관점에서 서비스 질의 제고가 이루어지며. 새로운 서비스 공급자가 시장에 진입하게 됨으로써 서비스 총량의 증가가 기대된다.

3) 장애급여와 고용서비스 연계를 위한 전달체계 개편

대부분의 OECD 국가들의 사례에서 확인할 수 있는 것은 부분적 근로능력이 있는 자에게 제공되는 적극적 노동시장 정책 혹은 고용서비스에 대한 접근이 용이하지 않고 동시에 너무 늦게 서비스를 받게 된다는 것이다. 현재의 서비스 제공체계가 매우 복잡하고 분절적으로 이루어져 있어서 서비스의 효과성을 제한하고 있는데. 이러한 문제점을 개선하기 위하여 주요 선진국들은 서비스의 질을 개선하고 고용의 성과를 거두기 위해 장애급여와 고용서비스의 전달체계를 혁신하는 작업을 시행하고 있다.

이러한 노력의 일환으로 우선 주요 국가들은 사회보장급여 전달체계와 고용서비스 전달체계를 통합하는 경향을 보이고 있다. 영국의 노동연금부(Department of Work and Pension). 프랑스의 노동연대부(Ministre du Travail, de l'Emploi et de la Santé), 노르웨이의 노동사회통합부(Ministry of Labour and Social Inclusion), 일본의 후생노동성(厚生勞動省) 등은 중앙부처 수준의 대표적인 통합사례이다.

중앙부처의 통합은 자연스럽게 일선 전달체계의 통합으로 이어지는데. 영국의 경우에는 기존의 사회보장급여사무소(Benefit agency)와 고용사무소(Jobcentre)가 통합된 복지고용사무소(Jobcentre Plus)가 운영 중이며. 노르웨이의 경우에는 2006년부터 장애급여와 고용서비스 외에 지방정부 사회서비스사무소가 통합된 NAV(The Norwegian Labour and Welfare Administration)를 구축하여 운영하고 있다. 한편. 호주의 경우에는 Centrelink라는 민영화된 조직이 사회보장급여와 고용서비스의 통합된 사정체계로서 기능을 수행하고 있다.

이들 세 나라뿐만 아니라 많은 OECD 국가들이 소위 'one-stop-shop'이라는 요소를 기존 전달체계에 반영함으로써 장애인들이 적절한 시기에 적절한 서비스를 받도록 하고 있다. 최근 스웨덴의 경우에는 고용 서비스 전달체계에서 관리하던 장애인 직업재활에 대한 기금을 사회보험청이 담당하도록 함으로써 양 기관이 장애인에 대한 공통의 지원계획을 수립하고 소비자 측면의 실질적인 성과를 얻기 위해 모든 부문에서 긴밀히 협력할 것을 요구하였다.

4) 장애인정책 목표로서 인권보장의 강조

2006년 UN 장애인 권리협약(Convention on the Rights of Persons with Disabilities) 제정과 회원국 비준에 따라 개별 국가들은 권리협약 준수를 위한 중장기 전략 및 실행계획(National Disability Strategy and Action Plan) 수립에 노력하고 있다.[2] 즉, 장애인정책의 궁극적 목적(비전)을 '자립생활 영위'에서 '인간으로서의 존엄 보장'으로 설정함과 동시에 장애인 인권 보장을 위한 주요 정책영역으로서 장애아동, 여성장애인, 고령장애인 등 취약그룹에 대한 특별한 조치의 강구, 유니버설 디자인 및 접근권의 보장, 주류화 전략 및 서비스의 질 보장 등을 설정하여 실행계획을 수립하고 있다.

한편, 유럽연합(European Union) 소속 국가들은 UN 장애인 권리협약의 이념을 반영하여 유럽연합과 각 회원국들이 '장애 없는 유럽(barrier-free Europe)'을 만들기 위해 2010년 11월 15일에 '유럽연합 장애전략 2010-2020(European Disability Strategy 2010-2020)'을 채택하였다. 동 전략은 장애인이 모든 사회활동과 경제활동에 완전히 그리고 동등하게 참여할 권리가 있음을 선언하면서 장애인에 대한 동등한 기회 제공을 부

---

2) 장애인 권리협약(Convention on the Rights of Persons with Disabilities : CRPD)은 신체장애, 정신장애, 지적장애를 포함한 모든 장애가 있는 이들의 존엄성과 권리를 보장하기 위한 유엔인권협약이다. 이 협약은 21세기 최초의 국제 인권법에 따른 인권조약이며, 2006년 12월 13일 제61차 유엔총회에서 채택되었고, 2012년 12월 기준으로 비준국은 126개국이다.

정하는 것은 곧 인권침해임을 명확히 하고 있으며, 유럽연합의 첫 번째 장애전략인 '유럽연합 장애액션 플랜 2003-2010(European Disability Action Plan 2003-2010)'의 후속 계획으로서의 성격도 지니고 있다. 구체적으로 '유럽연합 장애전략 2010-2020'은 각 회원국들의 UN 장애인 권리협약 비준에 따른 국가적 책임을 이행하기 위한 노력을 지원하고 보완하기 위한 지침으로 볼 수 있다. '유럽연합 장애전략 2010-2020' 은 유럽연합 집행위원회(European Council)로 하여금 장애인의 완전한 권리 향유를 위한 역량강화와 모든 생활영역에서 장애인의 완전한 참여와 평등을 가로막는 장애물을 철폐하도록 하기 위한 종합적인 프레임워크로서 접근성, 참여, 평등, 고용, 교육과 훈련, 사회적 보호, 건강, 국제 관계 등 8개 영역에서의 개혁적·정책 실행을 통해 목표를 달성하도록 하고 있다.

3. 주요 지표를 통해 살펴 본 우리나라와 OECD 국가들의 장애인복지 수준 비교

1) 장애 출현율

평균적으로 OECD 회원국의 근로 연령대의 인구(20~64세) 7명 중 1명 (13.8%)은 일상생활에 어려움을 초래하는 만성 질환이나 장애를 갖고 있는 것으로 나타났다. 우리나라는 OECD 27개 국가 중에서 가장 낮은 5.6%의 장애 출현율을 보이는데, 이는 다른 국가가 인구주택 총조사 등 서베이를 통해 장애 출현율을 파악하는 반면 우리나라의 경우는 더욱 엄격한 측정이라고 할 수 있는 등록 장애인 인구수를 통해 장애 출현율을 파악하기 때문이다.

<표 14-1> OECD 각 국가별 장애 출현율(2000년대 후반)

구 분	장애 출현율
에스토니아	23.0
헝가리	22.1
덴마크	20.7
핀란드	20.5
포르투갈	18.7
스웨덴	18.1
영국	17.6
독일	17.5
네덜란드	16.8
노르웨이	16.3
슬로베니아	15.0
오스트리아	14.4
슬로바키아	14.0
벨기에	14.0
체코	13.8
아일랜드	13.3
프랑스	13.2
아이슬란드	13.0
캐나다	12.1
호주	12.0
미국	11.9
폴란드	11.3
스페인	11.1
스위스	10.4
룩셈부르크	10.2
이탈리아	9.0
그리스	8.3
멕시코	7.2
한국	5.6
OECD-27	13.8

주: 1) 2000년대 중반 20~64세 인구 대비 자가 판정 장애인 비율임
　　 2) 한국: 인구 100명당 장애인 수로 재가장애인과 시설장애인 수를 합함
출처: OECD, 2010; 한국장애인고용공단 고용개발원, 2013 재인용., 윤상용, 2010., 김성희 외, 2011.

2) 장애인 고용률

2000년대 후반 우리나라의 장애인 고용률은 44.7%로 OECD 국가 평균(43.6%)을 약간 상회하는 수준이며, 상대적 고용률의 경우 1990년대 중반보다 약간 개선된 것으로 나타났다. 이렇듯 우리나라의 장애인 고용률이 OECD 평균을 상회하고 있는 것은 장애인을 대상으로 한 취업지원 등의 고용서비스가 다른 국가들보다 성과를 더 거두고 있어서라기보다는 장애인과 가족의 생활안정을 위해 지급되는 장애인연금, 장애수당 등의 소득보장제도의 수준이 낮아서 장애인이 일을 하지 않으면 최저 수준의 생활을 영위하기 어려운 데서 비롯된 결과라고 보는 것이 타당할 것이다.

<표 14-2> OECD 국가별 근로 가능 연령 장애인 고용률

(단위: %)

구 분	장애인			비장애인		
	1990년대 중반	2000년대	2000년대 중반	1990년대 중반	2000년대	2000년대 중반
스웨덴	54.6	53.6	62.3	77.7	80.1	83.9
아이슬란드	-	-	61.3	-	-	86.4
에스토니아	-	-	55.8	-	-	82.2
멕시코	47.2	60.2	55.4	61.1	65.8	66.8
스위스	-	-	54.9	-	-	85.5
덴마크	55.7	50.1	52.3	79.1	81.6	81.6
룩셈부르크	-	49.7	50.4	-	71.7	71.3
독일	52.4	60.4	50.4	74.0	77.2	73.7
포르투갈	50.2	51.8	47.9	75.7	79.3	75.4
캐나다	-	43.8	46.9	-	76.9	79.0
프랑스	45.9	49.1	45.8	68.5	70.0	71.8
영국	38.0	42.1	45.3	81.2	80.9	81.4
한국	43.9	44.7	44.7	71.5	68.8	70.3
노르웨이	-	47.1	44.7	-	86.0	83.4

구 분	장애인			비장애인		
	1990년대 중반	2000년대	2000년대 중반	1990년대 중반	2000년대	2000년대 중반
네덜란드	40.2	48.5	44.5	65.5	74.8	80.5
오스트리아	48.9	48.7	43.9	74.8	76.7	70.8
핀란드	48.4	54.4	43.5	69.7	77.3	76.8
슬로베니아	-	-	41.3	-	-	69.7
슬로바키아	-	-	41.1	-	-	74.0
이탈리아	34.9	32.8	40.7	58.3	59.1	63.7
호주	41.9	-	39.8	76.6	-	79.4
미국	40.4	35.1	38.5	84.7	83.6	83.9
벨기에	38.6	43.9	36.3	67.5	70.6	71.5
스페인	27.0	25.5	35.7	56.3	63.0	71.1
체코	-	-	35.0	-	-	73.1
그리스	35.0	31.7	34.2	62.5	65.0	67.0
아일랜드	25.7	33.6	32.9	60.0	71.5	72.7
헝가리	-	-	31.7	-	-	71.3
폴란드	24.8	21.0	17.6	70.7	66.7	62.1
OECD-27	-	-	43.6	-	-	75.1

주: 1) OECD-27은 27개국의 고용률과 19개국의 대략 지난 10년간에 걸친 상대적인 고용
률에 대해 가중치를 부여하지 않은 평균을 말함(에스토니아와 슬로베니아 제외)

2) 본 조사에서 근로 가능 연령은 20~64세로 봄

출처: OECD, 2010; 한국장애인고용공단 고용개발원, 2013 재인용.

3) 장애인 빈곤율

2000년대 중반 우리나라 장애인 빈곤율은 35.6%로 OECD 국가 평균
보다 13.5% 높았으며, 비장애인이 빈곤 상태에 처할 위험을 1로 하였을
때 장애인이 비장애인에 비해 몇 배 더 빈곤 상태에 처할 위험을 보여
주는 지표라고 할 수 있는 상대적 빈곤 위험률에 있어서도 우리나라는
2.4로 호주, 아일랜드 다음으로 높았다.

<표 14-3> OECD 각 국가별 근로 가능 연령 장애인 빈곤율(2000년대 중반)

구 분	장애인	비장애인
미국	47.6	24.0
호주	44.7	16.6
아일랜드	36.8	14.5
한국	35.6	14.6
캐나다	32.2	17.2
에스토니아	26.9	14.1
멕시코	25.5	23.9
포르투갈	25.5	15.1
슬로베니아	24.8	14.1
덴마크	24.8	15.0
스페인	24.1	17.4
영국	23.6	11.6
핀란드	21.6	12.6
이탈리아	21.2	15.4
독일	20.7	11.1
그리스	19.5	15.4
벨기에	18.8	10.8
폴란드	18.6	15.5
오스트리아	17.7	10.8
헝가리	17.5	12.5
프랑스	17.1	11.1
아이슬란드	16.4	15.8
룩셈부르크	16.0	10.8
체코	14.1	9.2
스위스	13.7	11.8
네덜란드	11.5	11.0
슬로바키아	11.3	12.1
노르웨이	10.8	11.4
스웨덴	10.4	12.2
OECD-27	22.1	14.1

주: 1) 2000년대 중반 근로 가능 연령(20~64세) 장애인과 비장애인의 가처분소득 기준 빈곤(중위
소득 60%이하) 가구의 비율임
2) OECD-27은 27개국에 대해 가중치를 부여하지 않은 수치임(에스토니아와 슬로베니아 제외)

출처: OECD, 2010.

4) GDP 대비 장애인복지예산 비중

2011년 기준 주요 OECD 회원국의 장애인복지예산 수준을 비교할 수 있는 지표로서 개별 회원국의 GDP 대비 장애인복지지출 비중을 살펴보면. 우리나라는 0.49%로 OECD 국가 평균 2.19%의 약 22.4% 수준에 불과하였다. 한국의 장애인복지예산은 유럽 주요국은 물론 일본의 장애인복지예산 1.0%에 비해 여전히 낮은 수준이며. 터키 0.28%, 멕시코 0.06%와 더불어 하위권 수준이었다.

<표 14-4> GDP 대비 장애인복지예산

구분	1980	1985	1990	1995	2000	2005	2006	2007	2008	2009	2010	2011
호주	0.92	1.04	1.73	2.36	2.56	2.35	2.24	2.17	2.28	2.25	2.47	2.55
오스트리아	2.75	2.82	2.63	2.86	2.78	2.51	2.39	2.28	2.25	2.42	2.41	2.37
벨기에	3.68	3.70	2.61	2.95	2.76	2.26	2.28	2.26	2.28	2.48	2.52	2.75
캐나다	0.72	0.92	1.15	1.14	0.94	0.91	0.89	0.88	0.88	0.93	0.88	0.85
칠레	-	-	0.88	0.89	0.91	0.70	0.68	0.70	0.78	0.90	0.81	0.77
체코	-	-	2.24	2.31	2.54	2.32	2.40	2.29	2.14	2.16	2.08	2.02
덴마크	4.18	3.24	3.28	3.68	3.63	4.32	4.30	4.28	4.38	4.83	4.84	4.71
에스토니아	-	-	-	-	1.54	1.78	1.74	1.79	2.26	2.67	2.34	2.23
핀란드	3.50	3.90	4.23	5.06	3.80	3.83	3.73	3.57	3.67	4.13	4.08	3.95
프랑스	2.77	2.79	2.09	2.09	1.73	1.85	1.65	1.62	1.63	1.68	1.69	1.70
독일	2.04	1.81	1.95	2.32	2.21	2.04	1.95	1.88	1.93	2.09	2.06	2.02
그리스	1.00	1.83	1.25	0.83	0.89	0.93	0.90	0.90	0.92	0.95	0.96	0.96
헝가리	-	-	-	-	2.63	2.82	2.78	2.71	2.70	2.73	2.37	2.12
아이슬란드	-	-	1.29	1.82	2.24	2.67	2.61	2.23	2.41	2.71	2.64	2.76
아일랜드	2.34	2.59	1.75	1.93	1.28	1.64	1.68	1.80	2.10	2.41	2.40	2.27
이스라엘	-	-	-	2.03	2.43	2.84	2.80	2.85	2.93	3.00	3.02	2.97
이탈리아	1.94	2.14	1.96	1.79	1.58	1.70	1.70	1.73	1.78	1.95	1.91	1.83
일본	0.63	0.61	0.58	0.70	0.75	0.73	0.79	0.82	0.89	1.00	0.95	1.02
한국	-	-	0.29	0.37	0.38	0.54	0.57	0.57	0.58	0.60	0.49	0.49

구분	1980	1985	1990	1995	2000	2005	2006	2007	2008	2009	2010	2011
룩셈부르크	4.02	3.90	2.91	3.10	3.13	3.25	3.05	2.74	2.85	2.87	2.72	2.72
멕시코	-	0.02	0.02	0.06	0.07	0.06	0.05	0.06	0.06	0.06	0.06	0.06
네덜란드	6.51	5.50	6.34	5.01	3.89	3.50	2.89	2.96	2.94	3.10	3.32	3.29
뉴질랜드	1.27	1.52	2.82	2.63	2.64	2.79	2.91	2.70	2.91	2.81	2.58	2.49
노르웨이	3.39	3.48	4.71	4.65	4.64	4.37	4.19	4.22	4.00	4.65	4.25	3.85
폴란드	-	-	3.35	5.67	3.46	2.73	2.55	2.32	2.31	2.22	2.31	2.45
포르투갈	1.92	2.05	2.33	2.34	2.26	2.17	2.16	2.13	2.00	2.09	2.01	1.99
슬로바키아	-	-	-	2.03	2.24	1.47	1.50	1.48	1.48	1.86	1.87	1.88
슬로베니아	-	-	-	-	2.63	2.40	2.28	2.12	2.09	2.20	2.31	2.25
스페인	2.40	2.48	2.29	2.48	2.39	2.54	2.50	2.52	2.57	2.70	2.70	2.64
스웨덴	4.71	4.48	5.45	4.93	5.12	5.52	5.39	5.10	4.96	5.03	4.55	4.28
스위스	2.16	2.16	1.80	2.43	2.66	3.12	2.93	2.80	2.81	2.71	2.57	2.56
터키	0.34	0.14	0.17	0.19	-	0.13	0.12	0.14	0.26	0.30	0.29	0.28
영국	0.99	1.46	2.15	2.86	2.44	2.28	2.38	2.47	2.67	2.85	2.39	2.46
미국	1.09	0.95	0.97	1.13	1.04	1.21	1.23	1.21	1.26	1.39	1.41	1.41
OECD - Total	2.24	2.25	2.32	2.41	2.25	2.24	2.17	2.12	2.17	2.31	2.23	2.19

주: 1) 공적 지출(public expenditure)만을 합한 수치임
　　 2) 현금 급여(cash benefits)와 현물 급여(benefits in kind)를 합한 수치임

출처: OECD, Social Expenditure Database (www.oecd.org/els/social/expenditure).

4. 우리나라 장애인정책의 과제

1) 우리나라 장애인정책의 낙후 원인

현시점에서 우리나라의 장애인복지 수준은 OECD 국가 평균에 크게 미치지 못하고 있을뿐더러 사실상 멕시코와 더불어 거의 모든 영역에서 최하위권의 국가라고 할 수 있다.

장애인복지 수준에서 최하위권의 국가로 분류될 수밖에 없는 이유는 결국 장애인복지에 대한 예산 투입이 매우 적기 때문이다. 최하위 수준의 장애인복지예산 규모는 주요 OECD 국가들과 비교할 때 우리나라 장애인이 여전히 높은 빈곤 위험에 직면해 있고, 낮은 취업률과 자립생활지원서비스의 부족으로 인해 비장애인에 비해 열악한 삶을 영위할 수밖에 없는 근본적 요인으로 작용하고 있다. 물론 지난 10년간의 예산 증가 추이를 비교해 보면, 우리나라는 OECD 국가들 중에서 가장 두드러진 증가세를 보여 온 국가이지만, 여전히 OECD 국가들과 커다란 격차를 보이고 있다. 지난 2000년 이후 장애인복지예산의 급격한 증가 속에서도 우리나라가 GDP 대비 장애인복지예산의 비중에 있어서 여전히 OECD 국가 중 최하위의 수준에 있는 것은 여러 요인들이 복합적으로 작용하고 있기 때문이다.

우선, 장애인정책 대상인구가 주요 선진국에 비해 협소하다는 점을 들 수 있다. 이는 공공에서 제공하는 각종 장애인복지서비스의 진입 창구로서 등록 장애의 범주가 전체 신체기능의 제약을 포괄하지 못하고 있는 상태에서[3] 2000년대 이후 급격히 증가하던 등록 장애인 인구가 최근에는 감소하는 현상이 나타나고 있다. 더불어 장애인연금, 활동지원서비스 등 주요 제도가 장애 상태와 소득 수준에 따라 급여(서비스) 대상을 매우 제한적으로 적용하고 있는 데서 비롯된 현상이라고 할 수 있다.

또한 기존 제도에서 제공하는 급여 수준이 주요 선진국과 비교해 매우 낮은 것도 최하위 수준의 GDP 대비 장애인예산 비중을 유지시키는 요인이라고 할 수 있다. 이렇듯 협소한 장애인정책 대상인구와 낮은 급

---

3) 우리나라는 전체 신체기능 중 특정한 신체적, 정신적 기능의 제약만을 장애로 인정하는 폐쇄적 (closed) 장애 등록체계의 형태를 유지하고 있다. 반면에 주요 선진국들은 대부분 장애인복지 서비스의 대상으로 특정한 신체적, 정신적 기능의 제약을 명시하지 않는 개방적 장애 등록체계를 운용하고 있다.

여 수준의 실례로서 보건복지부 소관 전체 장애인복지예산의 1/3 가까이 차지하고 있는 장애인연금과 유사한 제도를 운용하고 있는 9개 국가의 급여 내용을 분석한 결과, 우리나라의 장애인연금은 수급요건으로서 장애 기준과 관련하여 근로능력 손상 사정의 객관성이 결여된 낙후된 장애평가시스템으로 인해 다른 국가와 비교할 때 대상 효율성이 매우 취약하였으며, 지급액에 있어서는 평균 소득 대비 비중이 6.3%로 비교 대상 국가의 1/4에 불과한 것으로 파악되는 등 소득보장정책의 핵심 평가요소인 포괄성, 충분성, 형평성 등에서 제도적 후진성을 보였다(윤상용, 2013).

마지막으로 주요 선진국에 비해 장애인정책 프로그램의 수가 부족한 것도 하나의 요인이라고 할 수 있다. 장애인 보호로 소득활동을 하지 못하는 보호자의 기회비용 보전을 위한 보호자 수당, 중증장애인의 미래 보호 및 주거비용 마련을 위한 자산형성지원제도 등 주요 선진국에서 시행하고 있는 다양한 제도들이 아직까지 도입되지 않고 있다.

결국 우리나라가 경제 규모에 걸맞은 수준의 장애인복지를 구현하기 위해서는 무엇보다 장애인정책예산의 획기적인 증액이 필요하다고 할 수 있다. 더불어 분절적 서비스 제공, 서비스 공급자 중심의 자원 할당 및 사례관리기능의 부재 등 제도 운용에서 나타나는 문제점은 제한된 예산의 효율적 사용을 저해하고 있어 이 부분에 대한 개혁 조치들도 지속적으로 추진되어야 할 것이다.

2) 장애인정책 발전의 기본 방향

(1) 장애인복지예산의 지속적인 확대

공적연금제도의 성숙 및 장애연금 수급 기준의 개편, 저소득 중증장애인을 위한 새로운 급여로서 장애인연금의 확대, 장애인활동지원서비스와 발달재활서비스 등의 확대 등이 지속적으로 이루어질 예정인 바, 2000년 이후 이어져 온 장애인복지예산의 상승 추이는 당분간 계속될 것으로 전망된다. 이로 인해 전체 GDP 대비 장애인복지예산 비중도 향후 지속적으로 상승할 것으로 예상되나, OECD 국가의 평균과 커다란 격차를 보이고 있는 현실을 감안할 때 최하위 수준을 벗어나기란 쉽지 않을 것으로 보인다.

장애인정책이 궁극적으로 장애인의 욕구 충족과 장애인의 자립을 목적으로 하는 국가적 행위라는 점에서 향후 장애인복지예산을 증가시키려는 적극적 노력이 있어야 할 것이다. 이러한 장애인복지예산 증대의 필요성은 노인, 아동 등 주요 복지대상 인구집단과의 비교를 통해서도 확인할 수 있다. 중앙정부 전체 장애인복지예산 중 절대적으로 가장 높은 비중을 차지하고 있는 보건복지부 소관 장애인복지예산의 최근 5년간(2011~2015) 연평균 증가율은 13.9%로 보건복지부 일반회계 지출의 동 기간 연평균 증가율(15.6%)에 미치지 못하는 것으로 나타났다. 1인당 복지예산을 통해 보건복지부 정책의 대상별 우선순위를 파악하면, 노인, 장애인, 아동의 순서이나 보육료 지원예산을 아동 범주에 포함시키면, 장애인은 보건복지부 정책의 우선순위에서 노인과 아동보다 상대적으로 뒤처져 있는 것으로 보인다. 2015년 현재 1인당 장애인복지예산은 70.7만원으로 1인당 노인예산(135.1만원)에 비해 적었으나, 1인당 아동예산(2.3만원)에 비해 많은 것으로 나타났다. 그러나 만6세 미만의 영유아 가구에 지원되는 보육료 지원 등 보육예산(2015년 50,072억원)을 아동복지예산의 범위에 포함시킨다면, 1인당 장애인예산은 1인당 아동예산보다 낮은 것으로 보인다.

<표 14-5> 2011~20015년 보건복지부 소관 예산현황

(단위: 억원, 천명, %)

구분	2011년	2012년	2013년	2014년	2015년	연평균 증가율
아동복지부문(A)	1,750	2,084	1,915[1]	2,056	2,142	6.97
노인복지부문(B)	37,306	39,040	42,937	63,671	88,082	33.16
장애인복지부문(C)	8,403	9,040	10,573	11,612	17,626[2]	28.01
보건복지부 전체예산(D)	335,694	366,928	410,643	468,995	534,725	16.79
아동복지예산비율(A/D)	0.52	0.57	0.47	0.44	0.40	-
노인복지예산비율(B/D)	11.11	10.64	10.46	13.58	16.47	-
장애인복지예산비율(C/D)	2.50	2.46	2.57	2.48	3.30	-
아동수(E)	9,688	-	-	-	9,187	-
노인수(F)	5,537	-	-	-	6,521	-
장애인수(H)	2,519	-	-	-	2,495	-
1인당 아동예산(A/E)	18.1천원	-	-	-	23.3천원	8.78
1인당 노인예산(B/F)	673.8천원	-	-	-	1,350.7천원	26.09
1인당 장애인예산(C/H)	333.6천원	-	-	-	706.5천원	28.42

주: 1) 2013년부터 아동시설 기능보강, 요보호아동 그룹홈 운영지원, 입양아동 가족지원 등 3개 사업은 일반회계에서 복권기금으로 이관되었음
   2) 2015년부터 장애인거주시설 운영지원이 지방이양사업에서 국비지원사업으로 전환됨에 따른 예산증액분 4,280억원이 반영된 것임
출처: 보건복지부, 2015.

장애인복지예산 증대의 기본 방향은 기존에 시행하고 있는 제도의 대상을 단계적으로 확대하되, 장애인의 욕구를 충족시킬 수 있는 신규 프로그램의 도입과 더불어 각각의 제도에서 제공하고 있는 급여(서비스) 수준을 지속적으로 제고하는 것이다. 이를 위해서는 부문별 예산 수립이 전년도 예산기준으로 이루어지는 방식이 아닌, 수요 예측과 물가 상승률 등 보다 합리적인 준거를 통한 예산수립이 이루어질 필요가 있다.

정책 영역별 예산배분은 장애인의 욕구 충족이라는 정책적 목표와
장애인복지의 지배적 패러다임인 자립생활이념에 근거하여 장애인의
궁극적인 자립을 제고하고자 하는 기본 방향 하에서 이루어져야 한다.

전체 장애인들의 복지욕구를 파악할 수 있는 장애인실태조사 결과에
따르면, 우리나라 장애인들이 국가 및 사회에 바라는 사항으로 소득보
장, 의료보장, 고용보장 및 자립생활서비스지원 확대 등이 꼽히고 있다
(김성희 외, 2014). 이를 토대로 향후 장애인정책 예산배분의 기본 방
향을 도출해 보면, 현재와 같이 소득보장의 예산비중을 유지하되, 의료
보장, 자립생활지원서비스와 직업재활(중증장애인 취업지원) 영역에 대
한 예산비중을 제고하는 데 주력해야 할 것으로 판단된다.

(2) 장애인 소득보장과 고용정책의 연계

소득지원과 고용 및 직업재활서비스는 장애인정책의 궁극적 목적인
장애인의 자립을 위한 상호보완의 관계에 있는 제도로서 양 제도의 적
극적인 연계는 최근 주요 선진국의 장애인정책 동향에서 발견할 수 있
는 두드러진 특징이라고 할 수 있다. 그러나 장애인 소득보장과 고용
정책의 연계를 적극적으로 꾀하는 최근의 국제 동향과 달리 우리나라
의 경우에는 제도 간 연계가 전무한 상황이라고 해도 과언이 아니다.
물론 제도의 물적, 인적 기반이 선진 외국과 비교할 때 턱없이 미흡한
수준이어서 제도 간 연계를 통해 사업의 효율성과 효과성을 크게 기대
하기 어려운 상황이지만, 사업이 계속 다양화되고 관련 예산이 지속적
으로 확충되는 추세에 있음을 감안할 때, 중장기적인 관점에서 장애인
소득보장과 고용정책의 연계에 대한 모색이 이루어지지 않고 있는 현
실은 결코 바람직하지 않다.

고용 및 직업재활서비스에 있어서도, 고용노동부와 보건복지부가 별
도의 전달체계에서 유사한 서비스를 제공하고 있어 사업 자체의 비효

율성이 문제점으로 꾸준히 지적되고 있으며, 양 전달체계의 역할 분담 및 연계에 대한 명확한 결론이 나지 않은 상황에서 사업 확장이 이루어지고 있는 상황이다. 더구나 최근에 많은 예산이 투입되고 있는 장애인 일자리사업 역시 대상자 선정 기준 및 사업 내용을 보면 기존 고용 및 직업재활서비스와의 정책적 차별성의 확보 혹은 상호연계 없이 한시적 사업 형태로 진행되고 있다고 할 수 있다. 이렇듯 고용 및 직업재활서비스 내에서 서비스 체계화의 부재와 서비스 간 역할분담 및 연계가 이루어지고 있지 않은 상황에서 장애인연금 및 국민기초생활보장제도 등 소득보장제도와의 연계가 이루어지고 있지 않은 것은 지극히 당연하다고 할 수밖에 없다.

따라서 기존 장애급여의 확대 및 새로운 급여의 도입 등을 내용으로 하는 단기적 접근과 병행하여 장기적 관점에서 소득보장제도의 효율성을 추구하기 위해 현재의 장애인 소득보장체계를 주요 선진국과 같이 소득보전급여체계 중심으로 재편하고, 고용서비스와의 연계가 가능하도록 하는 개혁적인 조치들이 이루어져야 할 것이다.

(3) 합리적인 장애인복지 서비스 수급자 선정 기준 마련

장애 유형과 장애 정도를 의학적으로 평가하여 장애인으로 등록하는 현행 장애인 등록 및 장애등급제도는 다양한 문제점을 야기하고 있다.

첫째, 장애를 판정하는 기준으로 의학적 요소만을 사용하는 것은 장애가 단순히 의학적 차원에서의 신체적·정신적 손상을 의미하는 것이 아니라, 이와 연관되어 발생하는 사회적·환경적 요인과의 상호 관련성이라는 장애의 본질적 개념을 왜곡시킬 수 있다는 점이며, 이것이 개념적 차원에서만 머무르지 않고 장애인을 둘러싼 사회적·환경적 장벽을 파악해야 할 필요성을 느끼지 않는 구조로 이어지는 문제점을 지니고 있다는 점이다.

둘째, 의학적으로 확정된 장애 정도는 신체적·정신적 손상 정도만을 의미할 뿐 필요한 서비스의 내용과 정도가 무엇인지를 알려주는 기준으로 사용할 수 없음에도 불구하고 의학적 장애 정도가 장애인에게 지원되는 다양한 급여 및 서비스에 직접적으로 연결되어 직접적으로 연결되지 않아야 할 장애 정도와 서비스 기준이 상호 직접적으로 연결되는 불합리한 상황이 지속되고 있는 점이다.

셋째, 의학적 장애 판정만으로 장애인이 등록되는 구조와 이후 국가가 장애인의 서비스에 개입하지 않는 구조는 국가가 장애인으로 등록하기까지의 최소한의 필요한 절차만을 수행할 뿐, 이후 장애인의 삶에 영향을 미치는 서비스 제공과 관련하여 어떠한 정보도 갖지 못하게 되어 장애인 등록과 서비스 지원이 분절되는 체계가 지속되는 요인으로 작용하게 된다는 점이다(국가인권위원회, 2013).

요약하면, 현행 장애인등록제도 하에서의 장애등급제는 장애개념의 개별적 모델과 사회적 모델을 통합한 모델이라고 할 수 있는 세계보건기구의 ICF개념에 부합하지 않는, 여전히 의학적 손상만으로 장애를 규정하고 장애 정도를 확정하는 후진적인 시스템일 뿐만 아니라 무엇보다도 의학적 손상의 정도를 나타내는 장애등급을 장애인연금(장애수당), 장애인의무고용제도, 장애인활동지원제도, 장애인거주시설 등 장애인복지의 핵심적인 제도의 신청 자격 혹은 수급 자격으로 활용함으로써 각 제도에서 목표로 하고 있는 표적 집단의 선정 가능성이 매우 취약하다는 것이다. 일례로 장애인연금과 장애수당의 경우 각각 장애로 인한 근로능력 손상으로 인해 소득활동을 하지 못하는 장애인과 심각한 기능 제약 혹은 욕구로 인해 일상생활에서 타인의 도움을 필요로 하는 장애인을 규명해야 함에도 현재는 의학적 손상 중심의 장애 등급과 자산 규모에 의해 급여수급 여부와 급여 수준이 전해지고 있어 정책의 효과성을 저해하고 있다고 할 수 있다. 더불어 고려해야 할 점은 현 장애 평가 체계가 의학적 손상을 반영한 등록 제도를 유지하고 있는 현실에서 이러한 한계를 보완하기 위해서는 개별 서비스의 수급 요건에 기능적 제약 및 사회경제적 요인들이 반영되어야 함에도 불구하고 여전히 의학적 손상 중심의 장애 등급을 핵심적인 수급 요건으로 활용하고 있다는 것이다. 이러한 상황에서 장애계의 장애등급제 폐지 요구가 정책당국의 아젠다로 수용되어 단계적 폐지의 수순을 밟게 된 것은 앞서 살펴보았듯이 장애인연금 및 활동지원서비스 등 주요 서비스의 수급 요건으로서 의학적 손상의 정도를 나타내는 장애등급을 우선적으로 적용함으로써 등급 기준을 충족하지 못한 장애인들이 이러한 서비스에 원천적으로 접근하지 못하게 하는 것은 형평성을 침해하는 것이며, 따라서 현재의 장애인복지서비스 수급 기준을 각 서비스의 도입 목적에 맞게 최적의 정책 수혜 집단을 선별할 수 있는 기준으로 개편하는 것이 시급하다는. 다시 말해서 수급 기준의 합리성 제고가 반드시 실현되어야 한다는 것에 대해 주요 이해관계자들 모두가 공감한 것으로 볼 수 있다. 따라서 장애등급제 개편 이후 도입될 예정인 장애종합사정체계에서는 주요 장애인복지서비스 유형별로 최적의 대상자를 판별하기 위해 필요한 의학적. 기능적. 사회 환경적 측면의 다양한 장애 평가요소를 결합한 수급자 선정 기준을 제시해야 할 것이다.

(4) 사회서비스의 효율성 제고

장애인 대상 사회서비스 제공체계를 자립생활지원. 이용자 중심, 서비스 통합의 핵심적 가치를 구현할 수 있도록 개혁하는 것이 필요하다.

단기적으로는 장애인활동지원서비스 발달재활서비스 등 이용권(voucher)을 급여로 하는 이용자 중심의 사회서비스의 지급 대상과 지급액 수준을 지속적으로 확대하는 등의 욕구에 비해 공급이 부족한 영역을 중심으로 사회서비스의 공급량을 지속적으로 확충해야 한다. 더불어 장기적으로는 사회서비스 공급을 위한 자원 할당 혹은 재정지원 방식을 기존의 공급자 중심에서 이용자 중심으로 재편해야 한다. 이용자 중심의 자원 할당은 장애인복지관, 장애인거주시설 등 전통적인 서비스 공급자에게 보조금 방식으로 제공되던 재정을 이용자의 욕구에 기반하여 서비스 제공량을 산출하고 이를 본인의 선택 하에 구매하여 이용할 수 있도록 하는 방식으로 개편하는 것을 의미한다.

지난 10년간 자립생활이념과 소비자주의 및 당사자주의 등 장애인복지를 둘러싼 철학과 패러다임은 급격하게 변화되었지만 이를 반영한 장애인복지서비스의 변화는 매우 제한적이었다. 2007년 활동보조서비스의 도입에 이어 2011년 장애인활동지원제도 시행, 2010년 발달재활서비스 확대 등을 통해 이용자가 서비스를 선택하는 새로운 제도들이 이러한 패러다임을 반영하는 방식으로 시행되었으나, 전체 장애인복지서비스에서 차지하는 비중은 그리 높지 않은 수준이다. 이러한 재정지원 방식의 개혁은 기존의 분절적 서비스를 장애인 개인의 욕구와 환경에 따라 서비스의 양과 내용을 구성하는 통합적 서비스로 개편하는 것과 함께 추진되어야 최대의 효과를 거둘 수 있다. 개별 서비스에 있어서 장애인복지관을 중심으로 욕구에 기반하여 서비스가 제공되는 방식이 일정 정도 작동하고 있으나 이 역시 전문가 중심의 임상적 사정에 치우치고 있어 세계적 추세라고 할 수 있는 이용자 중심의 재정 할당에 근거가 되는 욕구에 대한 통합적인 사정이 이루어지지 못하고 있다.

참고 문헌

국가인권위원회. 2013. 『장애인자립생활 기반 구축을 위한 국가보고서』.

김성희·변용찬·손창균·이연희·이민경·이송희·강동욱·권선진·오혜경·윤상용·이선우. 2011. 『2011년 장애인실태조사』. 보건복지부·한국보건사회연구원.

김성희·이연희·황주희·오미애·이민경·이난희·강동욱·권선진·오혜경·윤상용·이선우. 2014. 『2014년 장애인실태조사』. 보건복지부·한국보건사회연구원.

보건복지부. 2015. 『2011-2015년 보건복지부 소관 예산 및 기금운용계획 개요』.

윤상용. 2010. "OECD 회원국의 장애인복지지표 현황 및 시사점". 보건복지 Issue & Focus 제51호. 한국보건사회연구원.

윤상용. 2013. "장애인 최저소득보장체계 국제 비교 연구: 16개 OECD 회원국의 비기여 소득보전급여를 중심으로". 『보건사회연구』. 33(2): 159-188.

한국장애인고용공단 고용개발원. 2013. 『2013 장애인통계』.

National Disability Authority. 2011. *The Introduction of Individual Budgets as a Resource Allocation System for Disability Services in Ireland.*

OECD. 2010. *Sickness and Disability Policies Synthesis Report.* Paris: Author.

OECD. Social Expenditure Database (www.oecd.org/els/social/expenditure).

네이버 지식백과 (http://terms.naver.com)

제4부

발달장애인 지원

제**15**장 정상화와 사회적 역할 강화

▎김용득

　사회복지사들이 실천현장에서 만나는 많은 사람들이 발달장애인이다. 이들은 지적 또는 기능적 제한으로 자신의 의사를 전달하거나 자기의 이해를 주장하는데 어려움을 가지고 있다. 이런 제한점 때문에 사람들은 발달장애인이 어른이 되어도 어린아이처럼 생각하고 행동한다고 말한다. 이들을 위한 서비스는 어떤 전제 위에서 출발해야 할까? 발달장애인들에게 서비스를 제공하는 사회복지사들의 생각은 어떠해야 할까?

1. 개요

　발달장애인[1]의 부당한 처우에 문제를 제기한 것이 정상화이념의 출발

---

1) 미국 공법 101-496(P. L. 101-496)의 발달장애인 원조와 권리 장전(The Developmental Disabilities Assistance and Bill of Rights Act 1990)에서 규정하는 발달장애는 다음과 같다(김용득 · 김진우 · 유동철 편, 2007). 5세 이후에 지속되는 심각하고, 만성적인 장애로 신체적 혹은 정신적 손상을 동반하고, 22세 이전에 발생하며, 장기적으로 지속되는 경향이 있으며, 주요 생활활동 영역(자기보호, 수용언어와 표현언어, 학습, 이동, 자기지시, 독립생활 영역, 경제적 독립 등)에서 2가지 혹은 3가지 이상의 기능적 한계를 지니며, 특수하고 다학문적인 서비스가 필요한 장애로 규정한다. 즉 일반적인 보호나 치료 외에도 평생 동안에 걸친 장기적인 서비스 제공이 필요하며, 이러한 서비스는 개별화된 계획이나 조정된 서비스로 제공되어야 한다고 규정하고 있다.
우리나라 장애인복지법에서는 발달장애를 정의하고 있지 않다. 본 장에서는 우리나라 장애인복지법상의 지적장애인과 자폐성장애인을 포괄하는 개념으로 사용한다.

이다. 우리나라 사회복지에서 정상화이론은 어느새 진부한 이론으로 치부되는 것 같다. 장애인복지 영역에서 보면 장애에 대한 사회적 모델. 자립생활 등이 유행하는 단어가 되어 있고. 서비스 종사자의 훈련 프로그램이나 전문가의 세미나 주제들도 이런 새로운 개념들에 집중되어 있는 것으로 보인다.

그렇다면 정상화이론을 낡은 것으로 치부할 만큼 우리 현실이 달라졌는가? 그렇지 않아 보인다. 예를 들어 우리나라 거주시설서비스를 20년 전과 비교해 보면. 정부의 지원 수준은 조금 높아졌고. 시설이나 프로그램의 수준은 상당히 향상되었다고 볼 수 있을 것이다. 그러나 일반 사람들이 사는 동네에서 많이 떨어져 있고. 시설 당 거주인이 백 명이 넘는 시설이 아직도 많고. 하루의 거의 모든 시간을 시설에서 보내고. 한번 입소하면 거의 평생을 생활하게 되는 등 기본적인 생활의 모습들은 별반 달라지지 않았다.

우리나라에서 정상화이론이 소개된 시기는 1970년대 후반에서 1980년대로 볼 수 있다. 그 당시 우리에게 정상화는 '선진국에서나 가능한 일'이라고 생각했던 것 같다. 그리고 20년 이상이 지난 지금에 와서는 이미 케케묵은 옛날의 것으로 치부되고 있는 것 같다. 이 시점에서 우리의 실천 현장 서비스에서 정상화가 어느 정도 실천되고 있는지 질문해 볼 필요가 있다. 정상화의 몇 가지 원칙에 비추어 보면 우리나라 사회복지 현장은 정상화에 부합하지 않는 면을 너무나 많이 가지고 있는 것으로 보인다. 지역사회에서 분리된 시설. 개인의 개성을 존중받기에는 지나치게 큰 규모. 연령에 맞지 않는 프로그램 활동. 여러 종류의 사회복지시설의 집중. 의료 중심주의의 만연. 발달장애인의 자기결정능력에 대한 회의 등이 그러한 예라고 볼 수 있을 것이다. 이런 면에서 보면 정상화라는 목표는 과거의 것이 아니라 현재의 것이며, 특히 발달장애인의 비정상적인 삶의 조건을 해결하는 준거가 될 수 있다.

정상화이론은 1960년대 스칸디나비아 지역을 중심으로 발달장애인의 비정상적 생활환경에 대한 문제제기에서 출발한 것이다. 1970년대를 거치면서 정상화이론은 세계 각지에서 조금씩 다른 이름으로 발달장애인에 대한 정부정책에 강력한 영향을 미쳐왔다. 영국에서는 발달장애인의 일상적인 생활을 강조하는 '보통의 생활(ordinary life)', '사람들이 가치를 인정받으면서 살도록 하기(valuing people)' 등이 발달장애인 정책의 핵심적인 용어로 사용되어 왔다. 미국에서는 울펜스버거(Wolfensberger)의 연구 성과를 중심으로 '사회적 역할 강화(social role valorization)' 등의 이름으로 발달장애인 서비스의 이념적 토대가 되었다. 특히 사회적 역할 강화는 정상화이론을 서비스 종사자의 실천을 지도하거나 평가할 수 있는 수준으로 구체화하려는 노력의 결과이다. 본 장에서는 발달장애인의 서비스를 주도하는 이념과 원칙으로서의 정상화이론과 사회적 역할 강화를 살펴본다.

2. 장애인서비스와 정상화이념

정상화이론은 1960년대 후반 스칸디나비아에서 발달장애인(지적장애인) 서비스 실천의 원칙으로 제기된 이론으로 시설보호에 반대하며, 일상적인 생활 형태와 리듬을 강조하는 개념이다. 이러한 이론적 지향은 비슷한 시기에 북미에서 유행하여 울펜스버거(Wolfensberger) 등에 의하여 1970년대와 1980년대 초반을 거치면서 정교화 되었다.

정상화이념은 장애인을 분리시키는 기존의 지배적인 서비스 이데올로기에 반대하며, 정상적이고 일상적인 생활 리듬을 존중할 것을 강조한다. 이 이념은 아침에 일어나고 저녁에 잠자리에 드는 등의 행위를 포함하는 하루 일과에서의 정상적인 리듬, 일주일에 낮 시간의 5일은 직장에 나가서 일하고 일주일의 밤 시간과 주말은 휴식을 취하는 일주일의 정상적인 리듬. 일 년 중에 특정 시기에 휴가가 있고. 휴식 기간을 가지는 등의 일 년 동안의 정상적인 리듬 등을 서비스 분야에서도 동일하게 적용되어야 함을 주장한다(Cocks, 2001).

정상화는 개인의 성장과 발달에서 정상적인 발달 경험. 인생주기에서의 선택의 자유. 정상적인 이웃과 같이 하는 정상적인 가정에서의 삶. 지역사회에 통합되어 있는 삶을 강조하면서 시설 집중화에 반대한다. 정상화는 지역사회로의 이전이라는 현상적인 면에서는 탈시설화와 동일하지만 근본적인 지향은 다르다. 탈시설화는 시설 수용의 비인도성에서 출발하였지만 시설의 비용측면을 보다 강조한 흐름이다. 탈시설화는 시설 유지에 따른 비합리적인 재정 투입에 반대하여 복지예산 삭감의 정치적 논거로 사용되기도 하였다. 반면에 정상화는 시설수용에 반대한다는 측면에서는 탈시설화와 동일하지만 재정 투입의 대폭적인 증대를 통한 서비스 질의 향상을 주장하며 근본적으로 정상화를 위해서는 시설수용의 경우보다 훨씬 많은 예산이 투입되어야 함을 강조한다.

이러한 정상화이념은 계속해서 발전되면서 확산되어 서비스 제공에 있어서의 가장 강력한 하나의 이데올로기로 자리 잡게 되었다. 그리고 정상화이념과 이론은 장애인복지 분야의 서비스의 질을 개선시키는 강력한 기준으로 자리 잡아 가고 있다.

정상화개념은 덴마크 정신지체인 서비스의 권위자인 뱅크 미켈슨(Bank-Mikkelsen)에 의해 처음으로 공포되었는데. 그는 정상화를 '지적장애인들이 가능한 한 정상에 가까운 생활양식을 얻도록 해 주는 것'이라고 표현했다(Wolfensberger, 1972). 뱅크 미켈슨(Bank-Mikkelsen)은 이 이념이 1959년 덴마크 정부의 정신지체인서비스법에 채택되도록 하는데 지대한 영향을 끼쳤다. 그렇지만 이 이념이 체계적으로 설명되고 상세히 다듬어진 것은 니르제(Nirje)의 1969년 저술에서이다. 이러한 이론적 정리는 대통령 산하 정신지체인위원회의 후원으로 출간된 1969년의 '정신지체인 거주서비스의 변화된 유형들'이라는 책의 한 장에 포함되었다. 여기서 니르제(Nirje)는 이 이론을 '정신지체인의 일상생활에서 양식과 조건을 주류사회의 규범과 양식에 가능한 한 가깝도록 유효하게 만드는 것'이라고 설명하였다(Wolfensberger, 1972).

한편 미국에서는 울펜스버거(Wolfensberger)를 중심으로 정상화이론을 '가능한 문화적으로 일반적인 개인의 행동과 특성들을 만들어가고 또는 유지하기 위해, 가능한 문화적으로 일반적인 수단들을 이용하는 것'으로 정의하였다(Wolfensberger, 1972). 각 나라마다 다양하게 표현되고 있지만 정상화이념을 표현하거나 적용하는 일관된 특징은 문화적 특성과 높은 관련이 있다는 점이다. 그러나 정상화이론을 표현하는 구체적인 용어나 강조점은 문화에 따라 다소 다르게 표현되고 있다. 예를 들면 정상화이론은 다른 나라의 사회복지서비스들이 스칸디나비아의 서비스들과 똑같아야 한다는 것을 의미하는 것은 아니다. 정상화에서 가능한 사회복지서비스 수단들은 자기 문화의 전형과 일치해야 한다. 이는 일탈로 간주된 사람들이 일반적인 사람들과 유사하게 행동하고, 또 외모도 같은 또래의 사람들과 비슷할 수 있도록 하는 일과 관련이 있다. '일반적'이라는 용어는 도덕적 의미보다는 통계적인 의미를 가지고 있으며, 전형적임 또는 평범함과 비슷한 뜻을 내포한다고 할 수 있다.

3. 사회적 역할 강화의 정의와 목표

1) 사회적 역할 강화의 정의[2]

사회적 역할 강화의 정의는 '특히 가치 상실의 위험이 있는 사람들에게 그 사회에서 문화적으로 가치 있는 수단을 사용하여 가치 있는 사회적 역할을 수행할 수 있게 하고, 그 역할을 정립, 증진, 유지하거나 방어하는 것'이다(Cocks, 2001). 즉, 사회적 역할 강화는 가치 절하된 사람들이 가치가 인정되는 사회적 역할을 창출할 수 있도록 하는 것을 목표로 하는 이론이다.

가치 절하된 사람들이 사회적으로 가치를 인정받는 삶의 조건이나 사회적 역할을 획득하기 위해서는 크게 두 가지 노력이 필요하다. 첫째는 장애를 갖고 있는 사람들에 대한 사회적 이미지의 고양이다. 두 번째는 장애를 갖고 있는 사람들의 능력을 높이는 것이다. 일반적으로 이미지의 고양과 능력의 증진은 상호 영향을 주고받는다. 즉, 능력에 손상이 있는 사람들은 이미지에 손상을 입을 가능성이 높으며, 또한 다른 사람에 의해 이미지에 손상을 입은 사람들은 이에 대한 반응으로 능력에도 손상을 가져오는 경우가 많다.

2) 서비스의 목표: 이미지 개선과 능력 향상

사람들의 역할은 그 사람이 가지고 있는 능력과 그 사람에 대한 사회적 기대 또는 이미지를 반영하여 결정된다. 사회적 역할 강화에서는

---

[2] 울펜스버거(Wolfensberger)는 사회적 역할 강화는 발달장애인뿐만 아니라 가치 절하를 경험한 모든 취약한 사람에게 적용할 수 있다고 하였다. 그러나 본 장에서는 발달장애라는 맥락에서 사회적 역할 강화를 다룬다. 사회적 역할 강화는 정상화이론에 기초하고 있으며, 정상화이론이 발달장애인의 비정상적인 환경과 처우에 대한 문제의식에서 출발하였기 때문에 사회적 역할 강화 역시 발달장애인에 대한 초점을 가지고 있다고 볼 수 있다.

이 두 가지 요소를 강조한다.

능력이란 어떤 사람의 행동 레퍼토리. 기술. 습관. 동기 등과 이런 내적 자원들이 사용되는 형태를 말한다. 모든 역할이 높은 능력을 요하지는 않지만 보다 능력 있는 사람들이 사회적 역할을 더 잘 수행한다. 예를 들면 학생의 역할을 수행하기 위해서는 주의력이나 적응력 등의 정신적 능력이 필요하며 이런 능력이 많을수록 역할을 더 잘 수행하게 된다.

이미지는 사람들이 어떤 개인이나 집단에 대해 마음속에 가지는 심상을 말한다. 이러한 이미지들은 이미지를 판단하는 사람들이 가지고 있는 기대와 경험. 이미지 판단을 받는 개인이나 집단의 행동과 외모. 이미지를 판단하는 사람들이 판단을 받는 개인이나 집단에 대해 듣는 이야기. 이미지 판단을 당하는 개인과 집단을 표현할 때 사용되는 언어. 이미지 판단을 당하는 개인이나 집단에 부여되는 모든 종류의 상징 등이다. 이러한 모든 요인들이 전반적인 심상을 만들어내는 것이다.

능력과 이미지는 긍정적이거나 부정적으로 강한 상호작용을 한다. 개인의 능력이 높아질수록 이미지는 향상되며 좋은 이미지를 부여받은 사람들은 긍정적인 기대와 함께 능력 향상의 기회를 많이 가지게 된다. 따라서 가치 절하를 받은 사람들에 대한 서비스는 이미지 개선과 능력 향상을 목표로 한다. 이미지 개선과 능력 향상을 위한 서비스는 적절성과 효과성이라는 두 가지 요건을 충족해야 한다.

적절성이란 이미지 개선과 능력 향상의 측면에서 발생하는 욕구 충족에 관련된 서비스이어야 한다는 점을 지칭한다. 예를 들어 집이 없는 가족에게는 집을 주어야지 사진기술을 가르치는 것은 적절성이 거의 없는 서비스가 된다. 대부분의 발달장애인들은 이미지 개선과 능력 향상 양자 모두에 대한 욕구를 갖고 있으므로 서비스를 줄 때 양 욕구 중 일부라도 충족시킬 수 있어야 적절성이 있다고 할 수 있을 것이다.

효과성이란 개인에게 영향을 주어서 그 개인의 행동이 변화하고, 그 결과로 성장이나 정체성의 강화 등이 발생하는 정도를 말한다. 예를 들면, 모방이나 모델링은 행동을 변화시키는 데 효과성 있는 전략 중 하나로 알려져 있다. 또한 부적절한 행동을 줄이고 적응적인 행동을 강화하기 위하여 긍정적인 방향으로 물리적 환경을 바꾼다면 서비스의 효과성이 높아질 것이다.

서비스가 적절성은 낮지만 효과성이 높을 수 있다. 집 없는 가족에게 사진 기술을 가르칠 때 다양한 교수전략을 사용하여 효과적으로 사진 기술을 가르칠 수 있다. 그러나 여전히 그 서비스는 가족에게 적절성이 없다. 반면, 서비스가 적절성은 있지만 효과성이 낮을 수도 있다. 예를 들어 교육프로그램이 아동들에게 적절한 서비스이지만 기술과 동기가 부족한 교사가 유용성이 떨어지는 자료를 가지고 부적절한 장소에서 교육을 한다면 효과성은 낮을 것이다.

3) 이미지 고양과 능력 향상을 위한 전략

대인서비스의 운영에서는 이미지 고양과 능력 향상을 결합시켜야 효과적인데, 이를 몇 가지 차원에서 제시해 보면 다음과 같다.

서비스 장소와 관련해서 다음 요건들이 충족되어야 서비스가 사회적 역할을 강화하는데 효과적이다.
- 서비스 환경이 능력 있는 행동들을 인정하고 지원하고 있다.
- 서비스 장소가 긍정적인 역사를 가지고 있다.
- 사람들이 쉽게 접근할 수 있으며 지역사회 자원이 주위에 많이 있다.
- 물리적 외양이 주변의 특성과 잘 조화된다.
- 서비스 장소나 설비가 이용하는 사람들에게 편리하다.

- 외양이 매력적이고 이용자의 나이에 어울린다.

서비스를 이용하는 사람들에 대한 집단화는 다음과 같을 때 효과적이다.
- 가치 절하를 받은 사람들을 위한 또 다른 서비스에 접근하는 것을 최소화한다.
- 다른 서비스를 이용하고 있는 가치 절하를 받은 사람들과 함께 프로그램이나 활동을 해서는 안되며, 대신 가치를 인정받는 사람들과 함께 하도록 한다.
- 능력 있고 나이에 적절하다는 이미지를 주도록 이용자를 선발한다.
- 능력 있고 긍정적 이미지를 주는 직원을 채용한다.

서비스에서 이루어지는 활동에 관해서 보면 다음과 같을 때 효과적이다.
- 이용자의 욕구를 정확히 충족시키되, 개별화되고 도전을 주는 방식으로 한다.
- 사회의 일반적인 규범과 유사하게 시간계획을 따르며, 비슷한 연령의 사람들이 하는 방식과 유사한 활동을 한다.
- 이용자가 도구를 사용하거나 소유할 때 그의 나이에 맞고 능력을 향상시키는 데 도움이 되는 것을 택한다.
- 활동의 내용은 이용자, 직원, 일반 대중들과의 상호작용을 증가시키고 정체성을 키울 수 있는 것이어야 한다.

운영의 이미지 측면에 관해서 보면 다음과 같을 때 효과적이다.
- 타인에게 이용자를 긍정적으로 표현하는 언어를 사용한다.
- 보다 나은 외모를 유지할 수 있도록 돕는다.

● 이용자에 부정적 편견을 갖게 하는 서비스 명칭이나 모금 활동은 피한다.

사회적 역할 강화 전략은 이미지 고양과 능력 향상 모두를 얻는 것을 목표로 하지만 장기적으로는 이미지를 더 중요하게 다룬다. 왜냐하면 이미지 형성은 관찰자의 마음에 깊이 남겨지고 잘 달라지지 않기 때문이다. 능력을 향상시키고 이미지를 개선시키기 위해 해야 할 일들은 조직의 수준에 따라 다양하지만 서비스에서 이 모든 요구가 동시에 극대화될 수 없다는 사실이 혼란과 오해의 원인이 된다. 이렇게 되는 원인 중 하나는 복합적인 요구들 사이에 충돌이 생길 수 있기 때문이다. 예를 들면 능력 향상을 위한 조치들과 이미지 개선을 위한 조치들 간에 갈등이 생길 수 있다. 이러한 갈등을 해결할 수 있는 방법 중 하나는 전반적인 사회적 역할 강화를 최대화할 수 있는 방법을 채택하는 것이다.

4. 사회적 역할 강화의 쟁점과 대안

사회적 역할 강화는 이미지 고양과 능력 향상을 추구한다. 그러나 이것만으로는 불충분하며, 서비스가 가치 절하를 받은 사람들의 사회적 역할을 강화할 수 있도록 하기 위해서는 보다 구체적인 차원의 노력이 필요하다. 이런 차원에서 가치 절하 과정에서 중요한 영향을 미치는 일곱 가지 이슈와 각 이슈에서 대안이 될 수 있는 구체적인 전략들을 제시하면 다음과 같다(김용득, 2007).

1) 무의식의 의식화

　무의식의 의식화에 관련된 쟁점은 대인서비스에서 무의식이 차지하는 영향력에 대한 것이다. 무의식은 인간의 거의 모든 행동에 영향을 미친다. 즉, 먹고, 입고, 물건을 구입하고, 금전을 지출하고, 거주 장소를 정하고, 친구나 배우자를 선택하고, 종교를 선택하고, 아동을 양육하는 방법을 선택하는 등 일련의 활동의 결정에 무의식이 작용하게 된다. 이처럼 무의식의 광범위하고 일반적인 속성은 대인서비스 분야에서도 동일하게 나타날 것이다. 대인서비스 세팅에서 기획자, 관리자, 서비스 전달자, 이용자 등 어떤 사람들도 무의식의 덫에서 자유로울 수는 없을 것이다. 대인서비스 분야에 종사하는 많은 사람들이 무의식적으로 이해하는 것들은 첫째, 다수에 의한 많은 사람에 대한 사회적 가치 절하의 현실과 역동성, 둘째, 장애로 인하여 사회적 평가 절하를 당하고, 상처 입은 사람들의 본질, 셋째는 대인서비스들이 수행하고 있는 진정한 기능 등에 관한 것 등이다.

　정상화이론은 의식은 무의식 상태보다 나은 것이며, 부정적인 감정과 역동성이 긍정적으로 변화하기 위해서는 의식화되어야 한다는 전제를 가지고 있다. 특히, 사회의 특정 집단에 대한 억압과 가치 절하에 기여하는 대인서비스의 무의식적이며 부정적인 역동성의 확인에 큰 관심을 가지고 있다. 그리고 이러한 가치 절하된 사람들의 사회적 지위를 개선할 수 있는 전략을 제공하는데 집중적인 관심을 가지고 있다. 또한 PASSING[3]과 같은 정상화에 기초를 둔 서비스 평가도구를 통해서

---

3) Wolfensberger(1983)에 의해서 정립된 평가도구로서 'Program Analysis of Service System's Implementation of Normalization Goal'의 약어이다. 이 도구는 운영자나 담당자의 의식을 중요하게 고려한다. 각 지표는 5점으로 측정되는데, 5점 수준이 되기 위해서는 지표의 기준을 높은 수준으로 충족하고 있을뿐만 아니라 높은 수준이 서비스 운영자나 담당자의 의식적인 목표를 통해서 유지되고 있음을 조건으로 한다.

대인서비스에 종사하는 사람들이 주기적으로 의식을 점검하도록 하고 있다. 무의식에 관한 이해는 사회적 역할 강화의 핵심적인 개념이다. 사회적 역할 강화의 핵심적인 전략 중의 하나는 무의식적으로 지각되는 내용을 의식차원으로 끌어 올리는 것이다.

2) 일탈극복을 위한 '역할'의 중요성

역할의 중요성과 관련된 쟁점은 일탈을 만들어 내거나 또는 일탈에서 벗어나게 하는데 역할기대(role-expectancy)와 역할순환성(role-circularity)이 차지하는 중요성과 관련이 있다. 일반적으로 사람들이 스스로 선택하거나 다른 사람으로부터 부여받은 사회적 역할은 가장 중요한 사회적 영향력으로 작용하며, 동시에 개인에 대한 통제의 수단이 되기도 한다. 무의식과 마찬가지로 역할기대와 역할순환성의 역동성은 강력하면서도 친숙한 개념이다. 이러한 역동성은 때로는 "자기 완성적 예언"으로 불리기도 한다. 역할기대의 역동성을 일의 세계에 적용하면, 특정한 개인이나 집단이 다른 사람의 행동이나 잠재능력에 대하여 특정한 역할기대를 가지게 되는 경우 이러한 기대를 갖고 있는 개인이나 집단은 다른 사람에게 기대하는 행동에 부합하는 환경이나 조건을 제공하게 될 것이다.

다른 사람에 대한 역할기대가 전달되는 방식은 개인에게 주어진 물리적 환경의 구조, 개인에게 수행하도록 하는 행동, 개인에 관하여 사용되는 언어, 개인과 유사하다고 비유되는 사람, 사회적 메시지를 전달하는 혼합적이고 복합적인 이미지와 상징 등이다. 이러한 모든 요인들은 기대되는 방식으로 행동하는 경향이 있는 역할기대의 대상이 되는 개인과 집단으로부터 추출된 것이다. 일단 개인 또는 집단이 기대된 대로 행동하게 되면 그 기대는 또 다른 사람들에 의해서 공유되고, 다시 이런 여러 사람에 의해 강화된 기대가 개인으로 하여금 기대에 더욱 일치하게 만들게 된다. 이렇게 하여 결국은 기대된 행동이 매우 강력하게 스며들게 된다.

사회적으로 가치 절하를 받은 사람들의 경우 그들에게 주어지는 역할기대는 대개의 경우 부정적인 것들이다. 이러한 부정적인 것들의 예는 준인간(sub-human: 동물, 야채, 대상물 등), 공포나 위협의 대상, 연민이나 자선의 대상, 조소의 대상, 병든 유기체, 영원한 아이같은 존재 등이다. 이러한 역할기대는 당연히 부정적인 결과를 낳는다. 이러한 역할기대에 의하여 가치 절하를 받고 있는 사람들은 동물 또는 위협적인 존재처럼 행동하게 되며, 병자의 역할을 전제하고 받아들이게 된다. 이러한 결과로 가치 절하를 받은 사람들은 실제로 그들이 할 수 있는 수준의 능력보다는 훨씬 낮은 능력을 보이게 된다.

이러한 전통적으로 내려오던 부정적 관행에 반하여, 정상화는 가치 절하의 위험에 놓여있는 사람들이 학생, 노동자, 주인, 임차인, 친구, 배우자, 시민 등과 같이 긍정적인 사회적 역할이 기대되어야 함을 강조한다. 그리고 이와 부합하는 역할기대가 확장되어야 함을 주장한다. 서비스 영역에서 이러한 긍정적인 역할기대가 전달되기 위해서는 서비스는 매력적이고 편안한 장소에서 전달되어야 하며, 연령에 부합하는 매력적인 프로그램 활동을 개발하여야 하고, 이용자는 연령에 부합하며 사회적으로 가치 있는 외모를 가꾸도록 지원되어야 한다. 그리고 가능한 한 이용자의 욕구, 프로그램의 기능, 직원의 정체성 등이 이미지를 고양시키는 연결이 될 수 있도록 해야 한다. 또한 이용자를 지칭하는 언어도 지위를 고양시키는 것이어야 한다. 가치를 인정받는 사회적 역할을 창출해 내는 것은 정상화의 가장 최상의 목표이다. 왜냐하면 사람의 정체성을 결정하는 능력과 이미지의 고양 등과 같은 것들은 가치를 인정받는 사회적 역할이 창출된다면 자동적으로 생겨날 것이기 때문이다.

따라서 대인서비스 기관들은 이용자들이 사회적으로 가치 절하당하거나 일탈적인 존재로 간주되는 상황을 방지할 수 있는 모든 노력을 기울여야 한다. 그리고 이러한 일들은 의식적으로 노력한다면 가능한 일들이 많이 있을 것이다. 이용자가 이미 사회적으로 가치 절하를 받고 있는 상황이라면 이 사람에게 부여되어 있는 부정적인 역할모델을 타파하고, 가능한 넓은 영역에서 긍정적인 사회적 역할을 확립할 수 있도록 지원하는데 노력하여야 한다.

3) 취약성의 예방

취약성의 이슈는 정상화 원칙에 대한 조심스러운 추론(conservative corollary)의 필요성에 관한 것이다. 대부분의 사람들은 부정적으로 가치 평가될 수 있는 몇 가지 특성들을 가지고 있을 것이다. 그러나 이러한 부정적인 측면들이 전체에서 차지하는 비중이 아주 적기 때문에 사소한 부정적인 특성으로 인하여 일탈적인 역할의 수행자가 되지 않을 뿐만 아니라 사소한 부정적인 특성이 당사자들의 전체적인 기능을 방해하지도 않는다. 그러나 이미 가치 절하를 받은 사람들은 계속적인 가치 절하와 부정적 경험에 높은 취약성을 내포하고 있다. 따라서 사회에 의한 가치 절하에 대하여 취약한 사람일수록 이러한 취약성을 예방하거나 긍정적으로 평가될 수 있는 특성을 증진시킴으로써 이러한 취약성을 상쇄시키는 것이 더욱 중요해진다. 예를 들어 어떤 지적장애인이 언어장애를 가지고 있고, 근시를 가지고 있는 사람처럼 행동하고, 이상한 머리모양을 하고 있는 등의 경우에 이런 몇 가지 실제들이 상호작용하여 대부분의 사람들에게 즉각적으로 이상하다는 생각을 들게 만들것이다. 그리고 이러한 이상하다는 생각 때문에 많은 사람들은 이 지적장애인에게 부정적으로 반응하게 될 것이다. 또 어떤 사람이 다리를 절고, 누더기 같은 잘 맞지 않는 옷을 입고 있는 경우에 거리를 지나가는 대부분의 행인들은 즉각적으로 이 사람을 문제가 있는 사람으로 볼 것이며 심지어는 '시설에서 수용되었다가 나온 정신질환자', '부랑자' 등으로 생각할 것이다.

가치 절하당하는 위험상태에 있거나 거부되는 상황에 있는 사람들이 '스티그마'가 부여되어 있는 다른 사람들과 집단화되는 경우 매우 심각하고 빠른 속도로 사회적 가치 절하가 진행되게 된다. 예를 들어 많은 사람들이 다니는 거리에서 여섯 사람이 개별적으로 걸어 다닐 때는 이들 여섯 사람 중에 다리를 저는 사람이나, 이상한 머리모양을 하고 있는 사람이나, 또는 이상한 옷차림을 하고 있는 사람이 지나가는 행인에게 특별한 시선을 받지 않을 것이다. 왜냐하면 이런 정도의 개별적인 이상함은 일상적으로 거리에서 마주칠 수 있는 모습이기 때문이다. 그러나 이러한 여섯 사람이 집단을 이루어 같이 다닌다면, 그 집단 전체는 부정적으로 인식될 것이다. 이러한 집단에 대하여 관찰자는 한눈에 이들을 근처의 사회복지시설에서 나온 사람들 또는 부랑인으로 생각하게 될 것이다. 따라서 정상화의 보수적인 추론에서는 개인이 받는 스티그마의 가지수가 많고, 스티그마를 받는 정도가 심할수록, 또 한 집단 내에 스티그마를 부여받고 있는 사람의 숫자가 많을수록 스티그마를 감소시키는데 불리하다는 사실을 강조한다. 그리고 스티그마가 집단화되어 있는 상황에서는 긍정적으로 가치 평가를 받을 수 있는 특성들을 개인이나 집단이 가지고 있다고 하더라도 이러한 특성을 통하여 부정적인 스티그마를 상쇄시키는 것이 더 어려워진다.

이러한 점을 감안한다면 사회적으로 가치 절하를 받고 있는 사람들은 일반 시민에게 일반적이고 유행하는 삶의 상황들을 경험할 필요가 있을 뿐만 아니라, 더 나아가 보다 적극적으로 그 사회의 문화에서 명백하게 가치 있는 것으로 판단되는 삶의 조건들을 경험할 수 있도록 하여야 한다. 사회의 일반 구성원들에게는 '정상적'인 것이 이미 사회적으로 가치 절하를 받았거나 받을 위험에 놓인 사람들에게는 최선의 정상화 방법이 되지 못할 수도 있다는 것이다. 즉, 최선의 가치 평가를 받을 수 있는 수준이 아닌 단순히 '정상적인 또는 일상적인 수준'은 위험 상황에 있는 사람들에게는 비정상화시키는 환경, 일탈을 만들어 내는 환경이 될 수도 있다. 따라서 다른 사람의 입장에서 가치 절하를 받은 사람들에 대하여 단지 중립적인 입장을 견지하는 것만으로는 충분한 서비스가 되지 못한다. 오히려 가능한 한 가장 긍정적인 지위를 가질 수 있도록 노력하여야 한다. 그 사회의 문화에서 중립적인 수단이나 도구들을 이미 가치 절하를 받은 사람들에게 적용하는 서비스만으로는 불충분하다. 오히려 이용자들의 이미지를 고양시킬 수 있는 수단이나 도구를 활용하여야 한다.

4) 발달모델의 지향

발달모델(developmental model)은 개인의 능력 고양에 관한 것이다. 장애를 갖고 있는 사람들의 대부분은 일반 사람의 경우보다 능력을 저하시키는 기능상의 손상을 가지고 있다. 이러한 정신적, 신체적 장애로 인하여 다른 사람들처럼 직업을 가지기 어렵거나, 다른 사람과 성숙한 대인관계를 맺기가 어려운 경우가 많다. 장애를 가지고 있지 않은 사람들조차도 낮은 역할기대 속에서 생활하였거나, 성장과 발달에 도움이 될 수 있는 기회나 경험을 박탈당하였거나, 부정적인 역할모델 속에 집단화되었거나 하는 경우에는 능력 발휘에 제한을 받게 된다. 정상화는 가치 절하를 받고 있거나 가치 절하의 위험에 놓인 사람들의 능력이 고양되어야 함을 강조한다. 서비스가 이용자의 능력을 고양시킬 수 있는 가장 강력한 방법은 서비스 전달에 있어서 '발달모델'을 도입하는 것이다. 이 모델이 적절하게 수행되었을 때에는 괄목할만한 이용자의 성장을 이끌 수가 있다. 왜냐하면 이 모델은 성장을 위한 모든 사람들의 능력에 긍정적인 가정을 갖고 있고, 높은 기대수준을 포함하고 있으며, 개인의 발달을 지원하기 위하여 효과적인 교육방법과 바람직한 장비를 사용할 것을 원칙으로 하고 있기 때문이다.

5) 긍정적 모방과 모델링

모방과 모델링의 쟁점은 모방의 중요성에 관한 것이다. 모방은 지금까지 알려진 학습 방법 가운데 가장 강력한 것이다. 개인의 성격, 다른 사람이나 환경과 상호작용하는 방식, 옷 입기나 언어습관 등 인간행동의 거의 대부분은 모방의 역동적인 과정을 통해서 만들어진다. 대인서비스를 이용하는 사람들에게 제공되는 모방에 관련된 모델은 아직도 부적절한 것이 많다. 가치 절하를 받은 사람들은 공통적으로 가치를 인정받는 사회나 모델로부터 분리되어 있고, 사회적으로 가치 절하되는 특성을 가지고 그런 행동을 보이는 사람들과 함께 모여 있으며, 가치 절하된 사람들을 보살피는 사람들은 가치를 인정받는 사람들을 보살피는 사람보다 낮은 능력을 갖고 있는 경우가 많다. 예를 들어 발달장애를 갖고 있는 아동의 경우에는 장애를 갖고 있지 않은 또래들과의 긍정적인 교제가 제한되어 있으며, 발달장애를 가지고 있는 아동들끼리 어울리는 경우가 많다. 또한 가벼운 손상을 입은 사람들은 보다 심각한 손상을 보이는 사람들이나 부적절한 행동을 보이는 사람들과 집단화되는 경향을 보이고 있다.

정상화는 이 모델을 통하여 사회적으로 가치 절하를 받은 사람들에게 사회적으로 적절하며 가치 있는 행동 모델이 제공될 수 있도록 모방의 역동적 과정이 긍정적으로 형상화되어야 함을 강조한다. 또한 정상화는 서비스를 이용하는 이용자로 하여금 가치 있는 모델과의 동일시를 강조한다. 왜냐하면 사람들은 스스로 동일시하는 대상에 대하여 모방이 더 잘 일어나기 때문이다.

6) 이미지와 상징의 개선

이미지와 상징은 사회적 이미지의 역동성에 관한 것이다. 무의식적인 이미지 연상과정은 모방과 함께 가장 효과적인 학습과 사회적 통제의 방법으로 알려져 있다. 사회적으로 가치 절하를 받는 사람들과 연상되는 상징과 이미지는 계속적으로 부정적인 요소를 생산해 낸다. 이러한 상징의 예들은 야수성, 질병과 죽음, 무력함, 악, 범죄, 무가치, 무능력, 조소 등이다. 이러한 이미지 연상은 무의식적으로 일어나지만, 사람들의 역할기대와 사람들에 대한 가치평가에 중대한 영향을 미친다. 그리고 가치 절하를 받고 있는 특정 사람들에 대한 많은 이미지 연상은 오랜 세대를 통하여 전승되어 온 것이다. 이러한 예들은 맹인 거지와 검은 안경, 원주민과 게으름, 수염을 깎지 않는 사람과 범죄자 등이다. 정상화는 사회적 가치 절하를 받은 사람들의 이미지가 향상되어야 함을 강조한다. 이는 가치 절하를 받은 사람들에 관한 이미지와 관련이 있는 모든 대인서비스의 요소들은 긍정적인 이미지를 전달하는 것이어야 함을 의미한다.

7) 사회 통합(Social Integration)

통합이란 한 개인이 가치를 인정받는 방식으로 지역사회에 인격적인 개인으로서 참여하게 하는 것이다. 여기의 중요한 단어는 개인(personal) 과 참여(participation)이다. 개인이라고 하는 것은 통합이 이루어지기 위해서는 가치가 저하된 사람들의 집단이 아닌 개인 그 자체의 관점에서 보아야 한다는 것을 의미한다. 그리고 참여는 단지 해당 장소에 몸이 간다는 의미가 아니라 사회적으로 인정받는 방식을 통해 개인적으로 참여하는 것을 의미한다. 통합이란 필요한 지원 없이 어떤 지역사회로 사람을 밀어 넣는 것이 아니다. 이것은 '덤핑(dumping)'이며, 이러한 행위는 가치를 떨어뜨리는 결과를 초래한다. 통합이란 지역사회 안에 소그룹의 가치 절하 받은 사람들을 이주시키는 것만을 의미하는 것이 아니다. 이러한 방식으로의 통합은 사람들이 가치 있는 지역사회에 참여하고 배울 수 있는 기회를 제한함과 동시에 가치 절하 받는 사람들의 집합체를 만들 뿐이다. 그리고 통합은 가치 절하를 받은 사람들을 다른 가치 절하의 위험에 있는 사람들과 함께 살도록 하는 것을 포함하지 않는다. 예를 들면 노인서비스 안에 발달장애인을 같이 살도록 하는 것은 통합을 만들어 내지 못할 것이며, 오히려 양쪽 집단 모두에게 더 심각한 가치 절하를 가져오게 할 것이다.

만약에 필요한 기술이나 필요한 지원이 주어지지 않아서 가치 절하를 받은 사람들이 함께 있는 지역사회에서 사실상 분리되어 있다면 통합이라고 할 수 없다. 일반학교에 다니는 발달장애아동이 필요한 사회적 기술을 배우지 못하고 필요한 지원을 받지 못한다면 다른 아이들로부터 소외되고 분리되어질 것은 당연할 것이기 때문이다. 또한 통합은 가치 절하된 사람들이 분리된 채로 집단화되어 있는 환경에 가치를 인정받는 사람이 초청되는 경우를 의미하는 것도 아니다. 이러한 경우를 역통합이라고 부른다. 통합이란 가치 있는 물리적, 사회적 환경 속에서 정상적이고 가치 있는 시민들과의 활동과 접촉을 의미하며, 이들 관계에 사람들이 개인적으로 참여하는 것을 의미한다.

이러한 통합의 정의는 한 사람이 지역사회에 참여하는 일원이 되기 위해서 필요한 모든 기술을 가져야 한다는 것을 의미하지는 않는다.

발달장애인들이 여러 해 동안 혹은 전 생애를 소비하여 지역사회의 생활 기술을 배웠음에도 불구하고, 여타 지역사회로부터는 소외된 채, 그리고 배운 기술을 실제에 활용할 수 있는 기회를 가져보지 못한 채 살아 간다면 지역사회 생활기술을 배우는 것은 통합에 아무런 의미도 주지 못할 것이다. 이렇게 된다면 장애인들은 지역사회에 동화될 수 있는 자질이 길러지기를 끝없이 기다리는 영원한 학생이 될 수밖에 없을 것이다. 따라서 사회통합은 교육과 훈련의 과정이 참여의 과정과 동시에 일어날 것을 요구한다.

5. 사회적 역할 강화와 서비스 평가

울펜스버거(Wolfensberger)는 사회적 역할 강화를 서비스 담당자들이 의식적으로 실천하도록 하고, 자신들의 실천에 대해서 주기적으로 점검할 수 있도록 평가도구를 개발하였다. 1983에 발간된 'PASSING(Program Analysis of Service System's Implementation of Normalization Goal)'에서 사회적 역할 강화 이론의 체계와 이를 평가하는 도구를 제시하였다.

PASSING는 사회적 역할 강화와 마찬가지로 크게 사회적 이미지 향상과 개인능력의 향상이라는 두 가지 요소를 중심축으로 하고 있다. 그리고 이 두 가지 축에다 세팅(물리적 환경), 이용자의 집단화와 사람들과의 관계 구성, 서비스 활동과 시간 사용, 언어나 상징 등의 사용 등 네 가지 영역을 설정하였다. 두 가지 축과 네 가지 영역을 통하여 다음과 같이 42개 척도를 구성하였다.

구분	1. 사회적 이미지 개선(27개)	2. 개인능력 향상(15개)
01 물리적 위치	11영역(11개 척도)	21영역(6개 척도)
02 집단과 타인 간 관계	12영역(7개 척도)	22영역(6개 척도)
03 활동과 시간활용	13영역(3개 척도)	23영역(3개 척도)
04 언어, 상징, 이미지	14영역(6개 척도)	해당 없음

42개의 각 척도의 표식은 분류체계를 표현하고 있다. 첫 번째 등장하는 'R'이라는 표시는 척도임을 의미한다. R 다음에 나오는 첫 번째 숫자가 1이면 이용자의 이미지 향상과 관련된 척도라는 표시이며, 2이면 능력 향상과 관련된 척도라는 표시이다. 그리고 R 다음의 두 번째 숫자는 척도의 영역을 표시한다. 건물과 환경에 관한 척도는 1, 서비스 집단화와 타인과의 관계는 2, 활동과 시간 활용은 3, 언어와 상징 등의 이미지는 4로 표시된다. 이렇게 표시된 척도의 구성을 간단히 제시하면 다음과 같다.[4]

1 RATING PRIMARY RELATED TO SOCIAL IMAGE ENHANCEMENT
　(사회적 이미지 고양과 관련된 척도)
11 IMAGE-RELATED PHYSICAL SETTING OF SERVICE
　(이미지와 관련된 서비스의 물리적 세팅)
111 SERVICE-NEIGHBOURHOOD HARMONY
　(서비스와 인근지역과의 조화)

---

4) Wolfensberger는 PASSING의 실제 사용을 위해서는 엄격한 훈련을 받아야 한다는 점을 전제하고 있다. PASSING이 척도의 구성이나 사용하는 언어 등에서 매우 정교하고 미묘하기 때문에 잘못 사용될 우려가 크다는 점을 강조하고 있다. 본 장에서 PASSING척도를 제시하는 것은 실제로 평가에 사용할 수 있도록 하려는 것이 아니라 발달장애인을 위한 서비스가 어떤 방향과 원칙에서 실천되어야 하는가의 기준을 구체적으로 제시해보는 데 있다.

R1111 SETTING-NEIGHBOURHOOD HARMONY

(세팅(건물)이 인근지역과 조화를 이루는가?)

R1112 PROGRAM-NEIGHBOURHOOD HARMONY

(프로그램이 수행하고자 하는 기능이 인근지역과 조화를 이루는가?)

112 SETTING AESTHETICS

(세팅의 미적인 측면)

R1121 EXTERNAL SETTING AESTHETICS

(외관이 적합한가? 건물외관이 매력적인가?)

R1122 INTERNAL SETTING AESTHETICS

(내부 인테리어가 적합한가? 세팅 인테리어가 매력적인가?)

113 SETTING APPEARANCE CONGRUITY WITH CULTURALLY VALUED ANALOGUE

(문화적인 가치와 건물 외관과의 부합성)

R1131 EXTERNAL SETTING APPEARANCE CONGRUITY WITH CULTURALLY VALUED ANALOGUE

(외부 세팅이 문화적인 기대와 일치하는가?)

R1132 INTERNAL SETTING APPEARANCE CONGRUITY WITH CULTURALLY VALUED ANALOGUE

(내부 세팅이 문화적인 기대와 일치하는가?)

114 SETTING AGE IMAGE

(세팅의 연령 이미지)

R1141 EXTERNAL SETTING AGE IMAGE

(외부 세팅이 비슷한 연령대의 환경과 일치하는가?)

R1142 INTERNAL SETTING AGE IMAGE
(내부세팅이 비슷한 연령대의 환경과 일치하는가?)

115 MISCELLANEOUS IMAGE ASPECTS OF THE PHYSICAL SETTING
(물리적 세팅의 기타 이미지 관련 측면)

R1151 IMAGE PROJECTION OF SETTING-PHYSICAL PROXIMITY
(물리적으로 근접해 있는 세팅들이 긍정적 이미지를 투사하는가?)

R1152 IMAGE PROJECTION OF SETTING-HISTORY
(세팅이 과거에 긍정적 이미지를 가졌던 장소인가?)

R1153 IMAGE PROJECTION OF SETTING-OTHER INTERNAL PHYSICAL
FEATURES
(기타 세팅의 내부 모습이 긍정적인 영향을 미치는가?)

12 IMAGE-RELATED SERVICE-STRUCTURED GROUPINGS AND
RELATIONSHIPS AMONG PEOPLE
(이미지와 관련된 서비스 집단 구성과 다른 사람과의 관계)

R121 IMAGE PROJECTION OF PROGRAM-TO PROGRAM JUXTAPOSITION
(가치 절하를 받는 프로그램들이 병렬되어 있는가?)

R122 SERVICE-NEIGHBOURHOOD ASSIMILATION POTENTIAL
(서비스가 주변에 동화(소화, 흡수) 가능한가?)

123 IMAGE PROJECTION OF INTRA-SERVICE CLIENT GROUPING-COMPOSITION
(이용자 집단 구성의 이미지 투사)

R1231 IMAGE PROJECTION OF INTRA-SERVICE CLIENT
GROUPING -SOCIAL VALUE
(서비스 내 이용자의 집단 구성이 사회적 가치 측면에서 어떠한가?)

R1232 IMAGE PROJECTION OF INTRA-SERVICE CLIENT
GROUPING-AGE IMAGE
(서비스 내 이용자의 집단 구성이 연령측면에서 어떠한가?)

R124 IMAGE-RELATED OTHER INTEGRATIVE CLIENT CONTACTS &
PERSONAL RELATIONSHIP
(클라이언트 접촉과 개별적인 관계가 긍정적 이미지를 만드는가?)

125 SERVICE WORKER IMAGE ISSUES

R1251 SERVICE WORKER-CLIENT IMAGE TRANSFER
(서비스 종사자의 이미지가 이용자에게 긍정적인 영향을 미치는가?)

R1252 SERVICE WORKER-CLIENT IMAGE MATCH
(서비스 종사자의 이력이나 자격이 이용자에게 제공하는 서비스와
부합하는가?)

13 IMAGE-RELATE SERVICE-STRUCTURED ACTIVITIES & OTHER
USES OF TIME
(이미지와 관련된 서비스에서 수행하는 활동과 시간 사용)

R131 CULTURE-APPROPRIATE SEPARATION OF PROGRAM FUNCTIONS
(프로그램 기능이 일반적인 문화적 기준에 부합하게 분리되어
있는가?)

R132 IMAGE PROJECTION OF PROGRAM ACTIVITIES &ACTIVITY
TIMING
(프로그램 활동내용과 활동시간이 일상적인 기준에 부합하는가?)

R133 PROMOTION OF CLIENT AUTONOMY & RIGHTS
(이용자의 자율성과 권리를 증진시키는가?)

14 IMAGE-RELATED MISCELLANEOUS OTHER SERVICE LANGUAGE,
SYMBOLS & IMAGE
(이미지와 관련된 기타 서비스 언어, 상징, 이미지)

R141 PROGRAM ADDRESS OF CLIENT PERSONAL IMPRESSION
IMPACT
(프로그램이 이용자를 어떻게 묘사하고 있는가?)

R142 IMAGE-RELATED PERSONAL POSSESSIONS
(이용자가 소유하고 있는 물건이 이용자에게 어떤 이미지를 주는가?)

143 IMAGE PROJECTION OF LANGUAGE & LABELLING PRACTICES
(언어와 명칭의 이미지 투사)

R1431 IMAGE PROJECTION OF PERSONAL LABELLING PRACTICES
(호칭이 연령에 적합하고 긍정적인가?)

R1432 AGENCY, PROGRAM, SETTING & LOCATION NAME
(기관, 프로그램, 위치 등의 명칭이 적합하고 긍정적인가?)

R144 IMAGE PROJECTION OF SERVICE FUNDING
(주요 재정이 어디서 조달되는가?)

R145 IMAGE PROJECTION OF MISCELLANEOUS ASPECTS OF SERVICE
(서비스의 기타 측면에서 광고 문구, 로고의 내용, 팸플릿의 내용
등이 어떤 이미지를 가지는가?)

2. RATING PRIMARY RELATED TO PERSONAL COMPETENCY
ENHANCEMENT
(개인의 능력 향상과 관련된 척도)

21 COMPETENCY-RELATED PHYSICAL SETTING OF SERVICE
(능력과 관련된 서비스의 물리적 세팅)

211 SETTING ACCESSIBILITY

(세팅의 접근성)

R2111 SETTING ACCESSIBILITY - CLIENTS & FAMILIES

(이용자와 가족들이 서비스 장소에 얼마나 편리하게 접근할 수 있는가?)

R2112 SETTING ACCESSIBILITY - PUBLIC

(지역사회 주민들이 서비스 장소에 얼마나 편리하게 접근할 수 있는가?)

R212 AVAILABILITY OF RELEVANT COMMUNITY RESOURCES

(이용자들에게 필요한 지역사회자원을 얼마나 편리하게 이용할 수 있는가?)

R213 PHYSICAL COMFORT OF SETTING

(이용자들이 사용하는 서비스 장소가 물리적으로 얼마나 편안하고 안락한가?)

R214 CHALLENGE/SAFETY FEATURES OF SETTING

(위험에 대하여 과잉하지 않으며, 동시에 기본적인 안전을 확보하고 있는가?)

R215 INDIVIDUALIZING FEATURES OF SETTING

(개별 공간 등을 통하여 개별화를 지원하는가?)

22 COMPETENCY-RELATED SERVICE-STRUCTURED GROUPINGS & RELATIONSHIPS AMONG PEOPLE

(능력과 관련된 서비스 집단 구성과 다른 사람과의 관계)

221 CLIENT GROUPING

(이용자 집단화)

R2211 COMPETENCY-RELATED INTRA-SERVICE CLIENT GROUPING - SIZE

(집단크기가 이용자들의 능력이 향상되는데 적절한 수준인가?)

R2212 COMPETENCY-RELATED INTRA-SERVICE CLIENT GROUPING – COMPOSITION

(서비스 이용자 집단 구성이 이용자의 능력을 향상시키는데 적합하게 되어 있는가?)

R222 COMPETENCY-RELATED OTHER INTEGRATIVE CLIENT CONTACTS & PERSONAL RELATIONSHIPS

(서비스를 통해서 만나는 사람들과의 접촉과 관계는 능력 향상에 긍정적인가?)

R223 LIFE-ENRICHING INTERACTIONS AMONG CLIENTS, SERVICE PERSONNEL & OTHERS

(이용자, 서비스 종사자, 접촉하는 일반인들 사이의 상호작용이 긍정적인가?)

R224 PROGRAM SUPPORT FOR CLIENT INDIVIDUALIZATION

(이용자의 개별화를 지원하는 프로그램이 있는가?)

R225 PROMOTION OF CLIENT SOCIO-SEXUAL IDENTITY

(이용자의 사회적-성적 정체성을 증진시키는가?)

23 COMPETENCY-RELATED SERVICE-STRUCTURED ACTIVITIES &OTHER USE OF TIME

(능력과 관련된 서비스에서 수행하는 활동과 시간 사용)

R231 PROGRAM ADDRESS OF CLIENTS' SERVICE NEEDS

(이용자들의 욕구에 서비스가 정확히 대응하는가?)

R232 INTENSITY OF ACTIVITIES & EFFICIENCY OF TIME USE

(활동의 구성이 얼마나 집중적인가? 시간을 효율적으로 사용하는가?)

R233 COMPETENCY-RELATED PERSONAL POSSESSIONS

(서비스에서 제공되는 개인 소유물은 능력 향상에 긍정적인가?)

참고 문헌

김용득. 2007. "장애인복지이념의 동향: 가치 있는 사회적 역할 강화를 중심
　　으로." 김용득·김진우·유동철 편. 『한국장애인복지의 이해』. 인간과
　　복지.

Cocks, E. 2001. "Normalisation and social role valorization: guidance for
　　human service development". *Hong Kong Psychiatry*, 11(1): 12-16.

Wolfensberger W. 1992. *A. brief introduction to social role valorization. 2nd
　　edition.* NY: Syracuse.

Wolfensberger W. 1972. *The principal of normalization in human services,*
　　Toronto: National Institute on Mental Retardation.

Wolfensberger W. 1983. *PASSING: Normalization criteria and rating
　　manual(2ed.).* NY: Community Newset.

제**16**장 권익옹호

┃ 이 동 석·김 용 득

이제 장애인복지실천에서 인권은 주요 담론으로 자리하게 되었다. 이처럼 실천 패러다임이 변함에 따라 권익옹호자로서의 사회복지사 역할이 더욱 강조되고 있다. 하지만 실천현장에서는 권익옹호실천이 무엇인지, 어떻게 실천해야 하는지 등에 대해 혼란을 겪고 있는 것으로 보인다. 이에 따라 권익옹호의 개념, 유형, 실천 원칙 등을 살펴보고, 현재 우리나라의 권익옹호활동의 문제점과 대안을 모색해 볼 것이다.

1. 권익옹호 개념

옹호(擁護)의 사전적 의미는 '두둔하고 편들어 지킴'이라는 뜻이다. 이는 '인간으로서 당연히 가지는 권리'라는 뜻과 '이익'이라는 뜻이 포함되어 있어, 당사자의 권익과 이익을 옹호하는 사회복지사의 역할을 잘 드러내 주는 표현이라 할 수 있다(김용득 외, 2014). 이처럼 누군가를 대변하고 지지하는 활동은 예전부터 존재했겠지만, 공식적이고 독립적인 권익옹호활동은 1960년대 중반 미국에서 시작되었고, 1980년대 초반 영국에서도 도입되었다. 그러나 아직도 많은 사람들에게 권익옹호활동은 모호한 것으로 남아있다. 또한 권익옹호라는 용어는 사용하는 사람에 따라서 그 의미가 다르게 이해되고 있다. 사회복지 영역에서 정의되고 있는 권익옹호의 개념을 살펴보면 다음과 같다.

> "특별히 사회적 경계에 있는 사람들의 욕구와 권리를 위하여 욕구나 권리의 현재 균형 상태에 영향을 끼치는 장치"(Brandon et al., 1995)
>
> "사회 정의를 확보·유지하기 위한 목적에서 하나 이상의 개인이나 집단 또는 지역사회를 대신해서 일련의 조치를 직접 주장, 방어, 개입, 지지, 추천하는 행위"(이문국 외 역, 1999)
>
> "사회통합(social inclusion), 평등, 사회 정의를 증진시키기 위하여 누군가 자신이 원하는 것을 말하고, 권리를 확보하고, 이익을 표현하고, 필요한 서비스를 얻도록 돕는 조치를 취하는 것"(영국의 옹호헌장, 2002)
>
> "누군가 필요로 하는 지원을 받아, 자신이 선택할 수 있고, 자신의 삶을 통제할 수 있고, 자신이 원하는 만큼 독립적(independent)일 수 있게 하는 것"(BILD, 2002)
>
> "사회에서 빈번하게 불리함을 당하는 소수 집단이 다수 집단과 동일한 기회가 있음을 알고 그 기회를 얻을 수 있는 수단을 갖게 하는 다양한 방식의 도구"(BILD, 2007)

또한 권익옹호(advocacy)의 사전적 의미를 보면, 그 어원인 voca(말, 음성, 언어)에서 출발하기 때문에, 자신 또는 누군가를 위해 큰 소리로 말하는 것(speak up for)을 의미한다. 우리는 기본적으로 억울한 일을 당하면 누군가에게 억울함을 호소한다. 즉, 스스로 권익옹호활동을 하고 있는 것이다. 하지만 자신을 위해 큰 소리로 말하는 것이 어려운 경우도 있다. 발달장애인의 경우 그러하다. 이 경우 큰 소리로 말할 수 있도록 지원하는 것도 권익옹호활동이다. 이때 지원은 본인이 말하도록 지원하는 것뿐만 아니라 장애인 본인의 의사를 반영하여 누군가 최대한 크게 말하는 것을 포함한다.

결국 권익옹호활동이란 장애인이 동료 시민들과 동일하게 자신의 견해, 선호, 결정 사항을 표현할 수 있도록 지원하는 것이다. 즉, 옹호인은 서비스 이용자의 선택과 결정을 대신하여 말하는 것이지, 이용자를 대신하여 선택과 결정을 하는 것은 아니다. 결국 장애인 권익옹호란 사회적으로 배제된 장애인 또는 장애인 집단이 비장애인 또는 비장애인 집단과 동등한 기회를 갖기 위해 자신이 원하는 것을 말하는 것 또는 말할 수 있도록 도와주는 일련의 행위를 의미한다고 볼 수 있다.

2. 권익옹호활동의 유형(form)

옹호의 유형을 구분하는 기준은 다양할 수 있으며, 옹호의 유형도 매우 다양하다. 그럼에도 모든 옹호 유형들은 동등한 가치를 가지며, 연속된 옹호의 한 부분으로 여겨져야 한다. 다양한 분류 방법이 존재하지만 대부분의 경우 행위 주체에 따라 두 가지 방식으로 분류하고 있다(김용득 외, 2013). '자신 스스로의 권익옹호'에는 자기옹호와 집단옹호가 해당되며, '외부로부터의 권익옹호'에는 시민옹호, 동료옹호, 독립적인 전문가옹호 등이 포함된다. 옹호 방법 및 기술이 발전함에 따라 점점 더 다양한 옹호의 유형이 나타나고 있으므로 이 외에도 다른 유형이 있을 수 있다. 따라서 특정 유형의 활동만 권익옹호라고 해서는 안 되고, 다양한 유형의 활동을 포괄할 수 있는 개념으로 바라보아야 한다.

<표 16-1> 권익옹호의 유형

구 분	옹호 유형	주요 특징	개별적 문제 중심 옹호와 체계적 옹호에 따른 구분
스스로 옹호 (Do-it-yourself advocacy)	자기옹호 self-advocacy	장애인이 자신의 감정을 표현한다. 개인 또는 집단	개별적 문제 중심 옹호 individual issue-based advocacy
	집단옹호 collective advocacy	비슷한 상황에 있는 장애인 집단	일반적으로 원인/체계적 옹호 cause/systemic advocacy
외부 옹호 (Outsider advocacy)	시민옹호 citizen advocacy	장애인과 옹호인 간의 장기적인 관계	장애인이 지원을 필요로 하는 어떤 상황을 다루는 개별적 옹호
	동료옹호 peer advocacy	옹호인이 지원받는 장애인과 비슷한 경험을 갖고 있다. 개인 또는 집단	개별적, 종종 문제 중심 옹호 또한 집단적 체계적 옹호일 수도 있다.
	전문가옹호 professional advocacy	훈련받고 급여를 받는 옹호인 단기 옹호	일반적으로 단기적인 문제 중심 옹호

출처: Boyland and Dalrymple, 2009 수정.

1) 자기옹호(self-advocacy)

BILD(2007)는 자기옹호를 '자기 자신의 의사를 주장하는 것'으로 정의하고 있다. 또한 대표적인 지적장애인 자기옹호 조직인 피플퍼스트(People First)(1996)는 자기옹호를 '자신을 위해 발언하고 일어서기, 자신의 권리를 위해 일어서기, 선택하기, 독립적으로 되기, 스스로 책임 지기'로 정의하고 있다. 자기옹호에 대한 정의가 어떻게 표현되든 자기 옹호는 자신의 권리를 확립하기 위해 자신의 생각과 느낌, 욕구 등을 타인에게 표현하는 것으로 요약할 수 있다(강희설, 2010). 자신이 직접 권리를 지킬 수 있고 다양한 역량강화를 이룰 수 있다는 측면에서, 자기 옹호는 권익옹호의 형태 중 가장 만족할 만한 형태로 여겨진다(BILD, 2002).

이런 정의에 따르면 생존해 있는 모든 인간은 자기옹호자들(self-advocates) 이다. 상점에 가서 구매를 하거나, 음식점에서 식사를 하거나, 휴양지 에서 여가시설을 이용하는 등의 사회생활에서 불편한 일이 생기면 이 의 시정을 요구하는 활동이 자기옹호활동이라고 할 수 있을 것이다. 대부분의 사람들이 하는 행동이고, 많은 지적장애인들도 자신의 의 견을 말하는데 익숙하다. 그러나 가끔 다른 사람들에게 자신들의 말을 하고 이해하도록 하여 설득하는데 어려움을 겪을 수 있다. 이 경우 타 인이 옹호를 해 줄 수도 있지만, 타인이 지원자나 촉진자의 역할을 하 고 장애인 본인이 직접 자신을 옹호할 수 있다면 자기옹호가 되는 것 이다.

자기옹호활동을 하기 위해서는 자기옹호기술이 필요하다. 자기옹호 기술(self-advocacy skill)이란 자신에 대한 전반적인 지식과 기본적인 권 리를 인식하고 이를 기반으로 다양한 대상과 상황 속에서 자신의 욕구, 필요, 신념, 권리 등을 적합한 의사소통방법으로 표현하는 것을 의미한 다(이숙향 역, 2010). 자기옹호기술은 자신에 대한 지식(Knowledge of Self), 권리에 대한 지식(Knowledge of Right), 의사소통(Communication), 리더십(Leadership)과 같은 4가지 요소로 구성되어 있다(Test et al., 2005). 자신에 대한 지식은 자신의 장애와 강·약점, 관심, 필요, 학습 스타일을 명확하게 인식하는 것을 의미한다. 권리에 대한 지식은 인간·

시민·학생으로서 기본적인 권리를 아는 것을 뜻한다. 의사소통은 장애인이 자기지식과 권리지식을 바탕으로 자신의 생각을 적절한 대화기술, 듣기기술, 신체적 언어기술을 사용하여 표현하는 것을 말한다. 마지막으로 리더십은 장애인이 개인과 집단의 구성원으로서 자신의 역할을 알고 적극적으로 수행하는 것을 의미한다. 따라서 자기옹호 지원자는 이 네 가지 구성요소들에 초점을 두어 훈련을 할 필요가 있다.

이때 지원자의 역할이 상당히 중요하다. 사회복지사와 같은 전문가에 의한 자기옹호 지원은 자칫 기존의 전문가옹호로 전락할 가능성이 크다. 전문가옹호에서는 전문가가 이용자의 권익을 옹호하는 옹호자로서의 역할을 하지만, 자기옹호에서 전문가의 역할은 이용자를 옹호자로 세우기 위한 지원자로 바뀌어야 한다. 그 어떤 결정이든 가능한 한 발달장애인 스스로가 결정해야 하며 지원자의 역할은 말 그대로 지원에 국한해야지 주도하려 하거나 대신 판정하려 해서는 안 된다. 지원자의 주된 역할은 장애인이 판정을 할 수 있는 위치에 가 있도록 도와주는 것이어야 한다(강희설, 2010).

2) 집단옹호

옹호를 필요로 하는 문제 중에는 개인적인 문제이지만 그 문제를 다른 사람들도 비슷하게 경험하는 문제들이 많이 있다. 따라서 옹호를 통한 개인적인 문제의 해결보다는 비슷한 경험을 하고 있는 사람들과 함께 집단적으로 옹호활동을 하여 문제를 쉽게 해결할 수 있는 경우가 있다. 또한 인식개선, 제도개선 등과 같이 개인적인 옹호활동으로는 해결이 쉽지 않고 집단적인 옹호활동이 필요한 경우도 많이 있다.

따라서 스스로의 권익옹호는 초점을 어디에 두느냐와 옹호가 포괄하는 범위를 어디까지로 보느냐 등에 따라 개인적인 자기옹호와 집단적인 집단옹호로 구분할 수 있다. 개인적 자기옹호는 자신에 대한 권리인식과 억제된 권리를 회복하기 위해 고용, 거주 지역, 사회 지원시스템 등과 같은 자신의 관심사에 몰두하는 것이고, 집단적 자기옹호는 일반 장애인들과 장애인 집단의 공통적인 관심사에 함께 몰두하는 것을 의미한다(강희설, 2010). 따라서 자기 스스로의 옹호에 대한 이해의 폭을 넓히기 위해 개인차원을 강조하는 경우와 집단차원을 강조하는 경우를 구분하여 개인차원을 강조하는 경우를 자기옹호로, 집단차원을 강조하는 경우를 집단옹호로 정의할 수 있다.

예를 들면 국영 임대주택 세입자들이 집단으로 주거환경의 개선을 요구하거나, 노숙인 가족들이 집단으로 지방정부에 주택의 제공을 요구하거나, 장애아동의 부모들이 집단으로 정부에 특정 서비스프로그램의 시행을 요구하는 등의 활동이 있다. 지적장애인을 위한 집단옹호는 권리를 개선하고 사회구조를 개선하기 위하여 지적장애인들과 함께 목소리를 내는 것이다. 이런 식으로 집단옹호는 사회적 모델을 따르고, 지적장애인들이 직면하고 있는 장애를 만드는 환경과 태도에 집중한다(Garbutt, 2012). 이처럼 집단옹호의 관심이 되는 문제는 개인의 문제보다는 일반적이고 광범위한 문제들이다.

3) 시민옹호(citizen advocacy)

시민옹호는 질병이나 장애로 인하여 사회적 배제나 불공정한 처우를 받는 사람과 일반 시민이 협력 관계를 발전·유지시키면서 형성된다. 다른 사람을 위한 옹호인으로 활동할 수 있는 자발적인 역량을 가진 사람들이 모집되어 시민옹호인이 되는 것이고, 시민옹호인은 옹호체계의 직원들에 의해 지원받고, 감독되고, 훈련을 받는다. 이용자와의 관계가 발전해 감에 따라 시민옹호인은 옹호가 필요한 사람의 선택, 바람, 이익을 이해하고, 이에 반응하며, 이를 대변하는 활동을 자신의 일처럼 수행하게 된다.

시민옹호는 시민옹호인과 이용자 간의 협력 관계(partnership)가 중요한 요소가 되며, 많은 경우 시민옹호인과 이용자 사이의 일대일 관계에서 진행된다. 시민옹호의 협력 관계는 어느 한쪽에 권력과 통제권이 존재하는 것이 아닌 동등한 관계이며, 각자의 개인적 능력과 인성의 가치를 존중하는 관계이다. 옹호서비스실천에서는 이런 협력을 하나의 단위로 여겨야 한다. 예를 들어, 이용자가 확실한 거부 의사를 표시하지 않는 한, 이용자가 초대된 모임에 시민옹호인도 함께 참석하도록 초청되어야만 한다. 또한 둘 간의 옹호관계를 조정하는 옹호체계의 직원은 시민옹호인과 이용자 모두 일반적인 이익을 공유하고 공통점을 가질 수 있도록 협력 관계의 짝을 맞추도록 노력하여야 한다.

시민옹호의 강점은 서비스 밖에 있는 독립적인 사람을 임명한다는 것이다. 시민옹호모델은 선택과 개인의 노력을 강조하는 장기간의 관계형성을 통해, 개인과 그가 살고 있는 지역사회 사이의 연결을 다시 확립하는 것을 돕는다. 시민옹호인은 어떤 개인이 선택하는 것을 도울 것이고, 필요한 경우 그 사람의 희망사항을 알아내고 선택사항을 조사한 후에 회의나 의사결정 과정에서 그 사람을 대신하여 주장할 수도 있다. 이런 일은 수화통역사의 역할과 비슷한데, 수화통역사는 조언을 주는 것이 아니라, 복잡한 정보를 더 다루기 쉬운 형태로 바꾸고, 다른 방식으로 의사소통하는 사람을 위한 목소리를 제공하는 역할을 한다. 이처럼 대부분의 시민옹호활동은 지역사회 내에서 이루어지고, 서비스 제공 체계의 외부에서 자원 활동을 통해 이루어진다. 따라서 지속 가능한 자금의 유입이 부족한 어려움이 생기기도 한다.

4) 동료옹호(peer advocacy)

동료옹호는 옹호인과 옹호를 받는 사람이 비슷한 경험, 어려움, 차별을 공유하고 있는 경우에 가능하다(BILD, 2007). 옹호인은 자신과 비슷한 어려움이나 차별을 경험했거나 경험하고 있는 다른 사람들을 위해 주장을 하고 행동을 하게 된다. 아동보호시설에 위탁된 아동이나 장기보호시설, 주간보호시설에 참여하는 정신장애인 또는 지적장애인 등이 동료옹호에 적합하다.

5) 독립적인 전문가옹호 (independent professional advocacy)

독립적인 전문가옹호는 지역의 독립적인 옹호기관에 속해 있는 유급의 옹호인에 의해 행해지는 옹호이다. 이 옹호 유형은 종종 위기옹호(crisis advocacy), 문제중심옹호(issue-based advocacy), 사례옹호(casework advocacy), 단기옹호(short-term advocacy) 등으로 불린다. 그러나 실제 상황은 반드시 위기 상황은 아니고, 해결될 필요가 있는 하나 또는 몇 개의 문제에 접근한다는 것을 의미하는 것이다. 문제에는 새로운 집에 대한 선택, 장기 입원 병원으로부터의 퇴원, 개인 재정에 대한 관리, 사법체계에의 연루, 적절한 건강 및 사회서비스에의 접근 등이 포함된다. 일반적으로 옹호 관계는 문제가 본격적으로 착수되어 해결되면 즉시 종료된다.

기관에 속하면서 전문적인 훈련을 받은 옹호인이 독립적인 전문가옹호의 대부분을 실행하지만, 특정 문제에 관련된 특정 경험을 필요로 하는 어떤 상황에서는 더 경험이 많은 자원활동가가 이 역할을 맡을 수도 있다. 이 경우 자원활동 옹호인은 옹호관리자로부터 정기적인 지휘(supervision)와 지원을 받는다.

3. 권익옹호활동의 실천 원칙

현재 우리나라에 권익옹호실천을 위한 원칙이 정립되어 있지는 않다. 따라서 2002년도에 영국에서 공포된 옹호헌장(Advocacy Charter)의 옹호원칙과 실천 강령을 살펴보는 것이 의미 있을 것으로 보인다. 이 옹호헌장은 영국의 옹호행동(Action for Advocacy, A4A)[1]에 의해 개발되었는데, 모든 옹호체계에 적용될 수 있는 공통의 지도 원칙(guiding principles)을 세우기 위한 시도였다. 또한 옹호헌장을 구체적으로 실천으로 옮기기 위한 실천 방안을 마련하기 위해 옹호행동은 '옹호체계를 위한 질 관리 기준(Action for advocacy, 2006)'을 만들었는데, 여기에는 증거에 기초한 질 관리 기준과 옹호인을 위한 실천 강령이 포함되어 있다(김용득 외, 2013).

1) 목적의 명료성(clarity of purpose)

옹호의 역할에 대한 이해가 점점 증가하고 있음에도, 아직도 조언이나 친구 되기와 같은 다른 형태의 지원과 혼동되고 있다. 따라서 옹호인과 옹호체계가 서비스 이용자에게 무엇을 제공하는지에 대해 명확하게 밝히는 것이 중요하다. '목적의 명료성' 원칙은 서비스 이용자가 받고 있는 지원을 평가하는 데 도움이 되고, 부적절한 의뢰를 감소시킬 수

---

[1] 2001년 설립되었으며, 취약하고 역량이 약화된 사람들을 위한 효과적인 옹호 개발을 위한 선도적인 역할을 수행해 왔다. 2005년 초 헌장실천(Charter in Action)이라는 프로그램을 시작했는데, 이 프로그램은 옹호기관과 기관의 직원들이 옹호헌장을 실천으로 옮기기 위한 비판적 도구를 제공한다. 헌장실천은 옹호 제공에서의 최선의 실천을 증진시키기 위해 시작했으며, 시행되고 있는 옹호서비스의 질과 효과성을 평가하는데 도움이 될 수 있다.

있으며, 자금 지원자들이 그들의 돈으로 무엇을 얻을 수 있는지 이해하는 데 도움이 된다.

따라서 옹호체계는 목적과 목표를 명백히 밝혀야 하며, 헌장에 포함된 원칙들을 어떻게 충족시킬 것인지에 대해 설명할 수 있어야 한다. 옹호체계는 그들이 옹호하는 사람들, 서비스 제공자들, 자금지원 기관들이 모두 옹호체계 역할의 영역과 한계에 대해 정보를 가질 수 있도록 노력하여야 한다.

2) 독립(independence)

옹호인은 관련된 사람들의 이익이 상충될 때, 이에 따라 타협을 해서는 안 된다. 이럴 경우 서비스 이용자에 대한 옹호를 결과적으로 저해하게 될 수 있다. 따라서 옹호체계는 이익의 상충을 피할 수 있는 실천적 조치를 취해야 하고, 외부 압력으로부터 옹호인을 보호할 수 있는 방안을 강구할 필요가 있다.

이익의 상충을 일으킬 수 있는 체계로부터 독립을 위한 세 가지 방안이 있다. 첫째는 옹호체계가 서비스 제공기관으로부터 구조적으로 독립(structurally independent)적인 체계가 되는 것이다. 이 경우 단일한 재정원천에만 의존하지 않는 것도 중요하고, 그들의 독립과 정체성을 훼손할 정도로 자금 지원기관의 기준이나 평가에 맞추려고 하지 않는 것도 중요하다.

둘째는 운영상 독립(operationally independent)인데, 서비스 이용자에게 독립적인 지원을 제공하는 능력을 훼손할 수 있는 기관의 정책이나 절차에 옹호서비스가 얽매이지 않아도 된다는 것을 의미하는 것이다. 운영상 독립은 결재 체계, 업무관리 지침, 노동 계약, 실천 강령, 옹호 규칙 등에 반영되어야 하며, 옹호인은 옹호 원칙에 대한 훼손 없이 독립적으로 옹호실천을 운영할 수 있어야 한다. 셋째는 심리적 독립(psychologically independent)인데, 옹호체계 내에 또는 옹호체계 간에 존재하는 관계와 상관없이 개별 옹호인은 서비스 이용자를 대변하고 그들에게 성실하여야 한다는 것이다.

3) 사람 우선(putting people first)

옹호지원서비스는 옹호인과 서비스 이용자 간의 지속적인 관계 형성에 의해 제공된다. 이때 옹호인은 열린 마음을 가져야 하며, 그들이 지원하는 사람들에 대해 판단해서는 안 된다. 이것은 전통적인 지원을 위한 사정 접근법과는 다른 것이다. 전통적인 사정 접근법에서는 개인의 욕구가 무엇인지, 최선의 이익이 무엇인지에 대해 판단을 한다. 그러나 옹호는 다른 사람이 생각하기에 그들에게 필요한 것을 찾아내는 것이 아니라, 서비스 이용자가 원하는 것을 그들을 위해 실천하는 것이다. 정보도 마찬가지이다. 옹호인은 서비스 이용자에게 비밀로 하는 것이 없어야 하며, 서비스 제공자나 외부로부터 전해 들은 서비스 이용자에 대한 일방적인 정보를 그대로 받아들여서는 안 된다.

따라서 옹호체계는 그들이 옹호하는 사람들의 바람과 이해에 따라 옹호 과업을 결정하여야 한다. 옹호인은 이용자에 대해 함부로 판단해서는 안 되며, 그들의 욕구, 견해, 경험을 존중해야 한다. 옹호인은 이용자와 관련된 정보를 획득하였을 때는 그들과 함께 그 정보를 공유하여야 한다.

4) 권한강화(empowerment)

한 사람이 다른 누군가의 역량을 강화할 수는 없다. 권한강화란 스스로 획득하여야 하는 것이다. 권익옹호는 스스로 자신의 의견을 말할 수 있도록 지원함으로써 권한강화를 증진하는 중요한 역할을 한다. 자기옹호는 참된 권한강화가 이루어질 수 있는 토대가 된다. 옹호체계는 옹호활동을 통해 이와 같은 권한강화를 어떻게 증진할 것인지를 고려해야 한다. 이를 위해 가장 기본적으로 서비스 이용자들은 옹호 과정을 통제할 수 있어야 하며, 가능하면 언제든지 다음과 같은 서비스 과정에 참여할 수 있어야 한다.

- 직원과 자원 활동가의 선발
- 옹호인의 모집, 훈련, 평가
- 관리 위원회에의 참여
- 옹호체계에 조언가로서의 역할
- 홍보물과 정보집의 발간
- 정책, 기획, 자금모금 회의 참여
- 피드백 제공, 서비스 평가 및 모니터링

5) 동등한 기회(equal opportunity)

기회의 평등은 효과적인 옹호를 위한 기본적인 것이다. 옹호체계는 끊임없이 동등한 기회 부여를 위한 노력을 하여야 한다. 따라서 최소한 옹호체계는 평등과 차별금지를 실천하는 원칙인 동등한 기회와 관련된 정책을 문서로 갖추고 있어야 한다. 또한 이 정책은 서비스 이용자들, 직원, 자원 활동가에게 평등하게 적용되어야 한다. 옹호체계의 사소한 지엽적인 정책일지라도 정책과 관련된 차별금지 법률을 따르는 것도 매우 중요하다.

옹호체계는 모든 형태의 불평등, 차별, 사회적 배제의 문제를 다룰 때 사전 대응의 필요성을 인식하여야 하고, 이와 관련된 실천의 기본인 동등한 기회 정책을 문서로 갖추고 있어야 한다. 옹호체계는 옹호인의 시간을 공평하고 적절하게 배분하기 위한 적절한 시스템을 갖춰야 한다.

6) 접근 가능성(accessibility)

최대한 폭넓은 다양한 서비스 이용자들이 옹호체계에 접근할 수 있어야 한다. 잠재적 서비스 이용자들이 옹호체계에 대해 알고 있어야 하며, 옹호체계가 제공하는 것이 무엇인지, 어디에 위치해 있는지에 대해서도 알고 있어야 한다. 또한 의뢰 절차는 명확하고, 간단하고, 널리 알려져 있어야 한다.

접근 가능성을 높이기 위해서는 비용이 든다. 접근 가능한 건물 공간은 월세가 비싸고, 확대 글자, 점자, 음성녹음 등과 같은 접근이 용이한 형태로 자료들을 만드는데도 비용이 많이 들며, 정기적인 가정 방문을 위해서는 교통비가 필요하다. 따라서 옹호체계는 이와 같은 비용들에 대해 초기부터 꼼꼼하게 예산 항목에 편성하여야 한다.

옹호서비스는 옹호가 필요하다고 인정되는 모든 사람들에게 자유롭게 제공되어야 한다. 따라서 옹호체계는 지역사회의 모든 구성원들이 옹호체계의 모든 정책, 절차, 건물 공간, 홍보 자료들에 접근할 수 있도록 노력해야 한다.

7) 책임성(accountability)

모든 옹호체계는 그들이 하는 일에 대해 책임을 져야 한다. 이 책임성은 효과적인 모니터링과 평가 시스템을 통해 구현될 수 있다. 옹호체계는 옹호원칙을 훼손하지 않는 책임성이 있는 시스템을 만들어야 한다. 전통적인 '투입-산출' 모니터링 시스템은 투입된 시간과 노력과 관련된 요인들과 결과에 집중하다 보니, 중요한 옹호 과정을 배제하는 위험이 있다. 옹호서비스는 과정과 결과 사이에 간단한 관계가 성립되지 않으며, 이로 인해 모니터링과 평가는 점점 어려워질 수밖에 없다. 옹호체계는 옹호업무에 대해 효과적으로 모니터링과 평가를 할 수 있는 적절한 시스템을 갖춰야 한다.

8) 옹호인 지원(supporting advocates)

옹호인에 대한 지원, 훈련, 슈퍼비전은 효과적인 옹호지원을 위한 필수 요소들이다. 옹호인이 자신의 역할과 관련된 지원을 받고, 기술과 경험을 발전시킬 수 있는 기회를 갖는 것은 상당히 중요하다. 또한 옹호체계는 옹호인이 과다한 전문화의 덫에 빠지지 않도록 하면서, 여러 지원을 잘 이용할 수 있도록 해야 한다.

옹호인이 이용자를 위한 역할을 효과적으로 하고 서비스의 질을 보증하기 위해, 옹호인은 필요한 도움을 적절히 받아야 한다. 옹호인에게 제공되는 지원과 훈련의 수준은 다양한 옹호의 유형과 역할에 맞아야 한다. 또한 옹호체계는 옹호인을 효과적으로 지원하는데 필요한 자원들을 옹호의 초기부터 고려해야 한다. 결국 옹호체계는 옹호인이 자신의 역할을 위한 준비를 하고, 기술과 경험을 개발할 수 있도록 각종 기회와 지원을 제공해야 한다.

9) 비밀보장(confidentiality)

옹호관계의 본질을 생각해보면 비밀보장의 원칙은 매우 중요하다.

옹호체계에 접근하는 많은 사람들은 다른 서비스 공급자들과 문제를 경험했기 때문에, 또는 문제나 분쟁을 해결하기 위한 독립적인 지원을 찾기 때문에 접근하는 것이다. 신뢰관계를 확립하기 위해, 옹호인은 서비스 이용자들이 그들의 이야기를 이야기할 수 있도록 일정 수준의 비밀보장을 보증해야 한다. 서비스 이용자와 옹호인 사이에 오고 간 어떤 정보도 비밀이 보장되어야 한다.

물론 슈퍼바이저나 슈퍼비전 팀에 문제를 논의하는 경우는 제외될 수 있다. 또한 비밀보장의 원칙을 깨뜨릴 수 있는 상황이 있는데, 예를 들면 서비스 이용자가 스스로에게 또는 타인에게 위해를 가하는 상황이거나, 학대의 경우처럼 형사처분이나 신변보호가 필요한 상황이다. 옹호체계는 어떤 상황에서 비밀보장의 원칙을 훼손할 수 있는지에 대해서 구체적으로 열거하여 이를 문서로 만들어야 하며, 또한 이런 결정을 하기 위한 절차를 구체적으로 마련해야 한다.

또한 옹호체계에 의해 유지되고 있는 서비스 이용자에 대한 어떤 정보도 서비스 이용자의 동의 없이는 다른 관계자들과 공유되어서는 안된다. 서비스 모니터링을 위해 자금 지원자나 개별위원회의 위원들이 이용자의 기록을 보고자 할 때도 이 원칙을 준수해야 한다.

10) 이의제기(complaints)

서비스 과정이 잘못될 수도 있고, 서비스의 결과가 개인의 기대를 충족시키지 못할 수도 있다. 따라서 이럴 경우 옹호체계 내에서 이의제기를 할 수 있어야 하며, 절차는 가능한 한 단순한 것이 바람직하다. 옹호체계의 이의제기 규칙을 누구나 쉽게 알 수 있어야 하며, 이의제기 절차에 접근하는 것은 쉬워야 한다. 이의제기 규칙에는 이의제기를 위해 누구를 만나야 하고 이의제기 과정의 다양한 단계가 어떻게 되는지 등에 관한 자세한 사항을 담고 있어야 한다. 이의를 제기하는 사람이 서비스 이용자인 경우 그들을 위한 지원을 별도로 준비하는 것이 필요한데, 필요한 경우 다른 옹호체계나 다른 기관에 요구할 수도 있다.

또한 옹호체계는 이용자의 이의제기로부터 무엇을 배우고 개선할 것인지를 알아내야 한다. 이의제기 문제가 옹호체계의 개별적, 부분적 문제가 아니라 옹호체계의 구조적 문제가 아닌지, 이의제기 문제가 다시 발생하지 않도록 하기 위해 어떤 조치를 취해야 하는지를 살펴보아야 하며, 이의제기가 된 사항들은 다음의 서비스 계획에 반드시 반영되어야 한다.

4. 우리나라의 권익옹호활동 평가

현재 우리나라 주요 장애인복지서비스 제공기관들에서 권익옹호라는 이름으로 실천하고 있는 권익옹호활동들을 살펴보면, 다양한 유형의 권익옹호활동을 하고 있다. 그 중 대표적인 기관이라고 할 수 있는 자립생활센터, 장애인복지관, 장애인거주시설, 장애인인권센터의 권익옹호활동을 중심으로 살펴보면 다음과 같다.

<표 16-2> 우리나라 권익옹호활동 및 개선 방향

기관	현재 주요 권익옹호활동	개선 방향
자립생활센터	지체장애인 중심의 자기옹호, 집단옹호, 동료옹호	발달장애인 자기옹호, 집단옹호, 동료옹호
장애인복지관	-	자기옹호, 시민옹호, 사전옹호(전문옹호)
장애인거주시설	전문가옹호로의 연결	자기옹호, 시민옹호 인권지킴이단의 구조적 독립
장애인인권센터	전문가옹호	이용자와의 파트너십 강화

1) 자립생활센터

자립생활센터는 기본적인 자립생활 서비스에 권익옹호를 포함하고 있다. 국내 주요 자립생활센터들(양천장애인자립생활센터. 서울장애인 자립생활센터 등)의 홈페이지를 보면. 권익옹호서비스는 단순한 서비스 제공의 차원을 넘어 권리의 차원에서 문제를 지원해 주는 것으로 권리의 침해를 해소하고 법률적인 지원을 포함한다고 정의하고 있다. 또한 권익옹호활동은 사회적인 환경을 조성하기 위한 장애인 당사자들의 모든 활동을 의미하기 때문에. 넓은 의미에서 보면 자립생활 권익옹호활동은 장애운동 전반을 포괄한다고 밝히고 있다. 결국 자립생활에서 말하는 권익옹호란 개인적인 인권침해에 대한 대응과 더불어 사회 구조적인 문제의 개선 활동을 포함하고 있다.

하지만 국내의 자립생활운동과 당사자주의 등은 지체장애인이 주도적인 역할을 하고 있으며. 중증장애인과 지적장애인이 배제된 경향이 있다(유동철. 2006). 그러다 보니 지체장애인 중심의 자립생활센터에서 발달장애인에게 동료상담 또는 동료옹호를 할 경우 발달장애인의 자기결정을 무시하는 경우도 발생하고 있고. 이용자와의 관계가 권위적 관계가 되기도 한다. 또한 집단옹호의 내용도 발달장애 관련 문제에 대해서는 더욱 무관심한 측면도 있다. 또한 자기옹호와 관련하더라도 지체장애인의 자기옹호는 가능하지만 발달장애인은 자기결정능력이 떨어지기 때문에 자기옹호가 어렵다는 입장을 보이기도 한다. 하지만 국외에서는 자기옹호 문제를 자기옹호가 가장 어렵다고 여겨지는 지적장애인들이 중심이 되어 확산시켰다는 점을 상기할 필요가 있어 보인다(강희설. 2010).

특히 지체장애와 발달장애의 경우 손상이 다름에 따라 지체장애인이 발달장애인을 위해 당사자성을 갖고 권익옹호활동을 할 수 있느냐는 논란이 있을 수 있다. 즉, 지체장애인이 발달장애인의 경험을 공유할 수 있겠느냐는 질문이다. 하지만 이 질문은 질문 자체에서부터 자립생활 철학을 거부하는 것이다. 사회적 모델이나 자립생활에서 '장애'라고 하는 것은 '신체적 손상'이 아니라 '신체적 손상 위에 부과된 사회의 부적절한 반응에 따라 나타난 현상'인 것이다. 결국 손상의 다름이 중요한 것이 아니라, 손상에 대해 사회가 부적절하게 반응함에 따라 나타난 차별·억압이 중요한 것이다. 이에 따르면 지체장애인이건 발달장애인이건 손상은 다르겠지만, 사회로부터의 차별·억압과 같은 장애는 동일할 것이다. 즉, 동일한 경험을 공유하고 있다고 볼 수 있는 것이다. 따라서 현재 자립생활센터가 지체장애인 중심일지라도 발달장애인의 자기옹호와 집단옹호를 위해서 함께 노력할 필요가 있다.

2) 장애인복지관

2013년 보건복지부의 '장애인복지시설 사업안내' 변경에 따라 장애인복지관의 주요 기능에 권익옹호 지원기능이 추가되었고, 사업부서에 권익옹호지원팀을 둘 수 있게 되었다. 사업안내에 따른 장애인복지관의 권익옹호 지원활동에는 장애인 차별금지법 준수 운동, 권리침해 시정, 인권옹호, 법률적 지원 등이 포함되어 있다. 즉, 장애인복지관의 권익옹호란 법률 지원 등 개인의 인권침해에 대한 대응과 더불어 지역사회에 장애인 차별금지법을 더욱 널리 알리고 준수할 수 있도록 제반 환경을 조성하는 사업을 포함하고 있음을 알 수 있다.

장애인복지관은 장애인이 지역사회에서 도움을 받는 가장 일상적이고 대표적인 기관이다. 그리고 장애인복지관 중 가장 다수를 차지하는 장애인종합복지관의 경우 지적장애인이나 자폐성장애인 등의 발달장애인 이용자가 다수를 차지하고 있다. 성인 지적장애인이나 자폐성장애인들의 경우 다른 장애 영역보다 스스로를 주장하고 자신의 이익을 지키는 데 있어 많은 어려움에 노출되어 있다. 이런 점 때문에 장애인복지관에서는 발달장애인 권익옹호활동의 중요성이 앞으로 계속 증대될 것이다.

하지만 아직까지 장애인복지관은 어떤 유형의 권익옹호활동을 어떻게 실천해야 하는지에 대해서도 갈피를 잡지 못하고 있는 것으로 보인다. 그럼에도 장애인복지관은 현재 발달장애인들이 가장 빈번하게 이용하는 시설이기 때문에 앞으로 주요한 권익옹호기관이 되어야 한다. 장애인 복지관에서 실천할 수 있는 권익옹호활동은 다음과 같다(김용득 외, 2014).

첫째, 장애인복지관은 옹호의 종류 중 자기옹호, 집단옹호, 시민옹호에 중점을 두어야 한다. 특히, 자기옹호를 위한 지원을 확대하여야 한다. 우리나라에서는 아직 자기옹호에 대한 개념이 폭넓게 인식되어 있지 못하며, 이를 지원할 수 있는 기관도 거의 없는 실정이다. 자기옹호 지원은 또 하나의 특수한 영역이라 할 수도 있겠지만, 독립적 옹호활동의 중요한 구성 요소로 설정하는 것도 필요할 것이다. 또한 지역의 뜻 있고 역량 있는 시민들과 장애인을 연계시켜서 지역에서의 자립 생활이 가능하게 하는 시민옹호 연결 및 시민옹호인 훈련사업을 해야 한다.

둘째, 전문옹호 중에서는 사전적 권익옹호활동을 할 수 있다. 기존의 인권센터들은 문제 발생 이후에 개입하는 사후적 권익옹호활동을 하고 있다. 이에 비해 장애인복지관은 발달장애인들을 평상시에도 만나고 있기 때문에 사전적 권익옹호활동을 확대할 필요가 있다. 예를 들어 지역의 발달장애인이 휴대폰을 개설하고 싶어서 통신사 대리점에 가려할 때 혼자 가면 사기를 당할 위험이 상당히 크다. 이럴 경우 복지관 옹호팀의 직원 또는 복지관이 연결해 준 시민옹호인이 동행해 주면 사기를 막을 수 있고 장애인의 자기결정권도 보장할 수 있다. 즉, 수화통역센터가 청각장애인의 의사소통을 지원하는 일을 한다면, 복지관 옹호팀은 발달장애인의 의사소통을 지원하고 활동을 지원하는 역할을 할 수 있는 것이다.

셋째, 인권센터 등의 전문옹호 이후에, 복지관만의 특색을 살려 인권 침해 이후의 심리회복 프로그램, 재정적 학대피해 이후의 재정관리 프로그램 등 일상생활을 다시 영위할 수 있도록 구체적인 프로그램을 실행할 수 있다. 인권센터 등은 피해 구제에서 끝나는 것이지, 이와 같은 피해가 재발되지 않도록 하는 지역사회에서의 활동을 할 수 없다. 이와 같은 활동은 지역사회기관에 의뢰할 수밖에 없다. 예를 들어 학대에서 오는 분노를 조절하는 프로그램이나 학대의 상처를 치유할 수 있는 전문적 프로그램의 개발도 필요하다. 또한 사기를 당했다면 통장을 관리하는 법, 돈을 사용하는 법에 대한 훈련이 필요하다. 이런 훈련이 이루어지지 않으면 다시 사기에 노출될 수밖에 없기 때문이다. 이 부분은 장애인복지관이 가지고 있는 전문적 경험과 역량을 발휘할 수 있는 영역이라 할 수 있다

3) 장애인거주시설

장애인거주시설의 경우 지적장애인이나 자폐성장애인 등의 발달장애인 이용자가 다수를 차지하고 있다. 이런 점 때문에 장애인거주시설에서는 발달장애인 권익옹호활동의 중요성이 앞으로 계속 증대될 것이다. 현재 2011년 장애인복지법 개정에 따라 거주시설에서의 인권침해 등을 방지하고 거주 이용인의 인권을 보호하기 위하여 거주시설 내에 시설 이용장애인 인권지킴이단을 구성하여 운영하고 있다. 인권지킴이단은 시설 이용장애인의 인권침해에 대한 모니터링 등 예방활동과 인권 점검 및 조사 활동을 하도록 되어 있다. 즉, 거주시설에서의 권익옹호란

거주시설 내에서 인권침해 발생을 조기에 발견할 수 있도록 점검하고 조사하는 활동을 의미한다고 볼 수 있다.

하지만 인권지킴이단의 구성원들이 시설로부터 완전히 독립할 수 없다면 실제적인 권익옹호활동이라고 할 수 없을 것이다. 즉, 구조적 독립이나 운영상의 독립을 이루어야 하는데 현재와 같이 인권지킴이단이 시설 내의 조직으로 있는 한 이와 같은 독립은 이루어지기 어려워 보인다. 따라서 인권지킴이단의 독립성을 보다 더 확보할 수 있는 방안을 모색할 필요가 있다.

또한 우리나라에서는 한번 입소하면 평생 그 시설에 살 수밖에 없는 어떠한 대안도 가지지 않은 장애인을 보호하는 것이 장애인시설의 역할이라고 인식되어 왔다. 그러나 최근에는 이러한 생각에 변화가 생기고 있다. 현재 시설에서 생활하고 있는 많은 장애인들이 지역사회에서 정부의 공공부조에 의하여 최소한의 생계를 유지하면서, 각종 지역사회 서비스를 통하여 교육과 직업의 세계에 진입하는 상황에 점진적으로 접근해 가고 있다. 이러한 시점에서 시설에 거주하고 있는 장애인들에게도 이러한 미래에 대한 준비와 실제로 자기들의 생활의 장을 선택할 수 있도록 하는 기회를 제공해 줄 수 있도록 노력하는 것이 시설의 운영진이나 직원의 너무도 당연한 책임이라고 볼 수 있다(허곤, 2012).

따라서 자기옹호를 할 수 있는 훈련이 필요하고, 탈시설을 하고자 할 경우 거주할 지역의 시민옹호인과 탈시설 전에 관계를 지속적으로 맺음으로써 탈시설 이후의 지역사회 정착을 보다 원활하게 할 수 있다. 따라서 거주시설에서는 현재처럼 거주시설 내에서의 인권침해 모니터링을 위한 활동 외에, 보다 적극적으로 발달장애인의 자기옹호를 위한 지원을 개발할 필요가 있으며, 또한 이용인이 지속적으로 거주시설에 있든 탈시설을 원하든 간에 2-3명의 시민옹호인을 연결시켜 줌으로써 사회적 관계망을 넓히고 권리를 증진시킬 수 있도록 할 필요가 있다.

4) 장애인 권익옹호기관, 발달장애인 지원센터, 지역 장애인 인권센터

『장애인복지법』에 의한 장애인 권익옹호기관은 장애인 학대를 예방하고 피해자를 지원하여야 하며, 『발달장애인 권리 보장 및 지원에 관한 법률』에 의한 발달장애인 지원센터는 발달장애인의 권리침해 모니터링 및 권리구제지원 업무를 담당하게 되어 있다. 또 각 시·도별로 '장애인 차별금지 및 인권보장에 관한 조례'가 제정되어 있고 이에 따라 지역 장애인 인권센터가 활동하고 있다. 지역 장애인 인권센터는 대부분 장애인 차별에 대한 상담, 실태조사, 인권교육 등을 담당하고 있다. 즉, 인권침해에 대한 권리구제를 담당하는 기구들은 권익옹호를 인권침해에 대한 대응으로 보고 전문가옹호를 주로 하고 있다.

하지만 장애인 권익옹호기관, 발달장애인 지원센터, 지역 장애인 인권센터 등의 역할이 중복됨에 따라 이에 대한 조정이 필요할 것으로 보인다. 장애 영역(일반 장애와 발달장애)에 따라, 재정의 원천(중앙정부와 지방정부)에 따라 권익옹호기관을 구분하는 것은 재정의 효율성 측면에서 바람직하지 않을 수 있기 때문이다. 따라서 인권침해 관련 사후지원 기관들에 대해 전국적으로 통합할 수 있으면서도 각 지역의 접근성을 살릴 수 있는 방향으로 조정이 필요하다.

또한 장애인 권익옹호기관의 경우 공공기관 위탁과 민간기관 위탁이 모두 가능하지만 이에 대한 장단점을 분석하여 시행하여야 할 것이다. 공공위탁 방식은 운영 측면의 안정성을 유지할 수 있고, 공적기관이 수행한다는 측면에서의 공공성은 높을 수 있다. 하지만 인적 구성의 전문성이 다소 낮을 수 있다. 즉, 장애인 인권침해 및 권리구제와 관련된 업무에 전혀 전문성이 없는 조직이나 직원이 업무를 담당할 개연성이 상당히 높다. 또한 관료적 경직성이 강한 조직일 경우, 전문성,

효율성은 떨어지고 행정 종속이 심화되는 부작용을 가져올 수 있다. 또한 공공기관은 법 적용의 엄격성에 매몰되는 경향이 강하기 때문에, 창의적인 접근이 필요한 권익옹호를 공공기관이 잘할 수 있을지는 의문시된다.

민간위탁 방식은 민간의 전문성, 자율성, 경쟁성 등을 극대화할 수 있으며, 기관 운영의 효율성을 보다 높일 수 있다. 하지만 상대적으로 공공성이 저해될 가능성이 큰 단점이 있고, 또한 운영 단체의 계약 기간 불확실성과 고용 직원의 신분 불안정성으로 전문성이 약화되거나, 위탁 기관이 변경될 경우 기관 운영의 전문성 축적이 어려운 단점이 있다. 두 방식 모두 장단점을 갖고 있지만, 인권침해 방지 및 피해자 지원을 하기 위해서는 직원들의 창의성, 헌신성 등이 더욱 중요하다. 또한 서비스 기관 또는 재정지원 기관으로부터의 독립이 더욱 중요할 수 있다. 따라서 민간자원의 장점을 활용하는 것이 더 바람직할 것으로 보인다.

5. 결론

권익옹호라는 개념은 이 개념을 사용하는 분야에 따라 매우 다양하게 사용되고 있다. 또한 권익옹호활동의 내용도 아주 개인적인 것에서부터 사회 구조적인 문제에 이르기까지 매우 다양하다. 하지만 우리나라의 권익옹호활동을 보면 인권침해에 대한 발견, 대응 등 장애인의 권익을 확보하기 위해 누군가 제삼자가 활동하는 것으로 보는 것 같다. 그러다 보니 권익옹호활동은 온정주의(paternalism)적 책임감에 따라 장애인을 회복(restoration)하는데 더 초점을 두게 되었고, 장애인의 권한강화(empowerment)에는 보다 무관심했던 것으로 보인다(조효제, 2015). 더구나 발달장애인 등은 인권침해 피해자로 언론에서 많이 언급되다 보니 언제까지나 취약하고 보호를 받아야만 하는 존재로 낙인찍히고 있다. 피해자인 장애인은 너무나 취약한 사람이기 때문에 자립생활을 하기보다는 사회의 보호를 받는 것이 사회적으로 더 정의로운 것이라는 인식이 보편화되고 있다(이동석 외, 2014). 이처럼 권익옹호활동이 장애인의 자기결정보다는 외부 전문인력의 판단에 따른 활동으로 치우치다 보니, 발달장애인들은 자신들의 삶에 대한 자율권(autonomy)을 훼손당하게 되었다.

하지만 권익옹호활동은 이와 같은 의존의 순환과정을 깨는 하나의 방법이고, 사람들에게 그들의 삶에 대한 자율권을 다시 주는 활동이 되어야 한다. 발달장애인들에게 일어났으면 좋을 것들에 대해 말할 기회를 제공하고, 그들이 그들의 목표를 이룰 수 있도록 지원함으로써 가능해지는 것이다. 이런 활동이 반복됨으로써 권한강화의 선순환 과정이 발전할 것이다. 결국 온정주의적 시각에서 장애인을 안전하게만 보호하는 것이 중요한 것이 아니라, 장애인의 사회통합(social inclusion) 차원에서 권익옹호활동을 고려해야 한다.

권익옹호의 주요 목적은 불이익을 당한 사람들이 그들의 동료 시민들과 동등한 대우를 받도록 하는 것이다. 따라서 이와 같은 목적을 실현하는 과정, 즉, 권익옹호활동은 다른 사람들을 대할 때의 수준과 동일한 존엄성을 갖고 장애인을 대우하는 것을 의미한다(Garbutt, 2012). 결국 동료 시민이 자기결정에 따라 서비스를 이용하듯 발달장애인을 포함한 장애인도 자기결정에 기반하여 옹호서비스를 이용하여야 한다. 지원을 받되 스스로의 힘으로 권한과 능력을 늘려나가는 것이다. 따라서 옹호실천에서는 장애인 당사자의 자기 주도가 기본이 되어야 할 것이다.

권익옹호활동은 장애인이 자신의 권리를 주장하고, 선택사항을 주장하고, 사회 구조와 시스템에 도전하는 하나의 방식이다. 이 도전은 현재 실천현장에 대한 도전, 사회복지사를 포함하는 전문가에 대한 도전을 포함하는 것이다. 따라서 실천현장과 사회복지사는 현재까지의 관점과 경험을 모두 버려야 하는 도전이기 때문에 이런 변화를 받아들이기 어려울 수도 있다. 그러나 우리가 입버릇처럼 말하는 장애인의 권리를 실현하기 위해서는 이제 이런 도전에 당당히 맞서 스스로의 변화를 꾀해야만 할 것이다.

참고 문헌

강희설. 2010. 『사회복지사의 지적장애인 자기옹호 지원과정』. 성공회대학교 박사학위 논문.

김용득·윤재영·이동석·이호선·김재훈. 2013. 『지적장애인을 위한 권익옹호의 원리와 실천』. EM커뮤니티.

김용득·김미옥·서재경·장정은·박슬기. 2014. 『장애인복지관 발달장애인 권익옹호실천 가이드 개발』. 한국장애인복지관협회.

이동석·김주경·박수인·조문순·조주희·서보훈·허주현. 2014. 『장애와 학대』. (사)장애우권익문제연구소.

이문국 외 역. 1999. 『사회복지대백과사전』. National Association of Social Workers(NASW). 1995. Encyclopedia of Social Work. 나눔의 집.

이숙향 역. 2010. 발달장애 학생의 자기결정 증진 전략. 학지사. Wehmeyer, M. L., Agran, M., Hughes, C., Martin, J. E., Mithaug, D. E., & Palmer, S. B. 2007. *Promoting self determination in students with developmental disabilities*. NY: Guilford Press.

조효제. 2015. 『조효제 교수의 인권 오디세이』. 교양인.

허곤. 2012. "거주시설 서비스 과정". 김용득 편 『장애와 사회복지』. EM커뮤니티.

Action for advocacy. 2006. *Quality standards for advocacy schemes*. Action for advocacy.

BILD. 2002. *Positive approaches to promoting advocacy*. BILD

BILD. 2007. *Good practice in advocacy and advocacy standards*. BILD

Boylan, J., J. Dalrymple. 2009, *Understanding advocacy for children and young people*. Berkshire: Open University Press.

Brandon, D., Brandon, A. and Brandon, T., 1995. *Advocacy: power to people with disabilities*. Birmingham: Venture Press.

Garbutt. R. 2012. "Advocacy". In: Atherton & Crickmore(Eds). *Learning disabilities: toward inclusion*. Churchill Livingstone Elsevier.

People First. 1996. *Speak out for equal rights workbook two*. London: Equal People Course Book.

Test, D. W., Fowler, C. H., Wood, W. M., Brewer, D. M., & Eddy, S. 2005. A conceptual framework of self-advocacy for students with disabilities. *Residential and special education*, 26(1), 43-54.

제17장 직업지원

박 광 옥

    대부분의 사람이 경제활동을 할 수 있는 나이가 되면 자연스레 직업을 갖고 일을 하게 된다. 일은 기본적으로 생활을 유지하기 위한 소득 원천이 되고, 더 나아가 사회 구성원으로서의 사회적 역할과 기여를 할 수 있는 수단이 되며, 삶의 만족과 질에 영향을 미칠 수 있는 중요한 조건이 된다. 이러한 점은 직업을 갖기를 원하는 발달장애인에게도 동일할 것이다. 그러나 아직 발달장애인이 자신이 원하는 직업을 갖기가 쉽지는 않다. 발달장애인은 인지나 의사소통에 어려움이 있다는 이유로 취업 진입 과정에서 차별과 배제의 상황을 자주 경험하게 된다. 발달장애인이 직업을 갖고 만족스러운 직업생활을 하기 위해 어떠한 지원을 해야 할까? 본 장에서는 현재 진행되고 있는 발달장애인을 위한 직업지원의 여러 실제를 살펴보고 향후 필요한 지원방안을 모색해 보고자 한다.

1. 발달장애인에게 있어 직업의 의미

직업을 갖는 것은 행복한 생활을 누리기 위한 기본 조건으로 경제적 자립의 수단이고, 또 다른 한편으로는 자기실현과 자아 성취감을 얻는 중요한 사회적 과정일 수 있기 때문에 인간의 삶에 있어서 매우 중요한 의미를 가진다(김용탁, 2006). 일하는 것은 모든 인간의 기본적인 권리로 노동시장에서 배제시킬 경우 개인의 역량을 저하시키는 동시에 심각한 사회적 소외를 가져오는 인권의 문제로 이어질 수 있다(Krish et al., 2009). 즉, 직업은 일하고자 하는 모든 사람에게 삶의 중요한 사회 활동이자 보장받아야 할 권리이다.

직업은 발달장애인을 포함한 장애인에게 여러 가지 측면에서 더 큰 의미를 가질 수 있는데 발달장애인에게 일이 주는 의미를 생각해 보면 아래와 같다(McReynolds, 2001; 오길승, 2004; 유동철, 2008; 최지선, 2009; 임수정, 2010).

- 개인의 직업적, 사회적, 심리적 욕구를 충족시켜 주는 주요한 수단이다.
- 의존적인 생활에서 탈피하여 독립적인 생활을 할 수 있게 함으로써 자아실현과 자존감을 고취시키는 역할을 한다.
- 직업활동은 생산적인 복지를 실천하게 하고, 나아가 지역사회 내 적극적인 사회통합을 가능하게 한다.
- 사회에서 함께 살아가고 있다는 '존재감'을 느끼게 하며, 삶의 만족도를 높여주는 주요한 요인이 된다.
- 최소한의 인간다운 생활을 유지하고, 취업을 통해 사회의 한 구성원으로서 정상적이고 건전한 역할을 기대할 수 있다.
- 직업을 갖고 안정된 생활을 유지해 간다는 것은 사회적 관계, 사회적 지위, 일상적인 리듬을 제공하고 삶에 의미를 부여할 수 있다.

그러나 일이 주는 여러 의미에도 불구하고, 장애인은 각 개인이 가지고 있는 능력에 상관없이 장애인이라는 이유만으로 노동시장에서 배제되는 경우가 발생하고 있으며, 특히 발달장애인의 노동시장에서의 사회적 배제현상은 더 두드러지고 있다(이익섭·박수경, 2012).

2. 발달장애인의 직업현황 및 특성

발달장애인의 현 직업현황을 살펴보면 몇 가지 직업특성을 알 수 있다. 여기에서는 크게 취업현황, 취업직종, 근로환경, 고용안정성 측면의 주요 현황을 살펴보고, 발달장애인이 어떠한 직업상황에 있는지를 살펴보고자 한다.

1) 취업현황 : 취업 진입의 높은 장벽

2017년 기준 발달장애인의 취업현황을 살펴보면, 고용률은 평균 28.6%(지적장애인 34.2%, 자폐성장애인 23.0%), 실업률은 평균 11.5%(지적장애인 4.2%, 자폐성장애인 18.7%)이다. 이는 전체 인구의 고용률(61.3%)과 비교하였을 때 2배 이상, 전체 장애인의 고용률(36.9%)과 비교하였을 때 1.2배 이상 낮은 수치이다. 2014년 고용률(17.1%)에 비해 발달장애인의 취업 상황이 점진적으로 개선되고 있지만 여전히 발달장애인은 비장애인과 다른 장애 유형의 장애인보다 취업 진입의 비율이 저조한 상황이다.

<표 17-1> 발달장애인 고용률 및 실업률

(단위: %)

구분		경제활동참가율	고용률	실업률
발달장애	지적장애	35.7	34.2	4.2
	자폐성장애	28.3	23.0	18.7
	소계	32.0	28.6	11.5
전체 장애인		38.9	36.9	5.1
전체 인구(15세 이상)		63.4	61.3	3.4

출처: 김성희 외, 2017.

발달장애인은 근로능력이 있음에도 불구하고 채용 과정에서 사회적 편견과 차별을 경험하고, 취업을 하더라도 고용의 안정성을 보장받지 못하는 위치에 놓이게 된다. 그리고 우리나라 장애인 고용정책의 대부분이 발달장애인을 포함한 중증장애인보다는 경증장애인 위주로 운용되는 등 전반적으로 발달장애인 고용에 대한 낮은 기대와 사회 풍토는 노동시장에서 발달장애인의 배제를 심화시키고, 취업 진입의 장벽을 높이는 결과를 낳고 있다(변용찬 외, 2005; 임효순 외 2009).

그리고 발달장애인 대부분이 지역사회 내 장애인복지관, 직업재활시설, 한국장애인고용공단 등 직업재활서비스 기관을 이용하여 취업하는 것(평균 62.8%)으로 나타나 취업 진입의 어려움 속에서 일정 기간 필요한 지원을 받으면서 노동 시장에 진입하고 있다는 것을 알 수 있다(김성희 외, 2017).

2) 취업직종 : 노동집약적 단순노무 중심의 직종

2017년 장애인실태조사에 따르면 발달장애인이 희망하는 직종은 지적장애인의 경우 단순노무 종사자 43.1%, 판매종사자와 장치·기계조작 및 조립 종사자 25.5% 순으로 나타났고, 자폐성장애인은 모두 서비스 종사자를 희망하는 것으로 나타났다. 희망하는 직장의 업종으로는 지적장애인의 경우 제조업이 26.8%로 가장 높게 나타났으며, 자폐성장애인의 경우 모두 숙박 및 음식점업의 취업을 원하는 것으로 나타났다.

<표 17-2> 발달장애인의 희망직종

(단위: %, 명)

구분	지체장애	뇌병변장애	시각장애	청각장애	언어장애	지적장애	자폐성장애	정신장애	신장장애	심장장애	호흡기장애	간장애	안면장애	장루요루장애	뇌전증장애	전체
관리자	3.5	0.0	0.0	0.0	0.0	0.0	0.0	0.0	30.1	-	0.0	-	-	0.0	0.0	2.6
전문가 및 관련 종사자	5.0	33.4	6.3	0.0	0.0	0.0	0.0	15.8	30.1	-	0.0	-	-	0.0	0.0	6.9
사무 종사자	10.8	0.0	20.3	37.8	0.0	5.9	0.0	14.3	39.8	-	0.0	-	-	0.0	0.0	14.3
서비스 종사자	14.1	0.0	28.2	5.5	0.0	0.0	100.0	25.0	0.0	-	0.0	-	-	0.0	0.0	15.4
판매 종사자	5.8	0.0	0.0	0.0	0.0	25.5	0.0	0.0	0.0	-	0.0	-	-	0.0	0.0	4.5
농림어업 숙련 종사자	-	-	-	-	-	-	-	-	-	-	-	-	-	-	-	-
기능원 및 관련 기능 종사자	15.1	0.0	0.0	6.7	0.0	0.0	0.0	22.5	0.0	-	0.0	-	-	0.0	0.0	10.4
장치, 기계조작 및 조립 종사자	4.4	0.0	4.4	3.3	0.0	25.5	0.0	0.0	0.0	-	0.0	-	-	0.0	0.0	4.7
단순노무 종사자	41.2	66.6	40.8	46.7	100.0	43.1	0.0	22.5	0.0	-	100.0	-	-	100.0	100.0	41.2
군인																
계	100.0	100.0	100.0	100.0	100.0	100.0	100.0	100.0	100.0	-	100.0	-	-	100.0	100.0	100.0
전국추정수	26,929	2,128	7,229	4,286	570	2,596	671	3,643	1,076	-	332	-	-	119	20	49,599

출처: 김성희 외, 2017.

발달장애인이 실제 취업한 직종현황을 살펴보면, 지적장애인 81.2%, 자폐성장애인 76.5%가 단순노무 종사자로 취업한 것으로 나타났다. 구체적인 직무에는 조립 및 포장 등 단순 제조, 환경 미화, 주방 보조, 세탁원, 매장관리 등이 포함되었다.

<표 17-3> 발달장애인의 취업직종

(단위: 명, %)

장애유형		관리자	전문가 및 관련 종사자	사무 종사자	서비스 종사자	판매 종사자	농림·어업 숙련 종사자	기능원 및 관련 기능 종사자	장차 기계 조작 및 조립 종사자	단순 노무 종사자	계
지적 장애	빈도	0	59	35	127	4	4	15	74	1,371	1,689
	비율	0.0	3.5	2.1	7.5	0.2	0.2	0.9	4.4	81.2	100.0
자폐성 장애	빈도	0	6	7	6	0	0	1	4	78	102
	비율	0.0	5.9	6.9	5.9	0.0	0.0	1.0	3.9	76.5	100.0

출처: 박광옥 외, 2012.

이 결과만을 보면 발달장애인이 희망하는 직종에 가깝게 취업이 되는 것으로 보일 수 있다. 그러나 발달장애인이 희망하는 직종은 열악한 취업 진입 환경에서 대체로 취업이 가능했던 직종으로 또는 발달장애인의 직업능력을 획일화하여 인식된 직종일 수 있다. 이러한 측면이 반영된 것이라면 발달장애인의 고용에 대한 선입견을 해소할 수 있는 인식 개선이 필요하며, 발달장애인이 진입할 수 있는 다양한 직종 개발이 병행되어야 할 것이다. 결과적으로 발달장애인들이 실제 취업하는 직종 대부분은 사람의 노동력을 많이 필요로 하는 노동 집약적인 직무에 편중되어 있음을 알 수 있다.

3) 근로환경 : 낮은 임금 수준과 종사상 지위

2017년 기준 취업 장애인의 월평균 임금은 171만원으로 우리나라 전체 근로자의 월평균 임금 324만원의 52.8%에 불과한 수준이다(고용노동부, 2017). 그러나 발달장애인의 월평균 임금은 지적장애인 70만원, 자폐성장애인 35만원으로 전체 근로자의 월평균 임금의 16.4%로 매우 낮은 임금 수준을 보여주고 있다. 또한 다른 장애 유형의 장애인과 비교해 보더라도 매우 낮은 수준의 급여를 받는 것으로 나타났다. 2017년 기준 발달장애인의 월평균 임금은 약 53만원으로 이는 고시된 최저임금액(월 1,745,150원)보다도 낮은 수준으로 국가가 근로자들의 생활안정을 위해 정해놓고 있는 임금의 최저 수준에도 못 미치는 금액이다.

<표 17-4> 발달장애인의 월평균 임금

(단위: 만원)

구분	지체장애	뇌병변장애	시각장애	청각장애	언어장애	지적장애	자폐성장애	정신장애	신장장애	심장장애	호흡기장애	간장애	안면장애	장루요루장애	뇌전증장애	전체
2017	189	124	196	125	155	70	35	87	176	65	101	278	120	188	90	171
2014	167	112	156	120	130	57	45	56	183	327	110	190	160	78	-	153
2011	155	118	136	125	141	54	38	53	189	100	99	196	70	86	117	142

출처: 김성희 외, 2017.

임금 근로자로 취업한 발달장애인의 종사상 지위를 살펴보면, 지적장애인의 경우 상용근로자 18.0%, 임시근로자 40.7%, 일용근로자 36.3%로 나타났으며, 자폐성장애인은 임시근로자 60.9%, 일용근로자 35.5%로 나타나 발달장애인 근로자 대부분이 임시근로자, 일용근로자로 고용안정성을 보장받지 못하는 위치에 있는 것으로 나타났다(김성희 외, 2017). 발달장애인 근로자의 낮은 임금 수준과 종사상 지위는 발달장애인 대부분이 저임금 직종과 단기간 또는 단시간 근로자 등으로 임시취업을 하는 비율이 높기 때문이다. 그리고 많은 발달장애인이 일하고 있는 직업재활시설에서는 고용과 훈련이라는 두 가지 기능으로 수익 창출의 현실적인 어려움을 가지고 있어 근로 장애인을 최저임금 적용 제외 근로자[1]로 신청하는 등 발달장애인이 근로하고 있는 여러

1) 최저임금법 제7조, 시행령 제6조에서 "정신장애나 신체장애로 근로능력이 현저히 낮은 자 또는

고용 환경으로 인해 나타난 결과라 할 수 있다.

4) 고용안정성 : 직업유지의 어려움

장애인의 고용 성과를 측정하는 데 있어 직업유지는 매우 중요한 부분이다. 미국의 장애인 직업재활 관련 공공 프로그램에서는 장애인이 직업재활서비스를 받고 취업한 후 90일이 경과했을 때 성공적인 취업으로 규정하고 있고, 우리나라의 경우에도 보건복지부의 중증장애인직업재활지원사업, 고용노동부의 다양한 고용서비스에서 취업한 날로부터 90일이 경과했을 때 취업이 확정된 것으로 정하고 있다. 이렇게 직업유지가 중요한 성과로 제시되고 있는 이유는 장애인들의 경우 비장애인에 비해 취업기간이 짧고 취업 후 단기간 내 높은 퇴사율을 보이기 때문이다. 특히 발달장애인은 취업 진입에 어려움이 있을 뿐만 아니라 취업 후에도 직업생활을 유지하는 기간이 짧고, 직장생활의 부적응이나 어려움으로 인해 잦은 퇴사와 이직을 반복하는 것으로 나타났다(구인순 외, 2007; 임효순 외, 2009).

구체적으로 2017년 기준 지적장애인은 평균 45개월, 자폐성장애인은 평균 24개월 직업을 유지하는 것으로 나타났다(김성희 외, 2017). 이는 다른 장애 유형의 장애인과 비교했을 때보다 짧은 기간이다. 이러한 이유로 발달장애인의 성공적인 취업 여부를 평가할 때 직업유지 기간을 취업 후 30일에서 2년까지로 다양하게 정의하고 있으며, 실제 직업재활서비스 기관에서는 발달장애인의 취업확정 시점을 1개월, 3개월, 6개월 등으로 하여 취업 후 필요한 서비스 기간을 설정하기도 한

그 밖에 최저임금을 적용하는 것이 적당하지 아니하다고 인정되는 자로서 사용자가 고용노동부 장관의 인가를 받은 자에 대하여는 최저임금을 적용하지 아니한다."라고 명시하고 있다. 이에 따라 발달장애인을 많이 고용하고 있는 직업재활시설 대부분이 근로 장애인에 대해 최저임금 적용 제외 신청을 하고 있다.

다. 직업재활서비스 기관에서는 발달장애인의 안정적인 직업유지를 위해 일정 기간 '취업 후 적응지원'이라는 서비스를 제공하고 있으며, 한국장애인고용공단 등으로부터 예산을 지원받아 근로지원인, 직무지원인 등의 지원인력을 배치하고 있다.

직업현황을 기반으로 살펴 본 발달장애인의 직업특성은 취업 진입의 장벽이 높고, 취업직종은 많은 노동력을 필요로 하는 직종이 대부분이었으며, 임시근로자와 일용직근로자 등 단기간 근로자의 비율이 높고, 월평균 급여가 매우 낮은 수준을 보였다. 그리고 취업 후 안정적인 직업유지에 어려움이 있는 것으로 나타났다. 이러한 발달장애인의 직업특성은 개인마다 상이하게 나타나겠지만, 일반적으로 취업 진입과 유지에 상당한 어려움을 경험하고 있는 것으로 예상되므로 다각적이고 지속적인 관심과 지원이 필요하다.

3. 발달장애인의 취업진입 유형

발달장애인은 다양한 고용 유형으로 취업을 시도할 수 있다. 발달장애인의 취업진입 유형으로 크게 일반(경쟁)고용, 지원고용, 보호고용을 고려할 수 있는데 발달장애인 개인의 욕구와 직업능력에 따라 적절한 고용 유형을 선택하게 된다. 여기에서는 최근 발달장애인이 많이 참여하고 있는 재정지원 장애인일자리사업을 기타고용의 유형으로 하여 각 고용 유형에 대한 구체적 내용과 중증장애인[2]을 위한 정책지원에 관해

2) 발달장애인은 모든 장애인 고용정책에서 정의하고 있는 중증장애인에 포함된다. 개별법에 의거한 다양한 고용정책은 입법목적에 따라 중증장애인 기준을 다소 상이하게 설정하고 있는데 예를 들이 2013년 현재 장애인복지법에서는 모든 장애유형이 1~3급은 중증장애인으로 하여 재정지원 장애인일자리사업의 참여자 선정 시 우선적으로 참여할 수 있도록 하고, 장애인 고용촉진 및 직업재활법에서는 장애등급 1~2급에 해당하는 장애인, 3급에 해당하는 뇌병변, 시각, 지적, 자폐

살펴보고자 한다.

1) 일반(경쟁)고용

일반(경쟁)고용은 장애인이 비장애인 근로자와 동일한 조건으로 경쟁하여 취업을 하는 형태를 말한다. 다른 고용의 유형에 비하여 장애인이 사회에 가장 잘 통합될 수 있으며 또한 안정적인 직업에 종사할 수 있고 작업 여건이 좋은 직종에 취업할 가능성이 높다(강위영 외, 2009). 그러나 일반(경쟁)고용을 위해 장애인이 특정한 기능이나 기술을 보유하고 비장애인 근로자와 경쟁할 수 있는 능력을 갖추어야 하며, 장애인의 취업 가능성과 직업능력에 대한 사업주나 동료의 인식이 보다 적극적으로 전환되어야 한다. 발달장애인이 일반(경쟁)고용의 형태로 취업하는 방법은 발달장애인이 스스로 취업처를 찾아 채용 과정을 거치기도 하지만 대부분 지역사회 내 직업재활서비스 기관 등의 취업 알선 서비스를 통해 이루어진다.

우리나라는 현재 장애인의 일반(경쟁)고용을 촉진시키기 위해 1990년에 제정된 장애인 고용촉진 등에 관한 법률(현 장애인 고용촉진 및 직업재활법)에 따라 1991년부터 의무고용제도를 시행하고 있다. 2019년 현재 장애인 고용촉진 및 직업재활법 제35조와 동법 시행령 제33조에 의해 국가 및 지방자치단체의 경우 소속 공무원 정원의 3.4%를 장애인으로 고용하여야 하며, 월 평균 상시근로자를 50명 이상 고용하는 사업주는 3.1%이상 장애인을 의무적으로 고용해야 한다. 이렇게 일정 비율 이상의 장애인을 고용하도록 하되, 미달하는 부분은 고용부담금

성, 정신, 심장, 호흡기, 뇌전증, 상지 지체장애인 3급, 국가유공자 1-3급을 중증장애인으로 하여 중증장애인직업재활지원사업, 의무고용제도 등의 정책지원을 받고 있다. 그러나 이러한 중증장애인의 기준은 2022년 장애인 소득 및 고용 분야의 장애등급제가 폐지되면서 변경된다.

을 납부하도록 하고, 기준 이상을 고용하는 사업주에게는 고용장려금을 지급하고 있다.

그리고 발달장애인을 포함한 중증장애인의 일반(경쟁)고용을 활성화하기 위해 2010년부터 의무고용인원 산정 시 중증장애인의 경우 2배수를 의무고용인원으로 인정(1명을 2명으로 인정)하는 중증장애인 더블카운트 제도를 도입하여 운용하고 있다. 중증장애인 더블카운트 제도의 도입은 중증장애인의 고용을 정책에 고려하여 중증장애인의 취업진입에 효과를 주었다는 평가와 함께 중증장애인 더블카운트 제도를 악용하고 있다는 우려의 목소리가 나오고 있다. 즉, 사업주가 중증장애인을 불안정한 신분으로 고용하여 부적절한 대우를 받게 하고, 결과적으로 그러한 자리에만 장애인의 일자리를 우선 배정하고 있음에도 불구하고 정부는 가시적인 고용률 상승에 만족하고 있다는 것이다.

2) 지원고용

미국에서 시행되기 시작한 지원고용의 개념은 여러 법에서 정의되고 있다. 일반(경쟁)고용으로 취업 진입이 어려운 발달장애인에게 계속적인 지원이 필요하다는 것을 전제로 하여 1984년 발달장애법(The Developmental Disabilities Act Amendments, P. L. 98-527)과 1984년 장애인교육법(Education and Handicapped Act, P. L. 98-109), 1984년 재활법(Rehabilitation Act, P. L. 98-524) 개정안에서는 지원고용을 "비장애인이 고용된 직업 현장에 장애인이 임금을 받는 피고용인이 될 수 있도록 지도, 훈련, 교통수단 이용을 포함한 각종 직업활동을 지원하는 고용 유형"이라 정의하고 있다(강위영 외, 2009). 지원고용은 네 가지 특성을 가지고 있는데 구체적인 내용은 (1) 선배치·후훈련, (2) 고용 후 지속적인 지원 제공, (3) 통합된 직업 환경, (4) 적합한 임금 제공이다. 1970년대부터 미국에서 시행하기 시작한 지원고용은 약 20여 년간의 시행을 통해 그 성과가 명확하게 드러났으며, 발달장애인의 취업을 돕는 성공적인 모델로 평가받고 있다(Banks et al., 2010).

우리나라는 1990년대 초반 지원고용 프로그램이 소수 전문가들에 의해 소개되어 서울장애인종합복지관, 서부장애인종합복지관 등 지역사회 몇몇 장애인복지관을 중심으로 시행되기 시작하였고, 2000년 장애인 고용촉진 등에 관한 법률의 전면 개정 이후 직업재활서비스 기관에서 확대되어 시행되었다(김무웅·오길승, 2006). 그러나 지원고용의 양적 성장에도 불구하고 장애가 심한 중증장애인의 고용은 아직 만족할만한 수준에 이르지 못했다는 것이 보편적인 지적이다. 우리나라에서는 지원고용이 중증장애인을 위한 보호작업장 중심의 전통적인 직업재활서비스를 개선하고자 출현된 본래의 개념과 구체적인 실행 절차에 대한 정확한 이해가 처음부터 부족하였다. 구체적으로 지원고용의 법적인 근거와 제도적인 면에서 지원고용이 목표로 하는 중증장애인의 고용 가능성에 대한 신념, 비장애인과 함께 일하는 통합 환경, 고용 후에도 적절한 지원을 제공한다는 지원고용의 핵심 요소에 대한 정확한 이해 기반이 미약하였다. 이러한 이해의 부족으로 지원고용이 지속적 지원을 전제로 하는 새로운 고용모델임에도 불구하고 또 하나의 직업훈련 프로그램으로 변형되어 왔다(김무웅·오길승, 2006; 박승희, 2010).

현재 우리나라에서 지원고용은 발달장애인의 대표적인 직업훈련 프로그램으로 인식되고 있다. 구체적인 진행과정을 살펴보면, 발달장애인을 포함한 중증장애인이 프로그램에 참여할 수 있으며, 지역사회 내 일반사업체에서 3주에서 7주까지 취업 전 실습이 진행된다. 실습이 끝나면 현장평가를 토대로 사업체와 논의를 거친 후 취업을 확정하게 된다. 이러한 지원고용 프로그램은 장애인복지관, 직업재활시설, 한국장애인 고용공단 등을 통해 진행되고 있으며, 진행 과정에 직무지도원(job coach)이 함께 배치되어 직무 조정 및 지도, 동료관계 형성. 출퇴근 지도, 근로환경 개선 등 다양한 지원을 통해 취업 진입의 가능성을 높인다. 지원고용을 통한 취업을 활성화하기 위해 보건복지부. 고용노동부 등의 관련 부처에서는 지원고용사업이라는 이름으로 프로그램에 참여하는 발달장애인과 사업주에게 참여 기간 동안 훈련수당과 사업주 보조금을 지원하고 있다.

반드시 발달장애인이 지원고용 프로그램을 통해 취업을 해야 하는 것은 아니다. 발달장애인의 직업능력과 사업체의 환경에 따라 바로 일반(경쟁)고용의 형태로 취업을 할 수 있으며. 취업 후 지원이 필요한 경우 '취업 후 적응지원' 등의 서비스를 이용하면서 안정적인 직업생활을 할 수 있다. 여기에서 중요한 것은 지원고용의 형태로 취업이 되는 장애인은 정말 지속적인 지원을 원하고 필요로 하는 중증장애인이어야 한다는 것이다. 훈련수당과 사업주 보조금 등 예산이 지원되는 사업으로 진행되다 보니깐 취업알선을 통해 바로 취업 진입이 가능한 발달장애인이 많이 참여하게 되면서 지원고용의 형태로 취업 진입이 필요한 발달장애인이 배제되고 있다는 점에서 문제점이 제기되고 있다.

3) 보호고용

보호고용이라는 용어가 장애인복지정책에 처음 사용된 것은 1955년 국제노동기구(ILO)의 제99호 장애인직업재활에 관한 권고로부터 시작된다. 그전부터 몇몇 국가에서는 보호고용이라는 용어를 사용하지는 않았지만 비슷한 형태로 이미 시행되고 있었다. 예를 들어 영국에서 1944년 장애인고용법을 통해 장애인의 유보고용 제도(designated employment scheme)를 규정하였고 미국은 1838년 퍼킨스 맹아협회에서 보호작업장을 운영하였으며. 1943년과 1954년 직업재활법에 보호작업장 지도에 관한 사항을 포함하였다. 그러나 실제로 정책 과정에서 보호고용이라는 용어를 처음 제시한 것은 제99호 장애인직업재활에 관한 권고이다. 이 권고에서는 보호고용을 "통상적인 고용이 될 수 없는 장애인을 위해 보호적인 조건에서 행해지는 훈련과 고용"으로 정의하고 있다(강위영 외, 2009). 또한 보호고용이 이루어지는 장소와 보호고용 시설에서 일하는 종사자와 관련하여 다음과 같은 몇 가지 기본원칙을 제시하였다. 첫째, 국가는 관련 민간기구와 협력하여 일반(경쟁)고용이 어려운 장애인을 위해 보호적인 조건 하에서 훈련과 고용방안을 개발하도록 모든 조치를 취해야 하고, 이러한 조치에는 보호작업장 설립과 신체적, 심리적, 또는 지리적 이유로 규칙적으로 작업장에 오고 갈 수 없는 장애인을 위한 특별한 대책이 포함되어야 한다. 둘째, 보호작업장은 효과적인 의료와 직업지도 하에 유용하고 수익성 있는 작업을 제공해야 하고, 직업적응의 기회와 일반(경쟁)고용으로 전이할 수 있도록 해야 한다. 셋째, 장애인이 자신의 가정에서 적절한 의료와 직업지도 하에 유용하고 수익성이 있는 작업을 할 수 있도록 특별한 재가 장애인 프로그램을 마련하고 개발해야 한다. 넷째, 보호작업장에 취업한 장애인도 일반 근로자에게 적용되는 법적 임금 규정과 고용 조건이 적용되어야 한다.

우리나라에서는 발달장애인을 포함한 중증장애인의 보호고용을 위해 직업재활시설을 운영하고 있다. 직업재활시설은 취업을 하기 위해 필요한 일련의 직업재활서비스를 제공하는 장애인복지시설인 동시에 장애인을 직접 고용하는 사업체이기도 하다. 그래서 직업재활시설 운영상 이용 장애인을 훈련 장애인과 근로 장애인으로 구분하여 필요한 서비스를 제공하고 있다. 장애인복지법에 제58조에서는 직업재활시설을 "일반 작업환경에서는 일하기 어려운 장애인이 특별히 준비된 작업환경에서 직업훈련을 받거나 직업생활을 할 수 있도록 하는 시설"로 정의하고 있다. 직업재활시설의 세부유형으로는 보호작업장, 근로사업장,

직업적응훈련시설이 있으며 시설마다 이용 목적과 시설 기능을 달리하고 있다. 2017년 기준 625개소의 직업재활시설이 설치되어 있으며, 17,841명의 장애인이 이용하고 있다(보건복지부, 2018). 이 중 직업 재활시설을 이용하는 장애인 80%이상이 발달장애인이다.

직업재활시설에서는 이용 장애인의 특성과 지역사회 환경 등을 고려하여 다양한 품목의 생산을 통해 발달장애인에게 일자리를 제공하고 있다. 현재 각종 농산물 재배, 화훼, 축산 등 1차 산업에서부터 제빵제과 생산, 전자제품 임가공 및 조립 등의 2차 산업, 카페, 건물 소독, 세차, 택배 등의 3차 서비스 산업까지 다양한 품목이 생산되어 판매되고 있다.

정부는 일반(경쟁)고용이 어려운 중증장애인의 보호고용을 활성화하기 위해 2008년부터 중증장애인생산품 우선구매 특별법을 제정하여 중증장애인생산품 우선구매제도를 시행하고 있다. 이 제도를 통해 공공기관의 장은 공사를 제외한 구매하는 모든 생산품 및 용역 등에서 중증장애인생산품을 우선적으로 구매하여야 하며, 공공기관 총 구매액의 100분의 1이상을 중증장애인생산품으로 구매할 것을 계획하고 이행해야 한다. 그리고 공공기관의 장은 소속 기관에 대해 기관평가를 할 때 평가항목에 중증장애인생산품 구매실적을 반드시 포함하여야 한다.

또한 직업재활시설에서 생산되는 생산품의 판매를 지원하기 위해 각 시도별로 장애인생산품판매시설(17개소)이 운영되고 있고, 중증장애인 생산품시설 지정, 공공기관과의 수의계약 체결 등 중증장애인생산품 우선구매제도를 지원하기 위해 '꿈드래'[3]라는 시스템이 운용되고 있으며, 한국장애인개발원과 한국장애인직업재활시설협회가 이와 관련하여 필요한 지원을 하고 있다.

보호고용은 일반(경쟁)고용이 현실적으로 어려운 중증의 발달장애인

---

3) 장애인생산품 우선구매제도에 따른 지원을 받기 위해서 직업재활시설은 중증장애인생산품시설로 지정받아야 한다. 이와 관련한 구체적인 내용을 꿈드래 홈페이지(https://www.goods.go.kr)에서 파악할 수 있다.

에게 필요한 고용 유형이다. 그러나 아직까지 보호고용은 장애인들만의 작업 환경으로 지역사회, 일반 노동시장과 분리된다는 점에서 사회통합에 반하는 고용 유형으로 비판을 받고 있다. 여기에 최근 보호고용의 생산성을 높이는 정책 방향으로 직업재활시설이 수익을 창출하기 위해 일반(경쟁)고용이 가능한 장애인을 고용하면서 오히려 중증의 발달장애인들이 직업재활시설을 이용하는 것이 어려워지고 있다. 이에 2015년 기존 직업재활시설 세부유형(보호작업장, 근로사업장)에 중증 발달장애인의 시설이용을 확대하기 위해 직업적응훈련시설이 새롭게 편입되었다.

4) 기타고용(재정지원 장애인일자리사업)

발달장애인은 재정지원 일자리사업을 통해 직업탐색과 경험의 기회를 갖고 취업을 하기도 한다. 재정지원 일자리사업은 중앙 행정기관이나 지방자치단체 또는 이들로부터 위탁받은 각종 기관 및 단체가 취업을 지원하기 위하여 재정을 활용하여 시행하는 사업(고용정책 기본법 제13조의 2)으로 크게 직접일자리, 직업훈련, 고용장려금, 고용서비스, 창업지원, 그리고 실업소득 유지 및 지원으로 구분되고 있다. 이중 직접일자리사업은 정부가 재정지출을 통해 창출한 한시적 일자리 또는 정기적 일자리를 장애인, 장기 실업자 등 취업 취약계층에게 제공하는 사업이다(고용노동부, 2013). 직접일자리사업은 참여자에게 생계유지에 필요한 소득을 제공할 뿐만 아니라 사업 참여를 통해 취업 취약계층이 노동시장 재진입에 필요한 근로경험을 쌓고 직업능력을 향상시켜 장기적으로 경제적 자립을 끌어내는 것을 전제로 하고 있다. 장애인이 참여하는 직접일자리사업으로는 복지형의 장애인일자리사업(64.9%), 경기대응형의 지자체 공공 근로사업(23.6%), 인턴형의 사회적 기업육성과 지역공동체 사업(8.7%)이 있다(유완식 외, 2015).

이 중 발달장애인이 많이 참여하고 있는 장애인일자리사업에 대해 살펴보면, 이 사업은 보건복지부와 지방자치단체의 예산으로 시행되고 있으며 크게 일반형 일자리, 복지 일자리, 특화형 일자리로 구분된다.

일반형 일자리는 미취업 장애인의 일반 노동시장 전이를 위해 실무능력의 습득을 지원하고, 일정 기간 소득을 보장하는 일자리로 참여 장애인은 전국 시·도, 읍·면·동 주민센터, 공공기관 등에 배치되어 장애인복지행정 등의 업무를 수행하게 된다. 복지 일자리는 취업이 어려운 장애인에게 장애유형별 다양한 일자리를 개발하고 제공하여 직업생활 및 사회참여 확대를 위한 직업경험을 지원하는 일자리로 만18세 이상 등록 장애인은 누구나 참여 가능한 참여형 일자리와 장애학생을 대상으로 한 특수교육 - 복지연계형 일자리가 있다. 특화형 일자리는 크게 시각장애인 안마사 사업과 발달장애인 요양보호사 보조 일자리가 있다. 2017년 기준 장애인일자리사업에 총 4,679명의 발달장애인이 참여하고 있다(보건복지부, 2017).

장애인일자리사업은 발달장애인에게 다양한 직종에 대한 직업경험을 제공하고 있어 참여 욕구가 높아지고 있으며, 발달장애인이 취업에 진입할 수 있는 직종을 확대하는 데 긍정적인 효과가 있으나 한시적 일자리로 고용안정성이 보장되지 않고 있다. 또한 사업 참여 후 일반 노동시장으로의 재취업 비율이 높지 않고 직접일자리사업의 재참여 비율이 높은 것으로 나타나고 있다. 이는 직접일자리사업이 참여자의 일반 일자리 전환을 돕는 징검다리 역할이 상대적으로 미비하여 장애인이 직접일자리사업에 반복해서 참여하는 회전문 효과가 발생하고 있다고 평가되고 있다.

4. 발달장애인의 직업재활사업

1) 전달체계 및 주요 사업

국제노동기구(ILO)의 장애인 직업재활에 관한 권고 제99호에서는 직업재활을 "직무지도와 훈련, 취업알선 등의 직업적 서비스를 포함한 연속적이고 협력적인 재활 과정의 일부로 장애인이 적절한 고용을 확보하고 유지할 수 있도록 돕는 것"이라 정의하고 있다(ILO, 1955). 우리나라는 장애인의 직업재활을 위해 아래 〈그림 1〉과 같이 주요 주무부처에서 다양한 직업재활사업을 시행하고 있다. 여기에서는 발달장애인을 포함한 중증장애인의 직업재활사업을 시행하고 있는 보건복지부, 고용노동부, 교육부를 중심으로 한 전달체계와 주요 사업을 살펴보고자 한다(문용준 외, 2015).

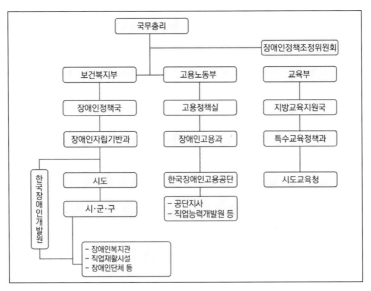

<그림 17-1> 직업재활 전달체계

출처 : 문용준 외, 2015. 수정

(1) 보건복지부

보건복지부는 2019년 현재 장애인정책국 아래 장애인정책과, 장애인권익지원과, 장애인자립기반과, 장애인서비스과에서 장애인 관련 업무를 담당하고 있다. 이중 장애인자립기반과는 장애인의 직업재활 및 소득보장과 관련한 중증장애인직업재활지원사업, 중증장애인생산품 우선구매제도, 장애인일자리사업, 그 외 보조기구지원, 장애인연금 관련 법령 및 운영에 관한 사항, 장애수당 및 장애아동수당 운영에 관한 사항 등의 업무를 수행하고 있다.

보건복지부의 직업재활사업을 직접 수행하는 기관은 한국장애인개발원으로 전국 각 시·도의 중증장애인직업재활지원사업의 예산 및 관리업무를 담당하고 있다. 중증장애인의 고용활성화를 위해 2001년부터 시작된 중증장애인직업재활지원사업은 2019년 현재 총 161개소의 직업재활서비스 기관을 통해 진행되고 있다.

중증장애인직업재활지원사업은 2000년부터 중증장애인의 직업재활서비스 확대와 취업 활성화를 위해 고용부담금의 일부를 이용하여 사업이 개시된 장애인직업재활기금사업의 연장선에 있는 사업으로 2008년 사업재원이 고용부담금이 아닌 보건복지부 일반회계로 전환되면서 사업명이 중증장애인직업재활지원사업으로 변경되었다. 이 사업은 지방이양된 장애인복지사업 중 장애인복지관, 직업재활시설 그리고 장애인단체 등에 중증장애인의 직업지원을 강화하기 위해 인건비와 운영비를 보강하여 예산을 지원하는 것을 주요 내용으로 하고 있다. 그 외 중증장애인직업재활지원사업의 일환으로 조사연구, 지원고용사업, 장애청소년 직업재활지원사업, 직무지원인 사업, 공공·민간기관 연계 중증장애인 신규일자리 창출사업(I got everything 카페) 등이 진행되고 있다.

(2) 고용노동부

2019년 현재 고용노동부의 장애인 고용업무는 고용정책실의 장애인 고용과에서 총괄하고 있다. 장애인고용과의 주요 업무내용을 살펴보면, 장애인 고용촉진 및 직업재활기금 운용과 관리, 장애인 고용의무 이행 지원 및 지도, 장애인 고용장려금 제도 운용, 장애인 취업알선 지원, 장애인표준사업장 지원, 장애인 고용시설 설치비용 융자 및 장애인 고용시설 장비 지원, 장애인 보조공학기기 지원, 장애인 직업능력개발사업, 장애인 고용관리비용지원 사업, 장애인 고용촉진 행사, 장애인 고용촉진기금 운용, 한국장애인고용공단 지도 및 감독 등의 업무를 수행하고 있다.

고용노동부 산하 기관 중 장애인 직업재활사업을 수행하고 있는 기관으로는 한국장애인고용공단, 고용지원센터, 공공직업훈련시설 등이 있다. 이 중 장애인 고용에 주력하고 있는 한국장애인고용공단은 2019년 현재 6개소의 본부, 고용개발원, 16개소의 지사, 5개소의 직업능력개발원, 7개소의 발달장애인훈련센터 등에서 장애인의 고용 및 직업재활사업을 수행하고 있다.

본부와 지사에서는 장애인과 사업주에 대한 융자 지원, 고용장려금과 부담금 등의 고용지원 업무와 장애인 구직상담 및 취업알선, 중증장애인 지원고용, 장애인 직업능력평가센터 운영 등의 고용촉진 업무를 하고 있으며, 5개소의 직업능력개발원에서는 장애인의 직업능력 향상을 통해 고용창출을 위한 업무들을 수행하고 있다. 또한 한국장애인고용공단은 장애인 고용포털 워크투게더(Work Together)를 운용하여 장애인 고용에 관심이 있는 장애인, 사업주, 장애인 가족 등에게 구인·구직 및 다양한 직업 정보를 제공하고 있다. 그리고 중증장애인의 안정적인 고용유지를 위해 취업 후 장애인이 직업생활에서 필요로 하는 부분을 지원할 수 있는 근로지원인을 배치하는 사업을 진행하고 있다.

(3) 교육부

현재 장애인 고용촉진 및 직업재활법에서는 교육부 장관이 특수교육 대상자의 취업을 촉진하기 위하여 직업교육 내용 등을 노동부 장관과 협의하도록 하고 있다. 장애인을 위한 특수교육 업무는 특수교육정책과에서 담당하고 있으며, 주요 업무로는 특수교육 법령 및 제도 개선, 특수교육 중장기 발전계획 수립, 특수교육 연차보고서, 장애학생 진로직업교육, 장애학생 인권보호 및 교원수급, 시·청각 장애 학생 지원, 특수교육지원센터 운영, 중앙 특수교육 운영위원회 운영 등의 업무를 수행하고 있다.

교육부에서 실시되고 있는 직업재활사업은 각 시·도 특수학교 및 특수학급을 통해 시행되고 있는 직업교육이 있다. 직업교육은 특수학교에서 실시하는 직업교육과 특수학교 고등부 졸업생을 대상으로 하는 전공과 제도, 일반 실업계 고등학교 특수학급의 직업교육 등 세 가지로 구분된다.

특수학교의 주요 직업교육 내용은 공예, 포장·조립·운반, 농업, 전자조립, 제과제빵, 바리스타, 정보처리, 상업디자인, 이료, 서비스업 등이 있다. 그리고 전공과 제도를 두어 특수학교 고등부 졸업생을 대상으로 졸업 후 1년-3년간 별도의 직업교육을 받을 수 있도록 하고 있다. 전공과의 주된 교육과목은 조립, 공예, 원예 등의 농업, 제과·제빵, 단순 작업 등 용역, 이료, 포장, 전산 등으로 특수학교 직업교육의 연장선인 것이 대부분이다. 이러한 전공과는 지난 2009년 교육부 특수교육지원과의 「장애학생 진로·직업교육 내실화 방안」에 따라 상업·공업·정보·디자인·농업·해양고 등 전국의 일반 실업계 고등학교의 특수학급에도 설치되었고, 대부분 자체적으로 직업교육과 진로지도를 하고 있다. 특수교육 기관에서 제공하는 진로·직업교육 과정은 지역사회 직업재활서비스 기관과 크게 다르지 않다. 일반적으로 진로상담과 직업평가를 통해 직업적성·능력 등을 평가하고, 그에 따른 직업교육을 실시하며, 전환능력 평가를 통해 취업알선과 추후지도를 실시하고 있다.

2) 직업재활서비스

대부분의 발달장애인은 직업생활을 하기 위해 취업 진입과 유지에 필요한 직업재활서비스를 이용한다. 직업재활서비스는 장애인이 직업생활을 통해 자립할 수 있도록 하는 데 필요한 서비스로 직업상담, 직업평가, 취업알선 등이 포함된다. 발달장애인에게 직업재활서비스를 제공하는 기관은 대표적으로 지역사회 내 장애인복지관, 직업재활시설, 한국장애인고용공단 등이 있다. 그리고 직업재활서비스는 직업재활사, 사회복지사, 특수교사, 작업치료사, 직업훈련 직종 관련 기능사 등의 자격을 갖춘 종사자들에 의해 제공되고 있다. 일반적으로 직업재활서비스에 포함되는 서비스 종류와 개념을 살펴보면 〈표 5〉와 같다.

〈표 17-5〉 직업재활서비스 종류 및 개념

직업재활서비스	개 념
접수	접수는 직업재활서비스를 이용하기 위하여 장애인 혹은 보호자가 신청하거나 관련기관이 의뢰하는 사항을 접수받고 처리하는 것을 의미하며, 이 과정에서 장애인의 인적사항, 장애관련사항, 직업재활서비스 욕구, 신청(의뢰) 일자와 의뢰기관 등의 정보를 수집한다.
직업상담	직업상담은 초기면접에서부터 종결까지 직업재활의 과정에서 내담자의 정보수집, 재활계획수립, 의사결정, 문제해결, 사례관리 등을 위해 실시하는 전반적인 상담활동으로서 장애인의 직업선택과 직업유지를 지원하게 된다.

직업재활서비스	개　념
직업평가	직업평가는 장애인의 직업적 흥미, 적성, 강점, 제한점 및 잠재능력을 파악·분석하기 위해 신체능력평가, 심리평가, 작업표본평가, 상황평가, 현장평가 등을 실시하는 직업재활서비스로서, 장애인에게 적합한 직업재활 방향을 설정하고 효과적으로 직업을 선택할 수 있도록 지원한다.
적격성 결정	적격성 결정은 직업상담 및 직업평가 결과를 바탕으로 사례회의를 통해서 이용신청한 장애인이 해당기관의 직업재활서비스 대상자로 적격한지 여부를 결정하는 과정이다.
직업재활 계획수립	직업재활계획수립은 직업재활서비스에 대한 적격성 결정을 받은 장애인을 대상으로 장애인의 욕구에 맞는 최종의 직업목표를 달성하기 위한 장·단기 목표, 프로그램 내용 및 방법, 평가기준 등을 수립하는 것이다.
직업적응훈련	직업적응훈련은 장애인이 실제적인 작업환경에서 적절한 행동, 가치, 태도를 발전시킬 수 있도록, 개인·사회생활, 직업준비·직업수행, 직무능력향상·직업유지 등에 대한 훈련을 통하여 도달 가능한 직업능력을 최대한 향상시킬 수 있도록 지원하는 서비스이다.
취업알선	취업알선은 구직 장애인의 흥미, 직업적 욕구, 직업능력과 사업체의 직무 등을 고려하여, 직장을 알선하여 배치함으로써 일반고용, 지원고용, 보호고용, 자영업 등이 이루어지도록 지원하는 활동이다.
취업	취업은 일반고용, 지원고용, 보호고용 등의 형태로 장애인과 사업주가 근로계약서를 작성하고 장애인이 1일 이상 출근함을 의미한다.
취업 후 적응지원	취업 후 적응지원은 장애인이 취업된 이후 장애인, 사업주나 동료, 가족 등을 대상으로 직장 내 다양한 문제들에 대해 적절히 대처할 수 있도록 지원하는 서비스로 취업장애인의 고용안정 및 만족스러운 직장생활 유지를 도모하게 한다.
종결	종결은 직업재활서비스 이용 목표 달성, 타 기관 의뢰, 특별한 사유 등으로 인하여 기관의 서비스를 더 이상 받을 필요가 없거나 받을 수 없어 직업재활 서비스가 종료되는 것을 의미한다.

출처: 박희찬 외, 2010.

발달장애인들이 취업을 목표로 이용하는 직업재활서비스의 일반적인 서비스 과정을 살펴보면 아래 〈그림 2〉와 같다. 발달장애인이 직업재활서비스 이용을 희망할 경우 직업재활서비스 기관에 내방하여 서비스 이용신청을 한다. 그러면 직업재활서비스 기관은 초기면접을 실시하여 장애인에 대한 정보를 수집하게 되고, 필요시 장애인의 직업적 흥미, 강점 및 제한점, 잠재능력을 파악하기 위해 직업평가를 실시한다. 이후 직업상담 및 직업평가 결과를 바탕으로 장애인이 해당 기관의 직업재활서비스 대상자로 적격한지 여부를 판정하기 위하여 사례회의를 통해 적격성 결정을 거친 후, 적격한 것으로 결정되면 직업재활계획을 수립하게 된다. 이 때 수립되는 직업재활계획에 따라 향후 해당 기관에서 제공하게 될 서비스의 방향이 정해지고 직업적응훈련, 취업알선, 취업 후 적응지원 등의 전문적인 서비스가 이루어지게 된다. 이러한 서비스들이 아래 〈그림 2〉와 같이 순차적으로 모두 제공되는 것은 아니다. 예를 들어, 직업재활계획 수립 후 직업적응훈련을 실시할 수도 있으나 경우에 따라서는 직업적응훈련 없이 취업알선으로 이어지기도 한다. 또한 점선으로 표시된 바와 같이 서비스 과정에서 이전 서비스로 되돌아가는 경우도 있다. 예를 들어, 취업알선이 취업으로 연결되지 못하는 경우에는 직업재활계획수립에 대한 일부 수정을 거쳐 직업적응훈련이나 취업알선이 다시 제공될 수 있다.

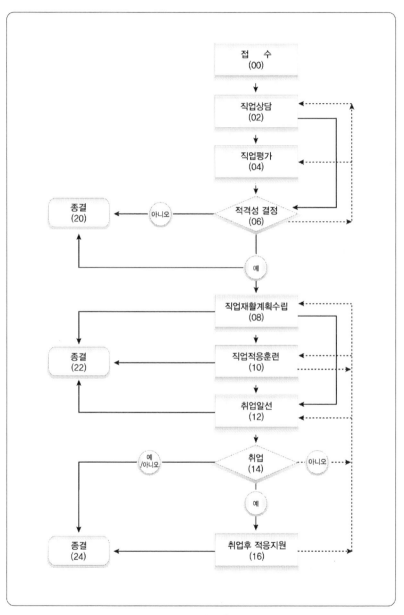

<그림 17-2> 직업재활서비스 과정

출처: 박희찬 외, 2010.

직업재활서비스 기관을 이용하여 취업하는 발달장애인은 대부분 이러한 과정을 통해 서비스를 이용하게 된다. 이러한 과정은 발달장애인에게 취업을 위한 체계적이고 전문적인 서비스를 제공하기도 하지만 대부분의 직업재활서비스 기관이 유사하고 정형화된 서비스의 내용과 과정을 보이고 있어 발달장애인 개인의 욕구와 필요를 고려한 서비스를 제공하는 데 한계를 나타내고 있다. 또한 발달장애인의 직업재활서비스 영역은 취업 진입이 어렵다는 이유로 직업재활서비스 기관과 전문가가 주도하고 장애인의 의존도가 높아질 수 있는 서비스 영역으로 발달장애인의 자기결정과 선택이 간과되는 부분이 발생할 수 있다. 이러한 점에서 발달장애인의 직업 접근성을 높이기 위해 전문가가 주도하는 재활 모델에 충실할 것인가?, 당사자의 주도성을 극대화할 수 있는 서비스 모델의 적용이 필요한가?에 대한 고민에 빠지게 된다(박경수, 2014).

5. 발달장애인 일자리 개발과 확대

발달장애인의 직업활동을 지원하는 데 있어 중요시되는 부분은 발달장애인이 진입할 수 있는 일자리를 개발하는 것이다. 사실 모든 직업영역에서 발달장애인이 할 수 있는 일은 있다. 다만 발달장애인이 안정적인 직업생활을 하기 위해 새로운 직무배치 시 필요한 조정과 지원 사항을 파악하는 것이 중요할 수 있는데, 발달장애인 직업지원에 이 과정이 필수적으로 수반되어야 한다는 것이다. 일자리 개발은 장애인만이 할 수 있는 직무를 개발하는 차원이 아니라 그동안 진입하지 않았던 직무영역을 찾아내고, 해당 직무로 진입할 때 어떻게 지원할 것인가에 대한 방안을 함께 찾는 중요한 활동이라 할 수 있다. 최근 정부 산하 기관에서 발달장애인의 일자리를 확대하고자 하는 노력이 계속되고 있으며 전국적으로 보급할 수 있는 일자리 사례를 많이 제시하고 있다. 이러한 일자리 개발 사업은 중앙정부뿐만 아니라 지방정부 차원에서도 활발히 진행되고 있지만 여기에서는 고용노동부 한국장애인고용공단 고용개발원과 보건복지부 한국장애인개발원의 사업을 중심으로 살펴보고자 한다.

먼저, 고용노동부 산하 한국장애인고용공단 고용개발원에서는 발달장애인을 포함한 중증장애인의 취업을 위해 매년 사업체 중심으로 취업 연계까지 고려한 직업영역확대사업이 아래 〈표 6〉과 같이 진행되고 있다. 고용노동부 한국장애인고용공단 고용개발원에서 진행되고 있는 직업영역확대사업은 초기에는 일자리 직무를 중심으로 한 개발을 주 내용으로 하다가 2005년 이후로는 바로 채용이 가능한 사업체 직무를 중심으로 일자리를 개발하는 특성을 보이고 있다.

〈표 17-6〉 한국장애인고용공단 직업영역개발사업

연도	사업특성	직무 및 사업체
1990년대	소규모 사업장 중심	단순포장, 운반 업무 등
2000년대 초	장애유형별 적합 직무 개발	컴퓨터속기, 헬스키퍼, 외식보조 업무 등
2005년	정부 및 대기업 중심	CJ텔레닉스 쇼핑컨설턴트, 현대오일뱅크 세차직무, 경기도청 사무보조, 안산시청 상담직 등
2009년 ~현재	중증 장애인일자리 영역 확대 및 새로운 직업영역개발	캐논 코리아, 국회, 교통리포트 등 정부부문 및 민간부문 영역과 정신장애인 동료지원가 등

출처: 한국장애인고용공단 고용개발원, 2015.

보건복지부 산하 한국장애인개발원에서는 일자리개발사업이라는 이름으로 재정지원 장애인일자리사업에 적용할 직무를 매년 개발하고 있으며, 해당 직무에 대한 상세한 설명이 되어 있는 매뉴얼을 함께 발간하고 있다. 개발된 직무는 시범사업을 거쳐 일자리사업에서의 적용 가능성을 검토한 뒤 재정지원 장애인일자리사업 세부 직무로 편입되어 장애인들이 새로운 일자리에 배치되고 있다. 한국장애인개발원을 통해 개발된 직무를 살펴보면 아래와 같다.

<표 17-7> 한국장애인개발원 일자리개발사업

연도	직무	연도	직무
2010년	도서관 사서보조 우체국 우편물 분류 관공서 청소일자리 보육도우미	2013년	기부물품관리 일자리 문서파기 일자리 룸메이트 일자리 주차단속 보조 일자리 요양보호사 보조 일자리
2011년	관공서 정원관리 병원린넨실 도우미 학교급식 도우미 시각장애인 동화구연가	2014년	건강검진센터 보조 택배물품 상·하차 보조 보육시설 급식보조 대형서점 도서정리 교통약자 셔틀버스 승하차 보조 장애인 인식개선 교육 강사
2012년	푸드은행 일자리 실버케어 일자리 버스청결 일자리 디앤디 케어 일자리	2015년	대형마트 매장 상품 관리 장난감 세척 반려동물 돌보미 실내 수영장 안내

출처: 한국장애인개발원, 2015.

이 밖에도 지자체별로 일자리 지원센터 등을 통해 지역 특성과 산업 환경을 고려한 일자리 개발이 활발히 이루어지고 있다. 그러나 이렇게 발달장애인의 장애 특성과 변화하는 일반 노동시장의 동향을 고려하여 매년 새로운 일자리가 개발되고 있지만, 사업체 개발과 일자리 정착을 위한 지원이 부족하여 개발된 좋은 일자리가 실제 고용으로까지 연계되지 못하고 있다.

6. 발달장애인 직업지원을 위한 과제

발달장애인을 위한 복지 환경에서 직업의 중요성이 강조되고 있다. 2015년 11월 시행된 발달장애인 권리보장 및 지원에 관한 법률에서 발달장애인을 위한 특화된 직업훈련시설 설치, 개인별지원계획을 통한 필요한 서비스 제공, 소득보장 지원 등을 통해 발달장애인이 일을 할 수 있는 권리가 한층 보장될 것으로 기대한다.

앞서 살펴보았듯이, 발달장애인은 인지와 의사소통에 어려움이 있다는 이유로 취업 진입과 유지에 어려움을 겪고 있다. 전체 인구와 다른 장애 유형의 장애인보다 낮은 고용률을 보이고 있으며, 어렵게 취업이 된다 하더라도 대부분 열악한 근로 환경에 놓이게 되며, 고용 유지에 상당한 어려움을 가지고 있는 것을 알 수 있었다. 발달장애인이 원하는 직업을 갖고 안정적으로 직업생활을 영위하기 위해서는 우선적으로 사회적 관심과 지속적인 지원이 필요할 것이다. 발달장애인의 직업지원을 위한 다양하고 시급한 여러 과제가 있겠지만, 본 장에서는 지금까지 살펴 본 내용을 기반으로 몇 가지 과제를 제시하고자 한다.

첫 번째, 발달장애인의 취업 진입을 위해 발달장애인 개인의 장애 정도와 욕구를 기반으로 다양한 고용 형태로의 취업 진입을 고려하고, 이를 위한 실효성 있는 정책 지원이 마련되어야 할 것이다. 일반(경쟁)

고용으로 취업을 하는 발달장애인들을 위해 중증장애인 더블카운트 제도를 통해 가시적으로 고용 수치만 증가시키는 것이 아니라 고용의 질이 보장될 수 있는 방안이 함께 고려되어야 한다. 지원고용의 경우 지원고용 본래의 의미를 살려 취업이 확정되지 않는 상태에서 단순 실습 중심으로 진행되는 프로그램이 아닌 취업을 확정한 후 안정적인 일자리 정착을 위해 필요한 지원을 하는 방식으로 변화해야 한다. 그리고 최중증의 발달장애인이 보호고용 유형으로 취업에 진입할 수 있도록 다양한 직업재활시설의 기능을 제고하고, 근로 장애인의 낮은 임금 수준을 직업재활시설의 생산성에만 의존하는 것이 아니라 정책적으로 보전해 줄 방안이 마련되어야 한다.

두 번째, 발달장애인은 취업 과정에서 지속적인 지원을 필요로 한다. 그러나 아직까지 필요한 서비스도 이용하지 못하고 있는 발달장애인의 비율이 매우 높은 상황이다. 발달장애인의 서비스 수요만큼 충분한 공급이 이루어져야 할 것이다. 또한 현재 여러 부처에서 동일하거나 혹은 유사한 사업을 시행하고 있어 다양한 서비스와 인프라 확충에 어려움이 있다. 기본적으로 발달장애인의 직업을 위해 필요한 서비스와 지원이 확대되어야 하며, 동시에 부처 간 사업 조정으로 부처별 기능에 따른 서비스를 강화하여 발달장애인의 자기결정권을 보장할 수 있도록 서비스의 선택지를 넓히는 것이 필요하다.

세 번째, 발달장애인의 일자리 영역을 확대하고 정착시킬 필요가 있다. 매년 관련 기관이 발달장애인을 위한 새로운 일자리를 개발하고 있다. 이러한 노력으로 발달장애인이 진입할 수 있는 일자리가 확대되고는 있으나 취업률에 영향을 미칠 만큼 큰 효과를 보지 못하고 있다. 효과적인 일자리 개발을 위해 지방정부와 직업재활서비스 기관에서는 지역사회 차원에서 필요한 일자리를. 중앙정부에서는 전국적으로 보급하여 정착시킬 수 있는 일자리를 중심으로 개발하고, 해당 일자리 취업 방안을 마련하는 등 일자리 개발에 조금 더 전략적일 필요가 있다. 이러한 국가 차원의 일자리 개발은 다양한 일자리로의 발달장애인 고용 확대와 인식 개선을 기대할 수 있다.

네 번째. 발달장애인의 성공적인 직업지원은 지속적이고 장애 정도에 따른 촘촘한 지원에 달려 있다. 즉, 발달장애인 개인에게 적절하고 필요한 지원을 하기 위해 지원 과정에 다양한 인력이 배치되어야 한다. 취업을 위한 전 과정에서 개별적인 지원이 이루어질 수 있도록 예를 들어 직무배치 과정에서 초기 직무적응을 위해 직무지도원(job coach) 등과 같은 인력이 배치되어야 하고, 취업 후 안정적인 직업생활이 유지될 수 있도록 근로지원인 등과 같은 인력이 투입되어야 한다. 적극적인 발달장애인 직업지원을 위해 국가는 지원인력 배치에 필요한 예산을 지원해야 한다.

마지막으로 발달장애인 중심의 직업지원이 될 수 있도록 직업재활서비스 기관의 직업지원 방향에 변화가 필요하다. 직업재활서비스 기관은 발달장애인에게 일반 노동시장 환경에 적합한 직업능력을 갖추기 위한 훈련을 강조하기보다는 발달장애인이 일할 수 있도록 적절한 고용 환경을 조성하고, 발달장애인이 현재 가지고 있는 강점으로 취업에 진입하고 유지하는 데 필요한 지원을 하는 측면에 더 적극적일 필요가 있다. 지금까지의 직업지원 경험을 살펴보면. 노동 현장과 분리된 환경에서 발달장애인들의 직업능력 향상에 집중하면서 취업 진입의 기회를 늦추기보다는 직무 조정과 근로 환경의 개선으로 발달장애인이 할 수 있는 직무를 개발할 수 있었으며, 필요한 작업 도구 및 특정 단서 제공을 통해 발달장애인의 빠른 적응을 기대할 수 있었다. 또한 사업주와 동료와의 인식 개선을 통해 적절한 시기에 발달장애인이 편하게 일할 수 있는 곳에 취업을 할 수 있었다.

참고 문헌

강위영·나운환·박경순·류정진·정명현. 2009. 『직업재활개론』. 나눔의 집.

고용노동부. 2013. 『정부 재정지원 일자리사업 자료』.

고용노동부. 2017. 『2017. 2017년 사업체 노동력 조사』.

구인순·정민예·유은영·이재신. 2007. "지적장애인 근로자의 직업성공 요인". 『직업재활연구』. 17(2): 55-75.

김무웅·오길승. 2006. "지원고용프로그램의 실태 및 문제점 분석 연구". 『직업재활연구』. 16(1): 125-147.

김성희·이연희·오욱찬·황주희·오미애·이민경·이난희·오다은·강동욱·권선진·오혜경·윤상용·이선우. 2017. 『2017년 장애인실태조사』. 보건복지부·한국보건사회연구원.

김용탁. 2006. "우리나라 장애인 고용부담금의 성격에 관한 연구". 『장애인고용』. 16(1): 5-21.

문용준·김동주·박광옥·이기학·윤희수. 2015. 『중증장애인의 직업재활계획 수립을 위한 직업상담 및 평가 매뉴얼 개발 연구』. 한국장애인개발원.

박광옥·김희술. 2012. 『장애유형별 직종현황 조사』. 한국장애인개발원.

박경수. 2014. "발달장애인의 직업활동". 김진우 편. 『발달장애인 복지론』. EM커뮤니티.

박승희. 2010. "대학교 환경에서 지적장애인의 지원고용 프로그램의 내용과 절차 및 성과". 『직업재활연구』. 20(1): 93-127.

박희찬·박광옥·김동주·한우현. 2010. 『중증장애인직업재활지원사업 운영 매뉴얼 개발 연구』. 한국장애인개발원.

변용찬·이정선. 2005. "취업장애인의 직업유지에 영향을 미치는 요인에 관한 연구". 『장애인 고용』. 15(1). 153-171.

보건복지부. 2017. "재정지원 장애인일자리사업 실적 자료".

보건복지부. 2018. 『2018년 장애인복지시설 일람표』.

오길승. 2004. "정신지체인의 직업재활과 사회통합". 『성분도복지관 세미나 자료집』.

유동철. 2008. "장애인 취업알선 서비스가 고용의 질에 미치는 영향". 『장애와 고용』. 18(1): 5-26.

유완식·안태희. 2015. 『취업취약계층 일자리 사업의 장애인 참여 현황 및 노동시장 이행 방안』. 한국장애인고용공단 고용개발원.

이익섭·박수경 편저. 2012. 『장애와 사회참여』. 학지사.

임수정. 2010. 『장애인 근로자의 삶의 만족요인에 관한 인과관계 분석』. 강남대학교 석사학위논문.

임효순·이홍직. 2009. "지적장애인의 취업에 영향을 미치는 요인에 관한 연구". 『장애인 고용』. 19(3): 27-50.

최지선. 2009. "중증장애인 근로자의 고용안정성이 생활만족에 미치는 영향: 직무만족도 매개효과와 직장 내 차별경험의 조절효과 검증". 『제1회 한국장애인고용패널학술대회 자료집』: 313-336.

한국장애인개발원. 2015. 『장애인일자리 직무매뉴얼 6권』.

한국장애인고용공단. 2015. 『직업영역개발사업 가이드』.

Banks, P., Jahoda, A., Dagnan, D., Kemp, J., and Williams, V. 2010. "Supported employment for people with intellectual disability: The effects of job breakdown on psychological well-being". *Applied Research in Intellectual Disabilities*, 23: 344-354.

ILO. 1955. *Recommendation concerning vocational rehabilitation of the disabled.* ILO.

Krish, B., Stergiou-Kita, M., Gewurtz, R., Dawson, D., KRUPA, T., Lyaght, R., & Shaw, L. 2009. "From Margins to mainstreem: What do we know adout work intergrati for persons with brian injury, mental illness and intellectual disability?", *Assessment and Rehabilitation*, 32(4): 391-405.

McReynolds, C. 2001. "The meaning of work in the lives of people living with HIV diseases and AIDS". *Rehabilitation Counseling Bulletin*, 44(2): 115-194.

Waghom, G., Chant, D., & Jaeger, J. 2007. "Employment functioning and disability among community residents with bipolar affective disorder: Results from Australian community survey". *Bipolar Disorders*, 9: 166-182.

제18장 금전관리 지원[1]

▌이 복 실

금전관리는 금전이나 재정에 관해 부분을 조정하고 통제하는 것으로, 개인의 자기결정권을 실현하는 과정에서 중요한 요소이다. 발달장애인의 자립에 관한 논의에서도 발달장애인 스스로 금전관리가 가능한지의 여부는 매우 중요하게 다루어진다. 그렇다면 장애인복지실천에서 인지적 어려움을 가지고 있는 발달장애인이 금전관리를 잘할 수 있도록 지원한다는 것은 어떤 의미인가? 발달장애인의 금전관리를 지원하는 활동에서 준수되어야 할 원칙은 무엇이며, 효율적으로 지원하는 방법은 무엇일까?

본 장에서는 실천현장의 실무자들이 발달장애인의 금전관리를 지원하는 과정에서 고려해야 할 내용과 세부적인 방안을 제시하고자 한다. 금전관리 지원은 발달장애인 자립을 촉진하고 그들이 일상의 권리를 보장하며 살아가게 하는 데 의미있게 기여할 것이다.

---

1) 본 장은 2009년 한국장애인복지시설협회의 연구용역 보고서인 '장애인 거주시설 서비스 최저기준 적용 매뉴얼 3: 금전관리 지원' 일부를 수정하고 편집한 것이다.

1. 자기결정과 금전관리

1) 스스로 결정한다는 의미

자기결정은 사회복지실천의 대표적인 원칙이자 가치로서 중시된다. 자기결정이란 자신과 관련된 문제를 다른 사람의 강요 없이 스스로 선택하고 결정하는 것이다. 스스로 결정한다는 것은 삶의 필수불가결한 요소이자 본질이라고 할 수 있다(Hahn, 1994: 이경준, 2017 재인용). 또한 자기결정은 인간의 기본적인 요구이자 욕구를 표현하는 것이므로 (Jenkinson, 1993), 권리로서 중시된다.

장애인복지에서도 자기결정은 삶의 질 수준을 설명하는 핵심적인 요소로 알려졌으며(Schalock, 1996), 장애인이 참여하는 선택과 결정의 기회가 많을수록 삶의 질도 높아진다고 강조되어왔다. 이와 같은 자기결정권은 일상생활의 사소한 부분뿐만 아니라 사회 서비스에 대해서도 마찬가지이다. 공공이나 민간에 의해 제공되는 복지서비스에 대해 이용자가 선택하고 주도적으로 결정할 수 있는 권리가 있으며, 이는 발달장애인에게도 동일하게 적용된다.

자기결정권의 보장은 장애인의 권리를 대변하는 국내외 대표적인 법률에서도 강조되고 있다. 국제법인 장애인 권리협약 전문과 3조에는 '장애인이 스스로 선택할 자유를 포함하여 장애인 개인의 자율 및 자립의 중요성을 인정하며, 장애인은 자신과 직접적으로 관련이 있는 정책 및 프로그램을 포함한 의사결정과정에 적극적으로 참여할 수 있는 기회를 가져야 한다.'고 명시되어 있다. 국내법인 장애인 차별금지 및 권리구제에 관한 법률 제7조에는 '장애인은 자신의 생활 전반에 관하여 자신의 의사에 따라 스스로 선택하고 결정할 권리를 가진다.'고 강조한다. 특히 2014년 제정된 발달장애인의 권리보장 및 지원에 관한 법률

제 8조에서는 '발달장애인은 자신의 주거지의 결정, 의료행위에 대한 동의나 거부, 타인과의 교류, 복지서비스의 이용 여부와 서비스 종류의 선택 등을 스스로 결정한다'고 자기결정권의 보장을 중시하고 있다.

자기결정의 개념은 시기에 따라 다르게 해석됐다. 자기결정이 주목을 받던 초기에는 모든 일을 자신의 힘으로 결정해야 하는 의미로 매우 엄격하게 해석되었다. 그러나 최근에는 자기결정의 개념이 보다 확대되어 다른 사람의 도움이나 지원을 받아서 선택하고 결정하는 것까지를 포함되고 있다(Wehmeyer & Palmer, 2003).

발달장애인은 인지능력의 한계로 자기결정이 어렵거나 불가능하다는 인식이 오랫동안 지배해왔다. 그러나 자기결정은 인간 발달단계의 측면으로 중시되고(Bermer, Kachga & Schoeller, 2003), 자신의 일을 스스로 결정함으로써 자신감과 자립을 기대할 수 있으며, 진정한 의미에서 지역사회의 구성원으로 자리매김할 수 있게 된다. 이러한 점에서 발달장애인이 자기결정을 이해하고 수행하는지 여부가 특별하며 중요하다. 결과적으로 발달장애인의 권리를 보장하고 삶의 질을 향상시키기 위해서는 일상에서 최대한 스스로 선택하고 결정할 수 있게 하는 체계적인 지원이 요구되고 있다.

2) 금전관리의 중요성

발달장애인의 자립에 관한 쟁점에서 사회생활 관리능력은 매우 중시된다. 특히 금전에 관한 부분들을 스스로 관리하는지 여부는 자립에서 필수적으로 다루어지고 있다. 일상생활을 구성하는 요건 중에서 자신의 수입과 지출을 직접 관리할 수 있다는 것은 자신이 삶의 주체로서 살아가는데 중요하기 때문이다. 그러나 자기결정이 강조에도 불구하고 우리 사회의 어떤 사람들은 재정을 포함한 자기결정권을 실현하는 데 많은 제한을 받고 있다.

선택과 결정 능력에 제한을 받는 대표적인 대상자로 발달장애인을 꼽을 수 있다. 발달장애는 인지능력의 제한뿐만 아니라 재량적 판단, 사회성, 관심분야 이해 등 의사결정에 필요한 능력의 손상이 포함된다 (Jenkinson, 1993). 그 결과 발달장애인이 스스로 금전을 관리하기가 어렵거나 불가능하다고 인식하는 요인이 되었다.

최근 발달장애인의 금전관리가 쟁점이 된 배경에는 여러 요인들이 작용하였다. 먼저 우리 사회에서 발달장애인을 포함한 인지능력에 어려움이 있는 사람들에 대한 재정적 학대와 착취의 문제가 점차 심각하게 대두되고 있다. 2018년 장애인권익옹호기관이 실시한 조사결과, 학대로 판정된 532건 중 지적장애가 347건(69.7%)으로 가장 많으며 학대유형은 경제적 착취가 가장 높은 218건(28.4%)으로 나타났다(중앙장애인권익옹호기관, 2018). 다음으로 탈시설과 자립이 강조되면서 발달장애인의 금전관리가 새로운 이슈로 제기되어 주목을 받고 있다. 마지막으로 일상에서 발달장애인이 결정하는 기회가 증가하고 있으며, 그러한 기회의 중요성이 개인의 권리를 보장하는 방편으로 새롭게 부각되고 있다는 점이다.

금전관리가 발달장애인의 삶에서 차지하는 중요성을 감안할 때, 스스로 금전을 관리하기 어려운 발달장애인에게는 무엇보다 금전관리의 중요성을 인식시키고 관리능력을 향상시킬 수 있는 지원이 요구된다. 장애인복지서비스현장에서 사회복지사들은 발달장애인의 욕구와 바람을 파악하기 위해 방법을 고민하고, 발달장애인과 소통하기 위해 적극적으로 시도하였으며, 발달장애인에게 필요한 지식과 정보를 제공하기 위해 지속적으로 노력해왔다. 따라서 실천현장에서 중시되는 지원 원칙과 상황을 파악하고, 이를 토대로 발달장애인의 금전관리를 효율적으로 지원하기 위한 실천방안을 제시하고자 한다.

2. 발달장애인의 금전관리 지원

1) 발달장애인 지원 원칙

발달장애인에게 서비스를 제공하는 사회복지사들은 지원 원칙을 숙지할 필요가 있다. 사회복지사가 인식하고 이해하는 수준에 따라 실천현장에서의 지원 태도와 방식이 달라질 수 있으며 이는 결과적으로 서비스의 성과에도 영향을 미치게 된다. 따라서 발달장애인의 금전관리의 지원원칙을 실무자가 명확히 이해하는 것이 전제되어야 할 것이다. 다음은 발달장애인을 지원하는 과정에서 사회복지사가 기억하고 준수해야 할 발달장애인의 실천원칙이다(Brooke, 2007).

첫째, 사람 중심의 가치를 증진하는 것이다. 사회복지사가 서비스를 제공하는 과정에서 요구되는 선택과 결정은 발달장애인 당사자와 함께 하는 것이 무엇보다 중요하다. 또한 사회복지사는 자신이 발달장애인을 책임지거나 통제한다고 여겨서는 안되며, 발달장애인의 참여를 독려함으로써 그들의 관심사를 적극적으로 반영해야 한다.

둘째, 다양성, 문화, 가치를 존중하는 것이다. 여기에는 사회복지사가 발달장애인을 잘 이해할수록 지원을 훨씬 잘하게 된다는 점이 작용하고 있다. 따라서 사회복지사는 발달장애인의 특성, 다양한 가치관, 여건 등을 먼저 폭넓게 이해할 필요가 있다. 사람 중심의 가치와 방식들을 실현하기 위해서는 이러한 요소들에 대한 충분한 이해가 전제되어야 한다.

셋째, 개인의 이력과 선호도를 이해하는 것이다. 발달장애인의 개별적인 능력을 개발하고 향상시키기 위해서는 당사자에 대한 욕구와 선호가 충분히 파악되어야 한다. 이러한 정보를 바탕으로 사회복지사들은 개인의 특성과 욕구에 부합하는 효과적이고 효율적인 지원방법을 개발할 수 있다.

넷째, 인간 중심의 방법으로 지원하는 것이다. 인간 중심의 방법이란 서비스 이용자들을 모든 지원활동의 중심에 두는 것을 의미한다. 이는 기존의 기관 중심, 전문가 중심에 대비되는 것으로 사회복지사는 발달장애인이 원하는 방식으로 지원하여 그들이 지역사회에 참여할 수 있도록 적극적으로 도와야 한다.

다섯째, 지원계획을 활용하는 것이다. 지원계획은 일상에서 지원과 보호가 필요한 사람들의 목표와 희망을 성취하도록 상호 합의에 기초하여 마련되어야 한다. 이를 위해서는 지원계획을 구체화할 때 서비스 이용자 욕구, 지원 목적, 지원과 관련되는 위험, 지원 방법, 문제에 직면했을 때 대처방안 등이 반드시 포함되어야 한다.

여섯째, 위기를 경험할 기회와 권리를 제공하는 것이다. 실천현장의 실무자들은 안전에 대한 의무과 위험 최소화 그리고 발달장애인이 직접 경험하는 권리의 중요성 사이에서 상당한 갈등과 충돌을 경험하고 있다. 전통적으로 발달장애인에 대한 지원은 위험을 회피하고 보호를 우선시하는 데 주안점을 두었다. 그러나 최근에는 충분히 준비되고 관리된 위험은 오히려 자신감을 높이며 삶의 질에 유용하다고 인식이 변화되고 있다. 따라서 발달장애인들이 성공을 경험하고 실패에 맞설 기회를 가질 수 있도록 지원할 필요가 있다.

일곱째, 위기평가를 해야 한다. 사회복지사는 발달장애인을 위한 공식적인 위기관리 절차를 마련하고 이를 지원계획에 포함해야 한다. 위기관리는 발달장애인과 함께 준비하여 위험을 최소화하고, 예측되는 결과들을 사전에 파악하고 대처하는 것이 핵심이다. 또한 위기평가와 이에 대한 대처 과정은 기록되고 정기적으로 검토되어야 한다.

여덟째, 비밀 보장의 원칙과 실천이다. 비밀 보장은 발달장애인을 존중하고 있음을 보여주는 것으로 상호 간 신뢰적 분위기를 조성하는

데 매우 중요하다. 또한 발달장애인의 사생활을 보호해야 할 필요와 이를 당연하게 여기는 경향이 강하다.

발달장애인을 위한 서비스 지원 원칙에서는 장애인의 인권, 삶의 질, 당사자 경험 등이 중시되고 있다. 무엇보다 사회복지사는 서비스 제공 과정에서 당사자를 중심에 둔 인간 중심적 사고를 일관되게 유지하는 것이 중요하다. 서비스 지원 원칙은 특정 영역에 국한된 것이 아니라 모든 영역에 포괄하여 적용되어야 한다는 점도 반드시 고려되어야 한다. 아래 〈표 1〉은 인간중심에 기반을 둔 지원 원칙과 기관 중심에 기반을 둔 지원 원칙을 비교한 것이다.

<표 18-1> 인간 중심의 지원원칙

인간중심의 지원활동	기관중심의 지원활동
서비스 이용자와 함께, 이용자로부터 출발하는 지원	전문가가 주도하는 지원
이용자의 욕구, 희망, 꿈을 고려한 창의적인 지원	매년 동일한 방식으로 지원
서비스 이용자가 원하는 것을 원하는 방식으로 지원	적용하기 쉽도록, 서비스에 끼워 맞추는 지원
서비스 제공 과정에서 포괄적으로 초점 맞추기	사람보다는 특정 서비스에 초점 맞추기

출처: Brooke, 2007.

2) 금전관리 지원의 개념과 원칙

일반적으로 우리가 결정하는 것의 종류에는 '무슨 옷을 입을까, 무엇을 먹을까, 낮에는 무엇을 할까' 등의 비교적 단순하고 쉬운 것이 있다. 반대로 '어디에서 살 것인가, 어떻게 돈을 관리할 것인가, 직업을 구할 때는 어떻게 할 것인가' 등 다른 사람이나 전문가의 도움이 필요한 복잡하고 어려운 결정도 있다. 이처럼 자신의 금전을 관리한다는 것은 모든 사람에게 어렵지만 중요한 결정일 것이다. 발달장애인도 다른 사람들과 마찬가지로 자신의 재정을 스스로 자유롭게 결정할 수 있는 권리를 가지고 있다. 그러나 권리의 강조에도 불구하고, 발달장애인은 인지능력의 제약으로 금전과 관련된 결정을 할 수 없는 상황이 빈번하게 발생하므로 이에 대한 사회적 지원이 요구되고 있다.

금전관리 지원이란 금전과 관련 있는 모든 유형의 지원을 의미한다. 여기에는 발달장애인에게 돈을 이해시키는 교육, 셈하는 훈련, 필요한 물품을 적당한 가격에 사는 방법, 개인의 소득이나 수입 범위에서 예산 세우기, 적금 방법에 대한 정보와 지식의 제공 및 교육과 훈련 등이 포함된다. 그러나 금전을 독립적으로 관리하거나 재정과 관련하여 복잡한 정보나 지식이 요구되는 결정을 해야 할 경우에 발달장애인은 심각한 어려움을 겪게 되거나 자기결정이 불가능할 수 있다. 바로 이런 상황에서 사회복지사의 지원과 역할이 매우 중요하다.

재정을 스스로 또는 다른 사람의 도움을 통해 관리하든 개인의 삶에서 금전관리는 민감한 사안이다. 따라서 능력에 부합한 지원을 통해 발달장애인의 금전관리 능력을 향상시키고 동시에 지출의 합리성과 안전을 보장하는 것은 서비스 이용자와 제공자 모두에게 중요하다. 발달장애인의 금전관리란 금전에 대한 이해 수준이나 능력을 평가하고, 결과를 바탕으로 어떤 방식으로 지원할 것인가를 당사자와 충분히 논의하고, 체계적인 계획에 따라 실제로 수행하는 연속적인 과정이다. 이와 같은 금전관리 지원은 발달장애인이 금전에 관한 통제권을 확보하도록 지원하며 궁극적으로 자립생활을 보장하기 위한 주요 수단이라는 점에서 의의가 크다.

사회복지사의 태도나 인식은 금전관리의 목적이나 지원방식을 결정하거나 발달장애인의 금전관리 수준을 판가름하는데 있어 의미있는 역할을 하게 된다. 일반적으로 개인이 결정하는 기회가 많을수록 능력도 향상된다. 이는 구매 기술의 향상에도 동일하게 적용된다. 즉, 발달장애인이 직·간접적으로 물품을 접하고 사는 기회가 많아질수록 필요한 물품의 특징을 파악하는 수준이나 구매 과정에서의 대응기술 등도 높아질 것이다. 실제로 발달장애인이 금전과 관련한 결정의 기회가 많을수록 금전을 잘 관리한다는 것이 연구를 통해 입증되었다(Suto, Clare & Holland 2005). 이는 발달장애인이 금전을 관리할 권리를 존중받고 실현시키기 위해서는 사회복지사가 다양한 기회를 최대한 마련해야 함을 시사하고 있다.

다음은 발달장애인의 금전관리를 지원하는 사회복지사가 준수해야 할 태도와 자세이다.

- 모든 사람은 자신의 돈을 본인이 원하는 방식으로 관리할 권리가 있다.
- 모든 사람은 돈을 소비할 권리가 있다. 여기에는 지출로 인한 위험을 감수할 권리와 다른 사람들이 인정하지 않은 방법으로 돈을 소비할 권리도 포함된다.
- 필요한 순간에 자신의 돈을 마음대로 지출하지 못하는 것은 잘못된 것이다. 이것은 소유권의 측면에서 볼 때 수용하기 어렵고 모욕적인 속박에 해당한다.
- 발달장애인 스스로 돈을 관리할 자격과 능력이 있다는 가정에서 출발해야 한다.
- 사회복지사는 발달장애인의 능력과 무관하게 소유권, 지출권, 선택권을 존중해야 한다.
- 사회복지사들은 항상 발달장애인의 욕구와 관심에 귀를 기울여야 한다.

- 금전관리 서비스는 발달장애인의 능력에 부합하게 지원되어야 한다.
- 사회복지사는 발달장애인의 관리능력을 강화하도록 교육과 프로그램을 마련해야 한다.
- 발달장애인 금전관리에 자신감을 가질 수 있도록 일상적인 수준에서 구매하고, 개인 소유의 금전을 보관하고 관리하는 기회가 자주 제공되어야 한다.

다음은 독립적으로 금전관리가 어려운 발달장애인을 대신하여 금전관리를 지원하는 사회복지사들이 반드시 고려해야 할 5가지 원칙이다 (Mental Capacity Act 2005). 영국은 정신보건법에 기초하여 서비스 제공자들이 임의로 발달장애인의 결정능력이 없다고 결론을 내리지 못하도록 주지시키고 있다.

첫째, 발달장애인이 자신의 금전을 관리할 수 없다고 구체적으로 입증되지 않는 한 스스로 결정할 권리와 능력이 있다고 가정해야 한다. 즉, 발달장애인의 나이나 외모 또는 특정한 의료적 상황이나 장애가 있다는 이유만으로 스스로 금전을 관리할 수 없다고 가정하거나 결론을 내려서는 안 된다.

둘째, 자기결정이 불가능하다고 결론을 내리기 전에 우선 발달장애인이 독립적으로 결정하게 하는 데 필요한 지원을 해야 한다. 예를 들면, 금전을 이해하거나 스스로 관리하는 상황을 쉬운 그림이나 사진 등과 같은 다양한 보조수단을 이용하여 의사소통하거나 결정에 유용한 정보를 사전에 충분히 설명하는 것을 의미한다.

셋째, 발달장애인이 지혜롭지 않거나 적합하지 않은 결정을 내리더라도 그들의 금전에 관한 소유와 권리는 당연히 존중되어야 한다. 발달장애인이 비합리적인 선택을 했다는 이유만으로 금전관리가 불가능하다고 판단해서는 안 된다.

넷째, 발달장애인의 금전관리 능력이 부족하거나 불가능한 것으로 평가되어 대리적 금전관리를 하는 경우에는 발달장애인에게 최선인 것을 우선적으로 고려해야 한다. 이러한 경우에도 결정 과정이나 최종 결정에 발달장애인이 부분적 또는 간접적으로 참여할 방안이 모색되어야 한다.

다섯째, 발달장애인의 결정능력을 불필요하게 그리고 지나치게 제한해서는 안 된다. 독립적 금전관리 능력이 없는 발달장애인을 대신하여 금전을 관리하는 사회복지사의 경우 발달장애인의 자유와 권리를 덜 제한하는 방식으로 결정하고 행동해야 한다.

3. 금전관리 지원 유형

발달장애인을 위한 금전관리 지원은 두 가지 유형으로 분류된다. 먼저, 발달장애인이 수입, 지출, 자산을 스스로 판단하고 결정하는 독립적 금전관리이다. 다른 하나는 수입, 지출, 독립적 금전관리가 어려운 발달장애인을 대신하여 재정을 관리하고 지원하는 대리적 금전관리이다.

1) 독립적 금전관리

독립적 금전관리는 발달장애인이 주도적으로 금전을 관리하는 것을 말한다. 그러나 금전을 스스로 관리할 수 있다는 것이 사회복지사의 지원이 전혀 필요하지 않다는 의미는 아니다. 발달장애인이 스스로 금전관리를 할 수 있는 경우에 금전관리 지원은 발달장애인의 재정에 관한 관리능력을 극대화하는 데 목적을 두어야 한다. 즉, 발달장애인의 능력과 특성을 고려하여 사회복지사의 개입은 최소화하면서 동시에 발달장애인이 합리적이고 균형 있게 금전을 관리할 수 있도록 지원해야 한다. 예를 들면, 어느 정도 금전을 이해하고 관리할 줄 아는 발달장애인이라면 사회복지사는 발달장애인의 이해 수준에 기초하면서 미래의 금전관리 능력을 향상시키기 위해 개별적 수준에 적합한 학습과 교육을 지속적으로 제공해야 한다. 그리고 동시에 발달장애인의 동의를 먼저 구한 다음 금전관리가 적절하게 이루어지고 있는가를 정기적으로 확인하고 이전에 드러나지 않았던 욕구를 파악하고 지원이 필요한 영역을 찾아내야 할 것이다.

다음은 독립적 금전관리가 어느 정도 가능한 발달장애인의 금전관리 능력을 향상시키기 위해 사회복지사가 검토해야 할 지원과 포함시켜야 할 서식에 관한 설명이다.

(1) 재정상황표

재정상황표는 발달장애인의 재정에 관한 자료이다. 여기에는 발달장애인의 재정에 관한 정보뿐만 아니라 사회복지사의 지원이 필요한 범위와 유형이 포함된다. 사회복지사는 발달장애인과 상의하여 재정상황표를 만들고 금전 정보를 주기적으로 보완해야 한다. 이때 계좌번호나 비밀번호 등 금전적 착취와 학대를 야기할 수 있는 내용은 제외하는 것이 바람직하다. 재정상황표에는 다음 항목들이 포함될 수 있다.

- 발달장애인 신상정보(이름, 생일, 생년월일, 주소 기타)
- 재정에 관한 발달장애인 이해 수준이나 정도
- 발달장애인에게 지원이 필요한 구체적인 내용
- 금전관리를 지원하는 사람의 이름
- 수입(보험, 급여 등)과 지출(가계비, 의류, 저축 등) 목록
- 돈이 보관된 곳(은행 이름이나 보험 회사 등)

(2) 의사결정 기회 확대

발달장애인들은 인지능력의 제한으로 금전관리에 필요한 자신감과 기법 등을 제대로 학습할 기회를 충분히 그리고 빈번하게 제공받지 못하였다. 일부 발달장애인들은 자신이 어떤 선택이나 결정을 해야 한다는 것을 어려워하거나 아예 원하지 않는 경우도 있다. 또한 제시된 범위의 내용 중에서 항상 마지막 것이나 첫 번째 것을 선택하기도 하고, 내용과 상관없이 무조건 '아니오'라고 대답하는 경우도 있다.

따라서 독립적 금전관리에서 중요한 원칙은 발달장애인이 결정할 기회를 가능한 한 많이 제공하는 것이다. 심리학 분야의 '학습과 실천의 영향 이론'에 따르면, 발달장애인은 스스로 의사결정의 기회가 많아질수록 의사결정이 더 쉽다는 것을 알게 되고, 이러한 경험이 축적되어 재정 개념도 잘 이해하게 된다(Suto et al., 2005).

(3) 결정의 단순화

금전관리와 관련하여 발달장애인의 학습능력을 높일 수 있는 비교적 간단한 방법이 있다. 일반적으로 적은 금액에 비해 많은 금액의 돈을 이해하기란 훨씬 어렵다. 따라서 발달장애인에게 많은 금액(10,000원)의 돈을 설명하기 위해서는 낮은 단위(1,000원)의 금액으로 쪼개거나 그림(조각 맞추기 등)을 이용하면 효과적이다. 또한 발달장애인이 이해하기 쉬운 방법을 활용하여 결정을 단순화시키는 방법이나 결정에 필요한 전략을 제시해 주는 방법도 유용하다. 예를 들면, 발달장애인이 과일을 좋아한다면 다양한 종류의 과일을 이용하여 세는 법을 알려준다. 복잡한 대형마트를 가야 할 경우에는 매장의 규모와 물품의 종류에 당황하지 않도록 사전에 구매 목록을 작성하여 사야 할 품목부터 먼저 고르도록 안내. 가능한 사람들이 붐비지 않는 시간이나 평일 오후 은행이나 가게를 가는 방법도 권장할 만하다. 또한 만약 발달장애인이 교환할 물건이 있다면 매장에 가기 전에 사진, 역할극, 상징, 비디오 등 발달장애인에게 가장 익숙하고 쉬운 방법을 활용하여 사전에 연습하는 것을 권장할 수 있다.

(4) 권리균형

발달장애인들도 자신의 돈을 원하는 대로 사용할 권리가 있다. 이때 중요한 것은 돈을 자신이 임의로 사용했을 때 발생할 수 있는 문제는 어떻게 책임질 것인가이다. 따라서 금전에 관한 책임소재에 대해 사전에 설명하고 안내할 필요가 있다. 권리균형이란 발달장애인이 권리를 행사하는 데 제한이 따르는 것을 말한다. 고가의 지출이나 과도한 비용의 발생 등 문제가 발생할 수 있는 상황을 예측하여 이에 대해 구체적으로 대처하는 방법을 연습시키는 것도 바람직하다. 한편, 자신이 한 가지를 선택할 경우 다른 선택은 제한을 받는다는 점을 이해시킬 필요가 있다. 즉, 따뜻한 옷이 필요해서 마트에 갔는데 다른 물품을 구매한다면 필요한 것을 사지 못하여 추위를 감수하는 것이다.

〈그림 1〉은 발달장애인의 독립적인 금전관리를 극대화하기 위한 방법과 요소 간 연관성을 제시한 것이다. 금전관리를 향상시키는 방법과 결정하고자 하는 욕구를 촉진시킴으로써 발달장애인의 자기결정능력을 향상시키는 것이다. 따라서 발달장애인에게 제공되는 정보는 단순하고 명확해야 하며 정서적 지지와 지원체계도 마련되어야 한다. 또한 가능한 발달장애인 스스로 금전을 관리하는 기회를 다양하게 제공하고 재정을 이해하는 교육과 수입·지출 등 금전에 관해 전반적으로 이해시키는 시간도 필요하다.

한편. 결정 욕구를 강화시키는 방안도 모색되어야 한다. 발달장애인 스스로 결정하도록 동기를 부여하는 방법의 하나는 당사자가 좋아하는 방법을 적용하는 것이다. 특히 자신이 결정하기를 어려워하거나 피하려는 발달장애인에게는 당사자가 좋아하고 편안해하는 장소나 환경을 조성하여 결정을 지지하는 방법도 있다. 이때 서비스 제공자는 선택이나 결정을 재촉하지 말고 발달장애인이 스스로 판단내릴 수 있도록 기다리는 여유가 요구된다.

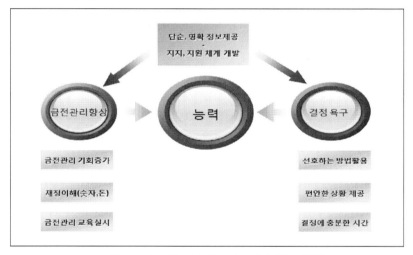

<그림 18-1> 발달장애인 능력극대화 방법

출처 : Suto, Clare and Holland, 2007.

2) 대리적 금전관리

대리적 금전관리란 발달장애인의 재정을 당사자가 아닌 가족과 보호자 또는 다른 사람이 관리하는 것이다. 대리적 금전관리의 경우 복지서비스현장의 실무자는 발달장애인의 능력에 따라 수준과 강도를 다르게 지원하는 것이 중요하다. 예를 들면, 금전에 대한 이해가 매우 부족한 발달장애인에게는 먼저 숫자 이해, 동전이나 지폐의 구분, 금전 활용 등과 같은 기초적인 내용에서 시작하여 점차 수입과 지출 구분, 저축 의미, 재산관리 등 복잡한 것까지 단계적으로 알려주어야 한다.

발달장애인이 독립적으로 금전관리가 불가능하다고 평가되더라도 자기결정에서 추구하는 기본적인 권리는 존중되어야 한다. 또한 대리적 금전관리에 대한 판단을 사회복지사가 임의로 결정해서는 안 되며 반드시 독립적 금전관리가 불가능하다는 것이 입증된 경우로 제한하여 지원해야 한다.

대리적 금전관리를 수행하는 사회복지사는 서비스를 제공하는 모든 과정에서 발달장애인의 욕구와 의견을 최대한 파악하고 당사자의 이익을 극대화하는 방안을 모색해야 한다. 특히 발달장애인에 대한 간섭이나 규제는 최소화하고 어떤 방식으로든 발달장애인이 참여할 수 있는 체계를 마련해야 한다. 대리적 금전관리는 독립적 금전관리보다 훨씬 신중하게 접근해야 하며 지원절차도 엄격하게 관리될 필요가 있다. 대리적 금전관리에 관한 법률을 체계화시킨 영국의 경우, 사회복지사는 기관의 공식적인 승인 없이는 발달장애인의 재정이나 재산에 절대로 관여하지 못하도록 명시하고 있다(MCAIP, 2006).

다음은 대리적 금전관리에서 가장 중시되는 발달장애인을 위한 최선의 이익이라는 개념과 세부적인 지원방안에 대한 설명이다.

(1) 최선의 이익 개념

독립적인 금전관리가 불가능한 것으로 평가되었어도 최대한 발달장애인이 자신의 욕구에 부합하여 자유롭게 돈을 사용할 수 있도록 서비스가 제공되어야 한다. 최선의 이익은 금전과 관련한 의사결정 능력이 부족한 발달장애인을 대신하여 다른 사람이 금전을 관리할 때 적용되는 개념이다.

발달장애인의 금전을 지원하는 과정에서 당사자의 이익을 우선시해야 한다. 최선의 이익 추구는 발달장애인의 금전관리를 대리하는 실무자가 내린 결정이 발달장애인의 바람, 믿음, 전반적인 복지 등을 충분히 반영한 것을 의미한다. 즉, 사회복지사의 결정이나 판단이 발달장애인의 가치, 선호, 금전적 이익, 신체적 복지 등을 종합적으로 고려하되, 발달장애인의 삶의 질을 높일 수 있는 결정이어야 한다. 그러나 최선의 이익 개념이 금전관리 대리인의 임의적인 선택이나 결정이 불가능하다는 것을 전제하지 않으며, 해당 결정이 발달장애인에게 최선인 선택인 것을 중시한다. 최선의 이익을 추구하는 원칙은 사회서비스 선택뿐만 아니라 의료나 주거 등 다른 분야에서 결정을 내릴 때도 동일하게 적용될 수 있다.

(2) 최선의 이익 추구법

발달장애인을 대신하는 의사결정이 발달장애인에게 최선의 이익이 되기 위해서는 사회복지사의 기준이 아닌 발달장애인을 중심으로 사고하고 행동하는 것이 가장 중요하다. 발달장애인을 중심으로 하기 위해서는 발달장애인의 능력뿐만 아니라 욕구, 희망, 가치, 신념 등을 모두 고려하여 포괄적으로 이해하는 것이 핵심이다. 이러한 고려는 발달장애인에게 초점을 둔 개입이기 때문에 사람중심의 지원이라 할 수 있다.

실무자는 발달장애인에게 금전관리 지원을 제공하기에 앞서 다음 사항을 사전에 점검해야 한다(ARC, 2006). 첫째, 인지적, 의사소통, 환경적 지원이 제공되어도 발달장애인이 내릴 수 없는 결정이 어떤 유형의 것인지를 사전에 파악해야 한다. 또한 발달장애인의 이해를 돕기 위해 단수화시키는 방법이나 다른 사람의 지원이 반드시 요구되는 상황을 충분히 검토해야 함을 의미한다. 둘째, 금전에 관한 의사결정 내용과 그러한 결정이 필요한 상황을 알려주고 당사자가 쉽게 이해할 수 있도록 적극적으로 지원해야 한다. 셋째, 대리적 의사결정 과정에서 어떤 형태로든 발달장애인의 참여시킬 수 있는 방법을 알고 있어야 한다. 넷째, 공식적인 접근이 필요한 금전관리의 종류와 접근방법에 대해 다양하게 알고 있어야 한다. 사회복지사의 결정이 발달장애인에게 최선의 이익임을 입증하기 위해서는 지원 과정에서 다음의 사항을 충분히 반영했다고 설명할 수 있어야 한다.

- 발달장애인의 욕구, 감정, 믿음
- 발달장애인이 서명한 문서나 계획서
- 발달장애인이 요청한 특정 인물
- 발달장애인에 대해 잘 알고 있는 가까운 친구나 친척 등 주요 관련자들 관점
- 발달장애인의 생각 또는 관점

다음 〈표 2〉는 발달장애인의 최선의 이익을 모색하기 위해 사회복지사에게 권장되는 활동과 지양되어야 할 활동을 제시한 것이다.

<표 18-2> 최선의 이익 모색 방안

권장활동	지양활동
- 발달장애인이 스스로 결정을 할 수 있는 상황이나 여건을 최대한 고려한다. : 발달장애인이 능력을 가질 때까지 결정을 보류하는 것이 가능할 때 해당된다.	- 발달장애인의 나이, 외모, 배경, 진단 등을 근거로 판단한다.

권장활동	지양활동
- 당장 의사결정이 이루어져야 한다면, 　: 먼저 의사결정을 하고 그 과정에 　서 발달장애인의 참여할 수 있는 　방법을 모두 적용한다. 　: 발달장애인이 무엇을 좋아하는지를 　잘 아는 사람들과 상의한다. 여기 　에는 가족이나 이전에 서비스를 　제공한 사회복지사나 다른 분야의 　전문가 등이 포함된다.	- 지나치게 발달장애인을 구속한다. 　: 추후 재정적 학대나 착취 문 　제가 발생하지 않도록 가능한 　한 발달장애인의 구매활동을 　최대한 억제한다.

출처 : Suto et al., 2005.

4. 금전관리 지원 단계

금전관리 지원서비스는 다음 〈그림 2〉의 단계에 따라 구성된다.

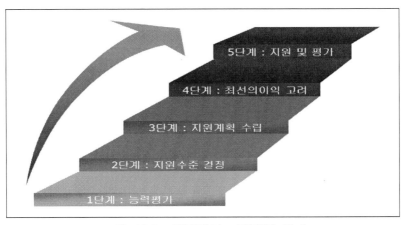

<그림 18-2> 금전관리 지원활동 단계

1) 능력평가

첫 번째 단계는 발달장애인의 금전관리 능력을 평가하는 것으로 금전관리를 지원하는 과정에서 필수사항이다. 기본적으로 평가를 구성하는 항목에는 돈의 이해, 지폐의 구분, 계산하기, 은행 이용하기, 예산 세우기 등을 포함한 계산 능력에 대한 평가와 구매 기술의 이해 및 구매 활동 등에 대한 평가가 포함된다. 다음은 금전관리 능력을 평가하는데 고려해야 할 내용이다.

- 자신의 돈을 관리할 수 있는가?
- 은행 서비스를 이용할 수 있는가?
- 예산 계획을 세우고 그에 따라 생활할 수 있는가?
- 필요한 물건을 구매하는 방법을 알고 있는가?
- 현금과 카드의 차이를 알고 있는가?

2) 지원수준 결정

두 번째 단계에서는 첫 번째 단계의 능력평가 결과를 바탕으로 발달장애인의 금전관리지원 수준을 결정한다. 금전관리 지원서비스는 발달장애인의 개별적 능력과 욕구에 맞추어 지원 수준과 강도가 달라지기 때문이다.

금전관리지원 수준은 네 가지 유형으로 구분된다. 간헐적 지원(intermittent support)이 필요한 수준은 발달장애인이 독립적으로 금전관리가 가능한 경우이다. 제한적 지원(limited support)이 필요한 수준은 발달장애인의 독립적인 금전관리가 부분적으로만 가능한 경우를 의미한다.

확장적 지원(extensive support)이 필요한 수준은 발달장애인이 금전에 대한
이해가 명확하지는 않지만 다른 사람의 지원을 통해 금전관리가 가능한
경우이다. 전반적 지원(pervasive support)이 필요한 수준은 발달장애인의
금전관리가 전적으로 다른 사람에 의해 이루어져야 하는 경우이다. 다음
〈표 3〉은 발달장애인의 금전관리지원 수준의 구분과 강도의 설명이다.

<표 18-3> 지원수준의 구분과 강도

구분	개념	강도
간헐적 지원이 필요한 수준	- 필요에 기초하여 지원이 이루어 지며, 간헐적으로 지원이 필요함 - 삶의 전환기에 단기간의 지원이 필요함	- 일정 영역만 지원 - 지원강도는 상황에 따라 결정됨
제한적 지원이 필요한 수준	- 특정 기간에 걸쳐 일관되게 지 원됨 - 그러나 제한적으로 필요함	- 일정 기간 일관성 있는 지원을 필요로 하는 경우임 - 인력이나 비용이 적게 소모됨
확장적 지원이 필요한 수준	- 특정환경에서 정기적으로 지원이 요구되며, 시간이 제한적이지 않음 - 제한적 지원에 비해 비교적 장기로 요구됨	- 장기간, 정기적으로 지원이 요구됨
전반적 지원이 필요한 수준	- 전반적인 환경에 걸쳐 필요함 - 고강도의 지원이 일관되게 요구됨	- 많은 인력, 다양한 종류의 개입 필요 - 고강도, 지속적으로 지원이 요구됨

출처: AAMR, 1992.

능력평가에 기초하여 발달장애인의 금전관리 능력이 평가되고, 이에
따라 발달장애인의 지원 수준이 결정된다. 금전관리 능력을 평가하는 것
은 발달장애인의 금전관리 능력이나 수준을 파악하고 지원 수준을 결정
하는 근거가 된다. 따라서 금전관리 능력평가는 다년간(최소 1년)의 금전

관리 지원 경험과 발달장애인의 개별적 특성을 충분히 이해할 수 있는 전문성을 갖춘 2인의 사회복지사에 의해 실시되어야 하며, 평가 결과를 교차 확인하여 최종적으로 지원 수준을 결정해야 한다. 〈표 4〉는 지원 수준에 따른 목적과 구체적으로 지원이 필요한 영역을 설명한 것이다.

〈표 4〉 지원 수준별 목적과 내용

지원수준	지원 목적과 세부 내용
간헐적 지원	- 간헐적 지원은 발달장애인 스스로 독립적인 금전관리가 가능함을 전제로 한다. - 간헐적 지원의 경우 발달장애인에게 제공되는 금전 관련 서비스를 통해 그들의 금전 관리능력을 강화시켜 궁극적으로 자기결정권을 높이는 데 목적을 두고 있다. - 금전관리를 전적으로 발달장애인에게 맡기는 것을 의미하지 않는다. - 금전의 남용과 재정적 학대를 예방하는 차원에서 간헐적으로 또는 발달장애인이 요청할 때에 제한적으로 통장과 사용내역의 확인과 조정을 지원할 수 있다.
제한적 지원	- 제한적 지원은 발달장애인 스스로 독립적인 금전관리는 어려우나 적절한 지원이 주어지면 금전관리가 가능함을 전제로 한다. - 제한적 지원의 경우 필요한 시기에 일관되게 지원을 제공함으로써 발달 장애인의 금전관리 능력을 향상시키는데 목적을 두고 있다. - 제한적 지원은 수입, 지출, 자산 각 영역에서 발달장애인이 금전에 관한 결정권을 강화할 수 있도록 기회와 정보를 다양하게 제공하는 것이 중요하다.

지원수준	지원 목적과 세부 내용
확장적 지원	- 확장적 지원은 발달장애인의 독립적 금전관리는 불가능하나 적절한 지원이 주어지면 금전관리가 일정 부분 가능함을 전제로 한다. 따라서 확장적 지원의 경우 발달장애인이 요청하면 대리적 금전관리도 가능하다. - 확장적 지원의 경우 금전관리와 관련하여 결정하는 기회를 가능한 한 자주, 많이 제공하여 재정 개념에 대한 이해를 높이는 것이 중요하다. - 확장적 지원은 제한적 지원에 비해 수입, 지출, 자산 각 영역에서 지속적이고 강도 높은 수준의 금전관리 지원이 요구되므로, 대리적 금전관리인 경우 대리인의 투명성과 책임감 있는 지원활동이 중요하다.
전반적 지원	- 전반적 지원은 발달장애인의 독립적인 금전관리가 불가능함을 전제로 한다. 즉, 금전과 관련한 문제에 대해 발달장애인이 결정할 수 없음을 의미한다. 의사결정 능력이 없다는 것은 발달장애인이 해당 결정과 관련된 정보를 이해한다거나 논리적 근거하에 선택하거나 결정을 내리지 못함을 의미한다. - 전반적 지원의 경우 발달장애인의 이익을 극대화하는 데 목적이 있다. - 전반적 지원의 경우 수입, 지출, 자산 관리의 각 영역에서 대리인이 이용자를 대신하여 금전관리를 실시함을 의미한다. - 전반적 지원은 특히 대리인의 투명성과 책임감을 강화하는 활동이 중요하다.

3) 지원계획 세우기

세 번째 단계로 사회복지사는 발달장애인의 지원 수준이 결정되면 그에 따라 금전관리 지원계획서를 작성해야 한다. 금전관리 지원계획서는 필요한 서비스를 파악하고 정보나 교육 등을 제공하여 발달장애인의 금전관리 능력을 강화시키기 위해 필요하다. 이 단계에서는 발달장애인 당사자, 보호자, 사회복지사가 함께 참여하는 것이 중요하다. 또한 발달장애인의 금전관리 능력과 욕구를 기록하고, 주요 관련자들이 상의하여 지원 목표를 설정하고, 구체적인 실현 계획과 지원 내용을 작성해야 한다. 금전관리 지원계획서는 능력평가 결과에 근거하여 지원 목표를 설정하고, 지원을 어떻게 수행할 것인가를 합의하고 구체화하는 과정이다. 금전관리 지원계획서를 수립하는 과정에서 확인해야 할 내용은 다음과 같다.

- 발달장애인의 능력평가 결과
- 수입, 지출, 자산 영역별 지원내용 서술
- 금전관리와 관련한 발달장애인의 욕구 및 바람
- 금전관리 지원 목표
- 금전관리 향상을 위한 개입서비스에 대한 서술
- 금전관리 지원서비스의 시작일과 종료일
- 금전관리 지원 실무자의 이름과 의견
- 최종계획서 작성 및 서명

4) 최선의 이익 고려

발달장애인의 금전관리를 대신하는 사회복지사는 발달장애인의 이익을 최우선으로 고려하는 선택과 판단을 해야 한다. 최선의 이익 조사표는 대리적 금전관리가 적법한 절차에 의해 타당하게 이루어졌음을 입증하는 자료이기도 하다. 발달장애인에게 미치는 영향이 크거나 금액이 큰 경우, 해당 결정이 발달장애인에게 최선이었음을 입증해야 할 의무가 대리인에게 있기 때문이다. 최선의 이익 조사표는 모든 대리적 금전관리에서 작성되는 것이 아니라 중대한 금전의 변동, 고액 지불, 구매 등에 한정하여 작성된다. 예를 들면 발달장애인의 자유 적립식 계좌에 일정 금액 이상이 누적되면 재산 증식을 위해 주식, 펀드, 적금, 보험 등 다른 유형으로 전환할 필요가 있다. 이때 특정한 자산관리 방법의 선택은 금융기관 간의 이자 비교 등 다양한 형태의 자료를 근거로 제시하여 문서로 작성하면 된다. 무엇보다 최선의 이익 조사표를 작성하기 위해서는 사전에 발달장애인과 주요 관련자들의 의견을 충분히 반영하는 과정을 거쳐야 한다. 다음은 최선의 이익을 추구하는 과정에서 점검해야 할 사항이다.

- 최선의 이익이 요구되는 구체적인 상황
- 최선의 이익을 파악하기 위한 면담자, 면담일시, 내용
- 최선의 이익 근거 : 발달장애인 욕구, 생각 등 파악
- 합의사항 명시 : 합의 내용, 제한의 최소화 근거, 발달장애인 참여 등
- 합의 과정에 참여한 주요 관련자들 서명

5) 지원 실시 및 평가

마지막 단계는 금전관리 지원활동을 실제로 수행하는 것이다. 사회복지사는 수입, 지출, 자산 등의 각 영역에서 요구되는 지원 방법과 내용을 구체적으로 확인하고 발달장애인에게 적합한 지원을 해야 한다. 또한 사회복지사는 금전관리를 지원하고 정기적으로 관리 능력을 재평가하며 필요에 따라 지원할 수준과 내용을 조정해야 한다. 금전관리 지원은 보통 일 년 단위로 갱신하는 것이 적절하며, 발달장애인의 금전관리 능력의 변화나 발전 사항을 지속적으로 지원계획에 반영시켜야 한다.

5. 정리하며

일상생활에서 소비되는 비용이나 지출을 파악하고 자신의 재산을 스스로 관리한다는 것은 독립적 생활을 기대하는 모두에게 중요하다. 발달장애인의 자립에서도 금전관리는 특히 강조되는 요소이다. 한 개인이 자신의 재정 수준을 이해하고 통제할 수 있다는 것은 삶을 관리하는 개인의 수준을 판단하는 척도가 될 만큼 상징성이 크다. 금전관리가 자기결정과 자립의 쟁점에서 중시되는 이유도 이러한 맥락이다. 따라서 발달장애인 스스로 금전관리를 한다는 것은 자신의 돈을 관리하는 차원 이상의 의미가 있다.

발달장애인을 위한 금전관리는 개인의 욕구, 필요, 여건 등에 따라 탄력적으로 지원되어야 한다. 돈을 이해하지 못하는 발달장애인에게는 지폐의 식별을 설명하고 돈을 이용하는 방법부터 점진적으로 그리고 적극적으로 지원해야 한다. 돈을 이해하는 발달장애인에게는 금전을 보다 효율적으로 활용하고 관리하는 세부적인 방안을 지원해야 한다. 지원과정에서 일관되게 중시해야 할 원칙은 발달장애인의 금전관리에 과도하게 개입하거나 강요하지 않는 것이다.

발달장애인이 자신의 금전을 관리하지 못한다는 인식이 팽배해진 배경에는 인지능력의 제약이라는 장애 특성이 아닌 당사자의 상황에 기반한 맞춤형 지원이 미흡하거나 부재한 것에서 원인을 찾아야 할 것이다. 따라서 이를 극복하려면 실천현장 실무자의 인식 개선과 발달장애인의 금전관리를 지원하기 위한 사회적 지원체계가 마련하는 데에서 시작되어야 한다. 발달장애인의 금전관리를 향상시키기 위한 실무자의 지원 원칙과 실천은 이러한 인식과 공감에 기초해야 한다. 또한 발달장애인의 능력을 저평가한다거나 지나치게 친절한 지원은 당사자의 권리를 침해할 수도 있음을 실무자가 지속적으로 성찰해야 할 것이다.

김용득·이복실·윤덕찬. 2009. 『장애인거주시설 서비스 최저기준 적용 매뉴얼 3: 금전관리지원』. 한국장애인복지시설협회·성공회대학교사회복지연구소.

이경준. 2017. "발달장애인의 자기결정권 – 개념과 가치에 관한 기본 고찰". 『발달장애인 권리증진 국제학술대회 발달장애인의 자기권리옹호 및 자립생활 자료집』.

이복실·제철웅·이동석. 2018. "성인발달장애인의 자기결정 지원에 영향을 미치는 요인 연구." 한국장애인복지학 40권. 5-32.

중앙장애인권익옹호기관. 2018. '장애인학대 현황 보고 및 노동력 착취 정책 대안 마련' 토론회 자료집

AAMR. 1992. *Mental Retardation : definition, classification and system of support*(9th).

ARC(Association for Real Change). 2006. *Training materials: My Money Matters: Guidance on Best Practice in Handling the Money of People with a Learning Disability. ARC.*

Bremer C. D., Kachga M., and Schoeller K. 2003. "Self-Determination: Supporting Successful Transition". *National Center on Secondary Education and Transition,* 2(1): 1-6.

Department for Constitutional Affairs and Department of Health. 2007. *MCIP(Mental capacity implement programme)*

Hahn, Martin. 1994. "Selbstbestimmung im leben, auch fuer Menschen mit giestiger Behinderung". *Geistige Behinderung,* 33(2), 81-94.

Jenkinson. J. C. 1993. "Who shall decide? the relevance of theory and research to decision-making by people with intellectual disability." *Disability, Handicap & Society,* 8(4): 361- 375

Brooke, J. 2007. *Principal learning disability support. Induction Award-*

Supporting people who have a learning disability. BILD.

Mental Capacity Act(MCA). 2005. from http://www.legislation.gov.uk

Schalock, R. L. 1996. "Reconsidering the conceptualization and measurement of quality of life." In: *Quality of Life, Volume I: Conceptualization and Measurement* (ed. R. L. Schalock). American Association on Mental Retardation. 123-139.

Suto W. M. I, Clare I. C. H. and Holland A. J. 2005. "Maximasing Capacity to Make Financial Decisions." *Tizard Learning Disability Review,* 10(3): 4-11.

Suto W. M. I., Clare I. C. H. and Holland A. J. 2007. *Financial decision-making guidance for supporting financial decision making by people with learning disabilitie.* BILD

Wehmeyer M. L. and Palmer S. B. 2003. "Adult outcomes for students with cognitive disabilities three years after high school: the impact of self-determination." *Education and Training inDevelopmental Disabilities.* 38(2): 131-144.

제19장

도전적 행동과 신체적 개입[1]

┃ 김 고 은

발달장애인 서비스현장에서 가장 어려운 부분이 발달장애인 자신이나 타인의 신체에 위험이 발생하는 상황이다. 이런 위험은 방치되어서도 안 되며, 또한 과도하게 개입되어서도 안된다. 그렇다면 적절한 개입은 어떤 것인가? 신체적 개입은 어떤 원칙 하에서 시행되어야 하는가? 안전한 신체적 개입을 위해서는 어떤 준비가 필요한가?

1. 개요

"사회복지사 성호씨는 고민에 빠졌다. 자폐성 장애를 가지고 있는 28세의 이용자 진수씨가 성호씨가 다가가기만 하면 머리를 벽에 부딪히기 시작한다. 또한 다른 이용자가 자신의 물건을 건드리면 주변 물건을 부수고 고함을 지른다. 오늘도 다른 이용자인 한구씨가 진수씨의 액자를 만지자 한구씨에게 무차별적인 폭력을 행사하였다. 또한 이를 말리는 직원과 다른 이용자들에게도 폭력을 행사하고 방안에 있던 컵을 던져 창문을 깬 사

---

1) 본 장은 2011년 2월에 발간된 한국장애인복지시설협회의 연구용역보고서인 '장애인거주시설 서비스 최저기준 적용 매뉴얼 5: 신체적 개입'의 내용을 일부 수정하고 재편집한 것이다.

고가 발생하였다. 성호씨는 진수씨의 이러한 행동을 줄이기 위해 여러 가지 개입방법을 사용해 봤지만 소용이 없었다. 이제는 이런 상황이 두렵기까지 하다..."

위와 같은 사례는 장애인복지 실천현장에서 종종 발생하고 있으며, 사회복지사들은 이러한 상황에 어떻게 대처해야 할지 고민할 수밖에 없다. 이때 사회복지사들이 발달장애인의 행동을 제지하기 위해 신체적 개입(physical intervention)을 사용하는 일은 불가피할 것이다. 그러나 이를 제지하기 위해 사회복지사가 이용자에게 불필요한 신체적 개입을 가하는 경우에는 인권폭력이라는 문제가 발생하게 된다. 이용자의 물리적 폭력에 사회복지사가 적절히 자신을 방어하지 못하면 사회복지사가 신체적 상해를 입을 수도 있다. 그리고 장애인의 자해행동에 적절히 개입하지 못하면 이용자에게 심각한 손상이 발생할 수 있다.

신체적 개입이란 '심각한 자해행동이나 신체적 폭력 등으로 타인을 위험하게 하는 등의 도전적 행동에 대응하기 위해 이용자의 움직임이나 이동 등을 신체적으로 제약하는 방법'으로 정의된다(Harris, 1996; Hollins & Paterson, 2009). 잘못된 신체적 개입의 사용은 이용자나 직원에게 고통이나 신체적인 상해, 정신적인 스트레스를 일으키고 심지어 죽음에까지 이를 수 있기 때문에 신중하고 조심스럽게 사용되어야 한다.

따라서 본 장에서는 발달장애인의 도전적 행동에 대처하기 위한 신체적 개입에 대해 알아보고자 하는데, 신체적 개입의 이해를 위해 발달장애인에게 있어서의 접촉의 의미, 발달장애인들의 도전적 행동에 대한 개념을 살펴본 후 신체적 개입의 개념과 실천방법에 대해 설명하고자 한다.

2. 발달장애인과 사회복지사의 접촉

인간은 접촉(touch)을 통해 다른 사람과 친밀한 관계를 형성하며, 능동적인 의사소통을 형성하게 된다. 접촉을 통해 감각을 자극하는 활동이 자신의 몸을 지각하고 심리적인 감정을 적절히 표현하게 하여 언어적, 비언어적 의사소통을 증진시킨다. 또한 타인과의 친밀한 관계를 통해 정서적 안정감을 경험함으로써 상호작용을 촉진시킨다. 따라서 접촉은 전달하고자 하는 바를 단순하고 분명하게 전달하는 가장 원초적이고 기본적인 의사소통의 형태로, 의사소통이 원활하지 못할 때 의사소통을 활발하게 해주는 역할을 한다.

접촉은 신체의 일부가 상대방의 신체의 일부에 닿음으로써 의사를 전달하게 되는 모든 행위를 의미하는 것으로 때리기, 밀기, 치기, 쓰다듬기, 어루만지기, 포옹, 악수 등의 행동이 포함된다. 이러한 접촉은 환자의 간호, 아동이나 장애인에게 유용하게 사용되고 있는데, 접촉을 통해 상대방의 불안을 완화시키고 편안함과 안심을 제공하여 주어진 상황에 적응할 수 있도록 에너지를 활성화시키게 된다(Dobson et al., 2002).

특히 의사소통이나 정보접근에 제약을 가지고 있는 발달장애인의 경우 접촉은 더욱 중요한 의미를 지니게 되고, 그들 삶의 전체가 높은 수준의 접촉 경험이라고 할 수 있다. 복합적인 감각의 손상을 가지고 있는 장애인은 시각적이고 청각적인 통로를 통해서는 정보에 접근하기가 어려울 수 있기 때문에 접촉이 주요하게 작용한다. 촉각적인 접근은 발달장애인의 인지적인 기능이나 대인관계 표현을 향상시키고, 행동양식도 변화시킬 수 있는데, 실제적으로 자폐장애를 가지고 있는 아동에게 부모나 사회복지사의 신체접촉이 애착행동 형성과 자아감을 증진시켰고, 접촉을 통한 치료적 마사지의 제공은 자해행동의 감소나 정서적 안정감에 효과가 있었다(Corbett, 1993). 따라서 발달장애인들에게 감정적인 안도감, 사회적인 상호작용 및 애정의 감정을 제공하는 것은 사회복지사들이 접촉을 통해 제공하는 중요한 비언어적인 메시지이다. 사회복지사들은 접촉을 통한 비언어적 행동을 적절히 이용함으로써 의사소통의 효과를 높일 수 있을 뿐만 아니라 발달장애인에 대한 영향력을 보다 극대화할 수가 있다.

그러나 발달장애인에게 접촉이 애정이나 친밀함을 나타내는 긍정적인 경험만 하게 하는 것은 아니다. 신체적 접촉은 상대방에게 어떠한 감정을 전달하기 위한 것이냐에 따라 긍정적 의미를 지닌 접촉과 부정적인 의미를 지닌 접촉으로 구분된다. 부정적인 접촉은 벌이나 질책 등의 통제 의미를 지니기도 하는데, 발달장애인들은 주로 형식적이고 통제적인 접촉의 경험을 많이 하게 된다. 이는 접촉이 바람직하지 않은 순간에 사용되거나 너무 지나치게 사용되면 접촉하는 사람과 상황에 따라 부정적 반응을 일으키고, 공격적인 의미를 갖게 될 수도 있음을 의미한다.

장애인 실천현장에서 일하는 사회복지사는 특정 형태의 접촉을 불편해하거나 심지어는 위협적으로 느끼는 장애인들이 있음을 고려해야 한다. 예민한 감각을 가지고 있는 자폐성장애인의 경우 접촉을 매우 흥분되거나 고통을 느끼는 것으로 인식할 수 있다. 대부분의 사람들에게 따뜻함이나 애정을 느끼는 접촉도 자폐성향을 가진 장애인에게는 싫은 경험이 될 수 있는 것이다. 또한 신체적 혹은 성적 학대의 경험이 있는 사람들에게는 접촉이 유사한 괴로움을 주기 때문에 두려움이나 불안 등을 느끼게 할 수 있다. 그러므로 촉감의 기억은 서비스 제공자의 접촉 의도나 형태와 관계없이 부정적인 반응을 일으킬 수 있음을 주의해야 한다.

특히 접촉은 장애인복지 현장에서 통제적인 의미로 사용되는 경우가 많은데, 사회복지사들이 발달장애인을 대상으로 가장 보편적으로 사용하는 개입 전략의 44%가 신체적인 접촉에 의한 규제인 것으로 나타나기도 한다(Emerson et al., 2001). 이는 사회복지사의 통제 행동 중 높은 비율이 특정 형태의 접촉과 연관되어 있음을 의미한다. 신체적인 접촉은 발달장애인의 공격성과 폭력성을 다루는 전략으로 윤리적이고 안전한 형태의 접촉이 되어야 한다. 그리고 과거의 강제적인 잡기나 압력 등의 무조건적인 신체적 규제와는 다르게 이해되어야 한다. 그러나 발달장애인의 행동을 통제하기 위해 접촉을 사용하는 것이 계획적으로 분명하게 준비되었는지, 전문적으로 사용하고 있는지 등에 대해서는 불분명할 수 있기 때문에 신체적 접촉에 대해서는 민감하게 반응해야 하고 구체적으로 설명될 필요가 있다.

사회복지사의 접촉은 그것이 긍정적인 의미로 이용되건 부정적인 의미로 이용되건 발달장애인에게 중요한 영향을 미치게 됨은 분명하다. 따라서 접촉이 발달장애인들에게 갖는 의미가 무엇인지, 발달장애인의 배경이 접촉에 어떻게 영향을 미치는지, 접촉에 대해 전문적으로 직원들이 교육되었는지, 가장 적절한 방법으로 사용되는지 등에 대해 주의 깊게 살펴볼 필요가 있다.

3. 도전적 행동(Challenging Behaviour)

1) 도전적 행동의 개념

도전적 행동의 개념은 특수교육이나 장애인복지 분야에서 지속적으로 관심을 가져왔고, 사회복지사들은 발달장애인의 도전적 행동에 전문적으로 대처하기 위해서 많은 노력을 기울여 왔다. 그럼에도 불구하고 여전히 도전적 행동은 발달장애인이 사회에 참여하고 통합하는데 장애가 되고 있다. 도전적 행동에 대해 초기에는 장애인 개인에게 내재된 부정적 특성을 강조하였으나, 최근에는 행동을 유발하는 환경에 관심을 갖고 환경의 조정을 통해서 행동을 변화시키는 것으로 강조점이 이동하고 있다.

실천현장에서 발달장애인의 도전적 행동은 다양한 형태로 나타난다. 어떤 이용자들은 분노 폭발이나 자신이나 다른 사람들을 해치려고 시도하는 행동을 보인다. 또 어떤 이용자들은 프로그램 참여를 거부하거나 전체 활동을 방해하고 규칙을 따르지 않는 행동을 한다. 이처럼 다양하게 나타나는 도전적 행동을 무엇으로 정의하느냐를 결정하는 일은 이를 중재하는 서비스를 제공하는데 주요하게 작용한다.

일반적으로 도전적 행동은 '행위 당사자 또는 타인의 신체적인 안전이 심각한 위험에 처하게 되거나 행동이 일상적인 지역사회 시설의 사용에 제약을 당하게 되는 문화적으로 비정상적인 행동'을 일컫는다(Qureshi & Alborz, 1992). 서비스 제공시 당사자 또는 타인에 대한 상해의 위험을 증가시키는 일차적인 행동들이 특히 신체적 개입에 의해 관리될 수 있는 도전적 행동으로 정의되는데 다음과 같은 사항을 포함한다.

- 타인을 향해 직접적으로 행해진 폭력과 고통, 혼란 또는 패닉을 일으키는 폭력
- 자해행동(주먹으로 머리를 치는 것, 딱딱한 물체에 머리를 박는 것, 피부 뜯기 등)
- 자신의 안전 또는 타인의 안전에 부주의한 행동(혼잡한 도로로 뛰어들기, 방화행동 등)
- 소유물에 심각한 손해를 가져오게 하는 행동

도전적 행동의 특성으로는 사회복지사들이 그 행동을 관리할 수 없다고 느끼도록 하는 것이고, 개인의 연령에 부적절하거나 사회적 규범에 반하는 것으로 일상적인 활동의 참여를 저해하는 것으로 볼 수 있다. 또한 도전적 행동은 다른 사람들에게 스트레스를 일으키고 삶의 질을 악화시키면서 그 행동에 대해 압도당하는 느낌을 가지게 한다. 특히 공공장소나 관리하기 어려운 장소에서 발생하기도 하고 당사자나 서비스 제공자 그리고 주변 사람들에게 위협적이고 위험한 행동으로 볼 수 있다. 그러므로 도전적 행동은 개개인의 사회적, 정서적, 인지적 발달에 부정적인 영향을 미치고 동료나 주변 사람들과의 상호작용이나 사회적 수용, 통합을 방해한다. 따라서 적절한 중재나 지원이 없다면 장애인 당사자의 전반적인 삶의 질에 심각한 영향을 미치게 된다.

그러나 사회복지사들이 반드시 생각해봐야 할 것은 발달장애인 입장에서의 도전적 행동의 의미이다. 도전적 행동을 나타내는 발달장애인들은 효과적으로 의사소통하는 능력이나 의미 있는 관계를 형성하는 능력, 삶을 전반적으로 통제할 수 있는 능력이 결여되어 있을 수 있다. 따라서 자신들의 욕구나 표현을 도전적 행동으로 표현할 수 있기 때문에 발달장애인의 입장에서 싫어하는 어떤 일들이 일어났는지, 원하는 어떤 일이 일어나지 않았는지, 무엇 때문에 스트레스를 받고 두려워하는지에 대해 주의 깊게 살펴볼 필요가 있는 것이다.

2) 도전적 행동 평가

발달장애인의 도전적 행동이 발견되고 개입의 필요성이 확인되었다면 서비스 이용자와 사회복지사의 위험을 최소화하기 위해 적절한 단계를 따르는 것이 중요하다. 그중에서도 도전적 행동의 위험성에 대해 명확히 평가할 필요가 있다. 객관적이고 전문적인 방법으로 위험을 평가하기 위해서는 환경과 개인을 총체적으로 고려하는 것이 요구된다. 이때 도전적 행동의 측정은 혼자서 단독으로 수행해서는 안되며, 기관 내 팀워크를 통해서 접근되어야 한다. 도전적 행동 평가는 증거에 기반 하여 전문적으로 이루어져야 하고 이를 통해 도전적 행동에 대한 판단 의 실수를 줄이고 위험 관리를 부적절하게 하는 것을 피해야 한다. 따라서 도전적 행동 개입을 위한 보다 다양한 전략적 기술을 수립하기 위해 명확히 문서화하고, 주요 영역에서 점검사항을 확인하여 바람직 한 개입계획이 이루어질 수 있도록 철저히 준비해야 한다.

(1) 도전적 행동을 일으키는 요인 점검

도전적 행동의 위험을 평가하기 위해서는 우선 도전적 행동을 일으 키는 요인들에 관심을 갖고 점검할 필요가 있다. 도전적 행동을 일으 키는 요인들로는 개인적인 요인들과 환경적 요인들이 있으며, 이를 통 해 행동의 원인을 확인하는 것이 필요하다. 일반적으로 개인적인 요인 들로는 개인의 성격이나 과거 경험, 동기 등이 있다. 환경적 요인들로 는 주변의 온도나 불빛, 타인들에 의한 소음이나 방해 등을 확인해야 한다. 도전적 행동을 일으키는 개인적이고 환경적인 요인들은 도전적 행동을 일으킬 수 있는 조건과 상호작용하여 더욱 강도 높은 행동을 유발할 수 있기 때문에 더욱 세심하게 다루어질 필요가 있다. 아래 개 인과 환경에 대한 점검사항을 통해 도전적 행동을 일으키는 요인을 확 인해 볼 수 있다.

〈 개인에 대한 점검사항〉

1. 의사소통이나 언어 이해에 어려움을 가지고 있습니까?
2. 시력이나 청력, 기타 기본적인 신체 관련 사항이 점검되었습니까?
3. 생리적인 긴장, 알레르기, 발작과 같은 어려움을 가지고 있습니까?
4. 정신과적인 병력이 있습니까?
5. 약물처방을 받고 있습니까?
6. 지난해 동안 이사나 사별, 입원 등의 주요한 변화를 경험했습니까?
7. 특정 상황에 적응하는 데 어려움이 있습니까?
   (일상생활에서의 변화, 사람들이 많음, 고소공포, 큰 소음 등).

〈환경에 대한 점검사항〉

1. 사회복지사는 발달장애인의 강점과 요구를 고려하여 상호작용합니까?
2. 발달장애인이 혼자서 시간을 보내고 싶거나 중요한 일을 하고 싶을 때 이용할 수 있는 충분한 공간이 있습니까?
3. 발달장애인의 개별적인 욕구를 안전하게 충족할 수 있는 개별적인 방을 가지고 있습니까?
4. 발달장애인의 관심과 능력을 반영할 수 있는 활동의 기회가 있습니까?
5. 모든 발달장애인은 규칙적으로 모니터링되는 개별적인 프로그램이 있습니까?
6. 발달장애인이 하루 일과가 어떻게 계획되어져 있는지 이해하고 있습니까?
7. 계획이 달라지는 경우에 어떻게 달라지는지 발달장애인이 알고 있습니까?
8. 주변 환경은 깨끗합니까?

출처: Harris et al., 2008.

(2) 도전적 행동의 위험 평가

도전적 행동을 일으키는 위험은 여러 형태로 나타나기 때문에 중재를 위해서 도전적 행동의 위험을 객관적이고 명확히 평가해야 한다. 도전적 행동으로 인해 나타날 수 있는 위험으로는 첫째, 자신을 해하는 위험으로 의도적인 자해행동이나 자신을 방치함으로써 발생하는 비의도적인 위험이다. 둘째, 다른 사람에게 해를 끼치는 위험으로 가족이나 친구, 사회복지사에게 영향을 미치는 위험이 있다. 셋째, 다른 사람들로부터 받는 상해의 위험으로 감정적, 신체적, 성적, 금전적 학대 등이 있고, 마지막으로 유리를 깬다거나 물건을 집어 던지는 등의 소유물 파괴를 통한 상해의 위험이 있다.

따라서 도전적 행동으로 발생하는 위험에 대해 정도와 빈도에 따라 위험 점수를 측정하고, 측정된 점수를 통해 위험의 수준을 평가하여 그에 적절한 개입방법을 제시하도록 해야 한다. 위험의 빈도나 기간, 위험의 실제적인 정도와 같은 요인들을 명확히 측정하는 데에는 어려움이 있을 수 있기 때문에 다음의 〈표 1〉, 〈표 2〉와 같은 위험 측정표와 위험 판단 척도를 사용하여 일관된 평가를 할 수 있다.[2]

---

2) 본 측정표와 척도는 Powell(2005)이 제시한 내용을 번역하여 제시한 것이다. 시험적 수준에서 도전적 행동을 조금 더 구체적으로 이해하는 목적으로 제시되었으며, 향후 우리나라에서 반복시행을 통해서 표준 기준이 마련되어야 한다.

<표 19-1> 위험 측정표

행동/ 결과	기초 점수	한달에 4번 미만	한달에 4-8회	한달에 15회 이상	거의 매일
1. 즉각적인 응급 의학적 처치를 요하는 자신 혹은 다른 사람에 대한 심각한 상해(부상, 손상, 피해)	4	8	12	16	20
2. 응급상황은 아니지만 의학적 관심을 요구하는 자신, 타인에 대한 상해	3	6	9	12	15
3. 형사상 범죄를 야기하는 행동	4	8	12	16	20
4. 자신이나 타인의 생명에 지장이 없는 미약한 상해	2	4	6	8	10
5. 재물상으로는 주요한 손상이 있지만 사람에게는 상해가 없는 경우	1	2	3	4	5

<표 19-2> 위험 판단 척도

점수	위험의 범위	행동 상태
1-3	Low	행동 지원계획, 모니터, 매달 검토를 통해 목표 행동 확인
4-7	Medium	위험 사정, 주별 모니터, 월별 검토를 수행
8-15	High	우선적인 행동 관리 계획과 위험 사정 이슈, 밀착 모니터, 주별 검토
16-20	Critical	즉각적인 행동개입 요구, 매일 모니터, 제시된 위험의 검토

위의 척도를 사용한 구체적인 위험평가 사례는 아래와 같이 제시될 수 있다.

철수는 자신의 주변 환경이 마음에 들지 않거나 다른 사람과 대화가 안될 때 사회복지사와 가정교사를 때린다. 이러한 도전적 행동은 상대방에게 작은 찰과상과 같은 상처를 입히고 일주일에 3-4일 정도 빈번히 발생하고 있으며 지난달에는 총 5회 발생하였다. 이 사례에 대해 위험 측정표를 적용해 보면, 철수의 행동은 응급하지는 않지만, 상해를 일으키므로 행동 2로 판단되어 기초점수 3점에 해당한다. 그리고 지난달 5회 발생했기 때문에 위험측정표의 점수는 9점이 된다. 따라서 위험측정의 총 점수는 12점으로 계산된다. 총 점수 12점은 철수의 도전적인 행동이 높은 수준(high)의 위험 상태에 있음을 나타내므로 즉각적이고 계속적인 행동중재를 요구한다.

4. 신체적 개입의 특성

1) 신체적 개입의 개념

발달장애인에게 제공되는 모든 서비스는 자립과 선택을 증진시키고, 서비스 이용자의 성장과 정서적 안녕을 위한 기회를 최대화할 수 있는 환경을 확립하기 위해 제공되어야 한다. 신체적 개입도 예외는 아니며 발달장애인에 대한 신체적 접촉은 항상 신중하고 발달장애인에게 최대의 이익이 보장되도록 계획되어야 한다.

신체적 개입은 '한 사람이 다른 사람의 움직임을 제한하는 활동'을 의미한다. 즉, '움직임이나 이동을 제한하거나 규제하기 위해 어느 정도의 직접적인 신체적 힘을 가하여 도전적 행동에 반응하는 방법'으로 정의되며, 신체적 접촉, 기계장치의 사용, 환경을 변화시키는 일 등이 포함될 수 있다(British Institute Learning Disabilities, 2006). 이러한 예로는 발달장애인의 팔을 잡는 것. 침대나 의자에 묶는 것. 팔이나 다리의 움직임을 제한하기 위해 부목을 사용하는 것. 그리고 문을 폐쇄하여 방을 떠날 수 없게 하는 것 등을 포함한다.

신체적 개입은 폭력적이거나 공격적인 행동을 보이는 특수한 경우에 한하여 적용되어야 하며. 긍정적인 행동지원 이후에 최후의 수단으로 사용되어야 한다. 신체적 개입은 강압의 사용을 최소화하면서. 가능한 빨리 자기 통제를 회복하도록 돕는 목적으로 사용된다. 따라서 최소한 의 필수적인 신체적 개입만이 사용되어야 하고. 훈련된 직원에 의해 시행되어야 한다. 신체적 개입을 사용하는 직원은 그 기술을 안전하게 사용할 수 있어야 하고. 발달장애인의 삶의 질을 높이기 위한 서비스 지원계획 내에서 시행하여야 한다.

신체적 개입을 사용해야만 하는 경우를 살펴보면. 발달장애인에 의 해 시작된 위험한 또는 상해를 입힐 수 있는 신체적 접촉에서 벗어나 거나 떼어놓기 위해. 그리고 신체적 공격을 당하는 사람을 이동시키는 일과 같이 공격하는 발달장애인을 '자극'으로부터 분리하기 위해. 그리고 위험한 상황으로부터 발달장애인을 보호하기 위해서이다. 또한 자 해나 다른 사람들에 대한 상해, 기물 파손. 위험한 공격. 지도와 훈련 에 피해를 끼치는 행동 등에 신체적 개입이 사용된다. 신체적 개입이 이러한 행동들에 반응하기 위해서는 개인을 둘러싼 환경에 대해 주의 깊게 검토한 후에 결정되어야 한다.

2) 신체적 개입의 범주

신체적 개입의 범주로는 직접적인 신체접촉과 한계 설정. 재료나 장 비를 사용하는 일 등으로 구분될 수 있다.

① 직원과 서비스 이용자 간의 직접적인 신체 접촉
- 복잡한 도로 안으로 뛰어드는 사람을 막기 위해 뒤에서 끌어안는다.
- 정형화된 움직임(상동행동)을 멈추게 하기 위해 손을 잡는다.
- 누군가를 공격하는 것을 막기 위해서 팔과 다리를 잡는다.

② 움직임의 자유를 제한하기 위해 문을 잠그는 것과 같은 한계 설정
- 쉽게 일어날 수 없도록 앞에 책상이 있는 의자에 위치시킨다.
- 서비스 이용자의 손이 닿지 못하는 곳에 문고리나 빗장을 걸어 놓는다.
- 문을 잠근다.

③ 움직임을 규제하거나 막는 재료나 장비
- 휠체어에 묶는다.
- 침대 안에 시트를 넣어서 움직임을 제한한다.
- 움직임을 제한하기 위해 팔에 부목을 댄다.

움직임을 제한하기 위해 옷이나 벨트를 사용하거나 바닥에 누워있는 상태에서 사람을 누르거나 호흡을 방해하는 행위. 관절을 잡아당기거나 꺾는 행위. 목이나 가슴을 압박하는 행위 등은 매우 높은 위험 수준을 가지고 있기 때문에 금지되어야 하는 신체적 개입활동이다.

3) 신체적 개입 사용의 원칙

신체적 개입은 발달장애인에게 직접적인 신체적 제약이나 강압을 가하게 되고, 이는 이용자에게 최상의 서비스가 아닐 수도 있다. 따라서 신체적 개입의 사용은 주의를 요하게 되고 다음의 원칙들이 지켜져야 한다.

- 신체적 개입은 고통을 주며 해를 입힐 수 있기 때문에 항상 다른 개입방법들을 완전하게 탐색한 후에 '최후의 수단'으로 고려되어야 한다.
- 모든 서비스는 이용자의 자립과 선택을 증진시키고, 서비스 이용자의 성장과 정서적 안녕을 위한 기회를 최대화할 수 있는 환경을 확립하기 위해 설계되어야 한다.
- 신체적 개입은 서비스 이용자의 신체적 접촉에 대한 태도를 신중하게 고려하여야 하며, 일반적인 문화적 기준을 존중하면서 사용되어야 한다.
- 어떠한 신체적 개입이든 성적으로 오해받을 수 있는 접촉은 피해야만 한다.
- 신체적 개입의 적용 결정은 다양한 상황을 고려해서 이루어져야 하고, 신체적 개입을 적용하지 않음으로써 발생하는 위험이 개입을 했을 때의 위험보다 더 크다고 판단될 때 사용해야 한다.
- 신체적 개입은 가장 짧은 시간에 합리적인 정도의 강압만을 사용해야만 한다.

5. 신체적 개입의 단계

발달장애인의 도전적 행동에 대해 명확히 반응하기 위해서는 미리 사전에 치밀하게 계획된 상태에서 전략적으로 개입하는 것이 중요하다. 따라서 명백히 이해할 수 있는 용어로 도전적 행동을 정의하고 위험요소를 측정한 후 이에 대한 예방적 개입과 반응적인 개입의 단계가 필요하다.

신체적 개입을 위한 다섯 가지 개입단계는 〈그림 1〉과 같다. 첫 번째 단계는 '도전적 행동 묘사하기'이다. 이는 도전적 행동 개입에 참여하는 전문가 및 가족들이 명확하게 도전적 행동을 정의하고, 그 행동의 영향력을 줄이기 위한 전략을 계획하는 시작이다. 두 번째 단계는 '위험 요소 확인하기'이다. 이는 도전적 행동을 유발시키는 요인과 도전적 행동에 의해 나타나는 위험의 정도를 파악하는 것이다. 세 번째는 '1차 개입'이다. 이는 행동지원 전략의 사용에 해당한다. 발달장애인의 도전적 행동을 예방하는 목적으로 일상에서 의미 있는 활동을 수행할 수 있도록 격려함으로써 도전적 행동을 피할 수 있도록 하는 단계이다. 따라서 도전적 행동에 대한 예방책으로써 사용할 수 있다. 네 번째 단계는 '2차 개입'으로 위험한 도전적 행동으로 발전하기 직전에 도전적인 상황을 완화시키거나 분리시키는 전략이다. 마지막 단계인 '긴급 개입'은 도전적 행동에 즉각적으로 반응하기 위한 강압적인 신체적 개입을 시행하는 단계를 말한다.

<그림 19-1> 신체적 개입 단계

1) 1단계 : 도전적 행동 묘사하기

가장 중요한 것은 도전적 행동을 정확하고 명료한 언어로 묘사하는 것으로, 도전적 행동을 감소시키기 위한 시작 지점이라 할 수 있다. 이는 관련 있는 사람들이 도전적 행동으로 판단할 수 있게 하기 위해 묘사하는 일이라 할 수 있다. 이를 통해 도전적 행동에 대한 개입 계획을 세울 수 있도록 하고 위험관리의 질을 향상시킬 수 있다. 도전적 행동의 묘사에는 도전적 행동의 시작 시기, 도전적 행동의 영향, 새롭게 발생한 행동인지 또는 반복해서 나타나고 있는 행동인지의 여부, 과거 행동과 유사한 정도, 도전적 행동을 억제하는 요인 등에 대한 서술이 포함된다.

2) 2단계 : 위험 요소 확인하기

도전적 행동에 대한 위험요소 확인하기는 어떠한 요인에 의해 도전적 행동이 발생했고, 행동의 결과로 발생하는 위험의 정도를 파악하는 것이다. 우선 도전적 행동을 발생시킨 요인들에 대해 총체적이고 객관적으로 살펴봐야 하는데, 도전적 행동을 유발하는 개별적인 요인, 환경적인 요인, 잠재적인 요인들을 파악해야 한다. 또한 이러한 도전적 행동으로부터 파급되는 위험요인들을 점검해야 하는데 위험의 정도에 영향을 줄 수 있는 모든 변수를 고려해야 한다. 주요 내용으로는 도전적 행동이 긍정적이거나 부정적인 결과를 발생시킬 가능성, 도전적 행동으로부터 발생한 결과의 중요도 혹은 위험의 정도, 위험을 줄일 수 있거나 위험의 결과를 경감시킬 수 있는 행동들이다. 또한 신체적 개입이 사용될 때 발생할 수 있는 위험요인의 파악도 이루어져야 하는데 누가 가장 위험에 처하게 되는지, 다른 주변 사람들에게 어떠한 영향을 미치는지 등에 대해 객관적으로 서술해야 한다.

3) 3단계 : 1차 개입

1차 개입은 도전적 행동을 보이는 발달장애인에게 제공되는 서비스의 질을 보장하고 삶의 질을 향상시키는 활동이다. 1차 개입은 도전적 행동이 일어날 가능성을 줄이기 위해 개인의 생활 혹은 작업 활동을 변화시키는 것으로, 이는 장애인과 사회복지사의 욕구와 이익을 고려하는 안전한 환경을 만드는 일이다.

1차 개입은 도전적 행동에 대한 대체행동의 개발과 교육의 목적을 성취하기 위해 사회적으로 수용될 수 있는 행동으로 발전되어 장기간 유지되어야 한다. 이를 통해 발달장애인이 매일 가치 있는 활동을 수행하도록 격려됨으로써 사회적으로 인정되는 활동을 할 수 있게 된다. 1차 개입의 사용은 발달장애인의 선택권과 성취감을 느낄 수 있는 기회를 포함하여 의미 있는 활동에 관여할 수 있도록 기회를 만들 수 있다는 데 의의가 있다. 1차 개입을 위한 점검사항은 아래와 같다.

〈 1차 개입을 위한 점검사항〉

1. 발달장애인 개개인별로 환경적이고 개별적인 조건을 분석한다.
2. 발달장애인들이 환경적이고 개별적인 조건에서 도전적 행동이 발생할 수 있는 상황에 노출되지 않도록 조치를 취한다.
3. 공격적이고 폭력적인 행동을 촉진하는 상황을 파악한다.
4. 심각한 위협의 가능성을 최소화하는 환경으로 변화시킨다.
5. 긍정적인 경험을 발전시키도록 지원한다.
6. 발달장애인의 행동이 배고픔이나 목마름, 고통(치통, 두통)에 의해 영향을 받았는지, 화장실이 가고 싶은 욕구였는지, 혹은 덥거나 춥거나 소음과 같은 환경적인 조건이었는지 등을 고려한다.

출처: Harris et al., 2008.

4) 4단계: 2차 개입

2차 개입은 폭력 또는 공격으로 발전되기 쉬운 행동의 초기 단계에서 시행된다. 2차 개입이 사용되는 시기는 1차 개입이 효과를 나타내지 못했거나 강압적인 신체 개입을 적용하지 않음으로써 나타난 위험이 강압적인 신체 개입을 적용했을 때의 위험에 비해 클 때 사용하게 된다. 따라서 도전적인 행동이 확대되는 것을 피하기 위한 '위험 약화(defusion)' 기술의 적용과 관련이 있다.

여기서 이용되는 '위험 약화'의 목적은 상황이나 사람을 차분하게 하거나 흥분을 가라앉히게 하는 것인데, 사회복지사와 발달장애인 모두에게 최선의 이익을 가져오고 위태로운 지점을 피하기 위해 시도된다. 이 단계에서는 상황을 단계적으로 축소시키기 위한 주의 환기(distraction) 혹은 분리전략이 사용된다. 결과적으로 2차 개입의 목적은 행동이 '완전한 사고'로 가는 것을 멈추게 하는 것이다. 2차 개입을 위한 점검사항은 다음과 같다.

〈 2차 개입을 위한 점검사항〉

1. 발달장애인이 궁지에 몰리지 않기 위해 가능한 대안을 만든다.
   (TV를 보는 것 대신 간식 먹으러 가기, 음악 듣기, 마사지 받기, 아로마 치료 등을 통해 불안하고 흥분된 감정 진정시키기)
2. 신체적인 접촉을 이용한다.
   (가벼운 접촉을 통해 안심시키거나 혼자 남겨둠으로써 안정을 찾게 하기)
3. 요구수준을 낮춘다.
   (발달장애인이 피곤하거나 몸이 안 좋을 때를 확인하고 요구수준 낮추기, 높은 요구수준의 작업으로부터 낮은 요구수준의 여가활동으로 전환시키기)

4. 발달장애인과 함께 있는 사람들을 변화시킨다.
5. 발달장애인이 무엇을 걱정하는지 그리고 어떻게 어려움을 극복할
   수 있는지에 대해 발달장애인과 직접 이야기한다.
6. 융통성을 갖는다. (발달장애인과의 투쟁이 아님을 기억하기)

출처: Harris et al., 2008.

5) 5단계 : 긴급 개입

5단계의 긴급 개입인 강압적인 신체적 개입은 도전적 행동 중재의
마지막 수단으로 사용되어져야 한다. 도전행동에 대한 모든 대처들이
실패하였고, 1차, 2차 개입이 효과가 없거나 부적절하다고 판단되었을
때만 사용해야 한다. 강압적인 신체적 개입은 매우 짧은 시간 동안 사
용해야 하고 체계적이고 주의 깊게 사용되어져야 한다.

6. 신체적 개입의 위험 평가 및 사후관리

신체적 개입의 강압적인 사용은 사회복지사와 발달장애인에게 다양
한 위험을 일으킬 수 있고, 발달장애인의 자유와 선택에 불가피하게
영향을 미치게 된다. 이러한 이유로 신체적 개입의 적용에 대해 보다
엄밀하고 엄격한 관심을 기울여야만 한다. 따라서 사전 준비나 논의
없이 순간적인 자극에 의해 사용되는 응급 개입이나 비계획적 개입과
예측된 사건과 명확하게 정의된 행동에 대한 반응으로써 동의된 절차에
의해 시행되는 계획적 개입을 구분하는 것이 필요하다. 신체적 개입으
로 인한 위험성을 줄이기 위한 주의 깊은 계획과 모니터링이 반드시

필요하고. 안전성과 전문성을 향상시키기 위한 교육이나 기술 사용이 강조되어야 한다(Hollins. 2010).

신체적 개입 적용의 위험성은 다음과 같다.
- 신체적 개입이 발달장애인에게 불필요하게 사용될 수 있다.
- 강압적인 신체적 개입의 사용은 직원 및 발달장애인에게 상해를 입힐 수 있다.
- 계획되지 않은 신체적 개입의 사용은 직원 및 발달장애인 모두에게 높은 수준의 심리적 스트레스를 가져오기 쉽다.
- 발달장애인의 지도를 위한 예외적인 수단이기보다는 신체적 개입이 일상화될 수 있다.
- 학대의 위험을 증가시킬 수 있다.
- 사회복지사나 발달장애인의 존엄성을 손상시키거나 굴욕감을 줄 수 있다.
- 발달장애인과 사회복지사 간의 불신이 생길 수 있다.
- 사회복지사들이 법적으로 문제가 되거나 징계처분을 받을 수 있다.
- 신체적 개입의 부적합한 사용은 오히려 발달장애인의 도전적 행동을 증대시킬 수 있다.
- 신체적 개입의 사용은 발달장애인에 대한 존중. 존엄성. 또는 선택권과 같은 주요한 서비스 가치와 상충하게 된다.
- 감각적으로 민감성을 가진 사람들에 대한 신체적 개입의 사용은 비합리적인 수준의 고통을 가져오게 하고, 고통을 느끼는 한계점이 높은 사람들에게는 상해의 위험을 증가시킬 수 있다.

따라서 다음의 점검사항을 통해 신체적 개입의 위험을 최소화시킬 필요가 있다.

> ### 〈위험을 최소화하기 위한 점검사항〉
>
> 1. 신체적 개입 시 강압이 최소한으로 사용되었음을 보장하기 위해 어떠한 방법이 행해졌는가?
> 2. 발달장애인에게 최상의 이익이 되도록 신체적 개입이 최단시간 적용되었는지를 점검하였는가?
> 3. 신체적 개입이 발달장애인에게 고통의 경험이나 통증의 원인이 되지 않도록 보장하기 위해 어떠한 방법이 행해졌는가?
> 4. 잠재적인 위험요소를 평가하고 위험을 관리하기 위해 어떤 방법을 취했는가?
> 5. 신체적 개입에 자주 노출되는 발달장애인들은 개입에 뒤따르는 고통에 대해 점검되었는가?
> 6. 신체적 개입이 발달장애인과 사회복지사에게 적대적인 결과를 가져올 가능성을 최소화하기 위해 어떤 방법이 행해졌는가?

출처: British Institute of Learning Disabilities. 2006.

마지막으로 신체적 개입이 적용된 이후에는 철저한 사후관리가 이루어질 필요가 있다. 사후관리는 사회복지사와 발달장애인이 모두 평정심을 찾았을 때 이루어져야 한다. 그 내용으로는 사회복지사와 발달장애인이 모두 안정되었는지, 사건의 발단과 개입과정은 어떠했는지, 안전한 환경에서 발생되었는지, 신체적 개입 사용 후 발생한 상해나 정신적 고통이 어떠했는지, 또한 그러한 것에 대해 어떻게 대처했는지 등이 있고, 이에 대해 문서로 명확히 기록하고 지속적으로 검토할 필요가 있다.

참고 문헌

김용득·김고은·이성봉·임진미·전지영. 2011. 『장애인거주시설 서비스 최저기준 적용 매뉴얼 5: 신체적 개입』. 한국장애인복지시설협회·성공회대학교사회복지연구소.

British Institute of Learning Disabilities. 2006. *Code of practice for the use of physical interventions : A guide for trainers and commissioners of training.*

Corbett, J. 1993. "Healing the mind through the body". *Journal of the British Institute of Mental Handicap*, 21(3): 82-86.

Dobson, S., Upadhyaya, S., Conyers, I. and Raghavan, T. 2002. "Touch in the care of people with profound and complex needs". *Journal of Learning Disabilities*, 64(4): 351-362.

Emerson, E., Kiernana, C., Alborza, A., Reevesa, D., Masona, H., Swarbricka, R., Masona, L. & Hattona, C. 2001. "The prevalence of challenging behaviors: A total population study". *Research in Developmental Disabilities*, 22(1): 77-93.

Harris, J. 1996. "Physical restraint procedures for managing challenging behaviours presented by mentally retarded adults and children". *Research in Developmental Disabilities,* 17: 99-134.

Harris, J., Cornick, M., Jefferson, A. & Mills, R. 2008. *Physical intervention: A policy framework.*

Hollins, L. P. & Paterson, B. 2009. "Physical intervention trainers: the case for greater accountability". *Journal of Psychiatric and Mental Health Nursing*, 16: 376-381.

Powell, S. 2005. *Risk in challenging behavior: a good practice guide for professionals.* British Institute of Learning Disabilities

Qureshi, H. & Alborz, A. 1992. "Epidemiology of challenging behaviour." *Mental Handicap Research*, 5(2): 130-145.

색인

색인

장애인복지

: Inclusive Society를 위한 상상

| 편저자 |

<편저자 프로필>

김용득

現 성공회대학교 사회복지학과 교수
　서울대학교 대학원 사회복지학과 박사
　서부장애인복지관 사무국장 역임
　한국장애인복지학회 회장 역임
現 장애인정책조정위원회 위원
現 장애인고용촉진전문위원회 위원

<저서>

장애인중심의 사회서비스 정책과 실천: 서비스 현금지급과 개인
예산, 올벼, 2013.
지적장애인을 위한 권익옹호의 원리와 실천, EM커뮤니티, 2013.

<논문>

"탈시설과 지역사회 중심 복지서비스 구축, 어떻게 할 것인가?:
자립과 상호의존을 융합하는 커뮤니티 케어." 보건사회연구,
38(3), 2018.
"장애인기관의 서비스 혁신, 어떻게 할 것인가?: 제도 안에서 제
도에 저항하기." 한국장애인복지학, 37, 2017.

<공동저자 프로필>

김고은

現 광운대학교 상담복지정책대학원 초빙교수
　이화여자대학교 일반대학원 사회복지학과 석사
　이화여자대학교 사회복지전문대학원 박사

박광옥

現 성공회대학교 사회복지학과 외래교수
　숭실대학교 일반대학원 사회복지학과 석사
　성공회대학교 일반대학원 사회복지학과 박사

배융호

現 사단법인 한국환경건축연구원 UD복지연구실 책임연구위원
　성공회대학교 시민사회복지대학원 사회복지학과 석사
　성공회대학교 일반대학원 사회복지학과 박사 수료

윤상용

現 충북대학교 아동복지학과 조교수
　성공회대학교 시민사회복지대학원 사회복지학과 석사
　서울대학교 일반대학원 사회복지학과 박사

윤재영

現 삼육대학교 사회복지학과 조교수
　성균관대학교 일반대학원 사회복지학과 석사
　성균관대학교 일반대학원 사회복지학과 박사

이동석

現 대구대학교 사회복지학과 / 장애학과 조교수
　성공회대학교 일반대학원 사회복지학과 박사
現 국가인권위원회 장애인인권전문위원

이복실

現 서울특별시발달장애인지원센터 센터장
　성공회대학교 일반대학원 사회복지학과 박사
前 한국장애인개발원 정책개발연구부 선임연구원
現 광명장애인복지관 운영자문위원

이은기

現 노틀담복지관 사무국장
　성공회대학교 시민사회복지대학원 사회복지학과 석사

허곤

現 천애재활원 원장
　연세대학교 행정대학원 사회복지학과 석사
現 사회복지법인 천애원 대표이사
現 서울시장애인복지시설협회 회장

(가나다순)

개정 1판 1쇄 인쇄 2019년 4월 23일　/　개정 1판 1쇄 발행 2019년 4월 30일

펴낸곳 ： EM실천
주　소 ： 서울 금천구 서부샛길 648 대륭테크노타운 6차 1004호
전　화 ： 02)875-9744　|　팩　스 ： 02)875-9965　|　E-mail ： em21c@hanmail.net

ISBN ： 979-11-960753-2-3　93330